O INVESTIDOR EM AÇÕES DE DIVIDENDOS

Orleans Martins
Felipe Pontes

O INVESTIDOR EM AÇÕES DE DIVIDENDOS

SEXTANTE   AGF

Copyright © 2025 por Orleans Silva Martins
e Luiz Felipe de Araújo Pontes Girão

Todos os direitos reservados. Nenhuma parte deste livro pode ser utilizada ou reproduzida sob quaisquer meios existentes sem autorização por escrito dos editores.

revisão: Hermínia Totti e Luis Américo Costa
diagramação: Ana Paula Daudt Brandão
capa: DuatDesign
imagem de capa: Nata_Alhontess / Shutterstock
impressão e acabamento: Associação Religiosa Imprensa da Fé

CIP-BRASIL. CATALOGAÇÃO NA PUBLICAÇÃO
SINDICATO NACIONAL DOS EDITORES DE LIVROS, RJ

M344i

Martins, Orleans
  O investidor em ações de dividendos / Orleans Martins, Felipe Pontes. - 2. ed. - Rio de Janeiro : Sextante, 2025.
  496 p. ; 23 cm.

  ISBN 978-85-431-1072-1

  1. Finanças. 2. Investimentos. I. Pontes, Felipe. II. Título.

25-96990.0   CDD: 332.02401
                    CDU: 330.567.6

Gabriela Faray Ferreira Lopes - Bibliotecária - CRB-7/6643

Todos os direitos reservados, no Brasil, por
GMT Editores Ltda.
Rua Voluntários da Pátria, 45 – 14º andar – Botafogo
22270-000 – Rio de Janeiro – RJ
Tel.: (21) 2538-4100
E-mail: atendimento@sextante.com.br
www.sextante.com.br

*A minha esposa **Taynaha** e meus filhos **Olívia** e **Oliver**, que abdicaram de parte do meu tempo para que eu escrevesse este livro.
E ao meu admirado e amado pai, **José Armando Martins** (in memoriam), que sempre me apoiou em todos os meus passos.*

ORLEANS MARTINS

*A toda a minha **família**, incluindo minha querida **Lena**, aos meus professores e alunos, bem como a todos os demais interessados em investimentos, carentes de um material brasileiro que juntasse a experiência prática dos autores com ciência, análise de dados e aplicações práticas.*

FELIPE PONTES

SUMÁRIO

APRESENTAÇÃO — 13
Estrutura do livro — 14

PREFÁCIO À 2ª EDIÇÃO — 16
por Luiz Barsi Filho

PREFÁCIO À 1ª EDIÇÃO — 19
por Lírio A. Parisotto

1. INTRODUÇÃO — 21
1.1. As vantagens do *dividend investing* — 23
1.2. As crises e os investidores — 27
1.3. O caos e a formação do patrimônio em ações — 31
1.4. As crises e os dividendos — 36
1.5. À caça dos dividendos! — 39
1.6. Destaques — 40

2. OS GRANDES INVESTIDORES E OS DIVIDENDOS — 42
- 2.1. A famosa renda passiva — 44
- 2.2. Os investidores caçadores de dividendos — 45
- 2.3. Destaques — 59

3. BASE LEGAL E TRIBUTAÇÃO DOS DIVIDENDOS — 61
- 3.1. A tributação de proventos no Brasil — 66
- 3.2. O dividendo isento e o JCP tributado — 70
- 3.3. A tributação dos demais proventos — 72
- 3.4. A volta da tributação dos dividendos — 73
- 3.5. Destaques — 75

4. INVESTINDO POR DIVIDENDOS — 77
- 4.1. Estratégia de dividendos e reinvestimento — 81
- 4.2. Comprar a ação para receber um dividendo? — 89
- 4.3. A escolha da "vaca leiteira" — 92
- 4.4. A importância de reinvestir os dividendos — 93
- 4.5. Dividendos *versus* outros investimentos — 97
- 4.6. Destaques — 103

5. POLÍTICA DE DIVIDENDOS — 104
- 5.1. Tipos de remuneração ao acionista — 110
- 5.2. Destaques — 130

6. DIVERSIFICAÇÃO E ARMADILHAS — 132
- 6.1. Diversificação é importante mesmo com empresas sólidas — 134
- 6.2. Armadilhas dos dividendos — 143
- 6.3. Destaques — 161

7. LUCROS E DIVIDENDOS DAS EMPRESAS   163
7.1. Por que as empresas pagam dividendos   164
7.2. Persistência dos lucros e dos dividendos   171
7.3. Dos lucros aos dividendos: o cálculo dos proventos   177
7.4. Dividendos em ações ordinárias e preferenciais   190
7.5. Destaques   197

8. ESCOLHA DE EMPRESAS PARA DIVIDENDOS   199
8.1. Empresas que pagam mais dividendos   204
8.2. Escolha por indicadores financeiros   213
8.3. Usando os filtros de Graham   221
8.4. Usando o *Big, Safe Dividend* (BSD) de Carlson   224
8.5. Destaques   233

9. MODELO DE NEGÓCIO E CONTABILIDADE   235
9.1. Entendendo o modelo de negócio   239
9.2. Auditoria: a opinião que conta!   243
9.3. Análise do modelo contábil   252
9.4. Destaques   264

10. MÚLTIPLOS DE LUCROS E DE DIVIDENDOS   266
10.1. Múltiplos de lucros   271
10.2. Múltiplos de dividendos   282
10.3. Destaques   298

11. ANÁLISE POR MÚLTIPLOS   299
11.1. Identificando empresas comparáveis   303
11.2. Ajustando os múltiplos   307
11.3. Comparação com a própria empresa   311

11.4.	Comparação com outras empresas	313
11.5.	Destaques	327

12. *VALUATION* POR MÚLTIPLOS   328

12.1.	Identificando uma empresa subavaliada	331
12.2.	Projetando valor com base em médias	340
12.3.	Transformando um múltiplo em fluxos de caixa descontados	343
12.4.	Destaques	348

13. QUANDO USAR UM MODELO POR DIVIDENDOS?   350

13.1.	Lucro, fluxo de caixa e dividendo	350
13.2.	Modelo de desconto de dividendos	355
13.3.	Destaques	360

14. TAXA DE CRESCIMENTO   362

14.1.	Crescimento histórico	366
14.2.	Crescimento por analistas	372
14.3.	Crescimento por fundamentos	376
14.4.	Crescimento estável	380
14.5.	Aspectos qualitativos no crescimento	383
14.6.	Destaques	385

15. ESTIMANDO DIVIDENDOS FUTUROS   386

15.1.	Dividendos em alto crescimento	386
15.2.	Dividendos e valor residual	392
15.3.	Destaques	396

16. CUSTO DE CAPITAL DO ACIONISTA   398

16.1.	Retorno livre de risco	401
16.2.	Risco da ação medido pelo Beta	406

16.3.	Prêmio de risco	409
16.4.	Custo de capital	416
16.5.	Destaques	420

17. *VALUATION* POR DESCONTO DE DIVIDENDOS — 421

17.1.	O caso Itaú: utilizando dados de um mercado desenvolvido	425
17.2.	O caso Engie: utilizando dados locais	438
17.3.	Destaques	449

18. CRIANDO DIVIDENDOS SINTÉTICOS — 450

18.1.	Opções: conceitos introdutórios	453
18.2.	Benefícios da venda coberta de *calls*	455
18.3.	Limitações e gestão de riscos	458
18.4.	Aspectos tributários do dividendo sintético	461
18.5.	Exemplos reais	464
18.6.	Destaques	472

19. O FIM: O DINHEIRO TRABALHA POR VOCÊ — 473

AGRADECIMENTOS — 481

REFERÊNCIAS — 482

APRESENTAÇÃO

Este livro tem como objetivo unir a teoria à prática de investir no mercado de ações. Usamos nossa experiência como professores, pesquisadores e investidores, e nossa interação com profissionais da área, para criar uma obra única, que mostra como o investimento em dividendos é uma estratégia eficaz.

Em uma linguagem clara e objetiva, apresentamos exemplos e casos reais conectados de forma didática à literatura científica, com base em nossa atuação de mais de uma década no mercado financeiro. Reunimos neste livro nossa vivência acadêmica e prática para mostrar como desenvolver as habilidades necessárias para identificar boas oportunidades de investimento, evitar armadilhas comuns e alcançar renda passiva com mais segurança, fazendo o dinheiro trabalhar a nosso favor.

Ao longo de anos ministrando aulas de contabilidade, finanças, governança corporativa e *valuation*, e unindo esse conhecimento às nossas experiências como investidores e gestores, observamos que esses ensinamentos, quando bem apresentados, são fundamentais para investidores que desejam alcançar sucesso no mercado financeiro. Temos certeza disso porque aplicamos o que ensinamos na gestão de nossos próprios investimentos, seja como investidores individuais, seja como gestores de clubes de investimento. Assim, transitamos por dois mundos – academia e mercado financeiro – que, embora ainda vistos por muitos como separados, acreditamos ser complementares.

Percebemos, contudo, um hiato entre a literatura acadêmica e a prática profissional, o que nos motivou a escrever este livro. Nosso objetivo é interligar esses dois universos, que nunca deveriam ser tratados de forma isolada. Para isso, buscamos na literatura científica estudos e evidências que comprovam pressupostos e práticas recorrentes no mercado de ações, demonstrando que, mesmo diante das distorções de curto prazo, há sempre uma lógica subjacente aos movimentos do mercado – ainda que o famoso "Senhor Mercado" insista em nos surpreender.

Com base em nossa experiência, mostramos como aplicar técnicas científicas em análises de empresas reais, utilizando dados divulgados pelas próprias organizações. Explicamos os desafios enfrentados para avaliar empresas e montar uma carteira de investimentos vencedora, destacando a importância da literatura científica para tomar decisões mais eficientes.

Nesse contexto, apresentamos o *dividend investing* como uma estratégia de investimento que une aspectos do *value investing* (investimento em valor) e do *growth investing* (investimento em crescimento). Essa abordagem se concentra em empresas com fundamentos sólidos, capazes de pagar bons dividendos no presente e com perspectivas de crescimento futuro. Por sua característica de combinar qualidade com potencial de retorno, o *dividend investing* oferece uma relação risco-retorno atrativa, especialmente ao priorizar ativos com menor volatilidade e maiores retornos esperados, ajustados ao risco.

Estrutura do livro

Atendendo à demanda dos leitores, esta segunda edição foi atualizada e ampliada, com a inclusão de mais um capítulo. Ao longo do livro mostramos como identificar e avaliar empresas pagadoras de dividendos, combinando conhecimentos acadêmicos sólidos com técnicas práticas acessíveis ao investidor de pequeno porte. Além disso, abordamos os possíveis impactos da tributação de dividendos e do fim dos Juros sobre Capital Próprio (JCP) no Brasil, analisando como essas mudanças podem influenciar o *valuation* das empresas.

No Capítulo 1 você será introduzido ao *dividend investing* e às suas vantagens, especialmente em momentos de crise, que oferecem oportunidades de adquirir ações de boas empresas a preços menores. O Capítulo 2 explora o conceito de renda passiva e apresenta histórias de grandes investidores brasileiros, como Lírio Parisotto, Luiz Alves Paes de Barros e Luiz Barsi Filho, destacando suas estratégias e seus ensinamentos.

O Capítulo 3 detalha a base legal dos dividendos, explicando a figura do "dividendo obrigatório" no Brasil. No Capítulo 4 apresentamos a Teoria do Pássaro na Mão, explicando como o reinvestimento de dividendos potencializa os resultados a longo prazo. Já o Capítulo 5 amplia o conceito de dividendos, discutindo "proventos" e as políticas empresariais que os determinam. No Capítulo 6 destacamos a importância da diversificação da carteira e como evitar armadilhas comuns no investimento por dividendos.

No Capítulo 7 discutimos por que as empresas pagam dividendos, explorando a persistência de lucros e sua distribuição aos acionistas. O Capítulo 8 traz critérios práticos para selecionar empresas pagadoras de dividendos, abordando indicadores financeiros, técnicas de seleção e cuidados a serem tomados. Os Capítulos 9 a 12 aprofundam a análise de empresas, cobrindo o modelo de negócio, a opinião da auditoria, múltiplos de dividendos e *valuation* por múltiplos. Esses capítulos apresentam ferramentas essenciais para identificar empresas subavaliadas e projetar seus valores.

Do Capítulo 13 ao 17 detalhamos o *valuation* baseado no Modelo de Desconto de Dividendos (MDD). Mostramos como estimar taxas de crescimento, calcular custos de capital e aplicar o modelo em empresas reais, como os casos do Itaú Unibanco e da Engie Brasil Energia, culminando em exemplos práticos de avaliação.

O Capítulo 18, novidade desta edição, apresenta o conceito de dividendos sintéticos, explorando a estratégia de venda coberta de opções de compra (*calls*). Essa abordagem permite transformar o potencial de valorização de ações em fluxo de caixa imediato, complementando os dividendos tradicionais e oferecendo uma ferramenta poderosa para investidores que desejam diversificar suas fontes de renda.

Por último, o Capítulo 19 discute o objetivo final do investimento em ações de dividendos: alcançar renda passiva, fazendo o dinheiro trabalhar para você. Encontrar empresas sólidas, pagadoras de dividendos e a preços atrativos pode ser desafiador, mas acreditamos que este livro lhe dará o conhecimento necessário para superar essas barreiras. Em resumo, reunimos em todos esses capítulos os passos que entendemos ser essenciais para "**o investidor em ações de dividendos**".

PREFÁCIO À 2ª EDIÇÃO

Em quase todos os países do mundo, o mercado de ações é um mercado de risco. Papéis são vendidos a preços muito acima do valor patrimonial e da relação preço/lucro da empresa que os emite, o que é arriscado para o investidor.

Nesse ponto, nós, brasileiros, temos sorte: o Brasil é um mercado de oportunidades. Aqui ainda é possível encontrar ações a preços inferiores ao valor da estrutura patrimonial do negócio que as sustenta. Em outras palavras, ações estupidamente baratas! Se forem adquiridas em grande quantidade, com regularidade e critérios claros, e sobretudo se pagarem bons dividendos de maneira consistente, podem compor uma carteira que garantirá ao investidor uma aposentadoria tranquila e próspera. Esse é o fundamento do estudo *Ações garantem o futuro*, elaborado por mim há mais de 50 anos e, para minha alegria, e alegria dos que seguem até hoje o método que desenvolvi, atualíssimo.

Os autores deste livro, Orleans Martins e Felipe Pontes, partilham dessa mesma crença na importância de uma renda passiva que assegure um futuro sem sobressaltos. Hoje sabemos que a previdência pública jamais será capaz de preservar o padrão de vida que conquistamos em nossa fase mais produtiva. Já as ações são um dos mais seguros e garantidos investimentos do planeta. Quando bem escolhidas, representam participações em projetos empresariais bons e sustentáveis. Não é preciso ter medo dessa modalidade de investimento. Muitos brasileiros ainda carregam o trauma do Plano Collor, mas a verdade é que ele encurralou todas as aplicações, menos as ações. Poucos dias depois da decretação do plano, recebi dividendos, enquanto muitos se debatiam para sobreviver em meio à escassez de dinheiro na praça.

Os dividendos são a alma de um projeto de renda passiva para o futuro, o que chamo de carteira previdenciária. Portanto, quando se tem como objetivo uma carteira para a aposentadoria, escolher as melhores empresas para essa finalidade é crucial. Martins e Pontes conduzem seus leitores nessa jornada, mas, neste breve prefácio, gostaria de oferecer uma pequena contribuição baseada em seis décadas de atuação no mercado de ações. Espero que reforce e complemente a obra dos autores e prepare os leitores para um futuro sem sustos de natureza pecuniária.

Ao construir sua carteira de renda passiva, invista exclusivamente na geração de riqueza, fugindo da agiotagem dos bancos e fundos que emprestam dinheiro aos governos, e da especulação, que nunca enriqueceu ninguém.

Eleja ações de empresas que desempenhem atividades perenes e das quais a sociedade não possa abrir mão. Sempre haverá demanda para transmissão de energia elétrica e saneamento, por exemplo.

Fixe metas em quantidade de ações e faça disso a sua prioridade. O investidor de longo prazo precisará de disciplina e perseverança para não ceder às tentações do mercado e aos movimentos da manada.

Direcione seus investimentos para ações de empresas com bons fundamentos técnicos. Evite lançamentos, os famosos IPOs, quando as empresas abrem o capital na bolsa. Por serem recém-chegadas, ainda não temos um histórico verificado de desempenho.

O histórico importa, por isso fuja de setores com antecedentes negativos, como o aéreo, varejista, de turismo, construção civil, de transportes, saúde e serviços em geral. Também recomendo distância de ações de empresas com patrimônio puramente intelectual. Ainda prefiro as que têm patrimônio tangível, e jamais sediadas em paraísos fiscais.

Por fim, o ponto-chave: que tenham um histórico sólido de pagamentos de bons dividendos. Pesquise com profunda seriedade o compromisso da empresa com a remuneração de seus acionistas. O investidor atento sabe, por exemplo, que o Banco do Brasil supre a Previ e o próprio governo, seu maior acionista, portanto certamente pagará proventos justos e no prazo acordado.

Se eu puder deixar um último conselho, aqui vai: seja responsável por suas decisões de investimento. Mesmo que tenha ajuda de profissionais do mercado, nunca deixe de estudar e participar da decisão. Este livro pode ser um bom companheiro para pessoas empenhadas em conhecer melhor o mercado e fazer os investimentos mais afinados com o futuro que desejam para si próprias.

E invista sempre no Brasil. Repito: temos o privilégio de viver no país onde estão as maiores e melhores oportunidades. Não as desperdicemos.

Luiz Barsi Filho
O maior investidor individual brasileiro
e autor do livro *O Rei dos Dividendos*

PREFÁCIO À 1ª EDIÇÃO

Da experiência de vida e de tudo que leio, vou garimpando frases. Entre as que mais gosto, cabe aqui a seguinte: "*Quando o aluno está preparado, o professor aparece.*" Acho que ela tem valor agora que você inicia a leitura deste belo trabalho dos professores Orleans Martins e Felipe Pontes, que inserem meu perfil biográfico como fonte na formação de investidores. Fico feliz.

Fala também à minha satisfação pessoal a vizinhança com Luiz Alves Paes de Barros e Luiz Barsi Filho. Ao compormos um trio de biografados, quero crer que os autores tenham captado uma essência comum entre nossos estilos.

Nossas trajetórias chegam às páginas deste livro a partir de origens muito diferentes, mas, sem dúvida, com visões do mundo dos investimentos fundamentadas em teses semelhantes.

Quando o texto me descreve como "*adepto da filosofia da renda passiva*", eu me lembro de outra frase, um belo verso da nossa canção popular no qual me atrevo a propor um leve retoque de reflexão: "*Quem sabe faz a hora e espera acontecer.*" No mundo dos investimentos, trocar o "não" pelo "e" é vital. A tal renda passiva é feita de espera ativa regada a sangue frio, o "*buy and hold*", comprar e segurar firme.

É bonito pensar que, no meu caso, a raiz dessa filosofia pode vir do cenário rural do meu início de vida. Sol a sol, desde cedo (e para sempre) aprendi que, para a maioria das coisas que valem a pena, não há atalhos. É fazer acontecer e aguardar os frutos.

Vale para os investimentos, vale para a gestão de uma empresa, seja qual for seu porte.

Não me alongo, com a certeza de que, para quem estiver preparado e com a curiosidade aguçada, este livro é uma semente.

Lírio A. Parisotto
Empresário e investidor em dividendos

1.
INTRODUÇÃO

"Sabe qual é a única coisa que me dá prazer?
Ver meus dividendos entrando."
John D. Rockefeller

Qualquer busca simples pelo significado da palavra "investir" em um dicionário nos levará ao significado econômico de "aplicar capitais com finalidade lucrativa". As estratégias para se realizar um investimento são variadas, seja com foco no curto ou no longo prazo. Duas das estratégias de longo prazo mais disseminadas na literatura financeira são aquelas com foco em **empresas de valor** (*value investing*) e em **empresas de crescimento** (*growth investing*). Mas nesse campo ganha terreno o chamado *dividend investing*, a estratégia de investimento com foco em empresas pagadoras de dividendos.

Diferentes estudos já foram realizados com o objetivo de verificar se o *value investing* ou o *growth investing* era a estratégia mais vencedora ao longo do tempo. Ambas têm em comum a busca por empresas lucrativas que oferecem a possibilidade de um bom retorno aos investidores, seja no curto ou no longo prazo. Uma das principais diferenças entre elas é o chamado **"dividendo", que é a parte do lucro distribuída aos acionistas**. A parte que não é distribuída como dividendo é reinvestida na empresa para fomentar seu crescimento ao longo do tempo. Assim, com uma técnica adequada, é possível encontrar empresas baratas que pagam dividendos e ainda conseguem crescer.

Na literatura relacionada aos mercados financeiros, é possível verificar evidências que sugerem que, nos mercados acionários ao redor do mundo, as "ações de valor" geralmente têm retornos históricos mais altos do que as "ações de crescimento". Isso é demonstrado por um estudo com dados dos 13 principais mercados de ações do mundo entre 1975 e 1995, que demonstrou que as carteiras de ações de valor (*value investing*) tiveram um retorno médio superior às carteiras de ações de crescimento (*growth investing*) em 7,68% ao ano (Fama e French, 1998). Por outro lado, no Brasil há estudos que demonstram que as ações de crescimento apresentam retornos superiores às ações de valor ao longo do tempo (Cordeiro e Machado, 2013).

No que se refere aos dividendos das ações de valor ou de crescimento, é comum que em mercados de ações de países desenvolvidos, como os Estados Unidos, as empresas de valor apresentem maior crescimento dos dividendos. Porém, em mercados menores, como o brasileiro, há estudos que demonstram que as empresas de crescimento apresentam maior crescimento dos dividendos ao longo do tempo (Vasconcelos e Martins, 2019). Em outras palavras, é possível dizer que no mercado brasileiro as empresas distribuem dividendos (pois são obrigatórios) e ainda conseguem crescer. Isso porque as empresas com melhores fundamentos têm melhores condições de remunerar seus acionistas e ainda crescer.

Assim, na linha tênue que separa o *value investing* do *growth investing* surgiu o **dividend investing**, ou **investimento por dividendos**, que é a estratégia de investimento com foco em ações de empresas que pagam bons dividendos como renda passiva e regular aos investidores. No *dividend investing*, o investidor tem o dividendo como o diferencial para a sua decisão de investimento em uma empresa, mas também conta com o retorno proveniente da valorização da ação da empresa ao longo do tempo (crescimento).

> **Dica de leitura!**
>
> Investir vai muito além de ações: inclui uma vasta gama de alternativas, como títulos públicos, privados, fundos, FIIs, COEs, entre outros. Se você deseja fortalecer sua base de conhecimento para compreender melhor os conceitos e exemplos aqui apresentados, recomendamos a leitura do *Manual do investidor completo* (Martins e Pontes, 2025). Esse livro é ideal para iniciantes e para quem busca

consolidar fundamentos, abordando desde finanças pessoais e formação de reservas de emergência até a análise de ativos financeiros e a construção de uma carteira de investimentos diversificada. É um guia acessível que conecta teoria e prática para preparar você para o universo dos investimentos.

Para conhecê-lo, escaneie o QR Code ao lado.

1.1. As vantagens do *dividend investing*

A principal vantagem do *dividend investing* em relação às demais estratégias de investimento é que durante períodos de crise, com o mercado de ações em baixa (*bear market*), os dividendos tendem a cair menos do que os preços das ações, com a possibilidade, em muitos casos, de permanência dos volumes anteriormente distribuídos, o que oferece ao investidor a fantástica oportunidade de continuar a comprar ações de boas empresas por preços menores com os próprios dividendos pagos por essas empresas.

No livro O *investidor inteligente*, um clássico do mundo dos investimentos, Benjamin Graham, considerado o pai do *value investing*, utiliza uma metáfora para explicar como os mercados de ações tendem a reagir a determinadas situações, utilizando a figura de um investidor hipotético chamado de "**Senhor Mercado**". O Senhor Mercado é comumente impulsionado por fenômenos emocionais como pânico, euforia e apatia. Graham utiliza esse exemplo para demonstrar como o investidor precisa ser racional no mercado de ações.

Especialmente em momentos de crise, **o Senhor Mercado antecipa a economia real e derruba os preços das ações antes que os lucros e a geração de caixa realmente mudem no novo contexto econômico**, e muitas vezes o Senhor Mercado exagera na redução (ou aumento) dos preços. Esses momentos abrem janelas de oportunidades para os investidores inteligentes, que podem identificar empresas com fundamentos sólidos e negociadas a preços de pechincha (subavaliadas). O investidor que recebe frequentemente os dividendos dessas empresas pode utilizar esses recursos para comprar mais ações a menores preços.

Para exemplificar essa afirmação, apresentamos na Tabela 1 os retornos e o rendimento de dividendos (*dividend yield*) das ações que pagaram algum dividendo entre os anos 2005 e 2024 no Brasil. **O *dividend yield* (DY) é o dividendo (e demais proventos) total pago no período dividido pelo preço da ação em uma determinada data.** Considere que o investidor tenha a ação no início do ano e que recebeu todos os proventos pagos pela empresa durante aquele ano. Todos os valores estão apresentados em percentual (%) e em base anual. Preferimos a mediana (em vez da média) porque essa medida estatística é menos afetada por valores extremos e anormais que possam aparecer em nossa amostra.

Para fins de referência, na Coluna A são apresentados os retornos anuais do Índice Bovespa (IBOV ou Ibovespa), o principal índice de ações do Brasil, que em 2024 representava uma carteira teórica com cerca de 90 ações mais negociadas na bolsa. Nessa coluna estão destacados em negrito os retornos negativos da bolsa brasileira em cada ano. Podemos notar que, entre os 20 anos analisados, o Ibovespa teve retorno negativo em sete (2008, 2011, 2013, 2014, 2015, 2021 e 2024). O retorno mediano do Ibovespa nesse período foi de 6,1% ao ano, sendo o menor retorno em 2008 (-41,2%) e o maior em 2009 (82,7%).

Todos os percentuais da Coluna B à Coluna L representam a mediana daquele ano e para aquela amostra de ações analisadas. Considerando todas as ações analisadas ao longo desses anos, podemos ver que o retorno anual foi de cerca de 7,6% e o *dividend yield* anual foi de aproximadamente 4,0%. A diferença entre os retornos das Colunas A e B se deve ao fato de que na Coluna A são consideradas apenas as ações mais negociadas e que compunham o Ibovespa, enquanto na Coluna B são consideradas todas as ações das empresas que pagaram algum dividendo no período analisado (no total foram 391).

Tabela 1: Mediana de retornos e *dividend yield* das ações, em % (2005 a 2024).

Ano	Retorno da Ação						Dividend Yield				
	(A) IBOV	(B) Todas	(C) DY menor	(D) DY maior	(E) D–B	(F) D–C	(G) Todas	(H) DY menor	(I) DY maior	(J) I–G	(L) I–H
2005	27,7	15,8	8,2	21,7	5,9	13,5	5,2	2,8	8,3	3,1	5,5
2006	32,9	44,7	33,1	59,4	14,7	26,3	5,0	2,5	6,5	1,5	4,0
2007	43,7	53,0	53,3	52,9	-0,1	-0,4	3,7	1,9	4,3	0,6	2,4
2008	-41,2	-45,7	-55,7	-13,4	32,2	42,3	2,6	1,8	4,2	1,6	2,4
2009	82,7	79,5	72,3	82,4	2,9	10,1	5,0	2,1	6,0	1,0	3,9
2010	1,0	12,0	4,6	24,3	12,3	19,7	3,3	2,1	3,8	0,5	1,8
2011	-18,1	-9,9	-15,0	6,1	16,0	21,1	2,6	2,1	3,9	1,3	1,8
2012	7,4	7,0	1,4	13,6	6,6	12,2	3,8	2,3	3,9	0,0	1,6
2013	-15,5	-4,1	-11,2	5,0	9,1	16,2	3,4	1,9	3,3	-0,1	1,4
2014	-2,9	-13,7	-22,2	3,0	16,7	25,2	3,6	2,2	3,0	-0,6	0,7
2015	-13,3	-17,5	-21,9	-12,6	4,9	9,3	4,1	2,2	2,7	-1,3	0,6
2016	38,9	27,5	17,0	37,4	9,9	20,3	4,2	2,3	2,6	-1,6	0,2
2017	26,9	25,6	18,9	37,7	12,1	18,8	4,0	1,8	1,8	-2,1	0,0
2018	15,0	8,2	1,8	21,0	12,8	19,3	4,3	1,9	3,5	-0,8	1,6
2019	31,6	46,3	44,9	50,3	4,0	5,4	3,9	1,9	3,9	0,0	2,0
2020	2,9	1,1	0,0	13,1	12,0	13,1	2,4	1,7	5,8	3,4	4,1
2021	-11,9	-5,8	-11,9	5,2	11,0	17,1	4,4	2,2	7,9	3,5	5,8
2022	4,7	-14,5	-26,1	5,1	19,6	31,2	4,2	2,2	7,2	2,9	5,0
2023	22,3	22,2	2,0	35,8	13,6	33,8	5,6	2,2	7,9	2,3	5,8
2024	-10,4	-20,0	-27,7	-3,8	16,2	23,9	4,8	2,2	7,2	2,4	5,0
Med.	6,1	7,6	1,6	17,3	12,1	19,0	4,0	2,1	4,1	0,8	2,2

Fonte: dados da Refinitiv Eikon. Notas: IBOV é o Índice Bovespa. Aqui estão todas as ações das empresas que pagaram algum dividendo entre 2005 e 2024; DY menor agrupa as empresas com os menores *dividend yields*; e DY maior reúne as empresas com os maiores *dividend yields*.

Como nosso interesse está nas ações que pagam mais dividendos, dividimos a amostra em duas partes, a primeira composta por ações com maior *dividend yield* (DY a partir de 4,0% no ano) e a segunda composta por ações com menor *dividend yield* (DY menor ou igual a 3,9% no ano). É importante lembrar que as empresas com prejuízos e que não distribuíram dividendos foram excluídas dessa análise.

Podemos ver que o retorno das ações que pagam mais dividendos tende a ser maior do que o retorno das ações que pagam menos dividendos. As ações com DY maior (Coluna D) têm retorno mediano de 17,3% ao ano, enquanto as ações com DY menor têm retorno mediano de apenas 1,6% ao ano. As Colunas E e F demonstram as diferenças entre os retornos das ações com DY maior (D) e todas as ações (B) ou as ações com DY menor (C), respectivamente.

Como era natural esperar, o rendimento de dividendos de ações que pagam mais dividendos também é maior (4,1% a.a. para ações com DY maior, Coluna I). O ano de 2005 foi aquele em que as empresas remuneraram melhor seus acionistas (8,3%), enquanto 2017 foi o pior ano nesse aspecto (1,8%). O *dividend yield* mediano das ações que pagaram menos dividendos foi de 2,1% (Coluna H). Note que a diferença mediana entre os grupos com DY maior e DY menor foi de 2,2% (Coluna H), com maiores diferenças apresentadas nos anos de 2021 e 2023 (5,8% a.a.).

Quando analisamos apenas os anos com retornos negativos, o pressuposto de que **o *dividend investing* oferece maiores retornos e rendimentos de dividendos aos acionistas no *bear market*** (mercado em baixa) é confirmado. Considerando apenas as linhas em que o Ibovespa foi negativo (negritos na Coluna A), note que as diferenças apresentadas nas Colunas F (retorno) e L (*dividend yield*) são positivas. Nos casos específicos dos anos 2011, 2013, 2014 e 2021, as ações que pagaram mais dividendos tiveram retornos positivos, enquanto as demais, negativos. E em 2008, 2015 e 2024 os retornos foram negativos, mas essas ações se desvalorizaram menos que as demais. Quanto ao dividendo, mesmo com o mercado em queda, o DY foi maior.

Por outro lado, quando o mercado de ações está em alta (*bull market*), a alta dos preços das ações tende a ser explicada pelo aquecimento da economia, o que pode refletir o aumento dos lucros das empresas e, consequentemente, aumento dos dividendos distribuídos. Ou, sob outro ponto de vista, as empresas que possuem resultados mais sólidos têm maiores condições de aumentar seus dividendos, o que pode levar a maior valorização de suas ações.

Tomando ainda como referência os dados da Tabela 1, é possível afirmar que isso também é verdadeiro. Em 19 dos 20 anos analisados, o retorno mediano das ações que pagaram mais dividendos foi maior que o retorno das demais ações (Coluna D). A exceção foi o ano de 2007, quando o retorno do grupo de DY maior foi inferior em apenas 0,4% (Coluna F). Em se tratando do rendimento de dividendos, considerando os 13 anos de retornos positivos no mercado (nossa referência para *bull market*), em 12 anos o *dividend yield* do grupo DY maior superou as demais ações, tendo empatado no ano de 2017. Esses achados coincidem com os do estudo de Vasconcelos e Martins (2019) para o Brasil.

Entre outras razões, isso faz do *dividend investing* uma estratégia "ganha--ganha". Ela geralmente é considerada uma estratégia de investimento mais conservadora, pois tem como principal objetivo uma **"renda passiva"** oferecida pela segurança dos dividendos. Para isso, o investidor precisa assegurar que o destino de seu investimento (a empresa) possua uma qualidade suficiente para lhe garantir retorno ao longo do tempo. Mas no Brasil podemos ver que, além de dividendos, estamos falando de maior valorização.

Por essa razão, há maior probabilidade de um investidor adepto do *dividend investing* estar feliz no mercado de ações, seja no *bear market* ou no *bull market*. **Quando o mercado está em baixa, a rentabilidade dos seus dividendos cresce; e, quando o mercado está em alta, seu patrimônio é que cresce com a maior valorização das ações.** Isso faz do *dividend investing* uma estratégia de investimento de estilo único (Clemens, 2013).

1.2. As crises e os investidores

É difícil ver as ações caindo e continuar confiante, não é verdade? Lendo os livros de grandes investidores você acha que está preparado para esses eventos, mas só descobre que não estava quando efetivamente enfrenta a primeira crise. E essa não é uma dificuldade apenas sua – em maior ou menor grau, todos os investidores têm esse mesmo sentimento, sejam eles grandes ou pequenos, com maior ou menor experiência na bolsa.

"**A hora de comprar é quando há sangue nas ruas.**" Essa é uma frase comum no mercado de ações, atribuída ao Barão de Rothschild, um nobre britânico do século XVIII, membro da família de banqueiros Rothschild. Ele fez fortuna comprando ações na crise após a Batalha de Waterloo, contra Napoleão Bonaparte. Acredita-se, ainda, que a citação original seja "**Compre quando houver sangue nas ruas, mesmo que o sangue seja seu**".

Para Warren Buffett, o momento de comprar ações é quando mais ninguém as quer, como ocorre nas crises. Considerando apenas a década retrasada, notamos que durante a recessão de 2008-2009, proveniente da crise financeira do *subprime*, o investidor que se aventurou no abismo dos preços das ações (comprando durante a crise) aproveitou uma oportunidade excelente, tendo obtido recompensas formidáveis.

Nos anos seguintes, a crise financeira da Grécia na Zona do Euro, associada aos altos endividamentos de países como Portugal, Irlanda, Itália e Espanha, levantou novo temor nos mercados financeiros sobre uma possível nova crise financeira mundial. Após passar anos gastando mais do que arrecadava, o governo grego revelou uma dívida maior do que o mercado esperava, a qual o país não conseguia pagar. Isso fez com que a Grécia adotasse uma série de pacotes de austeridade, visando controlar despesas e honrar os pagamentos de suas dívidas. O ano de 2011 foi marcado por mudanças econômicas profundas naquele país.

Em meio a tudo isso, a Europa enfrentava uma forte estagnação econômica e, no continente americano, os Estados Unidos patinavam em estímulos à sua economia, que não engrenava. Novamente os preços das ações sofreram forte pressão negativa, levando as empresas americanas a apresentar índices Preço/Lucro que desde a década de 1980 não se viam. Isso refletia a incerteza que envolvia as economias dos países e, por consequência, o desempenho das empresas. Note como as crises vêm e vão de tempos em tempos.

No Brasil, o mercado também sofreu forte pressão devido à cointegração dos mercados financeiros. Por exemplo, na Bolsa de Valores brasileira temos cerca de 360 empresas ativas e com negociação frequente de suas ações (com liquidez em bolsa). Dessas, pouco mais de 50 negociam *American Depositary Receipts* (ADR) nas bolsas de valores americanas. Portanto, cerca de 15% das ações de empresas brasileiras são negociadas nos Estados Unidos, e quando a Bolsa de Valores de lá balança, a bolsa brasileira tende a balançar na mesma direção.

Poucos anos depois da crise da Grécia, o mercado brasileiro foi novamente afetado por uma crise, dessa vez interna, quando ocorreu uma "tempestade perfeita" no período 2015-2016, com o início da Operação Lava Jato, a queda dos preços internacionais das principais commodities produzidas pelo país, o Produto Interno Bruto (PIB) negativo, o aumento da crise de confiança e do risco político, além do impeachment da ex-presidente Dilma Rousseff. Como dizem por aí, o mercado brasileiro não é para amadores!

Os anos seguintes foram de recuperação do mercado brasileiro, até que, no início de 2020, mais uma crise mundial surgiu, dessa vez com a pandemia do novo coronavírus (criando a covid-19), que teve início na China e se espalhou por todos os continentes, levando aos países milhares de mortes e a recessão econômica devido ao fechamento das cidades. A indústria parada, o comércio fechado, as pessoas dentro de casa, em isolamento social – não foi fácil. E como é comum, mesmo antes de se saber com exatidão todas as consequências dessa pandemia, o mercado financeiro se antecipou e precificou a crise.

A Figura 1 detalha a variação dos principais índices de mercado do Brasil (IBOV em reais) e dos Estados Unidos (S&P 500 em dólares) entre o fim de 2004 e o fim de 2024. Mesmo diante de diferentes crises, o Ibovespa valorizou 358,17% nesse período, saindo de 26.196 pontos no final de 2004 para 120.283 pontos no final de 2024. Nesse período de 20 anos, a maior queda mensal da bolsa foi de -29,90%, em março de 2020, e a maior alta foi de 16,97%, em março de 2016.

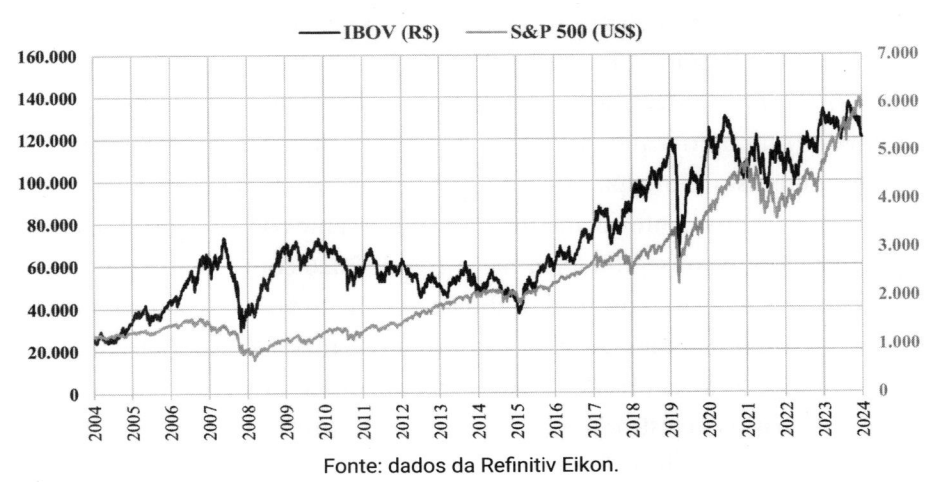

Figura 1: Variação mensal dos índices S&P 500 e Bovespa (2005 a 2024).

Fonte: dados da Refinitiv Eikon.

Para fins de comparação, podemos observar como o mercado dos Estados Unidos variou (em dólares, na visão do americano). Nesses mesmos 20 anos, o S&P 500 valorizou 387,37%, saindo de 1.212 pontos no final de

2004 para 5.907 pontos no final de 2024. Nesse período, a maior queda do S&P 500 foi de -16,94%, em outubro de 2008, no ápice da crise do *subprime*. Depois disso, o SPX iniciou um rally de subida só interrompido pela crise da covid-19 (segunda maior queda do período, quando caiu -12,51% em março de 2020), mas rapidamente retomou a tendência positiva. Nesse período a maior alta foi de 12,68%, em abril de 2020, recuperando parte da queda de março.

Note a forte correlação entre os índices das bolsas brasileira e americana. Entre 2005 e 2024, a desvalorização mais acentuada da bolsa brasileira foi no período da crise financeira do *subprime* (2008-2009). Observe que a bolsa americana voltou a recuperar valor logo após as crises do *subprime* e da Grécia (2010-2011), assim como a bolsa brasileira voltou a se valorizar após a crise do *subprime* e o impeachment presidencial (2015-2016). Apesar de no Brasil ter ocorrido uma tentativa de recuperação da crise da Grécia já em 2012, a crise das commodities logo em seguida segurou a recuperação de nossa bolsa.

Em 2020, na mais recente crise, o que temos de novo é a queda mais acentuada e rápida da recente história de nosso mercado de ações. Mais impressionante foi a recuperação do mercado ainda em 2020, em forma de "W", com a bolsa brasileira terminando o ano de 2020 no azul, com uma alta de 2,92%. Nos Estados Unidos, o SPX caiu a 2.237 pontos em 23 de março de 2020, depois de alcançar o topo histórico de 3.386 pontos em 19 de fevereiro, terminando o ano de 2020 com 3.756 pontos. No Brasil, o efeito foi ainda pior, pois o Ibovespa caiu a 63.563 pontos em 23 de março, voltando à pontuação equivalente ao ano de 2008, meses antes da crise financeira do *subprime*. Porém conseguiu terminar o ano de 2020 com 119.017 pontos.

Só no mês de março de 2020, o Ibovespa caiu 29,90%. São quase 30% de queda em um único mês! Ainda assim, só nesse mês a Brasil, Bolsa, Balcão (B3), Bolsa de Valores brasileira, registrou um aumento de 15% no número de pessoas físicas investindo na bolsa, atingindo o novo recorde de 2,24 milhões de pessoas (Neira e Filgueiras, 2020). Ao final de 2020, já eram 3,229 milhões. Parece que os valores mínimos históricos da taxa básica de juros dos títulos públicos (Selic) e da taxa de juros dos títulos privados (CDI), junto à maior educação financeira dos brasileiros, estão fazendo mais pessoas aproveitarem as oportunidades na renda variável.

A mensagem que queremos deixar aqui é: **crises vêm e vão!** Elas não estão apenas na série histórica do mercado de ações nem deixarão de existir. Principalmente em mercados de ações mais jovens e menores, como é o caso do brasileiro. Mas isso não é de todo ruim. Pelo contrário: as crises podem abrir janelas de oportunidade para comprar boas ações por preços descontados. Cabe ao investidor estar preparado para aproveitar essas oportunidades.

1.3. O caos e a formação do patrimônio em ações

Em meio ao pânico, muitas vezes os preços das ações se descolam de seus fundamentos. Isso é normal porque a maioria dos investidores age em "pânico" junto com o mercado e não quer saber de ativos de risco, vendendo-os a qualquer preço. Em 2020, na crise da covid-19, muitas empresas que foram pouco afetadas pela crise se desvalorizaram muito mais do que a possível queda em seus lucros ocasionada pela crise.

Assim como em crises anteriores, isso é comum porque o mercado tenta antecipar os efeitos da crise, mas muitas vezes ele exagera na dose. Algumas empresas centenárias, sólidas e pagadoras de dividendos chegaram a perder mais da metade de seus valores de mercado desde as suas cotações máximas nas últimas 52 semanas (um ano), como a Light (-70,4%), a Hering (-68,5%), a Gerdau (-62,6%), o Banco do Brasil (-58,4%) e a Alpargatas (-44,2%). Todavia, os lucros dessas empresas não caíram na mesma proporção.

Momentos como esse abrem uma janela de oportunidade para o investidor, especialmente considerando o histórico passado das crises que já enfrentamos. A Figura 2 detalha a queda acumulada do S&P 500 e do Ibovespa no ano de 2020. A queda da bolsa brasileira durante o pico da crise chegou a ultrapassar 45%, enquanto o principal índice americano caiu cerca de 30%.

Você também pode notar que o efeito negativo na bolsa do Brasil foi maior e mais duradouro, pois o S&P 500 já virou para retorno positivo em julho (superior a 0%), enquanto o Ibovespa só conseguiu voltar para o campo positivo no mês de dezembro, com o início da vacinação contra a covid-19 em alguns países (inclusive nos Estados Unidos, mas ainda não no próprio Brasil). Isso demonstra que a condição econômica mais frágil do Brasil reserva aos investidores maior cautela. Ao final de 2020, o S&P 500 crescia 15,86% e o Ibovespa crescia apenas 2,92%.

Figura 2: Queda dos índices S&P 500 e Ibovespa (30/12/2019 a 30/12/2020).

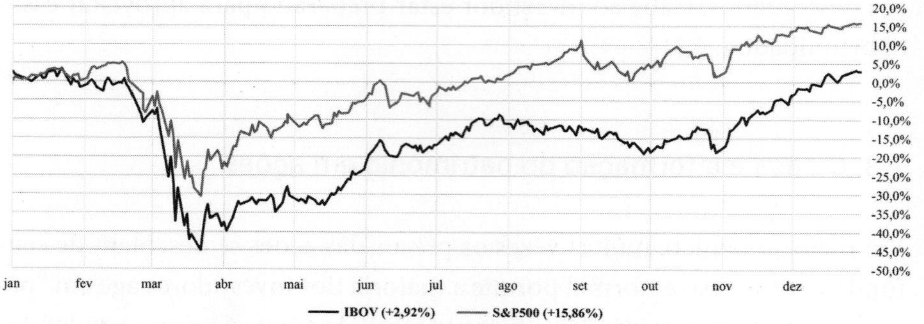

Fonte: dados da Refinitiv Eikon.

Em todas as crises passadas (vide Figura 1), **uma certeza pode ser observada: os mercados se recuperam!** Os preços voltaram a subir. Assim, como afirmou Warren Buffett, nota-se que o investidor que comprou ações de empresas sólidas nos momentos de turbulência foi recompensado no futuro, especialmente aqueles que se posicionaram nas chamadas *blue chips*, termo transportado do mundo dos cassinos (representa as fichas azuis do pôquer, as mais valiosas) para o mercado financeiro.

Por analogia, no mercado de ações esse termo se refere às empresas mais valiosas, habitualmente as maiores e mais sólidas. No Brasil, não é incomum encontrar muitas "*blue chips*" como Petrobras, Vale, Itaú Unibanco, Bradesco e Banco do Brasil, que oferecem, só em rendimentos de dividendos (*dividend yield*), retornos superiores a diferentes tipos de investimento, como poupança, títulos públicos e Certificados de Depósito Bancário (CDBs), especialmente nos anos de queda da taxa de juros, como aconteceu entre 2016 e 2020, quando a taxa básica de juros (Selic) saiu de 14,25% a.a. e chegou a 2% a.a.

Após o pior momento da crise da covid-19, vimos que as economias de diferentes países tiveram diferentes velocidades e intensidades de recuperação. As bolsas recuperaram seus valores (antecipando uma recuperação no mundo real), mas especialmente os países emergentes tiveram mais dificuldades na retomada do crescimento. No Brasil, por exemplo, vimos a taxa de juros sair de 2% e voltar ao patamar de 13,75% já em 2022. Por isso, quando você estiver lendo este livro, não descartamos a possibilidade de uma nova crise ter surgido... e até mesmo de já estar sendo superada.

Assim é a renda variável, ela varia para cima e para baixo – precisamos lembrar sempre disso. Cabe ao investidor estar atento e conhecer suas empresas com detalhe e segurança, além de ter o controle de algumas técnicas de análise, para tomar decisões mais assertivas. Há, inclusive, evidências científicas com relação a isso. Essas coisas não saíram da nossa cabeça ou apenas das nossas experiências práticas.

Em 2018, os professores William Goetzmann e Dasol Kim publicaram um artigo chamado "Negative Bubbles: What Happens After a Crash", analisando dados dos últimos 300 anos de crises em mais de 100 países, e concluíram que, após uma grande queda, a tendência é que no ano seguinte haja uma forte recuperação dos mercados (Goetzmann e Kim, 2018). Isso serve para as "crises raiz", de quedas perto de 50%, como pudemos ver no caso da crise da covid-19. Mas, mesmo nas crises com quedas menores, vimos que ao longo do tempo o mercado tende a recuperar e continuar sua trajetória de valorização.

Outro estudo analisou a previsibilidade de curto prazo em países do G7 (sete países mais industrializados do mundo). Os pesquisadores identificaram que a utilidade de algumas variáveis de previsão, como o *dividend yield* e a taxa de juros, é maior em períodos de crise. Os modelos-padrão de previsão foram oito vezes mais eficientes durante as recessões do que durante as expansões dos mercados. Esse fenômeno pareceu estar relacionado aos prêmios de risco anticíclicos e à própria flutuação temporal da dinâmica dessas variáveis preditoras. Parece que as reações na crise são mais óbvias (Henkel, Martin e Nardari, 2011).

Há mais de um século, o escritor russo Liev Tolstói afirmou em seu romance *Anna Kariênina* que "**todas as famílias felizes se parecem; cada família infeliz é infeliz à sua maneira**" (Tolstói, 2017). A Verdad Cap, empresa americana de gestão de ativos com foco no uso de pesquisa científica e lógica de longo prazo dos mercados, afirma que nos mercados de ações essa lógica é oposta, de acordo com uma de suas pesquisas, intitulada *Crisis Investing: How to Maximize Return During Market Panics* (Investimento em crise: como maximizar o retorno durante o pânico no mercado), conforme Verdad (2020).

Segundo a Verdad, nos mercados em alta (*bull market*) cada um é otimista à sua maneira. As empresas que mais se valorizam em um *bull market* quase nunca são as mesmas que mais se valorizarão no *bull market* seguinte. Mas nos mercados em baixa (*bear market*) todos se parecem. Isso coincide com Henkel, Martin e Nardani (2011). Para deixar ainda mais claro, a Verdad fez uma análise comparativa de três carteiras teóricas de ações montada com base no famoso modelo de cinco fatores de Eugene Fama e Ken French (2015). A Verdad destaca os três fatores clássicos:

1. **Tamanho** (SMB ou *Small Minus Big*), carteira com empresas menores;
2. **Valor** (HML ou *High Minus Low*): carteira com empresas mais baratas;
3. **Investimento** (CMA ou *Conservative Minus Aggressive*), carteira com empresas com políticas de investimento mais conservadoras.

A Verdad compara o retorno médio de dois anos das empresas negociadas nos Estados Unidos entre 1970 e 2019. Na Figura 3, são apresentados os retornos de investimentos realizados em ambiente normal e em ambiente de crise. São considerados ambientes de crise os períodos nos quais o prêmio de risco do crédito privado (dívidas das empresas) é superior a 6,5%. Isso indicou oito crises específicas: 1974, 1980, 1986, 2000, 2008, 2010, 2012 e 2016.

Podemos notar que, para a carteira de mercado como um todo, não há diferença significativa entre os retornos em ambientes normal e de crise (cerca de 25%). Porém, para a carteira de empresas mais baratas (HML), o retorno médio de dois anos é de 44,8% em ambiente normal e de 79,5% em ambiente de crise (diferença de 34,7%). A diferença média do retorno de dois anos para empresas com políticas de investimento mais conservadoras (CMA) é de 30,2% e para empresas com menor valor (SMB) é de 23%.

Figura 3: Retorno médio de dois anos nos Estados Unidos (1970 a 2019).

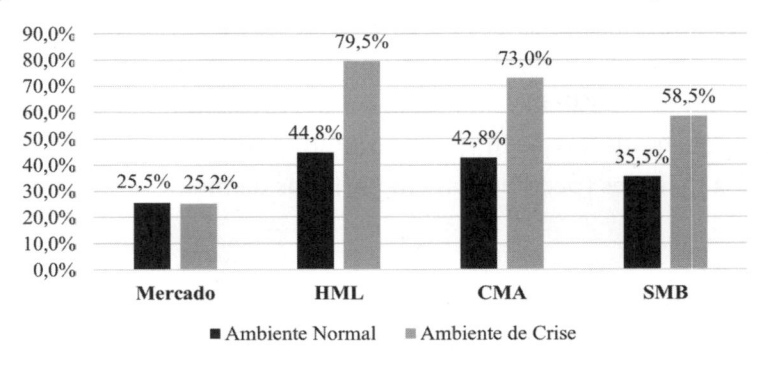

	Mercado	HML	CMA	SMB
Ambiente Normal	25,5%	44,8%	42,8%	35,5%
Ambiente de Crise	25,2%	79,5%	73,0%	58,5%

Fonte: dados da Verdad (2020).

A Figura 4 demonstra o percentual de meses nos quais as carteiras montadas a partir dos fatores de Fama e French superaram o mercado de ações em geral. Em ambientes normais de negócios, apenas a carteira formada a partir do Fator Investimento (CMA) perdeu em quantidades de retornos mensais superiores para o mercado de ações em geral. Por outro lado, em ambientes de crise, todas as carteiras formadas por fatores superaram o mercado de ações em geral na maioria dos meses: HML em 90,6% dos meses, CMA em 74,4% dos meses e SMB em 70,9% dos meses.

Figura 4: Percentual de meses nos quais as carteiras por fatores superaram o mercado de ações nos Estados Unidos (1970 a 2019).

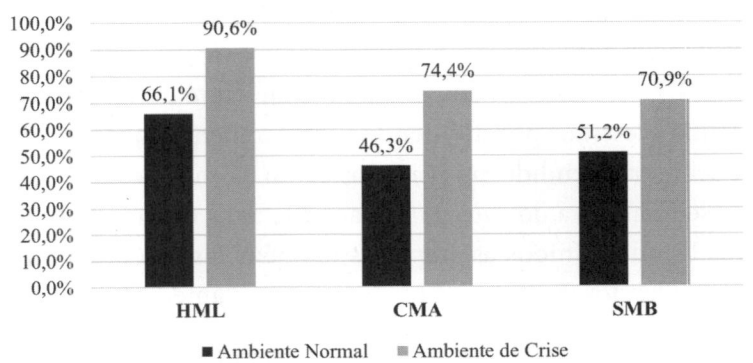

	HML	CMA	SMB
Ambiente Normal	66,1%	46,3%	51,2%
Ambiente de Crise	90,6%	74,4%	70,9%

Fonte: dados da Verdad (2020).

Como podemos ver, seja de forma científica ou não, **as crises criaram excelentes oportunidades para a formação de patrimônio em ações**. O investidor não pode descartar esse fenômeno em sua estratégia de investimento. E um grande aliado do investidor é o dividendo que ele recebe das empresas, que pode lhe permitir a continuidade da compra de novas ações por preços menores (pechinchas) em períodos de maior turbulência.

1.4. As crises e os dividendos

No mês de abril de 2020, em meio à crise da covid-19, diversas empresas dos setores mais resilientes e defensivos, como o financeiro e o de energia elétrica, conhecidos por terem muitas empresas que distribuem dividendos com frequência, estavam com *dividend yield* previstos em torno de 10% para o ano de 2020, o que era mais do que 3,5 vezes o CDI acumulado em 2020 (2,75%). Lógico que os riscos são diferentes, mas isso serve de parâmetro para nos chamar a atenção para as oportunidades nas crises.

O leitor mais informado sobre o período da crise de 2020 pode estar se perguntando: "**Mas durante aquele período muitas empresas não suspenderam ou reduziram os dividendos?**" A resposta é sim. Muitas empresas reduziram seus dividendos para o mínimo obrigatório e outras postergaram os pagamentos para o final de 2020. Contudo, assim como todas as crises anteriores passaram, essa também passou e as empresas voltaram a obter lucros maiores e distribuí-los em níveis normais por meio dos dividendos.

Quando Charles Carlson afirmou que "**hoje é um excelente momento para ser um investidor por dividendos**", ele também lembrou que isso era difícil de ser compreendido em períodos como os anos de 2008 e 2009, em meio à crise financeira do *subprime*. Naqueles anos difíceis de se ter esperança, nos Estados Unidos as empresas também suspenderam ou reduziram seus dividendos. Entretanto, os preços ridiculamente baixos das ações de empresas sólidas que não corriam o risco de falência eram uma incrível oportunidade para ganhos futuros.

Na Figura 5, você pode observar a variação da soma dos valores de mercado de todas as empresas negociadas na Bolsa de Valores do Brasil ao final de cada ano (valores apresentados em bilhões de reais).[1] No final de 2004, a soma do valor de mercado de todas as empresas era de cerca de R$ 0,553 trilhão (coluna da esquerda). Ao final de 2024, a soma desses valores atingia a cifra de R$ 3,348 trilhões. Isso é cerca de 6,1 vezes o total de duas décadas atrás. É fato que o número de empresas em cada ano é diferente (mas não muda absurdamente), porém não é nosso objetivo analisar a valorização média individual das empresas, mas sim verificar como o mercado de ações no Brasil se modificou com o passar dos anos, inclusive diante de crises.

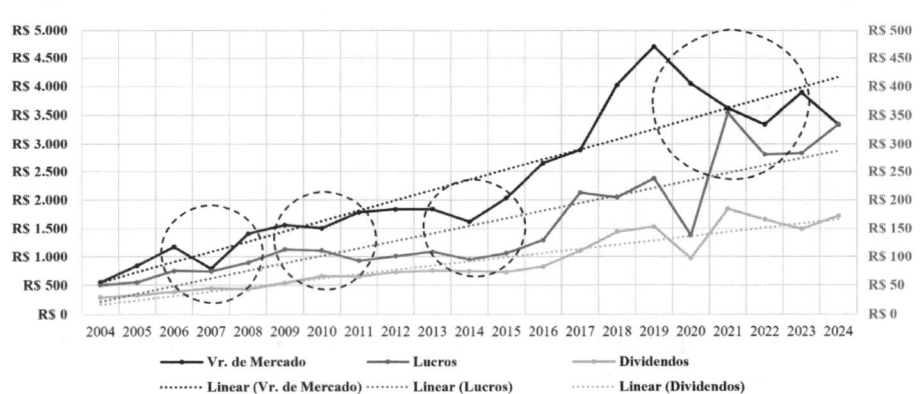

Figura 5: Soma dos valores de mercado e dos lucros anuais (em R$ bilhões).

Fonte: dados da Refinitiv Eikon. Nota: à esquerda está a referência do valor de mercado (ajustado por proventos) e à direita estão as referências dos lucros e dividendos.

Também é possível verificar que, de fato, a soma dos valores de mercado das empresas é reduzida nos anos destacados pelos círculos na Figura 5. Mas ainda podemos ver que os valores de mercado voltaram a crescer em seguida, em uma clara tendência positiva, em forma de V. O mercado parece ainda não ter se recuperado totalmente da última crise. Apesar disso, nota-se a expectativa de que os investidores que conseguem se posicionar

---

1 Nesta análise retiramos Petrobras e Vale da amostra pelo fato de as empresas serem muito grandes em termos de valor de mercado e de montante de lucros, o que distorcia a interpretação. Essa é uma prática comum no mercado financeiro, até pelo fato de as duas empresas sozinhas chegarem a representar cerca de 25% do peso do Ibovespa.

em empresas sólidas durante as crises tendem a obter retornos positivos ao longo do tempo – como Goetzmann e Kim (2018) identificaram com dados de 300 anos em mais de 100 países.

Ainda na Figura 5, é possível verificar a variação da soma dos lucros das empresas, que em 2004 totalizava cerca de R$ 50,4 bilhões (coluna da direita), chegando a R$ 335 bilhões em 2024 – isto é, um montante cerca de 6,7 vezes maior do que os lucros de duas décadas atrás.[2] Especialmente entre os anos de 2011 e 2016, os lucros das empresas no Brasil passaram por um longo período de estagnação devido ao período de queda dos preços das commodities nos mercados internacionais e à crise interna que o país enfrentou entre os anos de 2014 e 2016.

Por outro lado, nota-se que o efeito desses fenômenos sobre os dividendos foi mais tardio e em menor intensidade. Em 2004, o total de dividendos pagos pelas empresas somava R$ 29,5 bilhões, chegando a R$ 172,2 bilhões em 2024 – isto é, uma soma 5,8 vezes maior. Olhando a Figura 5, nota-se que, em média, os dividendos foram mais estáveis ao longo do tempo. Mesmo com os lucros em queda entre alguns anos, os dividendos foram mais estáveis e chegaram até a crescer.

Nessa análise temos algumas limitações. O número de empresas componentes da amostra em 2004 (154) é diferente do número de 2024 (317). Os valores apresentados também são nominais, e tivemos inflação acumulada ao longo do período. Porém a principal utilidade do gráfico é verificar como o mercado de ações no Brasil se recuperou em um curto período após as crises citadas. Para deixar isso mais claro, na Figura 6 comparamos o somatório do valor de mercado de todas as empresas (agora incluindo Petrobras e Vale, porque elas também estão na composição do índice) com o Ibovespa nesse mesmo período.

---

2   Voltamos a falar sobre a exclusão de Petrobras e Vale dessa amostra analisada. Enquanto a soma dos lucros das demais empresas em 2024 foi de R$ 335 bilhões, a soma dos lucros apenas de Petrobras e Vale entre os anos de 2021 e 2024 foi, respectivamente: R$ 227,9 bilhões, R$ 284,3 bilhões, R$ 164,5 bilhões e R$ 89,9 bilhões.

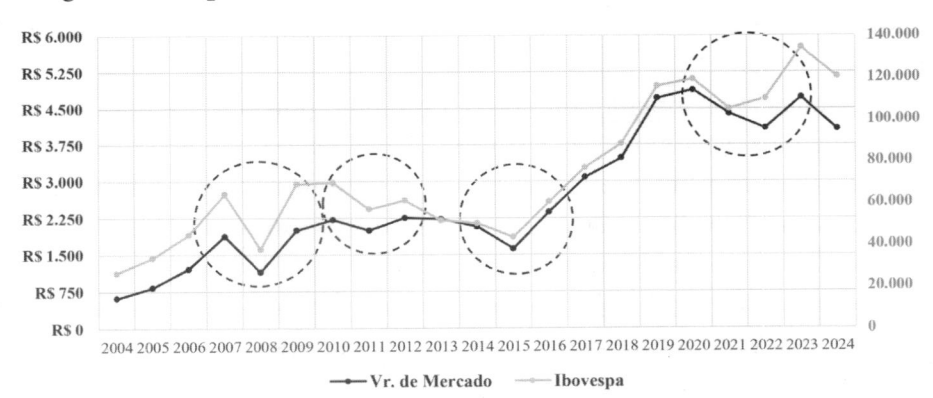

Figura 6: Comparativo dos valores de mercado com o IBOV (2005 a 2024).

Fonte: dados da Refinitiv Eikon. Nota: à esquerda está a escala do valor de mercado (ajustado pelos proventos) e à direita está a escala do Ibovespa.

Novamente, na coluna da esquerda temos o somatório do valor de mercado das empresas negociadas em bolsa (em R$ bilhões) e na coluna da direita, a pontuação do Índice Bovespa, que representa uma carteira teórica de cerca de 70 ações mais negociadas na bolsa. Notamos que os movimentos das linhas do gráfico são muito parecidos. Isto é, mesmo considerando uma carteira teórica de ações, ainda notamos o mesmo movimento de recuperação do mercado após as crises, assim como o formato de V.

1.5. À caça dos dividendos!

Em todo o mundo o mercado de ações é marcado pela volatilidade, típica de uma renda variável. O que podemos sintetizar aqui é que **a hora certa de comprar é quando ninguém mais quer comprar ações!** Claro que isso não significa que as causas das crises sejam irrelevantes e que devam ser desprezadas. Significa que o investidor bem-informado e atento ao mercado vê oportunidade onde outros não veem, e essa oportunidade deve ser aproveitada.

A história nos mostrou que os melhores momentos para investimento são aqueles em que o mercado sofre uma pressão vendedora, especialmente em momentos de crise. Nessas horas, é importante que o investidor tenha a habilidade de identificar as empresas que oferecem as melhores oportunidades de investimento, com maior previsibilidade, segurança e retornos esperados.

Veja que, ao escolher empresas com um bom potencial de pagamento de dividendos, você pode ter um retorno melhor do que investindo em empresas sem esse potencial, e ainda com mais segurança, porque normalmente as empresas boas pagadoras de dividendos são maduras e com negócios muito bem geridos e saudáveis. Além disso, os dividendos recebidos nos períodos de crise lhe servem como "balas" para ir à caça de boas ações (de empresas sólidas e negociadas a preços de pechincha).

É com esse propósito que escrevemos este livro, reunindo experiências acumuladas ao longo de mais de uma década como pesquisadores e professores nas áreas de contabilidade, finanças e avaliação de empresas, assim como investidores individuais e gestores de clube de investimento. Destacamos como principal estratégia o *dividend investing*, a partir da análise e escolha de ações de empresas sólidas e pagadoras de dividendos.

Assim, além do já exposto, buscamos relatar brevemente como o investimento por dividendos é uma estratégia comum e vencedora no mercado de ações, com importantes relatos sobre as suas vantagens em momentos de baixa ou de alta do mercado. Mostramos que oportunidades no mercado não faltam, por isso é importante o investidor possuir habilidades de análise bem desenvolvidas.

1.6. Destaques

1. O significado econômico de "investir", nos dicionários, é "aplicar capitais com finalidade lucrativa", mas isso pode ser feito por diferentes estratégias, entre elas, com foco nos dividendos das empresas.
2. Duas das estratégias de longo prazo mais disseminadas na literatura financeira são aquelas com foco em empresas de valor (*value investing*) e de crescimento (*growth investing*). Uma terceira via que deriva delas duas é o *dividend investing*, herdando características de ambas.
3. Uma das principais diferenças entre o *value investing* e o *growth investing* é o tratamento dos lucros, sendo uma parte necessariamente

distribuída como "dividendos" e outra reinvestida na empresa para fomentar seu crescimento futuro.
4. O *dividend investing* é a estratégia de investimento com foco em ações de empresas que oferecem bons dividendos como renda passiva e regular aos investidores.
5. Crises vêm e vão! Elas não estão apenas na história do mercado de ações nem deixarão de existir. Em meio ao pânico, podem apresentar boas oportunidades.
6. O Senhor Mercado antecipa a economia real e derruba os preços das ações antes que os lucros realmente mudem no novo contexto econômico. Mas cuidado: normalmente ele exagera.
7. O mercado antecipa os efeitos das crises, mas muitas vezes exagera na dose, o que pode abrir janelas de oportunidade para o investidor comprar boas ações por preços descontados.
8. A hora certa de comprar é quando ninguém mais quer comprar ações. É quando o investidor bem-informado e atento ao mercado vê uma oportunidade onde outros não veem, e essa oportunidade deve ser aproveitada.
9. Os investidores que conseguem se posicionar em empresas sólidas durante as crises tendem a obter retornos positivos ao longo do tempo.
10. Oportunidades no mercado não faltam, por isso é importante o investidor possuir habilidades de análise bem desenvolvidas.

2.
OS GRANDES INVESTIDORES E OS DIVIDENDOS

"Qualquer um pode enriquecer com ações.
Basta comprar papéis baratos, negociados abaixo do valor
patrimonial, bons pagadores de dividendos, e esperar."
Luiz Barsi Filho

Os principais investidores de sucesso que têm nos dividendos a famosa "renda passiva" analisam com cuidado as empresas a fim de identificar a probabilidade de elas continuarem pagando dividendos em proporções iguais ou superiores no futuro, desde que seus fundamentos justifiquem esses pagamentos.

Por exemplo: uma empresa que paga mais dividendos do que a sua estrutura financeira suporta, chegando até a pagar mais dividendos do que obtém em lucros durante alguns períodos, certamente vai enfrentar problemas de continuidade. Isso é especialmente importante em períodos de crise, que elevam os riscos, mas também oferecem oportunidades aos investidores.

"Agora é um excelente momento para ser
um investidor em dividendos!"

A frase acima é de **Charles Carlson**, autor de *The Little Book of Big Dividends* (O pequeno livro dos grandes dividendos). Carlson revela uma receita para ficar rico recebendo dividendos no mercado de ações:

"Encontre ações com potencial de valorização acima da média, dividendos seguros e crescentes, e compre-as a preços atrativos."

Isso é algo impossível de fazer? Não! Mas é o senso comum? Por que seria uma "receita"? Porque, apesar de parecer senso comum, muitas pessoas esquecem ou ignoram essa receita, na ânsia de ficarem ricas rapidamente. Essa é uma fala que converge com o que diz **Luiz Barsi Filho**, um dos principais investidores brasileiros:

"(Investir por dividendos) é uma estratégia simples, mas que a maioria das pessoas não segue porque busca aquela fórmula rápida de enriquecimento rápido."

Considerado o maior investidor fundamentalista de todos os tempos, o americano **Warren E. Buffett**, um senhor de mais de 90 anos que iniciou a carreira como investidor aos 11, inicia o prefácio à quarta edição do best-seller *O investidor inteligente*, de autoria de seu professor e mentor **Benjamin Graham**, com a seguinte afirmação:

"Investir com sucesso ao longo de uma vida inteira não requer um quociente de inteligência estratosférico, uma visão empresarial incomum ou informações privilegiadas."

Graham é considerado o pai do *value investing* e seu livro é tido por muitos como o primeiro a descrever para investidores individuais o arcabouço emocional e as ferramentas analíticas essenciais ao sucesso nos investimentos. Em *O investidor inteligente*, Graham dedica um capítulo à "**escolha de ações para o investidor defensivo**", sugerindo a análise de uma série de critérios para se certificar de que a empresa possui um mínimo de qualidade no desempenho passado e um mínimo de quantidade em termos de lucro. Entre esses critérios, destaca-se o histórico de dividendos da empresa (Graham, 2007).

2.1. A famosa renda passiva

Muitos investidores veem na estratégia de investimento para recebimento de dividendos a longo prazo uma ótima oportunidade de ter a famosa "**renda passiva**". Essa é uma forma de **receber rendimento "quase" sem nenhum esforço**. Quase porque é óbvio que há um trabalho de análise e de acompanhamento da empresa para garantir esse recebimento ao longo do tempo. Porém é fato que a ideia principal é obter mais renda com o menor esforço possível.

Em geral, os investidores podem obter renda de duas maneiras: de forma ativa ou de forma passiva.

- **Renda ativa:** obtida por meio do esforço do indivíduo, a partir de dedicação contínua de tempo e de conhecimento. Usualmente, quanto maior o esforço, maior a renda. Um exemplo desse tipo de renda é o salário recebido por um indivíduo a partir do emprego de sua habilidade física ou intelectual no desempenho de uma função. Quanto mais o indivíduo trabalha, maior tende a ser a sua remuneração. A ausência de desempenho na função, seja por falta ou fim de contrato, suspende esse tipo de renda.
- **Renda passiva:** obtida sem a necessidade de esforço contínuo do indivíduo, normalmente não exigindo a dedicação permanente de tempo e de conhecimento. Permite que o indivíduo aumente sua renda sem aumentar seu esforço de trabalho. Um exemplo desse tipo de renda remete ao sonho comum de grande parte da população brasileira: ganhar na loteria, colocar o dinheiro na poupança e viver de juros. Por mais que essa não seja a melhor alternativa de investimento, a ideia de "viver de juros" sobre o capital aplicado, sem fazer uso desse capital, remete a uma renda passiva. Todos os meses os juros estarão lá, à disposição do indivíduo, sem que ele necessite fazer maior esforço físico ou intelectual para isso. Por mais que decida parar de trabalhar e não realizar nenhum outro esforço de análise de alternativas de investimento, ele poderá "viver de juros" passivamente.

Para conseguir uma renda passiva de maneira confiável e permanente, o investidor precisa dedicar tempo e conhecimento à análise de suas alternativas de investimento. A ideia aqui apresentada é a de que não há a necessidade de esforço contínuo e crescente ao longo do tempo para se obter renda cada vez maior, como ocorreria com a renda ativa. **Dedicar mais tempo à análise das empresas tende a dar maior segurança às escolhas para o investimento.**

A análise inicial tende a requerer maior dedicação do investidor, por ele estar começando o relacionamento com aquela empresa, especialmente se o setor for novo ou pouco conhecido por ele. O acompanhamento dessa empresa ao longo do tempo tende a requerer menor dedicação de tempo, como, por exemplo, na análise de seus resultados trimestrais (após a avaliação inicial para escolha da empresa).

Essa renda passiva pode ser obtida com a aplicação de capital novo, como a destinação de parte do salário a aportes aos investimentos, ou sem a aplicação de capital novo, como o reinvestimento dos dividendos recebidos na compra de novas ações. **Quanto maiores os aportes e o tempo de aplicação dos recursos, em média, maior tende a ser a renda passiva.**

De maneira similar ao efeito dos juros compostos, a renda passiva tende a crescer exponencialmente, oferecendo ao investidor maior independência financeira e maior flexibilidade profissional, permitindo, por exemplo, que ele realize um número maior de viagens a lazer, ou mesmo que se permita retirar um período sabático.

2.2. Os investidores caçadores de dividendos

No mundo dos investimentos há diversos investidores que fizeram fortuna por meio do investimento em ações de empresas nos mercados de capitais. Nomes como Warren Buffett, George Soros, Ray Dalio, Jim Simons, entre outros, representam bilhões de dólares obtidos por meio de estratégias próprias de investimento.

No Brasil, os principais investidores que alcançaram as cifras dos bilhões de reais são conhecidos por serem adeptos da estratégia de renda passiva, como **Lírio Parisotto, Luiz Alves Paes de Barros (LAPB)** e **Luiz**

Barsi Filho. Esses investidores se destacam por falarem abertamente sobre a preferência por empresas sólidas, baratas e pagadoras de dividendos.

2.2.1. Lírio Parisotto (Parisotto)

*"Eu sou um caçador de dividendos.
O que me interessa é o faz-me rir."*

Lírio Albino Parisotto é um gaúcho nascido no município de Nova Bassano em 18 de dezembro de 1953. Formado em medicina pela Universidade de Caxias do Sul, atuou pouco na profissão, tendo se destacado como empresário e investidor de sucesso. Sua história com a Bolsa de Valores é marcada por uma primeira experiência negativa, em 1971, quando **perdeu todo o dinheiro de um prêmio ganho pela monografia vencedora de um concurso**, que correspondia ao valor de um carro fusca novo.

Parisotto iniciou sua trajetória no comércio, com uma pequena loja de instalação de aparelhos toca-fitas para carros. Ela foi o embrião do que se tornaria mais adiante a Audiolar, referência regional no varejo de eletrodomésticos e eletroeletrônicos daquela época.

A liderança de mercado conquistada pela Audiolar chamou a atenção da Sony, que convidou Lírio para uma visita à sua matriz no Japão. Uma viagem decisiva para o futuro: lá, Lírio conheceu o processo de produção de fitas de vídeo VHS sob medida, fabricadas e gravadas com matéria-prima suficiente para atender exatamente ao tempo de duração de cada filme encomendado. Esse conceito, então inédito no Brasil, onde se usavam fitas com poucos tempos de duração predeterminados, evitava desperdícios e gerava um ganho de escala inconteste.

A percepção focada de Lírio Parisotto na oportunidade contida naquele processo industrial foi a pedra fundamental da Videolar, que se tornaria a maior fabricante de mídias virgens e gravadas da América Latina: fitas VHS, audiocassetes, disquetes, CDs, DVDs e discos de Blu-ray. De forma notória, a Videolar escreveu a história do *home video* no Brasil e chegou a fabricar, do Polo Industrial de Manaus para todo o país, 1,5 milhão de mídias por dia.

A Videolar foi a única empresa em todo o mundo a atender simultaneamente aos seis *majors*, como são chamados os estúdios cinematográficos de

Hollywood. Cobriu mais de 90% do mercado, fabricando e gravando mídias também para distribuidoras independentes de todos os portes, indústria fonográfica, jornais, revistas e mercado editorial como um todo. Sua estrutura oferecia um sistema ponta a ponta de fabricação, distribuição, entrega e cobrança, liberando os clientes de infraestruturas e estoques para que centrassem seus esforços em marketing e vendas.

Os resultados da Videolar permitiram a Lírio Parisotto acumular renda ativa para retornar ao mercado de capitais no início da década de 1990, **investindo US$ 2 milhões, dessa vez obtendo mais sucesso na empreitada, multiplicando esse valor por quatro em apenas um ano**, o que lhe permitiu financiar o crescimento da Videolar e ampliar sua atuação como empresário.

Em 1990, Parisotto havia transferido sua fábrica de fitas VHS sob medida ao Polo Industrial de Manaus e, em 2020, tomou a decisão de erguer a primeira petroquímica da Região Norte para fabricar a resina poliestireno, matéria-prima dos estojos de CDs e das fitas VHS, além de insumo essencial de diversas indústrias vizinhas instaladas na região, como as de eletroeletrônicos e eletrodomésticos com seus gabinetes dos refrigeradores e TVs, e as de materiais de escritório e escolares.

Em 2014, o empresário adquiriu da Petrobras a petroquímica Innova. Ao mesmo tempo, encerrou as atividades industriais de mídias gravadas. No ano seguinte, a Videolar incorporou a Innova, dando origem à Videolar-Innova S/A. A nova companhia, sob a marca Innova, é uma petroquímica com unidades industriais em Manaus (AM) e Triunfo (RS), fabricando o monômero de estireno (SM), as resinas poliestireno (PS) e poliestireno expansível (EPS) e, como transformadora de plásticos, fabricando o polipropileno biorientado (BOPP).

Ao longo de sua saga industrial, Lírio Parisotto se destacou também pelo sucesso no mundo dos investimentos, chegando a ser responsável por um terço de todos os recursos geridos pelo banco Geração Futuro por meio de seu fundo de investimento, o **"Geração Futuro L.PAR FIA"**, cujo patrimônio no final de 2024 era de cerca de R$ 3,7 bilhões (para 20 cotistas), como podemos ver na Figura 7.

Figura 7: Desempenho do fundo Geração Futuro L.PAR (2010 a 2024).

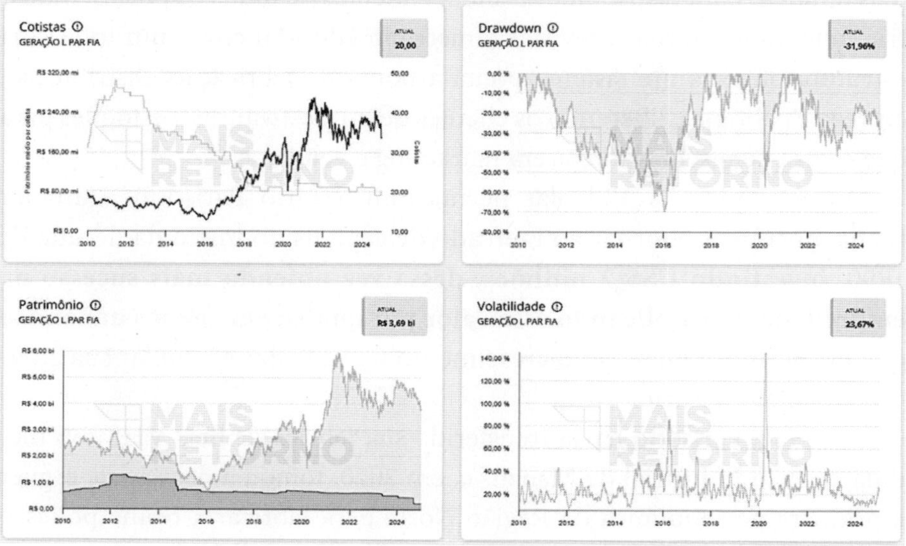

Fonte: maisretorno.com.

No plano superior esquerdo da Figura 7 é possível ver as variações da quantidade de cotistas (linha cinza) e do patrimônio médio por cotista (linha preta). No plano superior direito, a variação de *drawdown* (queda) do fundo. Nos planos inferiores, à esquerda estão as variações dos valores aplicados no fundo (em preto) e do patrimônio líquido (em cinza), e à direita, o seu histórico de volatilidade.

Lírio é conhecido por gostar de acompanhar as empresas em que investe com "**olhar de dono**", de dentro, participando do dia a dia das companhias. O investidor também é conhecido por ser um dos adeptos da filosofia da renda passiva. Algumas falas suas ficaram bastante conhecidas, como a autodenominação "**caçador de dividendos**". Para ele, o que interessa é o "**faz-me rir**", referindo-se ao recebimento contínuo de dividendos das empresas em que investiu, o que configura a famosa renda passiva.

Sua filosofia de investimento tem foco no longo prazo, concentrando-se em **empresas sólidas, que pagam altos dividendos, de setores tradicionais como siderurgia, mineração, bancos e energia elétrica**. Durante a crise financeira de 2008 ele ficou famoso por não ter vendido suas posições, mesmo extremamente desvalorizadas, tendo comprado mais ações naquela oportunidade por tê-las enxergado descontadas. A Figura 8 compara o retorno do seu fundo de investimento em ações (FIA) com o índice Ibovespa desde o início de 2010 até o final de 2024, tendo o Geração Futuro L.PAR FIA obtido cerca de 105,94% de retorno contra 71,61% do Ibovespa.

Figura 8: Comparativo de rentabilidade L.PAR × Ibovespa (2010 a 2024).

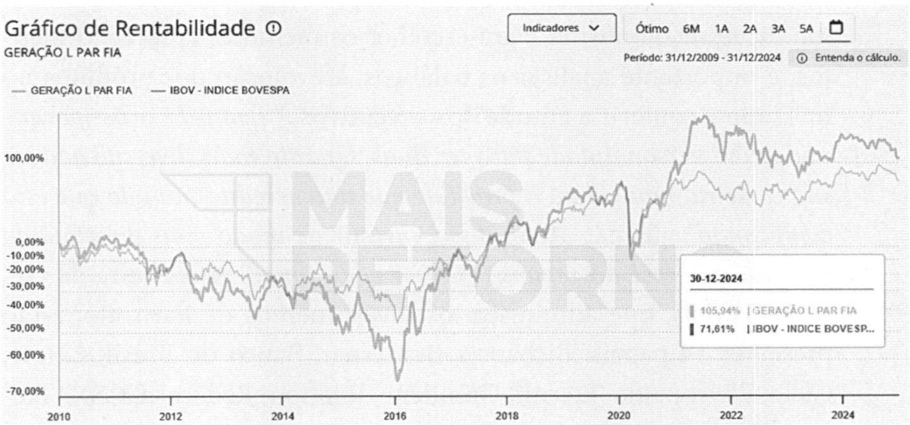

Fonte: maisretorno.com.

Segundo informações obtidas pelos autores diretamente da gestão do fundo, em 2021, quando conversamos com Lírio Parisotto, a carteira do Geração Futuro L.PAR FIA era composta por ações de empresas como Braskem, Banco do Brasil, Bradespar, Celesc, Cielo, CSN, CSN Mineração, Eletrobras, Eternit, Vale e Usiminas. Naquela época ele nos disse que cada real investido no fundo em setembro de 1998 resultaria em cerca de R$ 154 em agosto de 2021, o que representava uma taxa de crescimento anual de cerca de 24,5%.

Em entrevista concedida em 9/10/2010 ao jornal *Brasil Econômico*, publicada na página eletrônica do portal IG, Parisotto compartilhou parte de sua experiência acumulada ao longo de todos esses anos por meio de seus **dez mandamentos para quem investe em ações**, os quais reproduzimos a seguir (Bessi, 2010):

1. **Não perca tempo com a Oferta Pública de Ações:** "*As empresas que abrem seu capital representam uma aventura para o investidor. Muito se gasta na contratação de bancos, impressão de materiais para divulgação e anúncios em jornais, mas o lucro posterior nem sempre será representativo*", diz Parisotto sobre os IPOs, sigla em inglês para oferta pública inicial de ações. "*Não vou dizer que todos são negócios ruins. Há exceções, mas são poucas.*"
2. **Não diversifique sua carteira de ações:** Segundo Parisotto, há pouca diferença de rentabilidade entre as empresas. "*Somente duas ou três são expressivas*", afirma. Para escolher os melhores empreendimentos, é importante analisar os balanços, a evolução dos produtos no mercado e conferir a atitude dos executivos. "*Tenho 12 ações porque não tenho personalidade para ter duas. Quanto mais diversificada for sua carteira, maior será a prova de que não acredita naquilo que está comprando*", afirma. "*Além disso, investir de modo mais direcionado permite que você acompanhe melhor cada uma.*" Na carteira da Geração Futuro, que administra os investimentos de Parisotto, estão presentes 14 papéis: Bicbanco, Bradespar, Banco do Brasil, Celesc, Cielo, Eletropaulo, Eternit, Grendene, Randon, Redecard, CSN, Tecnisa, Transmissão Paulista e Usiminas.
3. **Fuja de ações dos setores aéreo e varejista:** "*A maioria das empresas do setor aéreo – tanto no Brasil como no exterior – não teve um bom desempenho e precisou de ajuda do governo. Outras faliram. E o comércio varejista hoje está se reinventando, não tem proteção, sofre muitas oscilações*", afirma o empresário. Já entre siderúrgicas e companhias elétricas, diz ele, é muito difícil encontrar alguma que quebrou.
4. **Fique longe de empresas que tenham sede em países exóticos:** "*É um absurdo que empreendimentos no Brasil tenham sede nas Bahamas, por exemplo*", afirma. "*Imagine a dificuldade para analisar essa empresa criada em outro país, ou mesmo uma que se transfira para o exterior para depois abrir capital aqui. É perigoso.*"
5. **Não compre ações de empresas que deem prejuízo:** Esse mandamento pode parecer óbvio, mas não é, segundo o megainvestidor. "*Muitas pessoas investem nelas porque suas ações estão mais baratas,*

mas isso não é interessante. Empresa que dá lucro não quebra e não fica se explicando aos investidores pelo prejuízo dado."
6. **Ter liquidez é fundamental:** Quando você faz seus investimentos em empresas que ficam dias sem ser negociadas, terá problemas, acredita ele. Mesmo quando quiser gastar não conseguirá comprar as ações. Imagine, então, a dificuldade na hora de vender os papéis, sugere.
7. **Procure ações boas e baratas:** "*Ações com preço baixo são facilmente encontradas, mas qualidade é outro caso. Não adianta dizer que a empresa é boa se é preciso esperar 50 anos de lucro para chegar ao preço dela no mercado.*" Fuja dessas, recomenda.
8. **Faça as próprias avaliações:** "*Seguir loucamente boatos sobre o mercado é muito arriscado. No movimento de queda da bolsa, às vezes não há motivo para vender as ações, desde que sejam feitas análises e avaliações corretas dos números da companhia a longo prazo*", afirma ele. Se não quiser avaliar, contrate alguém que faça isso por você.
9. **Tenha coragem na baixa do mercado e controle a ganância na alta:** "*Quando o mercado cair e os preços das ações ficarem reduzidos, não venda suas aplicações desesperadamente*", recomenda o veterano investidor. "*Controle o medo e coloque mais dinheiro, esse é o momento de investir.*"
10. **Aposte num azarão:** "*Fazer investimentos também pode ser uma fonte de diversão*", diz. "*Apostas diferentes do convencional proporcionam novos desafios e possibilidades.*"

2.2.2. Luiz Alves Paes de Barros (LAPB)

"Quando começo a comprar uma ação nova, vou comprando torcendo para cair. Quanto mais cair enquanto compro, melhor. Gosto de pagar e acumular pagando pouco, e não pagando muito."

Luiz Alves Paes de Barros nasceu em 1948, integrando uma família tradicional e dona de uma das maiores usinas de cana-de-açúcar do interior de São Paulo. Ele se formou em economia pela Universidade de São Paulo e iniciou sua carreira como investidor com dinheiro recebido de sua família, que, segundo a *Exame*, era algo em torno de US$ 10 mil (Bautzer,

2014). Apesar de bem-afortunada, sua família perdeu quase todo o montante por "não saber gastar", como afirma o próprio Luiz Alves, enquanto ele iniciava o acúmulo de sua fortuna adotando um estilo de vida desprovido de luxos.

Relatos apontam que a **sua primeira ação foi do Banco de Commércio e Indústria de São Paulo S.A. (Comind), quando ele tinha apenas 16 anos**, e que a ação fora registrada em seu nome, ainda em papel, contendo o termo "menor", uma vez que ele ainda não tinha alcançado a maioridade (Mais Retorno, 2020b). No início de sua carreira, também negociou commodities e foi sócio, em 1979, de Luis Stuhlberger na corretora Griffo, a qual mais tarde foi fundida à corretora Hedging e depois vendida ao Credit Suisse, em 2006, dando origem ao *private banking* Credit Suisse Hedging-Griffo (CSHG).

Um dos negócios mais famosos feito por Alves foi a aquisição de cerca de 5% do Banco Real ao longo de alguns anos, antes da venda do Real ao ABN Amro, em 1999, quando ele vendeu toda a sua participação por cerca de US$ 100 milhões, com um preço por ação muito próximo daquele pago aos controladores do banco, o que lhe proporcionou um **retorno sobre esse investimento de cerca de 40 vezes o valor investido** naquela posição. Desde então, tem acumulado outros negócios tão vencedores como aquele.

O **bilionário anônimo**! Ou **bilionário fantasma**, como preferir. Assim Luiz Alves era chamado pela mídia financeira e por alguns integrantes do mercado financeiro. Isso porque durante muito tempo ele dificilmente dava entrevistas, não fazia palestras nem participava de eventos do mercado financeiro. Segundo a *Exame*, sua rotina era vasculhar a Bolsa de Valores em busca de ações baratas e participar dos conselhos de administração das empresas nas quais investia.

Em agosto de 2003, Luiz Alves criou o fundo Poland, exclusivo, que em 2024 contava com dois cotistas. Apesar do anonimato, Luiz Alves e seu fundo Poland começaram a ficar famosos pelo bom desempenho, acima do Ibovespa. Com isso, diferentes participantes do mercado passaram a acompanhá-lo à distância, na tentativa de conhecer um pouco mais sobre esse anônimo vencedor.

Sua estratégia de investimento consiste em comprar ações comprovadamente baratas, considerando o preço pago pela ação, o valor patrimonial da empresa, os lucros e os dividendos que a empresa lhe oferece. Segundo Luiz Alves, essa conta tem de ser simples. Ele busca acompanhar todas as notícias e balanços das suas empresas. Quando entra em uma posição, busca acumular mais de 5% do capital da empresa para ter acesso a um assento no conselho de administração e poder defender seus interesses como investidor.

Entre esses interesses estão seus dividendos! Um caso famoso e citado pela *Exame* foi a disputa que Alves promoveu com a gestão da Comgás (Companhia de Gás de São Paulo). Quando a Cosan adquiriu a empresa, desejava levar a companhia ao Novo Mercado, segmento mais elevado de governança corporativa da B3. À época, Alves possuía 40% das ações preferenciais (sem direito de voto nas assembleias de acionistas) e menos de 0,1% das ações ordinárias (com direito de voto).

Alves conseguiu barrar a migração da Comgás ao Novo Mercado, o que faria com que todas as suas ações preferenciais fossem transformadas em ordinárias, passando a ter direito de voto, mas, por outro lado, perdendo o adicional de 10% de dividendos em relação à ação ordinária. Como ele tinha o objetivo de continuar recebendo os altos dividendos, exigiu um prêmio de 10% na conversão de suas ações (receberia um número 10% maior de ações ordinárias), o que inviabilizou a migração ao Novo Mercado, uma vez que isso faria com que a Cosan tivesse seu controle diluído. Então a Cosan desistiu do Novo Mercado.

Em 2015, Luiz Alves ingressou em um dos mais recentes e ambiciosos projetos de sua carreira como investidor, criando a gestora de recursos "Alaska Asset". Junto a outros investidores e gestores, como Henrique Bredda e Ney Miyamoto, ele criou a família de fundos "Alaska Black", além de ter transferido para dentro da Alaska Asset seu fundo Poland, o qual passou a se chamar "Alaska Poland FIA".

Apesar de participar da gestão dos demais fundos da Alaska Asset, **Luiz Alves continua mantendo a maior parte do seu patrimônio no fundo Poland**. A Figura 9 apresenta estatísticas de desempenho desse fundo desde o início de 2010. Note que ele chegou a ultrapassar a barreira de R$ 4 bilhões em patrimônio e **no final de 2024 tinha um patrimônio de cerca de R$ 3,4 bilhões**. Seu maior *drawdown* foi em março de 2020, com a crise da covid-19.

Figura 9: Desempenho do fundo Alaska Poland FIA (2010 a 2024).

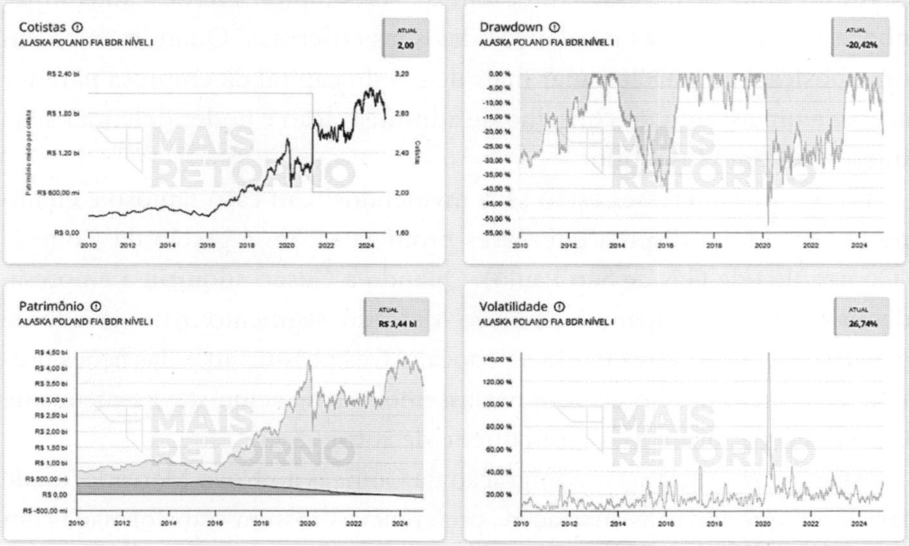

Fonte: maisretorno.com.

Apesar de o fundo Poland ter "apenas" 21 anos de existência, do alto dos seus 77 anos Luiz Alves tem mais de meio século de experiência na Bolsa de Valores. Adepto da análise fundamentalista e do famoso *value investing* (investimento em valor), propagado por Warren Buffett, Luiz Alves segue à risca a estratégia de comprar na baixa e vender na alta quando os fundamentos não explicam o preço da ação na Bolsa de Valores.

Um de seus investimentos mais certeiros foram as ações da varejista Magazine Luiza, adquiridas em 2015, quando estavam extremamente desvalorizadas, e que, segundo reportagem do *Estadão*, valorizaram-se mais de 16.000% até o final de 2019 (Guimarães, 2019). Ele começou a comprar as ações no seu fundo exclusivo (Poland) antes mesmo dos demais fundos da Alaska. Em seguida, os demais fundos da Alaska passaram a formar posição na empresa e conseguiram um assento em seu conselho de administração.

O desempenho de Luiz Alves na Bolsa de Valores é de impressionar qualquer investidor. Na Figura 10, é possível verificar que o retorno acumulado do fundo Poland desde o início de 2010 até o final de 2024 foi de 482,21%, enquanto o Ibovespa rendeu 71,61%. Desde a sua criação, o fundo acumula mais de 3.700% de retorno em um período de pouco mais de 21 anos.

Figura 10: Comparativo de rentabilidade Poland × Ibovespa (2010 a 2024).

Fonte: maisretorno.com.

Com a criação da Alaska Asset, ele passou a participar de forma mais ativa do meio social do mercado financeiro brasileiro, sob pretexto de contribuir para a educação financeira do país, especialmente de investidores mais jovens. Desde então, tem sido mais comum vê-lo dando entrevistas e participando de eventos do mercado financeiro, assim como encontrá-lo proferindo palestras nos mais diferentes tipos de evento ao longo do território brasileiro. Algumas **lições de Luiz Alves que ficaram famosas** são:

1. *"Quando começo a comprar uma ação nova, vou comprando torcendo para cair. Quanto mais cair enquanto compro, melhor. Gosto de pagar e acumular pagando pouco, e não pagando muito."*
2. *"Se cair eu compro, se subir eu vendo. Mercado tem todo dia."*
3. *"Quer fazer um papel subir? Venda e distribua ação para o público ter e torcer junto com você. Quer fazer um papel cair? Seja bobo pagando para cima e puxando. Assim todos vendem para você, e você fica sozinho numa ação em que ninguém mais tem interesse."*

4. *"Se você quiser conhecer uma ação mesmo, comece se envolvendo com ela. Compre um pouco, venda um pouco e veja se o preço na tela é de verdade ou de mentira."*
5. *"Aperfeiçoar a paciência é tudo que eu fiz nos últimos 50 anos."*

2.2.3. Luiz Barsi Filho (Barsi)

"Qualquer um pode enriquecer com ações.
Basta comprar papéis baratos, negociados abaixo do valor
patrimonial, bons pagadores de dividendos, e esperar."

Luiz Barsi Filho é um paulista filho de imigrantes espanhóis, nascido no município de São Paulo em 10 de março de 1939. Formado em estrutura e análise de balanços, em economia e em direito, começou a trabalhar aos 9 anos como engraxate e, aos 14, ingressou em uma corretora de valores mobiliários, na qual fez seus primeiros investimentos em ações, aplicando o que sobrava do seu salário.

Barsi foi editor de economia e mercado do jornal *Diário Popular* entre os anos de 1970 e 1988 e da revista *Marketing* entre 1989 e 1992. Ele ainda atua como investidor profissional. No final de 2019, assumiu a presidência do Conselho Regional de Economia de São Paulo (Corecon-SP), passando a participar de forma mais ativa no mercado profissional. Como acionista, participou dos conselhos de administração de empresas como Eternit e Unipar Carbocloro.

Barsi é chamado por muitos integrantes do mercado financeiro de Rei da Bolsa, Buffett Brasileiro e Rei dos Dividendos – esta última alcunha chega a dar nome à sua autobiografia, *O Rei dos Dividendos*, lançada em 2022 pela Editora Sextante. Ele é conhecido como **o maior investidor individual da bolsa brasileira**, pois, diferentemente dos demais investidores citados neste livro, que utilizam fundos de investimento para gerirem suas fortunas, Barsi investe todo o seu patrimônio como pessoa física, sem a utilização de fundos. Ele também é o investidor com maior experiência (cerca de 68 anos de Bolsa de Valores) e o mais velho entre os brasileiros citados neste livro (com mais de 80 anos de idade).

Apesar de ter uma **fortuna estimada em cerca de R$ 4 bilhões no ano**

de 2024, Barsi é conhecido por sua personalidade discreta e seus hábitos simples (Anjos, 2024). Em entrevista ao *InfoMoney*, ele afirmou que "**dinheiro não é para gastar, só serve para fazer mais dinheiro**" (Agência Estado, 2019). Ele vai diariamente de sua casa, no bairro do Tatuapé, ao seu escritório, no centro de São Paulo, utilizando o metrô, e é comum encontrá-lo caminhando nas calçadas do centro paulistano, nas imediações do edifício da B3. Nós mesmos já o vimos algumas vezes andando sozinho!

Barsi também se diferencia de Lírio Parisotto e Luiz Alves por ser o investidor que propaga com mais frequência e intensidade a estratégia de investimento em empresas pagadoras de dividendos. Há 46 anos ele montou sua carteira de ações, chamada de "Carteira de Previdência", com a estratégia de comprar ações que pagam bons dividendos e segurá-las por longo período, independentemente de suas cotações. Seu objetivo é a renda passiva oferecida por essa carteira ao longo dos anos.

Em entrevista ao *InfoMoney* em meados de 2019, Barsi afirmou que essa carteira era composta de 12 empresas em estágio de crescimento avançado, que não necessitam de tantos investimentos para financiar sua expansão. Segundo o próprio Barsi, "**eu não invisto em ações da Bolsa, eu compro participações em empresas com bons projetos, gosto de companhias tradicionais e só compro as ações quando os preços estão em queda, nunca em alta**". A ação mais antiga de sua carteira é a do Banco do Brasil, há 32 anos, sendo Barsi a pessoa física com maior participação acionária nesse banco.

Ainda na década de 1970, ele estabeleceu como primeira meta possuir 100 mil ações da Cesp (Companhia Energética de São Paulo), na época cotadas a cerca de R$ 0,50 por ação (em equivalência de moeda daquela época), o que valia algo perto de US$ 5 mil, menos que o valor de um carro popular da época. Como ele mesmo conta, a Cesp pagava semestralmente um dividendo mínimo, prioritário e obrigatório de 10% sobre o seu valor nominal de cerca de R$ 1,00. Ele relata que, após conquistar aquela meta, várias outras foram estabelecidas e conquistadas, com muita disciplina, paciência e perseverança, por meio de ações que distribuíam bons dividendos, o que foi fundamental (Barra, 2016).

Ainda ao *InfoMoney*, Barsi relata que, quando estava começando a investir, fez um estudo sobre as características das empresas que eram bons investimentos. Nesse estudo, "cheguei à conclusão de que empresas lucrativas e que pagavam bons dividendos eram boas alternativas de investimento". Nas décadas seguintes, ele baseou sua estratégia de investimento nesse estudo, cujo nome era "**Ações Garantem o Futuro**". Então passou a propagar isso com frequência. Suas análises buscam identificar em uma empresa as seguintes características:

- Se produtos e/ou serviços da empresa serão consumidos por longos períodos;
- Se suas regras societárias são bem definidas, mostrando quem é o seu controlador;
- Se possuem boa gestão;
- Se são lucrativas;
- Se distribuem dividendos regularmente.

A estratégia de investimento de Luiz Barsi se tornou tão conhecida e difundida que passou a ser chamada de "Jeito Barsi de Investir" e virou um projeto liderado por sua filha, Louise, em que oferece um curso destinado a investidores que desejam aprender essa estratégia. Em entrevista à *Exame*, o próprio Luiz Barsi revelou que ela "é uma estratégia simples, mas que a maioria das pessoas não segue porque busca aquela fórmula de enriquecimento rápido".

Barsi fala que o importante é comprar ações de boas empresas com desconto, quando o mercado está pressionado para baixo. Na mesma entrevista, afirmou que durante a pandemia do novo coronavírus, em 2020, quando a Bolsa de Valores caiu de 119 mil pontos no final de janeiro para 86 mil pontos no dia 9 de março, ele estava aproveitando a influência psicológica que pressionava para baixo os preços das ações para comprar mais. Afirmou então: "Eu estou comprando tudo aquilo que é possível comprar" (Redação Exame, 2020).

Luiz Barsi acredita que investir em ações, além de ser uma maneira de investir na geração de riqueza para o país, pois viabiliza o financiamento de bons negócios que geram emprego e renda, é uma ótima alternativa de criar renda passiva e garantir sua previdência no futuro. Segundo o investidor, no mercado brasileiro ainda há uma cultura equivocada de "comprar na baixa e vender na alta", o que ele afirma que só é bom para a Bolsa de Valores, que fatura com o giro das carteiras dos investidores.

Ele propaga a mentalidade de investimento como gerador de riqueza, com foco no longo prazo. Algumas **lições de Luiz Barsi que ficaram famosas** são:

1. *"Dinheiro não é para gastar, só serve para fazer mais dinheiro."*
2. *"Qualquer um pode enriquecer com ações. Basta comprar papéis baratos, negociados abaixo do valor patrimonial, bons pagadores de dividendos, e esperar."*
3. *"Examine bem os fundamentos da empresa e conheça-a bem. Veja o histórico de dividendos, sua saúde financeira, a perspectiva daquele setor, o comprometimento do gestor. Seja chato."*
4. *"O mercado sempre premiará aqueles que forem capazes de fazer uma leitura correta de determinados eventos."*
5. *"Ações são como vacas! Nunca se desfaça delas. Quanto mais vacas, mais leite!"*
6. *"Hoje posso afirmar sem engano que ações garantem o futuro."*

2.3. Destaques

1. A escolha de ações para o investidor defensivo deve ser guiada por um mínimo de qualidade no desempenho passado e um mínimo de quantidade em termos de lucro.
2. Muitos investidores veem na estratégia de investimento para recebimento de dividendos no longo prazo uma ótima oportunidade de ter a famosa "renda passiva".
3. O Caçador de Dividendos (Lírio Parisotto), o Bilionário Anônimo (Luiz Alves) e o Rei da Bolsa (Luiz Barsi) são exemplos de que o cuidado na escolha de empresas sólidas, baratas e pagadoras de dividendos pode levar você à longevidade na Bolsa de Valores e, quiçá, à fortuna.
4. *"O que interessa é o faz-me rir."* (Lírio Parisotto, referindo-se ao recebimento contínuo de dividendos das empresas investidas, o que configura a famosa renda passiva.)

5. *"Empresa que dá lucro não quebra e não fica se explicando aos investidores pelo prejuízo dado."* (Lírio Parisotto)
6. *"Se você quiser conhecer uma ação mesmo, comece se envolvendo com ela. Compre um pouco, venda um pouco e veja se o preço na tela é de verdade ou de mentira."* (Luiz Alves)
7. *"Quando começo a comprar uma ação nova, vou comprando torcendo para cair. Quanto mais cair enquanto compro, melhor."* (Luiz Alves)
8. *"Eu não invisto em ações da Bolsa, eu compro participações em empresas com bons projetos, gosto de companhias tradicionais e só compro as ações quando os preços estão em queda, nunca em alta."* (Luiz Barsi)
9. *"Investir em ações, além de ser uma maneira de investir na geração de riqueza para o país, pois viabiliza o financiamento de bons negócios que geram emprego e renda, é uma ótima alternativa de criar renda passiva e garantir sua previdência no futuro."* (Luiz Barsi)

3.
BASE LEGAL E TRIBUTAÇÃO DOS DIVIDENDOS

"O valor de todos os investimentos é afetado pelas mudanças na legislação fiscal."
Aswath Damodaran

O histórico de desenvolvimento do mercado de ações no Brasil possui estreita relação com a figura do dividendo mínimo obrigatório. Desde o final da década de 1960 o país utiliza instrumentos legais para incentivar investimentos no mercado de ações, como os extintos Fundos 157, criados pelo decreto-lei 57/1967 e que davam aos contribuintes a opção de utilizar parte do imposto devido, quando da declaração de imposto de renda, na aquisição de quotas de fundos de ações.

Isso provocou um rápido crescimento da demanda por ações no Brasil, desencadeando o chamado "boom de 1971" na Bolsa do Rio de Janeiro, quando houve uma onda especulativa de realização de ganhos depois da rápida valorização das ações. Esse movimento especulativo teve curta duração, mas levou ao mercado vários anos de depressão, depois que algumas empresas extremamente frágeis e sem qualquer compromisso com seus acionistas aproveitaram aquele momento para realizar ofertas de ações, gerando grandes prejuízos e manchando a reputação do mercado (CVM, 2014).

A partir de 1975, o mercado de ações do Brasil apresentou sinais de recuperação, tendo passado por vários outros incentivos com o objetivo de aumentar o mercado, tais como: **isenção fiscal dos ganhos obtidos em Bolsa de Valores**; possibilidade de **abatimento no imposto de renda de** parte dos valores aplicados na subscrição pública de ações decorrentes de aumentos de capital; e **programas de financiamento a juros subsidiados pelo Banco Nacional de Desenvolvimento Econômico e Social** (BNDES) aos subscritores de ações distribuídas publicamente.

Diante daquele quadro de estagnação, surgiram duas leis como tentativa de recuperação do mercado acionário em 1976:

1. **Lei nº 6.385/1976**, que, entre outras inovações, criou a Comissão de Valores Mobiliários (CVM), instituição governamental destinada a regulamentar e desenvolver o mercado de capitais, fiscalizar as bolsas de valores e as companhias abertas;
2. **Lei nº 6.404/1976** ou Lei das Sociedades por Ações (ou simplesmente Lei das S/A), que visava modernizar as regras que regiam as sociedades por ações.

Assim surgiu o famoso **dividendo mínimo obrigatório**. Mas por que "obrigatório"? Quem é que obriga? E qual é a proporção de lucros que a empresa é obrigada a distribuir a seus acionistas? Vejamos o que diz a Lei nº 6.404/1976:

> **"Dividendo Obrigatório**
>
> Art. 202. Os acionistas têm direito de receber como dividendo obrigatório, em cada exercício, **a parcela dos lucros estabelecida no estatuto ou, se este for omisso, a importância determinada de** acordo com as seguintes normas:
> I – **metade do lucro líquido do exercício diminuído ou acrescido dos seguintes valores**:
>   a) importância destinada à constituição da **reserva legal** (art. 193); e
>   b) importância destinada à formação da **reserva para contingências** (art. 195) **e reversão da mesma reserva** formada em exercícios anteriores;
> II – o pagamento do dividendo determinado nos termos do inciso I **poderá ser limitado ao montante do lucro líquido do exercício que tiver sido realizado**, desde que a diferença seja registrada como reserva de lucros a realizar (art. 197);
> III – **os lucros registrados na reserva de lucros a realizar, quando realizados** e se não tiverem sido absorvidos por prejuízos em exercícios subsequentes, deverão ser acrescidos ao primeiro dividendo declarado após a realização.
> § 1º **O estatuto poderá estabelecer o dividendo** como porcentual do lucro ou

do capital social, ou fixar outros critérios para determiná-lo, desde que sejam regulados com precisão e minúcia e não sujeitem os acionistas minoritários ao arbítrio dos órgãos de administração ou da maioria.

§ 2º **Quando o estatuto for omisso e a assembleia-geral deliberar alterá-lo** para introduzir norma sobre a matéria, **o dividendo obrigatório não poderá ser inferior a 25%** (vinte e cinco por cento) do lucro líquido ajustado nos termos do inciso I deste artigo.

§ 3º **A assembleia-geral pode**, desde que não haja oposição de qualquer acionista presente, **deliberar a distribuição de dividendo inferior ao obrigatório**, nos termos deste artigo, ou a retenção de todo o lucro líquido, nas seguintes sociedades:

I – companhias abertas **exclusivamente para a captação de recursos por debêntures** não conversíveis em ações;

II – **companhias fechadas**, exceto nas controladas por companhias abertas que não se enquadrem na condição prevista no inciso I.

§ 4º O dividendo previsto neste artigo não será obrigatório no exercício social em que os órgãos da administração informarem à assembleia-geral ordinária ser ele **incompatível com a situação financeira da companhia**. O conselho fiscal, se em funcionamento, deverá dar parecer sobre essa informação e, na companhia aberta, seus administradores encaminharão à Comissão de Valores Mobiliários, dentro de 5 (cinco) dias da realização da assembleia-geral, exposição justificativa da informação transmitida à assembleia.

§ 5º Os lucros que deixarem de ser distribuídos nos termos do § 4º serão registrados como reserva especial e, **se não absorvidos por prejuízos em exercícios subsequentes, deverão ser pagos como dividendo assim que o permitir a situação financeira da companhia**.

§ 6º Os lucros não destinados nos termos dos arts. 193 a 197 deverão ser distribuídos como dividendos."

(Lei nº 6.404/1976)

No Brasil, há uma impressão errada de que todas as empresas são obrigadas a distribuir, pelo menos, 25% de seu lucro. É importante lembrar que a referência para distribuição de resultado é o "lucro líquido ajustado", que é diferente do lucro líquido apresentado na última linha da Demonstração de Resultados da empresa (veremos mais sobre como calcular o dividendo no Capítulo 7). Esse percentual de 25% nada mais é do que um efeito ancoragem, que é um viés cognitivo proveniente de "ancorar" o dividendo mínimo em um percentual originado de uma má interpretação do texto legal, que o impõe a um grupo específico de empresas, sob determinadas condições.

O dividendo mínimo obrigatório era 25% "apenas" para empresas que já tinham seu capital aberto quando a Lei nº 6.404/1976 entrou em vigor, sendo seu estatuto social omisso sobre o dividendo mínimo naquela ocasião, em que a empresa passaria a definir em estatuto o percentual mínimo (que deveria ser 25%). Então as companhias que não tinham disposição em estatuto social tinham dois caminhos: (i) manter o estatuto sem essa disposição, sendo obrigadas a distribuir 50% dos lucros; ou (ii) convocar assembleia geral e definir 25% como o dividendo mínimo obrigatório (Rocha, 2019).

Havia, ainda, a possibilidade de as empresas de capital aberto com ações negociadas em bolsa naquela época definirem um percentual inferior a 25%, conforme o parágrafo 3º do artigo 202 da Lei das S/A. Isso desde que nenhum acionista presente na assembleia geral se posicionasse contrariamente e que fossem atendidos os critérios I e II do referido parágrafo. Em caso contrário, a companhia deveria garantir o direito de retirada, que é o direito de o acionista sair da sociedade mediante o reembolso do valor de suas ações, conforme prevê o artigo 136 da referida lei. Entretanto, isso geraria desembolso de caixa e descapitalização da empresa, por isso a maioria absoluta das empresas optou por adotar os 25% como mínimo obrigatório.

O estatuto social é soberano para definir o percentual de lucro que a empresa deverá distribuir como dividendo mínimo obrigatório em cada exercício social. Em especial, as empresas que abriram capital na Bolsa de Valores após 1976 puderam definir percentuais menores que 25%, sem a necessidade de devolver capital aos seus acionistas. Isso porque o estatuto social já foi montado com um percentual inferior e, de acordo com a lei, apenas a redução do dividendo mínimo obrigatório é que ocasiona o direito de retirada aos acionistas (art. 136).

A Universo Online S.A. (UOL), que teve ações negociadas na bolsa brasileira entre 2005 e 2011, determinava em seu estatuto um **dividendo mínimo obrigatório de 1%**. Já o Magazine Luiza, que abriu seu capital em 2011 e ainda tem ações negociadas em bolsa, definiu em estatuto o percentual de 15% como dividendo mínimo obrigatório.

"**Capítulo IV – Do Exercício Social, Balanço e Resultados**

Artigo 25 – Do resultado do exercício serão deduzidos, antes de qualquer participação, eventuais prejuízos acumulados e a provisão para o imposto de renda.

Parágrafo 1º – Sobre o lucro remanescente apurado na forma do caput deste artigo, será calculada a participação estatutária dos Administradores, até o limite máximo legal.

Parágrafo 2º – Do lucro líquido do exercício, obtido após a dedução de que trata o parágrafo anterior, destinar-se-á:

(i) 5% (cinco por cento) para a reserva legal, até atingir 20% (vinte por cento) do capital social integralizado;

(ii) do saldo do lucro líquido do exercício, obtido após a dedução de que trata o parágrafo anterior e ajustado na forma do art. 202 da Lei das Sociedades por Ações, **destinar-se-á 1% (um por cento) para pagamento de dividendo obrigatório a todos os seus acionistas;**

(iii) sempre que o montante do dividendo obrigatório ultrapassar a parcela realizada do lucro líquido do exercício, a administração poderá propor, e a Assembleia Geral aprovar, destinar o excesso à constituição de reserva de lucros a realizar, nos termos do artigo 197 da Lei das Sociedades por Ações; e

(iv) o saldo remanescente terá a destinação que lhe for atribuída pelo Conselho de Administração, no pressuposto da aprovação pela Assembleia Geral e caso esta não delibere diversamente.

(Estatuto Social, UOL)

Capítulo IV – Do Exercício Social

Artigo 34 – A Companhia distribuirá como dividendo, em cada exercício social, **no mínimo 15% (quinze por cento) do lucro líquido do exercício, ajustado** nos termos do artigo 202 da Lei nº 6.404/76."

(Estatuto Social, Magazine Luiza)

Apesar disso, é importante observar que muitas empresas definem o dividendo mínimo obrigatório em percentual até maior do que 25%. Também é importante salientar que, apesar de o parâmetro ser o dividendo mínimo obrigatório, tendo como referências legais a Lei nº 6.404/1976 e seu estatuto social, **muitas empresas distribuem lucros em percentuais bem maiores que o definido como obrigatório** – seja por meio do tipo de remuneração chamado de "dividendo" ou pelos demais tipos, conforme veremos a seguir.

3.1. A tributação de proventos no Brasil

Nem tudo são dividendos! Apesar de haver uma generalização da remuneração ao acionista como se tudo fosse "dividendo", provavelmente devido à influência da legislação que determina o dividendo mínimo obrigatório, o acionista pode receber outros tipos de provento, e cada um dos tipos de remuneração ao acionista possui um tratamento tributário específico.

O acionista pode ser remunerado não só com dividendo, mas também com Juros Sobre Capital Próprio (JCP), bonificação de ações, recompra de ações e até mesmo com bônus de subscrição de novas ações. Porém, as maiores dúvidas sobre tributação pairam sobre o dividendo e o JCP, pois são dois tipos de remuneração parecidos, mas com diferenças tributárias (pelo menos até o momento em que revisamos este livro, uma vez que desde 2019 há projetos de lei em discussão para retornar à tributação dos dividendos, que até o início de 2025 ainda são isentos).

Falamos em **retorno da tributação porque os dividendos no Brasil já foram tributados.** A primeira evidência dessa tributação é de 1892, quando foi criado o regulamento para a cobrança de imposto sobre dividendos dos bancos, companhias e sociedades anônimas. Esse regulamento foi promulgado pelo decreto 2.559, de 22 de julho de 1897, e previa a cobrança de 2,5% de imposto sobre os dividendos (Brasil, 2021).

O imposto de renda foi instituído no Brasil em 1923, no formato como o conhecemos hoje, pelo artigo 31 da Lei nº 4.625/1922, com sua incidência sobre o conjunto de rendimentos de qualquer origem. Naquela época, os lucros derivados do comércio e indústria já eram entendidos como rendimentos tributáveis. Em 1923, o já denominado "imposto de renda" passou pela primeira de várias alterações ao longo dos anos, quando foram instituídas as alíquotas, que variavam de 1% a 8%.

Em 1926, "dividendos de ações nominativas e bonificações quaisquer a elas atribuídas" faziam parte da Cédula F da declaração de rendimentos da pessoa física e a alíquota máxima passou a ser 10%. Em 1931, a alíquota máxima foi elevada a 15%. Nos anos seguintes, a tabela de alíquotas progressivas do imposto de renda chegou a ter a alíquota máxima de 65% em 1962 para os rendimentos da pessoa física.

A partir de 1976, quando havia o Imposto de Renda Retido na Fonte (IRRF) sobre os dividendos, o contribuinte podia optar entre (i) oferecer os dividendos à tributação na declaração e compensar o imposto; (ii) incluir o total dos dividendos como rendimentos tributados exclusivamente na fonte; ou (iii) incluir parte como "rendimentos incentivados" e o remanescente oferecer à tributação, se não tributado na fonte.

Em 1995, com o advento do Plano Real e o fim da correção monetária dos balanços das empresas, **a Lei nº 9.249/1995 criou os Juros sobre Capital Próprio (JCP)**, calculados sobre o patrimônio líquido das empresas e tributados à alíquota de 15%. Ainda **estabeleceu a isenção tributária dos dividendos e das bonificações de ações** provenientes de aumento de capital por incorporação de lucros ou reservas de lucros. No que se refere à tributação dos JCP, o artigo 9º da referida lei estabelece:

> "Art. 9º **A pessoa jurídica poderá deduzir, para efeitos da apuração do lucro real, os juros pagos ou creditados individualizadamente a titular, sócios ou acionistas, a título de remuneração do capital próprio,** calculados sobre as contas do patrimônio líquido e limitados à variação, pro rata dia, da Taxa de Juros de Longo Prazo – TJLP.
>
> § 1º O efetivo pagamento ou crédito dos juros fica condicionado à existência de lucros, computados antes da dedução dos juros, ou de lucros acumulados e reservas de lucros, em montante igual ou superior ao valor de duas vezes os juros a serem pagos ou creditados.
>
> § 2º **Os juros ficarão sujeitos à incidência do imposto de renda na fonte à alíquota de quinze por cento, na data do pagamento ou crédito ao beneficiário.**
>
> § 3º O **imposto retido na fonte** será considerado:

I – antecipação do devido na declaração de rendimentos, no caso de beneficiário pessoa jurídica tributada com base no lucro real;

II – tributação definitiva, no caso de beneficiário pessoa física ou pessoa jurídica não tributada com base no lucro real, inclusive isenta, ressalvado o disposto no § 4º;

§ 4º Revogado.

§ 5º No caso de beneficiário **sociedade civil de prestação de serviços**, submetida ao regime de tributação de que trata o art. 1º do Decreto-Lei nº 2.397, de 21 de dezembro de 1987, **o imposto poderá ser compensado** com o retido por ocasião do pagamento dos rendimentos aos sócios beneficiários.

§ 6º No caso de beneficiário **pessoa jurídica tributada com base no lucro real**, o imposto de que trata o § 2º **poderá ainda ser compensado com o retido por ocasião do pagamento ou crédito de juros**, a título de remuneração de capital próprio, a seu titular, sócios ou acionistas.

§ 7º O valor dos juros pagos ou creditados pela pessoa jurídica, a título de remuneração do capital próprio, **poderá ser imputado ao valor dos dividendos de que trata o art. 202 da Lei nº 6.404**, de 15 de dezembro de 1976, sem prejuízo do disposto no § 2º.

§ 8º Para fins de cálculo da remuneração prevista neste artigo, serão consideradas exclusivamente as seguintes contas do patrimônio líquido:
I – capital social;
II – reservas de capital;
III – reservas de lucros;
IV – ações em tesouraria;
V – prejuízos acumulados.

§ 9º Revogado.

§ 10º Revogado.

§ 11º **O disposto neste artigo aplica-se à Contribuição Social sobre o Lucro Líquido**.

§ 12º. Para fins de cálculo da remuneração prevista neste artigo, a conta capital social, prevista no inciso I do § 8º deste artigo, inclui todas as espécies de ações previstas no art. 15 da Lei nº 6.404, de 15 de dezembro de 1976, ainda que classificadas em contas de passivo na escrituração comercial."

(Lei nº 9.249/1995)

Dessa forma, a partir de 1996 as empresas passaram a poder distribuir JCP aos seus acionistas, incluindo esse tipo de remuneração em sua contabilidade como despesa dedutível da base de cálculo do lucro tributável pelo Imposto de Renda da Pessoa Jurídica (IRPJ) e pela Contribuição Social sobre o Lucro Líquido (CSLL). Consequentemente, essa escolha diminui os impostos pagos pela empresa, mas transfere ao acionista o pagamento de 15% de imposto de renda sobre o JCP declarado.

O IRRF sobre os JCP deve ser retido pela empresa que distribui o lucro e recolhido ao governo em nome do acionista. Caso o acionista seja pessoa física ou jurídica imune ou isenta de tributos sobre o patrimônio ou a renda, conforme previsão legal, o IRRF não deve ser retido. A Hypera Pharma, por exemplo, informou aos seus acionistas o prazo de comprovação dessa condição quando anunciou a distribuição de seu primeiro provento, em 2020.

> "O pagamento está sujeito à retenção de imposto de renda retido na fonte, **exceto para os acionistas que sejam comprovadamente imunes ou isentos**. Para esse fim, os acionistas deverão encaminhar documentos comprobatórios da isenção ou imunidade tributária para o escriturador: Banco Bradesco S.A., Departamento de Ações e Custódia, Escrituração de Ativos, Cidade de Deus – S/N – Prédio Amarelo – 2º andar, Osasco – SP, CEP: 06029-900, até o dia 30 de março de 2020."
>
> (Aviso aos Acionistas, Hypera)

No que se refere à isenção tributária de dividendos e bonificações de ações, a Lei nº 9.249/1995 estabelece, em seu artigo 10, que lucros pagos ou creditados com esses fins não estão sujeitos à incidência do IRRF, porém também não podem ser deduzidos pelas pessoas jurídicas tributadas pelo lucro real de suas bases de cálculo do IRPJ e da CSLL. Já para as pessoas físicas, esses rendimentos devem ser declarados na Declaração de Ajuste Anual do Imposto sobre a Renda como Rendimentos Isentos e Não Tributáveis.

> "**Art. 10. Os lucros ou dividendos calculados com base nos resultados apurados a partir do mês de janeiro de 1996, pagos ou creditados pelas pessoas jurídicas tributadas com base no lucro real, presumido ou arbitrado, não ficarão sujeitos à incidência do imposto de renda na fonte, nem integrarão a base de cálculo do imposto de renda do beneficiário, pessoa física ou jurídica, domiciliado no País ou no exterior.**
>
> § 1º No caso de **quotas ou ações distribuídas em decorrência de aumento de capital** por incorporação de lucros apurados, a partir do mês de janeiro de 1996,

ou de reservas constituídas com esses lucros, o custo de aquisição será igual à parcela do lucro ou reserva capitalizado, que corresponder ao sócio ou acionista.

§ 2º A não incidência prevista no caput inclui os **lucros ou dividendos pagos ou creditados a beneficiários de todas as espécies de ações** previstas no art. 15 da Lei nº 6.404, de 15 de dezembro de 1976, ainda que a ação seja classificada em conta de passivo ou que a remuneração seja classificada como despesa financeira na escrituração comercial.

§ 3º **Não são dedutíveis na apuração do lucro real e da base de cálculo da CSLL os lucros ou dividendos pagos ou creditados** a beneficiários de qualquer espécie de ação prevista no art. 15 da Lei nº 6.404, de 15 de dezembro de 1976, ainda que classificados como despesa financeira na escrituração comercial."

(Lei nº 9.249/1995)

3.2. O dividendo isento e o JCP tributado

Por um lado, o JCP representa um benefício tributário para a empresa, que remunera os seus acionistas e ainda deduz seu respectivo valor da base de cálculo dos tributos sobre o lucro. Por outro lado, para o investidor o JCP é tributado à alíquota de 15%, enquanto o dividendo é isento de imposto de renda (pelo menos até o momento em que escrevemos este livro). Então **quais são as vantagens de o investidor receber JCP em vez de dividendos, se apenas no primeiro ele terá de arcar com impostos?**

A **primeira vantagem** está na diferença das alíquotas dos tributos. A Lei nº 9.430/1996 estabelece que a alíquota geral do IRPJ é de 15%, podendo ser somada a uma alíquota de adicional de importo de renda de 10% caso o lucro tributável da empresa ultrapasse a proporção de R$ 20 mil por mês. Isto é, considerando empresas de grande porte listadas na Bolsa de Valores que faturam até bilhões de reais, a alíquota efetiva do IRPJ é de praticamente 25%.

Além disso, no Brasil as empresas têm outro tributo sobre o lucro, que é a Contribuição Social sobre o Lucro Líquido (CSLL), cuja alíquota geral é de 9%, conforme a Lei nº 7.689/1988. Assim, em termos gerais, a tributação sobre o lucro das empresas de capital aberto no Brasil é de cerca de 34%. Porém, assim como no caso do IRPJ, vale salientar que essas são alíquotas gerais, as quais mudam em situações específicas.

Dessa forma, ao utilizar o JCP para remunerar seus acionistas e ao deduzir esse valor da base de cálculo de seus tributos (IRPJ e CSLL), **a empresa tem uma "economia" de impostos de cerca de 34% em relação ao montante distribuído como JCP** (a depender das alíquotas aplicáveis a cada empresa). Ou seja, se ela distribuir R$ 100 milhões como JCP durante o ano, poderá deduzir das bases de cálculo do IRPJ e da CSLL o valor de R$ 100 milhões, deixando de pagar sobre esse valor cerca de 25% de IRPJ (R$ 25 milhões) e 9% de CSLL (R$ 9 milhões)[3] – uma economia de R$ 34 milhões.

A **segunda vantagem** é que o imposto retido do investidor no JCP não é considerado na definição do dividendo mínimo obrigatório (o que conta é o JCP líquido de imposto). A deliberação CVM 683/2012 diz que o valor do tributo retido na fonte que a companhia, por obrigação da legislação tributária, deve reter e recolher em nome do acionista não pode ser considerado quando se imputam os JCP ao dividendo obrigatório. Isto é, mesmo que o investidor tenha de arcar com o imposto, a sua remuneração mínima não é diminuída por isso.

A **terceira vantagem** é a expectativa de maior crescimento da empresa. Ora, o crescimento de uma empresa é explicado pela taxa de retenção de lucros para reinvestimento e pelo retorno que ela consegue entregar aos seus acionistas sobre o capital aplicado. Então, uma vez que a empresa paga menos impostos sobre o lucro, sobrarão mais lucros para ela distribuir e, também, reinvestir em suas operações. Assim, a expectativa de crescimento aumenta, aumentando o lucro esperado no futuro. Também podem aumentar os proventos distribuídos aos acionistas, como demonstraremos no Capítulo 5.

Uma **quarta vantagem** pode ser apontada para fundos e clubes de investimento, assim como para investidores imunes ou isentos de imposto de renda. Esses investidores se beneficiam ao receber o JCP em seu valor bruto, sem a retenção de IRRF. Isso possibilita o reinvestimento do valor bruto, criando a oportunidade de comprar mais ações e receber um volume cada

---

3 Esses percentuais de impostos são aproximações das alíquotas principais do IRPJ (15% mais adicional de 10%) e da CSLL (9% da alíquota principal). Para fins de simplificação, generalizamos o exemplo e não consideramos especificidades como benefícios fiscais e compensações de créditos tributários.

vez maior de JCP. Fundos e clubes representam um coletivo de investidores individuais, os quais devem pagar o IRRF apenas no momento do resgate de seus recursos. Já investidores imunes e isentos não pagam IRRF.

No processo de *valuation* por desconto de dividendos (ou proventos), o valor da empresa é função dos dividendos futuros esperados pelo investidor. **Para estimar o valor intrínseco da empresa, devemos considerar o provento líquido a ser recebido pelo investidor**, isto é, dividendo ou JCP líquido de impostos. Por essa razão, caso os JCP venham a ser extintos no Brasil e o dividendo tenha sua tributação reinstituída, as diferenças apontadas anteriormente desapareçam, mas o *valuation* continua a considerar proventos líquidos.

3.3. A tributação dos demais proventos

Sobre os demais tipos de remuneração ao acionista (bonificação, recompra de ações e bônus de subscrição), o efeito tributário que pode ocorrer é o do imposto de renda sobre o ganho de capital proveniente da valorização e venda da ação. A Lei nº 9.250/1995 prevê a isenção de imposto de renda sobre ganho de capital auferido na venda de ações até o limite de R$ 20 mil de negociação por mês. Importante destacar que o "gatilho" do imposto é o valor total das vendas (limite de R$ 20 mil), e não o lucro.

Caso o investidor obtenha qualquer ganho de capital sobre vendas cujo valor total seja igual ou inferior a R$ 20 mil no mês, ele está isento de imposto de renda. Caso o valor de todas as vendas do mês ultrapasse esse valor e haja qualquer ganho de capital, o investidor deverá pagar o imposto de renda sobre todo o lucro auferido até o final do mês seguinte, podendo aquele ser calculado sob duas alíquotas: (i) 15% em operações "comuns"; ou (ii) 20% em caso de *day trade*, quando o início e a finalização da operação ocorrem no mesmo dia, independentemente da ordem das transações.

Bonificação de ações recebe o mesmo tratamento de isenção de impostos que os dividendos. Não há incidência de imposto de renda, devendo o investidor informar em sua Declaração de Ajuste Anual o valor recebido no campo de Rendimentos Isentos e Não Tributáveis, em caso de bonificação de ações com valor nominal. O artigo 10 da Lei nº 9.249/1995 prevê essa isenção. Caso a ação bonificada não possua valor nominal, não há a necessidade de declaração. No momento da venda, o imposto devido corresponderá àquele sobre o ganho de capital.

Recompra de ações não causa efeito tributário direto para o investidor. Seu efeito é indireto, seja pelo aumento do JCP declarado (e, consequentemente, do IRRF), ou pela valorização da ação, gerando um ganho de capital ao acionista. Bônus de subscrição também não é tributado, seja quando a empresa o emite ou quando o acionista exerce o direito de subscrição. Porém o desconto sobre o preço médio oferecido ao acionista pela empresa cria a expectativa de um ganho de capital no momento da venda da ação.

Vejamos um exemplo real dessa situação. Em 2019, o Banco ABC Brasil emitiu bônus de subscrição de sua ação preferencial pelo valor de R$ 13,226832584, com integralização no dia 12/02/2019. Naquela data, a ação ABCB4 fechou o dia cotada a R$ 17,86. Supondo que o acionista vendesse naquela data por esse valor, teria um ganho de capital de aproximadamente R$ 4,63 por ação (R$ 17,86 − R$ 13,226832584), tendo que arcar com um imposto de renda de R$ 0,69 (R$ 4,63 x 15%). Isso, claro, sem esquecer que, se o total das vendas do mês fosse igual ou inferior a R$ 20 mil, haveria a isenção dessa transação.

3.4. A volta da tributação dos dividendos

Como vimos, **a história da tributação de dividendos no Brasil tem mais de um século**. Sua isenção tributária foi instituída com o objetivo de atrair capitais e incentivar investimentos no Brasil. Há, ainda, quem argumente que a tributação foi extinta, àquela época, por se tratar de bitributação, haja vista que os dividendos seriam a distribuição de lucros já tributados nas empresas. Porém, atualmente, tais argumentos parecem frágeis.

É até provável que, quando você ler este livro, os dividendos já sejam novamente tributados. E julgamos isso provável por alguns motivos. Primeiro, o contexto econômico brasileiro atual é bastante diferente de meados da década de 1990, com a isenção dos dividendos não sendo mais um fator diferencial para atrair investimentos para o país. Segundo, muitos legisladores e tributaristas já descartam o argumento de bitributação pelo fato gerador do IRPJ (obter lucro) ser diferente do fato gerador do IRRF sobre dividendos (recebimento de proventos).

O terceiro argumento geralmente utilizado, que nos faz pensar nessa probabilidade, é a situação fiscal do Estado brasileiro em meados da década de 2020, após a crise da covid-19. Há anos o país enfrenta déficits fiscais e necessita de mais recursos para prover seus serviços e os investimentos necessários ao seu desenvolvimento. A chegada inesperada da pandemia piorou esse quadro. Além disso, a discussão sobre uma necessária reforma tributária no Brasil é antiga e tem tomado cada vez mais fôlego com a piora das contas públicas.

O Instituto de Pesquisa Econômica Aplicada (Ipea) revelou, em estudo, que a criação de um tributo sobre lucros e dividendos poderia aumentar a arrecadação federal entre R$ 22 e R$ 39 bilhões por ano, a depender da adoção de uma alíquota fixa de 15% ou progressiva de até 27,5% (Madeiro, 2019). Já um estudo da Associação Nacional dos Auditores Fiscais da Receita Federal (Unafisco) afirma que o potencial de arrecadação com a retomada da tributação de dividendos é de R$ 50 bilhões por ano (Cristóvão, 2020).

O estudo do Ipea também revela que entre os países da OCDE (Organização para a Cooperação e Desenvolvimento Econômico), chamada de "clube dos países ricos", apenas o Brasil e a Estônia não tributam os dividendos. Por outro lado, o *Valor Investe* apresenta o estudo realizado pelo FCR Law em países da OCDE entre 2010 e 2020, revelando que a tributação média sobre os lucros distribuídos às pessoas físicas subiu de 21,4% para 23,9%, enquanto a alíquota média sobre os lucros das empresas caiu de 25% para 23,3% (Watanabe, 2020).

No Brasil, a tributação de dividendos tem sido tema de debate há vários anos, e o **Projeto de Lei nº 2.337/2021** representa o avanço mais significativo até agora. Esse projeto propõe a tributação de dividendos distribuídos a pessoas físicas e jurídicas, incluindo residentes no exterior, à alíquota de 15%. Além disso, o projeto prevê o fim do mecanismo de Juros sobre Capital Próprio (JCP), que atualmente é utilizado por empresas para distribuir lucros com tratamento tributário diferenciado. Como forma de compensação, o PL 2.337/2021 sugere a **redução das alíquotas** do Imposto de Renda da Pessoa Jurídica (IRPJ) de 25% para 18% e da Contribuição Social sobre o Lucro Líquido (CSLL) de 9% para 8%, representando uma redução combinada de até 8 (oito) pontos percentuais na carga tributária sobre os lucros das empresas.

Outra medida destacada no projeto é a manutenção da isenção para dividendos recebidos de micro e pequenas empresas, limitados a R$ 20 mil por mês. Valores que excedam esse montante estariam sujeitos à tributação. Essa proposta visa proteger pequenos negócios e seus investidores de impactos negativos, equilibrando a nova carga tributária. Além disso, o projeto amplia a flexibilidade para investidores pessoas físicas ao alterar a isenção de IR sobre ganhos de capital, que atualmente é limitada a R$ 20 mil por mês, para R$ 60 mil trimestralmente, permitindo uma maior compensação de prejuízos.

O PL 2.337/2021 foi aprovado pela Câmara dos Deputados em setembro de 2021 e encaminhado ao Senado Federal, onde aguardava apreciação até o momento da revisão deste livro (início de 2025). Para que as mudanças entrem em vigor, o projeto precisa ser aprovado pelo Senado e sancionado pelo Presidente da República. Assim, enquanto não ocorre a conclusão desse processo legislativo, as regras atuais de isenção para dividendos permanecem em vigor.

Como o projeto ainda está em tramitação, é essencial que os investidores acompanhem as discussões no Senado para se atualizarem sobre possíveis alterações que possam impactar suas estratégias. Neste livro, consideramos ambos os cenários – com e sem a tributação de dividendos – ao apresentar nossas análises, uma vez que essas mudanças podem influenciar diretamente a valorização das ações e a rentabilidade dos investimentos.

3.5. Destaques

1. O histórico de desenvolvimento do mercado de ações no Brasil possui estreita relação com a figura do dividendo mínimo obrigatório.
2. No Brasil, há uma impressão errada de que todas as empresas são obrigadas a distribuir pelo menos 25% de seu lucro. Esse percentual nada mais é do que um efeito ancoragem originado de uma má interpretação do texto legal, que o impunha a um grupo específico de empresas, sob determinadas condições.

3. O estatuto social é soberano para definir o percentual de lucro líquido ajustado que a empresa deverá distribuir como dividendo mínimo obrigatório em cada exercício social.
4. O acionista pode ser remunerado não só com dividendo, mas também com Juros Sobre Capital Próprio (JCP), bonificação de ações, recompra de ações e até mesmo com bônus de subscrição de novas ações.
5. A primeira evidência dessa tributação é de 1892, quando foi criado o regulamento para a cobrança de imposto sobre dividendos dos bancos, companhias e sociedades anônimas. Esse regulamento foi promulgado pelo decreto 2.559, de 22 de julho de 1897, e previa a cobrança de 2,5% de imposto sobre os dividendos.
6. No processo de *valuation* por desconto de dividendos (ou proventos), o valor da empresa é função dos dividendos futuros esperados (líquidos). Por essa razão, caso o JCP venha a ser extinto no Brasil e o dividendo tenha sua tributação reinstituída, desaparecem as diferenças entre JCP e dividendo, mas o *valuation* deve continuar a considerar os proventos líquidos de tributos.
7. Muitos legisladores e tributaristas já descartam o argumento de bitributação dos dividendos, uma vez que o fato gerador do imposto da empresa (obtenção de lucro) é diferente do fato gerador do imposto do sócio (recebimento de lucros distribuídos ou proventos).
8. A discussão sobre uma necessária reforma tributária no Brasil é antiga e tem tomado cada vez mais fôlego com a piora das contas públicas. Os sucessivos déficits fiscais nos últimos anos colocam maior pressão sobre a criação (ou retorno) de mais impostos no Brasil.
9. Estudos apontam que a volta da tributação dos dividendos no Brasil pode gerar de um mínimo de R$ 22 bilhões a um máximo que ultrapassa os R$ 50 bilhões anuais em arrecadação ao governo federal.
10. No início de 2025, os dividendos ainda não são tributados no Brasil, mas o PL 2.337/2021 já foi aprovado na Câmara dos Deputados e está aguardando análise do Senado Federal para que possa seguir à promulgação presidencial.

4.
INVESTINDO POR DIVIDENDOS

"É um clichê, mas costuma ser verdade quando se trata de investimento em dividendos: se algo parece bom demais para ser verdade, geralmente é verdade."
CHARLES CARLSON

A importância dos dividendos em uma estratégia de investimento é discutida desde a década de 1960 pelos economistas Merton Miller e Franco Modigliani, que apresentaram a chamada **Teoria da Irrelevância dos Dividendos**, argumentando que os investidores seriam indiferentes à mudança na política de dividendos da empresa se ela distribuir maior ou menor dividendo, pois o preço da ação seria ajustado para baixo em valor exatamente igual ao dividendo maior que fora pago – no chamado ajuste teórico do preço (Miller e Modigliani, 1961).

Explicamos isso por meio de uma metáfora. Imagine que a "**ação com um dividendo**" é como uma "**galinha com um ovo**". Quando a galinha põe o ovo, a soma do peso da "galinha sem o ovo" com o peso do "ovo" é exatamente igual ao peso da "galinha com o ovo". Com uma ação acontece algo parecido. Em teoria, o valor da "ação sem o dividendo" vai ser exatamente igual ao valor da "ação com o dividendo" menos o "dividendo" que foi pago. Esse é o processo de ajuste teórico. Logo, o aumento do dividendo não aumentaria a demanda pela ação.

Fazendo outra analogia, é como se uma garrafa de água fosse uma empresa e a água fosse os dividendos. Então, cada vez que você dá um gole na garrafa, usa o dividendo. Dá para encher a garrafa com mais água (dividendos)? Sim, com o crescimento da empresa ao longo do tempo. Mas essa é uma conversa que teremos mais à frente, quando formos falar do processo de *valuation*. Mas isso não significa que o dividendo seja irrelevante!

"**Não existe almoço grátis**", já dizia **Milton Friedman**, laureado com o Prêmio Nobel de Economia em 1976 por suas pesquisas sobre análise do consumo, história monetária e teoria e demonstração da complexidade da política de estabilização. De fato, o dividendo não é dinheiro grátis para o acionista – seu pagamento afeta o valor de mercado da empesa. O dinheiro distribuído como dividendo deixa de fazer parte da base de ativos da empresa, não podendo ser reinvestido em suas operações.

Benjamin Graham observa que muitos acadêmicos insistem na visão de que os dividendos não dão ao acionista nada além do que ele já tem. É verdade. Uma ação que tenha preço de fechamento de R$ 10 no último dia "com-dividendos" e que distribua R$ 0,50 em dividendos iniciará o dia seguinte (data ex-dividendos) com preço teórico no pregão de abertura de R$ 9,50 (falaremos sobre isso no Capítulo 5). Porém, Graham discorda da visão de irrelevância, argumentando que ela desconsidera uma série de elementos das realidades psicológica e prática do investimento em ações. E nós adicionamos aqui o elemento risco.

Tudo isso vai de encontro a outra teoria, segundo a qual os dividendos afetam o preço da ação, a chamada **Teoria do Pássaro na Mão**, desenvolvida na década de 1960 pelos economistas John Lintner e Myron Gordon (Lintner, 1956, Gordon, 1963). Para eles, o acionista privilegia mais os dividendos pagos antecipadamente do que aqueles pagos no futuro, pois os lucros futuros são ainda incertos. Então, dividendos recebidos antecipadamente reduzem a incerteza (risco), assim como o custo de capital próprio exigido, o que eleva o valor intrínseco da empresa.

Michael Clemens, gestor-chefe das carteiras de investimentos do BankInvest (banco de investimento dinamarquês), afirma que o pagamento de dividendos pelas empresas também tem um importante papel de responsabilidade social, uma vez que é visto como uma maneira de aplicação eficiente do fluxo de caixa livre da empresa. Isso, inclusive, impulsiona o forte desempenho dessas empresas, pois ao pagar altos dividendos elas têm menor flexibilidade de caixa, sobrando menos dinheiro a ser desperdiçado em excessos de investimento e recompras de ações por preços altos (Clemens, 2013).

A maior confiabilidade sobre o retorno de seus investimentos é a razão pela qual o investidor deve considerar o dividendo ao comprar uma ação. A esse respeito, **Charles Carlson lembra que um fluxo de dividendos consistente e confiável fornece um bom lastro de retorno a uma carteira de investimentos**. Ele lembra que nos Estados Unidos a Procter & Gamble (P&G), gigante de produtos de consumo, paga dividendos todos os anos desde 1891. O preço das ações da P&G não aumenta todos os anos desde 1891, mas os acionistas que possuíam as ações foram remunerados durante esses anos. Eles não eram totalmente dependentes de ganhos de capital para terem retorno do investimento (Carlson, 2010).

Carlson também lembra que os dividendos podem crescer ano a ano, como aconteceu com a Johnson & Johnson, que aumentou seus dividendos dessa forma por mais de 45 anos. Os acionistas receberam esses dividendos crescentes, independentemente do que aconteceu com o preço das ações em cada ano. O fluxo crescente de dividendos não é apenas uma proteção contra o efeito da inflação, mas também acelera o retorno do investimento. Com eles nas mãos, o investidor pode aproveitar momentos oportunos (de baixa nos preços) para comprar mais ações dela própria ou de outras empresas.

No Brasil, o Itaú Unibanco tem distribuído dividendos ininterruptamente desde 1980. Nos últimos 20 anos, entre o final de 2004 e o final de 2024, a taxa média (geométrica) de inflação medida pelo Índice Nacional de Preços ao Consumidor Amplo (IPCA) foi de 5,55% ao ano. Nesse mesmo período, a taxa de crescimento anual dos lucros do Itaú foi de 10,86%, enquanto seus dividendos cresceram a uma taxa anual de 14,73%! Isto é, os dividendos cresceram quase três vezes a inflação do período. Além disso, mesmo descontando do preço da ação os dividendos pagos, o retorno médio anual de sua ação preferencial (ITUB4) foi de 9,04% (já deduzidos os dividendos pagos). Ou seja, a ação do banco se valorizou acima da inflação média do período e ainda distribuiu dividendos aos investidores.

Se fizermos uma análise considerando uma carteira teórica de ações de empresas que mais pagam dividendos, também é possível identificar a vantagem de investir por dividendos. No Brasil, a B3 tem um Índice Dividendos (IDIV) que reúne as empresas que mais distribuem dividendos, o qual é replicado por um ETF (*Exchange Traded Fund* ou fundo de índice) como o DIVO11, que conta com a participação de todas as empresas que compõem o IDIV. Na Figura 11, comparamos o DIVO11 ao BOVA11 (ETF do Ibovespa). Note que o retorno acumulado do DIVO11 desde a sua criação até o final de 2024 foi de 193,4% (preto), enquanto o BOVA11 rendeu apenas 88,6% (cinza).

Figura 11: Retornos acumulados do DIVO11 e do BOVA11 (2012 a 2024).

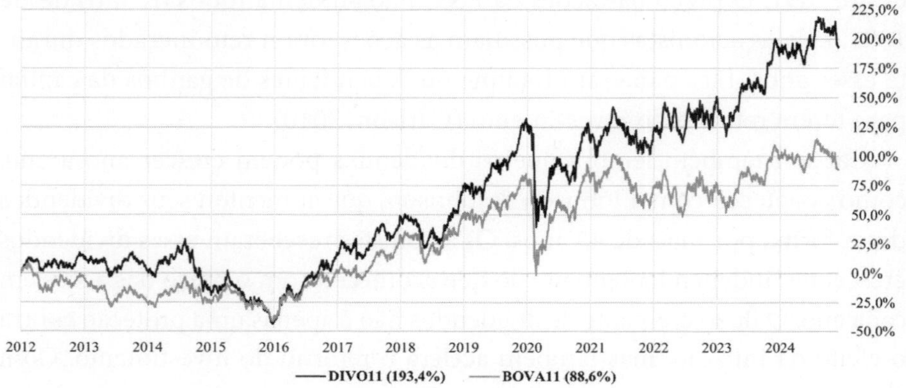

Fonte: dados da Refinitiv Eikon.

A relação do dividendo com o preço da ação também tem elementos ligados à realidade psicológica do ser humano, como o chamado "**efeito clientela**". No mercado de ações, há diferentes perfis de investidores, com diferentes necessidades e estratégias de investimento. Alguns preferem o recebimento de dividendos e viram "clientes" das companhias que os distribuem com frequência. A suspensão ou alteração dos dividendos da empresa pode afastar esses investidores, criando uma pressão vendedora e negativa sobre o preço da ação.

Outro aspecto psicológico está ligado ao sinal que pode transmitir a redução ou corte dos dividendos de uma empresa, podendo ser interpretado como um sinal de que os dividendos passados não são sustentáveis a longo prazo, o que também pode causar um efeito negativo sobre o preço da ação. Se o investidor privilegia o recebimento de dividendos e a empresa sinaliza que é incapaz de mantê-los, ele tende a vender a ação.

O modelo teórico de Miller e Modigliani, que pressupõe a irrelevância dos dividendos, assim como qualquer outro modelo, é apenas uma aproximação da realidade. Nesse modelo, os autores assumem alguns pressupostos teóricos para realizar essa aproximação. No contexto teórico do mercado:

a) Não há impostos ou custos de corretagem;
b) Os investidores possuem as mesmas perspectivas em relação aos investimentos, lucros e dividendos futuros da empresa;
c) A política de investimentos é conhecida antecipadamente e não sofre alteração devido à mudança na política de dividendos.

Na prática, sabemos que esses são pressupostos difíceis de se materializar. No caso particular do Brasil, os impostos importam, pois o ganho de capital com a valorização da ação é tributado pelo imposto de renda na alíquota de 15%, enquanto os dividendos são isentos de tributação (pelo menos até o momento em que escrevemos este livro).

Então, se o dividendo é o que importa e ele apresenta uma clara vantagem tributária no Brasil, você pode pensar: "**Por que apenas não compro uma ação para receber o dividendo daquele dia e depois a vendo?**" Será que é isso que chamamos de "investindo por dividendos"? Nossa resposta é um sonoro não! Vamos, então, entender um pouco mais sobre a estratégia de investimento por dividendos, chamada de *dividend investing*.

4.1. Estratégia de dividendos e reinvestimento

A estratégia de investimento por dividendos tem sido objeto de discussão tanto no meio acadêmico quanto no mercado. Na academia, várias teorias foram levantadas e discutidas ao longo de anos. No mercado, a discussão diz respeito aos pontos positivos e negativos de a empresa distribuir maior ou menor volume de lucros. Dessas discussões surgiu o ***dividend investing***, estratégia nem tanto à esquerda como o ***value investing***, que prefere empresas de valor, nem tanto à direita como o ***growth investing***, que prefere as empresas de crescimento.

No *dividend investing*, o foco está em empresas sólidas e lucrativas que pagam bons dividendos de forma frequente. O investimento por dividendos geralmente é visto como uma estratégia na qual você compra ações com rendimento de dividendos (*dividend yield*) acima da média. Esse é o fundamento para formar uma carteira de investimentos, sem deixar de buscar boas empresas a preços descontados e sem abrir mão de algum crescimento.

Para Michael Clemens, o *dividend investing* pode ser visto como um subconjunto do universo mais amplo do *value investing* e tende a superar os modelos de risco/retorno no longo prazo. Isso sem dar a menor importância ao crescimento dos fluxos de caixa da empresa. Por isso, o *dividend investing* tem ganhado importância nos últimos anos, especialmente em tempos de juros baixos e de mercados andando de lado (sem clara tendência de alta ou de baixa).

A Figura 12 demonstra como o *dividend investing* se posiciona diante dos universos do *value investing* e do *growth investing*. Na estratégia de investimento por dividendos, o investidor seleciona as ações para investimento entre as empresas de valor com maior qualidade em termos de persistência dos lucros, sustentabilidade dos dividendos, níveis de retorno (área tracejada), entre outras características que veremos no Capítulo 8. Mas não abre mão do potencial de crescimento de fluxos de caixa da empresa.

Figura 12: *Dividend investing* **usando as categorias do Morningstar.**

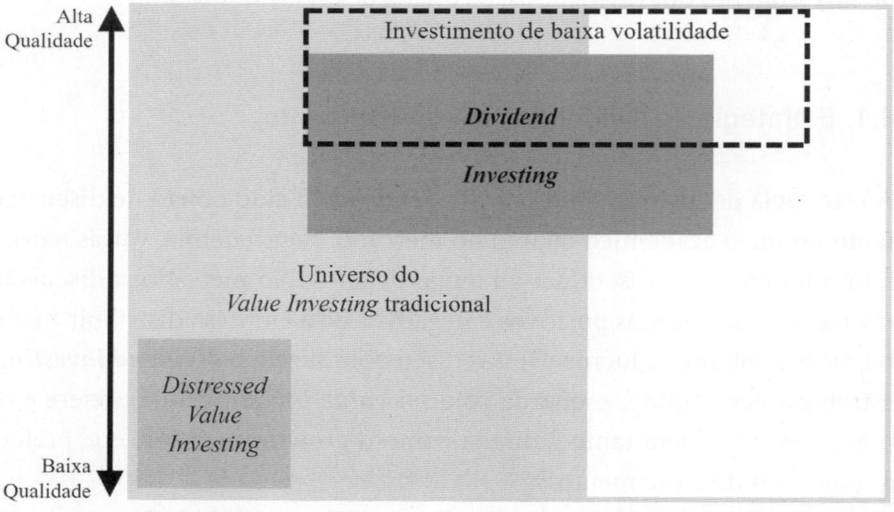

Fonte: adaptado de Clemens (2013).

Essa figura apresenta diferentes tipos de estratégia de investimento, usando um diagrama para indicar a sobreposição aproximada das estratégias. No eixo vertical podemos observar uma escala de qualidade das empresas, com referência aos seus fundamentos, como persistência dos resultados, previsibilidade dos retornos, nível de endividamento, qualidade da gestão, etc. No eixo horizontal constam as categorias de estratégia de investimento da Morningstar, empresa de análise e classificação de investimentos com base nos perfis de risco e retorno de cada ativo.

O *dividend investing* ocupa não só o universo das empresas de valor com alta qualidade, como também o universo dessas empresas. Por isso, ele representa uma estratégia de investimento com risco menor que a média do mercado, pois esses tipos de empresa em geral representam investimentos de baixa volatilidade. Isso é extremamente atraente sobretudo em períodos de baixas taxas de juros nos títulos públicos e privados, como os que vivemos nos últimos anos. A baixa remuneração da renda fixa tem levado vários investidores à busca por maiores retornos.

Nos extremos da Figura 12, temos dois termos bastante utilizados no mercado financeiro, mas com os quais você pode não estar familiarizado. **Deep value investing** (ou **distressed value investing**) é uma estratégia de investimento com foco em empresas extremamente depreciadas, geralmente negociadas abaixo do valor de liquidação. Já o ***deep growth investing*** é uma estratégia de investimento com foco em empresas de crescimento extremamente depreciadas.

Normalmente, no *dividend investing* não selecionamos "empresas de valor muito depreciado" (***deep value***) devido à perda de seus fundamentos, sob o argumento da reversão à média. Ele é diferente do que chamamos de ***distressed value investing***, que é uma estratégia com foco em empresas de valor extremamente depreciado, com baixa qualidade e alto risco de investimento. Também não selecionamos "empresas de crescimento com baixa qualidade" (***deep growth***) devido à alta incerteza (e alto risco) em relação às expectativas sobre a empresa.

Clemens fez uma pesquisa comparando riscos e retornos de carteiras formadas com base no *dividend investing* com uma "**carteira passiva de mercado**" (como se fosse o Ibovespa, por exemplo, que é uma carteira teórica que oferece ao investidor a possibilidade de "passivamente" investir em todas as ações que compõem o índice sem a necessidade de análises individuais).

Ele utilizou dados dos Estados Unidos e índices mundiais de mercado, entre os anos 1928 e 2011, e descobriu que investir em empresas com altos pagamentos de dividendos é mais rentável do que investir em índices de mercado, seja nos Estados Unidos ou no mundo (ver mais detalhes em Clemens, 2013). Nos Estados Unidos, as carteiras de dividendos de longo prazo tiveram retornos anuais superiores aos retornos do mercado (entre 1,26% e 1,50% ao ano). Já a comparação com índices mundiais revelou um excesso de retorno de 2,11% nas carteiras de dividendos. Em ambos os casos, a volatilidade delas também foi menor. Isso significa que o *dividend investing* oferece retorno maior que a média do mercado, com menor exposição ao risco.

No livro *All About Dividend Investing* (Tudo sobre o *dividend investing*, em tradução literal), Stroik e Schreiber (2010) destacam que são os dividendos que permitem ao investidor obter desempenho superior, seja em mercados de alta ou de baixa. Com base nisso, podemos afirmar que investir em ações de boas empresas pagadoras de dividendos nos faz ter diversas vantagens, dentre as quais:

a) Ter maior previsibilidade dos fluxos de caixa, pois, uma vez estabelecida a política de dividendos e o nível de pagamento de dividendos (*payout*), as empresas tendem a continuar com essa política, conforme Galvão, Santos e Araújo (2018) e Martins, Moura e Girão (2019);
b) Possuir ações menos voláteis do que as ações de empresas não pagadoras de dividendos (Pástor e Veronesi, 2003);
c) Possuir ações de empresas que geralmente são mais maduras, com menos oportunidades de arriscar seu capital, já que são grandes e mais lucrativas, costumando distribuir uma parcela maior de lucros (Denis e Osobov, 2008);
d) Possuir ações de empresas que têm lucros crescentes, alta rentabilidade, que são mais líquidas, pouco alavancadas e menos arriscadas (Forti, Peixoto e Alves, 2015).

Por esses motivos elencados, essa é uma estratégia usada por tantos investidores que tiveram muito sucesso na Bolsa de Valores. Escrevendo este capítulo, nos lembramos de um investidor anônimo, mas com décadas de bolsa, que certa vez nos confidenciou: "**Estou sempre feliz na bolsa porque, quando estamos num mercado de alta (*bull market*), o meu patrimônio cresce, mas, quando estamos num mercado de baixa (*bear market*), a rentabilidade dos meus dividendos é que cresce.**"

Isso ocorre porque no *bear market* os preços das ações caem, então os novos aportes de recursos, junto com os dividendos recebidos, nos permitem comprar ações mais baratas, de modo que consigamos aumentar ainda mais a rentabilidade dos dividendos. Isso é a Disney da renda passiva e, parafraseando Benjamin Franklin: "**Dinheiro gera dinheiro.**" E o dinheiro que o dinheiro gera, gera mais dinheiro! Na Figura 13, vemos a relação do preço da ação (ajustado por proventos, na coluna à direita) com o dividendo por ação pago (no ano, na coluna à esquerda) pelo Itaú Unibanco e pela Vale.

No plano superior da figura, temos o caso do Itaú. Note a clara tendência de crescimento do preço da ação (linha) e do dividendo por ação (colunas). Porém o crescimento não é linear. A ação apresenta desvalorização em alguns momentos (períodos tracejados), especialmente em torno das crises do *subprime*, da Grécia, do impeachment de 2016, da greve dos caminheiros de 2018 e da covid-19 (nessa ordem).

Ao longo desse período, os dividendos pagos pelo banco foram crescentes, dando a oportunidade aos acionistas de comprar mais ações com os dividendos recebidos para, assim, receber ainda mais dividendos no futuro. Essa é a mágica do "**Dinheiro gera dinheiro**", como se fosse uma bola de neve de juros compostos a seu favor. Mas, para isso, é importante que você se certifique de que a empresa em questão não esteja perdendo a qualidade dos seus fundamentos e, por isso, esteja sendo depreciada.

No plano inferior da Figura 13, temos o caso da Vale, outra empresa com longo histórico de pagamento de dividendos. Nesse caso, os dividendos são mais voláteis, com menor valor pago no ano de 2016 e maior valor em 2021. Por ser uma empresa que negocia minério de ferro, uma commodity cujo preço depende de ciclos no mercado internacional, o preço da ação da empresa também oscila mais. Nos períodos destacados (tracejados), temos a crise financeira do *subprime* e os períodos conjuntos da crise da Grécia, da queda do preço do minério de ferro no mercado internacional e do impeachment de 2016 (nessa ordem), que afetaram negativamente os preços das ações. Por outro lado, a crise da covid-19 fez o valor do minério de ferro e a cotação do dólar aumentarem, elevando o dividendo e o preço da ação da Vale.

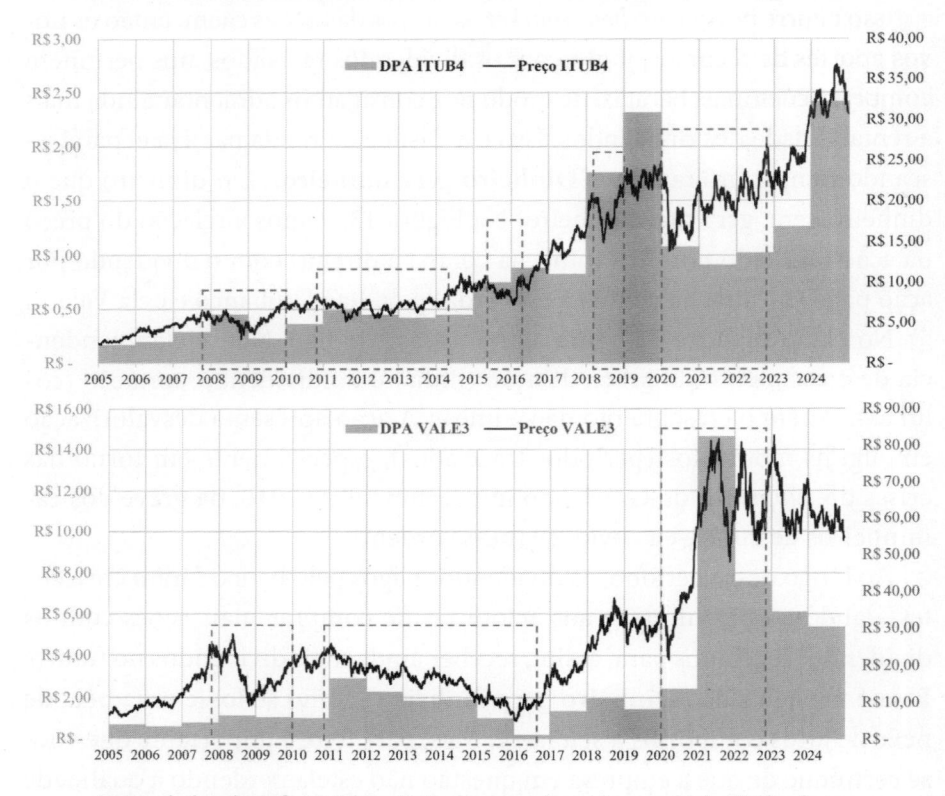

Figura 13: Variação do preço e do DPA do Itaú e da Vale (2005 a 2024).

Fonte: dados da Refinitiv Eikon. Nota: à esquerda está a escala do dividendo por ação e à direita está a escala do preço da ação (ajustado pelos proventos).

Para verificar esse fenômeno de forma mais clara, realizamos um estudo comparativo sobre os retornos dos dividendos e dos preços das empresas com maior histórico de pagamento de dividendos. Na Figura 14, apresentamos o **Retorno Total ao Acionista (RTA)** – também conhecido como *Total Shareholder Return* (TSR) –, composto pelo retorno dos dividendos e pelo retorno do preço da ação entre os anos 2006 e 2024, para as 59 empresas que distribuíram dividendos continuamente ao longo dos últimos 19 anos.

Podemos notar que em alguns anos o retorno total chega a ser negativo, sobretudo devido à desvalorização das ações. Mas em todos esses anos a parte relacionada ao retorno do dividendo continua positiva. Especialmente em 2008, 2011, 2013, 2014, 2015, 2021 e 2024, as ações desvalorizaram e os dividendos continuaram representando cerca de 5,5% do valor das ações em cada ano. Para o investidor de longo prazo, isso representa a continuidade da renda passiva, com oportunidade de compra de novas ações para longo prazo, quando as ações tendem a voltar à valorização.

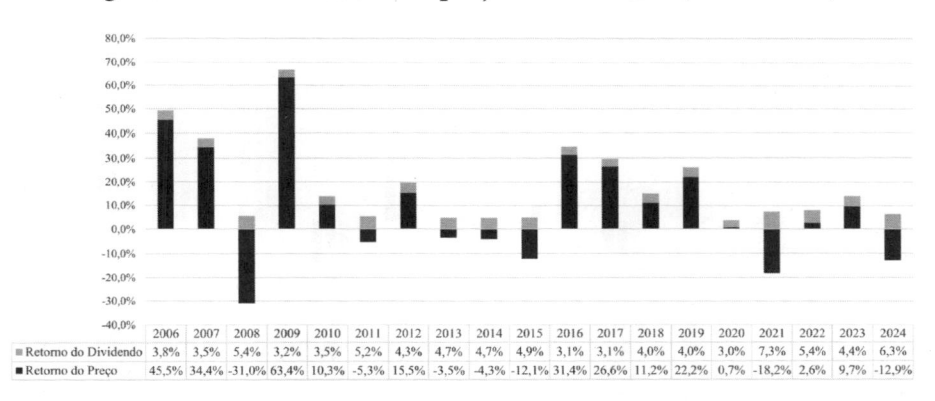

Figura 14: RTA = retornos dos preços + dividendos (2006 a 2024).

	2006	2007	2008	2009	2010	2011	2012	2013	2014	2015	2016	2017	2018	2019	2020	2021	2022	2023	2024
Retorno do Dividendo	3,8%	3,5%	5,4%	3,2%	3,5%	5,2%	4,3%	4,7%	4,7%	4,9%	3,1%	3,1%	4,0%	4,0%	3,0%	7,3%	5,4%	4,4%	6,3%
Retorno do Preço	45,5%	34,4%	-31,0%	63,4%	10,3%	-5,3%	15,5%	-3,5%	-4,3%	-12,1%	31,4%	26,6%	11,2%	22,2%	0,7%	-18,2%	2,6%	9,7%	-12,9%

Fonte: dados da Refinitiv Eikon.

Note que os dividendos continuam a ser um fluxo de caixa disponível para o investidor prosseguir comprando ações por preços menores. Isso pode lhe oferecer retornos ainda maiores nos anos seguintes (mais dividendos, inclusive), especialmente quando o preço dessa ação subir. Mas é indispensável destacar que essa tendência é válida para empresas sólidas, com bons fundamentos. Nos próximos capítulos, vamos aprender a identificar esse tipo de empresa, além de ver como não cair em armadilhas.

Como exemplo, vamos analisar o caso da Itaúsa. Para isso, vamos considerar um pequeno investidor que tenha mil reais para um investimento inicial e que possa fazer aportes mensais de 10% do seu salário (consideramos o salário-mínimo de cada ano), como apresentamos na Figura 15. Nesse caso hipotético, esse investidor tem quatro alternativas para realizar seu investimento: (i) CDI; (ii) Ibovespa; (iii) Itaúsa, sem o reinvestimento dos dividendos; e (iv) Itaúsa, com o reinvestimento dos dividendos.

Para essa análise utilizamos dados de uma década entre 01/01/2010 e 31/12/2019. Observe que, entre os anos analisados, o retorno anual que o investidor teria junto ao CDI teria variado entre 6% e 14% (cinza). Para fins de comparação, se o investidor tivesse optado pelo Ibovespa, o retorno anual teria variado entre -18,1% e 38,9%.

Figura 15: Comparação do retorno acumulado do CDI, do Ibovespa e da Itaúsa.

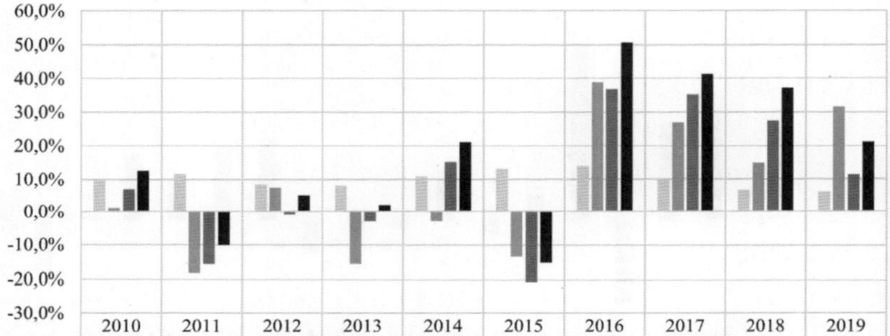

	2010	2011	2012	2013	2014	2015	2016	2017	2018	2019
CDI	9,8%	11,6%	8,4%	8,1%	10,8%	13,2%	14,0%	9,9%	6,4%	6,0%
Ibovespa	1,0%	-18,1%	7,4%	-15,5%	-2,9%	-13,3%	38,9%	26,9%	15,0%	31,6%
Sem Reinvestimento	6,9%	-15,5%	-0,9%	-3,0%	15,3%	-20,7%	36,8%	35,2%	27,4%	11,4%
Com Reinvestimento	12,6%	-10,1%	5,0%	2,0%	21,1%	-14,9%	50,6%	41,3%	37,1%	21,2%

Fonte: dados da Refinitiv Eikon.

Para analisar o efeito do reinvestimento dos dividendos, vamos comparar os retornos que o investidor teria com a ação da Itaúsa (ITSA4) ao decidir reinvestir (Com Reinvestimento) ou não (Sem Reinvestimento) todos os dividendos recebidos na compra de novas ações em cada um dos dias que receberia os dividendos. O primeiro ponto que podemos observar é que em todos os anos o retorno "com reinvestimento" é maior do que aquele "sem reinvestimento". Até mesmo nos anos com retornos negativos, o reinvestimento dos dividendos permitiu que a carteira de investimentos desvalorizasse menos.

A simulação acima considera o aporte mensal e contínuo de 10% do salário-mínimo de cada ano. Além disso, quando o investidor recebe os dividendos, pode fazer outro aporte no mês, aumentando a quantidade de ações que possui e, como consequência, aumentando o volume de dividendos que passa a receber nos períodos seguintes. Nessa análise, não é nosso objetivo identificar o "melhor momento" de comprar as ações, mas sim demonstrar como o reinvestimento pode fomentar retornos maiores no futuro. "Sem reinvestimento", os retornos variaram entre -20,7% e 36,8%, enquanto "com reinvestimento" eles variaram entre -14,9% e 50,6%. Percebeu como a amplitude dos retornos foi bem diferente e mais favorável ao reinvestimento dos dividendos?

4.2. Comprar a ação para receber um dividendo?

Já que o diferencial da estratégia de investimento por dividendos é o recebimento ao longo do tempo, você pode estar se perguntando: "**Por que não posso simplesmente comprar a ação até a data 'com-dividendo' para ter direito de receber o dividendo e vender a ação em seguida?**" Será que essa é uma boa estratégia? Será que seria possível se beneficiar apenas do recebimento de um dividendo específico?

A resposta para todas essas perguntas geralmente é um sonoro "não"! É possível que distorções do mercado possam abrir janelas de oportunidade para especulação em cima desses eventos (para aproveitar uma anomalia de mercado), mas essas são situações aleatórias, que contam com o evento sorte e que não são o objetivo de estudo deste livro. Sobre isso, recomendamos a leitura dos artigos científicos dos professores Campbell e Beranek (1955), Brown e Walter (1986), Procianoy e Verdi (2009), Dasilas (2009) e Dupuis (2019), entre outros.

O preço teórico da ação é ajustado logo após a perda do direito ao dividendo (na chamada data ex-dividendo). Vejamos o caso real na Figura 16. A Taesa distribuiu proventos em cinco momentos no ano de 2018. Vamos utilizar como exemplo o dividendo intercalar de R$ 0,7116 anunciado para a data "com-dividendo", no dia 9 de novembro de 2018. Nessa data, a UNIT da empresa (TAEE11, que é um certificado mobiliário que representa um pacote de ações ordinárias e preferenciais, neste caso uma TAEE3 e duas TAEE4), fechou o dia cotada a R$ 22,85. No dia de negociação seguinte (12/11/2018), a UNIT iniciou o dia cotada no leilão de abertura a R$ 22,19 – isto é, R$ 0,66 a menos.

Figura 16: Ajuste do preço teórico da Taesa na data ex-dividendo.

Fonte: dados da Refinitiv Eikon.

O preço teórico da ação era R$ 22,14, porém o preço de abertura (do primeiro negócio do dia) depende do leilão de abertura, podendo ser maior ou até menor que o preço teórico (veremos maiores detalhes sobre o cálculo do preço teórico no Capítulo 5). Isso depende do apetite dos investidores pela ação. Por isso, essa não é uma estratégia de investimento assertiva, podendo levar o investidor a perder dinheiro (quando o preço da venda é menor que a soma do preço da compra mais o dividendo recebido). Depende da sorte do dia.

No gráfico, os *candles* com interior branco (vazios) representam dias de alta da TAEE11 e aqueles completamente pretos (preenchidos) representam dias de baixa. As linhas expansivas representam os preços máximo e mínimo no dia de negociação. Nos dias de alta (*candle* vazio), o ponto mais baixo da barra representa o preço de abertura, e o ponto mais alto, o preço de venda. Em dias de baixa (*candle* preenchido), o contrário é observado, com o ponto mais alto representando o preço de abertura, e o ponto mais baixo, o preço de fechamento.

Mesmo quando analisamos os demais dias nos quais a Taesa distribuiu proventos, notamos que o preço de abertura do dia seguinte é sempre inferior ao preço do fechamento do dia "com-dividendo". Esse é o ajustamento promovido pelo mercado. Não podemos descartar que podem surgir informações alheias aos dividendos em algum desses dias e fazer com que o ajustamento dos preços seja influenciado pelo evento relacionado a essas informações. Por exemplo: uma notícia sobre a descoberta de alguma fraude na empresa ou mesmo da assinatura de um importante contrato. Porém, tudo normal, espera-se que o preço teórico ajuste o provento.

Durante 2018, a Taesa distribuiu R$ 2,80 em proventos (JCP e dividendos) em cinco momentos distintos. Nos dois primeiros, o preço de abertura no dia "ex-direito" aos proventos foi inferior ao preço teórico, após o ajuste da perda do direito aos proventos. No total, os ajustes nos dias "ex-direito" somam R$ 2,80, o que significa que, se o investidor tivesse comprado a TAEE11 pelo preço de fechamento sempre no último dia com direito a cada provento e vendido pelo preço de abertura do dia seguinte, teria recebido R$ 2,80 de proventos, mas teria perdido R$ 2,80 em desvalorização do papel. Isto é, o ganho teria sido igual a zero.

Essa é a regra geral. Esporadicamente é até possível que você consiga obter um retorno positivo ao comprar uma ação apenas para o recebimento de um dividendo pago pela empresa. Porém, **trata-se de uma operação especulativa, há chances de ganho e de perda**. Vamos analisar duas operações específicas do caso da Taesa, demonstrado na Figura 16. Supondo que o investidor comprou a ação no fechamento do dia "com-dividendo" e vendeu na abertura do dia "ex-direito", note na Figura 16 que nas duas primeiras operações houve ganho (dividendo maior que o ajuste do preço), mas nas últimas três houve perda (dividendo menor que o ajuste de preço).

Agora suponha que o investidor decidiu especular que o preço da ação pode valorizar nos últimos dias antes da data "com-dividendo" devido à busca pelas ações para o recebimento desse dividendo. Se o investidor comprou a ação três dias antes de cada data "com-dividendo" e vendeu na abertura do dia "ex-direito", o resultado anual seria positivo em R$ 0,35 (receberia R$ 2,80 em dividendos e perderia R$ 2,45 em ajustes de preço). No caso de compras três dias antes da data "com-dividendo" e venda na abertura do dia "ex-direito", os ajustes de preço seriam: -R$ 0,22, -R$ 0,70, -R$ 0,61, -R$ 0,80 e -R$ 0,12, nessa ordem, para os cinco proventos pagos pela Taesa em 2018.

Mas, se o investidor decidisse também vender as ações três dias depois da data "com-dividendo" para evitar a queda de preço comum no dia "ex-direito", o resultado anual seria negativo de -R$ 0,12 (receberia R$ 2,80 em dividendos e perderia R$ 2,92 em desvalorização da ação). No caso de compras três dias antes e vendas três dias depois da data "com-dividendo", os ajustes nos preços seriam: -R$ 0,41, -R$ 1,12, -R$ 0,02, -R$ 0,50 e -R$ 0,87, nessa ordem.

Observe como os resultados obtidos nos exemplos anteriores dependem mais dos preços de entrada e de saída da ação do que do dividendo propriamente dito. É isso que Bowers e Fehrs (1995) identificaram no mercado americano, chegando à conclusão de que a maior parte dos retornos positivos desse tipo de operação acontece quando os investidores compram a ação dias antes da data "com-dividendo". Mas isso aumenta a exposição do investidor na ação pois, caso surja alguma má notícia sobre a empresa, a ação pode desvalorizar antes do seu ponto de saída. A Vanguard chama essa estratégia de "estratégia perdedora" devido ao ajuste do preço e ao efeito tributário (Vanguard, 2021). Especialmente quando o provento é tributado (como o JCP), fazer *swing trade* pelo provento é uma forma de antecipar o pagamento de impostos.

4.3. A escolha da "vaca leiteira"

Vaca leiteira (ou *cash cow*) é o "jargão de mercado" utilizado para se referir às empresas que têm maior potencial de pagamento de dividendos. Isso ocorre porque, assim como quando compramos uma vaca leiteira, fazemos um investimento inicial e depois ficamos nos beneficiando do leite produzido por essa vaca por um longo período. Com as ações pagadoras de dividendos é parecido, pois fazemos um investimento inicial e continuamos nos beneficiando com os dividendos recebidos ao longo do tempo. Assim, podemos comprar mais "vacas leiteiras" para gerar ainda mais dividendos no futuro.

Ao longo deste livro, **você aprenderá como escolher as melhores vacas leiteiras para compor a sua carteira** de investimentos, gerando renda passiva para agilizar o seu processo de independência financeira ou outro objetivo que você tenha. Contudo, em geral, devemos ficar atentos às seguintes questões ao escolher uma empresa que tenha característica de boa pagadora de dividendos:

a) Defina critérios sólidos e confiáveis, preferencialmente já testados com dados (*backtesting*) para a seleção das empresas;

b) Utilize informações confiáveis para fazer a sua análise, preferencialmente de fontes oficiais;
c) Assegure-se de que a empresa tenha um sólido histórico de bons resultados;
d) Evite armadilhas de dividendos, como dividendos não recorrentes ou um *dividend yield* alto ocasionado pela queda do preço da ação devido à mudança para fundamentos ruins.

O *dividend investing* tem como foco uma carteira de investimentos com ações de boas empresas para longo prazo. Ao longo dos anos, sua principal vantagem é a constância do recebimento de uma renda passiva em dividendos. Com base nos pontos destacados anteriormente, você pode traçar uma análise baseada em múltiplos para identificar as boas empresas, a qual pode ser seguida por uma análise baseada em modelos de fluxos de caixa para assegurar-se da qualidade da empresa. Seguindo esse caminho, você conseguirá reduzir o risco de cair em armadilhas e pagar caro por seus dividendos. Todos esses passos serão explicados em detalhes a partir do Capítulo 8.

4.4. A importância de reinvestir os dividendos

O segredo de qualquer bom investidor é, além da técnica, ter paciência e persistência. Essa combinação é ótima para que você consiga obter bons resultados. Paciência para ter bons retornos no longo prazo, sem tomar decisões equivocadas nos momentos de pânico ou de euforia do mercado, e persistência para realizar aportes constantes de capital ao longo do tempo – independentemente das crises. Você trabalha e investe todo mês, mas também usa os dividendos recebidos para potencializar o seu poder de investir!

Em uma estratégia de investimento focada em dividendos, reinvestir os dividendos recebidos é essencial para o seu sucesso. Dessa forma você usa a ideia de Benjamin Franklin, fazendo seu dinheiro gerar mais dinheiro, que gera mais dinheiro, e gera mais dinheiro... Essa é a **mágica dos juros compostos** entrando em ação. O reinvestimento dos dividendos pode ser realizado de diferentes maneiras:

a) Em **ações da própria empresa**, no dia do recebimento do dividendo ou em dias que você ache que a ação estará mais barata;
b) Em **ações de outra empresa** da sua carteira cujo preço esteja mais vantajoso, com base na avaliação que você fez;
c) Em **outros ativos**, seja em renda fixa ou em renda variável (como fundos, ou outras ações com foco em uma estratégia diferente).

Vamos ver a magia dos juros compostos entrando em ação com um exemplo da Itaúsa, holding controladora do Itaú Unibanco, que atualmente é uma das ações preferidas dos investidores caçadores de dividendos. Mas, antes de entrar nos números, vejamos o que diz o Programa de Reinvestimento de Dividendos (PRD):

"O que é o Programa de Reinvestimento de Dividendos?

O Programa de Reinvestimento de Dividendos é mais um serviço para você acionista da Itaúsa – Investimentos Itaú S.A. ('ITAÚSA') e/ou Itaú Unibanco Holding S.A. ('ITAÚ UNIBANCO').

O PRD permite que você **invista automaticamente seus dividendos na compra de ações** preferenciais ou ordinárias da empresa da qual você é acionista (ITAÚSA ou ITAÚ UNIBANCO), aumentando assim a sua participação no capital social da mesma.

Isso significa que, aderindo ao PRD, você concederá à empresa o direito de utilizar o montante, definido por você, de dividendos que seriam creditados em sua conta-corrente para aquisição de ações da ITAÚSA ou ITAÚ UNIBANCO no mercado. As aquisições serão feitas na Bolsa de Valores de São Paulo (B3) por intermédio da Itaú Corretora de Valores.

Vale ressaltar que o PRD é um **produto opcional**. Não haverá nenhuma modificação na forma de crédito de seus dividendos caso você não queira aderir ao Programa.

Quais as vantagens do PRD?

O PRD proporciona a você:

a) Uma alternativa segura, eficiente, sistemática e organizada de compra de ações das empresas participantes (ITAÚSA e ITAÚ UNIBANCO);

b) Combinar suas ofertas de compra de ações com as ofertas de todos os outros acionistas da mesma empresa que aderiram ao PRD, possibilitando assim o aumento de volume de investimento e a consequente redução das tarifas de corretagem comparadas a uma aquisição regular de ações;

> c) Aumentar gradativamente sua participação no capital social da empresa como acionista e, com isso, aumentar também o valor dos dividendos/JCP aos quais tem direito."
>
> (Programa de Reinvestimento de Dividendos, Itaúsa)

Essa é uma maneira de você automatizar o seu processo de reinvestimento de dividendos na própria empresa. Contudo, dependendo do caso, você consegue reinvestir de forma mais eficiente por meio de sua própria corretora – isso varia de acordo com os custos de corretagem –, além de poder escolher momentos oportunos de queda das ações para comprar ações por preços mais baixos. A própria Itaúsa exemplifica seu PRD:

> "Confira abaixo um exemplo hipotético de como ficaria a evolução do patrimônio de um acionista que decidisse inscrever 3.000 ações e reinvestimento de 100% no PRD no início de 2003:
>
> | Pagamento de dividendos (2003) | Montante (R$) | Quantidade de Ações | Dividendos Pagos (R$)[1] | Valor de uma ação (R$)[1][2] | Quantidade de Ações Adquiridas | Recursos Remanescentes (R$)[3] |
> |---|---|---|---|---|---|---|
> | 1º Trimestre | 10.830,00 | 3.000 | 14,28 | 3,61 | 3 | 3,45 |
> | Complementar | 10.840,83 | 3.003 | 52,33 | 3,61 | 14 | 1,79 |
> | 2º Trimestre | 10.891,37 | 3.017 | 14,36 | 3,61 | 3 | 3,53 |
> | 3º Trimestre | 10.902,20 | 3.020 | 14,38 | 3,61 | 3 | 3,55 |
> | Complementar | 10.913,03 | 3.023 | 150,32 | 3,61 | 41 | 2,31 |
> | Complementar | 11.061,04 | 3.064 | 195,33 | 3,61 | 54 | 0,39 |
> | Complementar | 11.255,98 | 3.118 | 38,69 | 3,61 | 10 | 2,59 |
> | 4º Trimestre | 11.292,08 | 3.128 | 14,89 | 3,61 | 4 | 0,45 |
> | TOTAL | 11.306,52 | 3.132 | 494,58 | | 132 | 18,06 |
>
> (1) Os dados são ilustrativos, não correspondem à realidade de mercado. (2) Inclui preço hipotético de uma ação (R$ 3,60), mais tarifa de corretagem (R$ 0,009) e mais as taxas cobradas pela BM&FBovespa (R$ 0,001). (3) São os recursos que serão creditados em sua conta-corrente após a aquisição de ações."
>
> (Programa de Reinvestimento de Dividendos, Itaúsa)

De acordo com o exemplo apresentado pela empresa em seu PRD, ao longo do ano o investidor que tinha 3 mil ações pode reinvestir seus dividendos comprando mais 132 ações, terminando o ano com 3.132 ações. Além do aumento do patrimônio em ações, merece destaque o aumento dos dividendos recebidos, uma vez que, ao possuir mais ações, o dividendo recebido pelo acionista (pago pela empresa) aumenta na proporção em que aumenta a quantidade de ações.

Com o aumento contínuo do número de ações, o total de dividendos recebidos foi de R$ 494,58. Caso tivesse mantido a mesma posição acionária de 3 mil ações, o investidor teria recebido apenas R$ 487,04. Portanto, o reinvestimento dos dividendos proporcionou o recebimento de mais R$ 7,53 em dividendos no ano, o que representa um aumento de 1,55% no montante de dividendos recebidos só naquele ano. Esse efeito é cumulativo, aumentando exponencialmente os dividendos dos próximos anos.

Também podemos mostrar evidências reais e recentes do que falamos. Não adianta nada dizer que é importante reinvestir para deixar os juros compostos fazerem o trabalho sujo por você e ficarmos apenas no mundo hipotético. Então, vamos aos fatos. Voltemos ao caso da Itaúsa, que mensalmente elabora e divulga um **Informativo Mensal do Desconto** da holding em relação às companhias investidas. Nesse informativo, ela informa sua valorização média anual considerando o reinvestimento de dividendos, conforme a Figura 17.

Figura 17: Comparação do retorno do investimento em 10 anos.

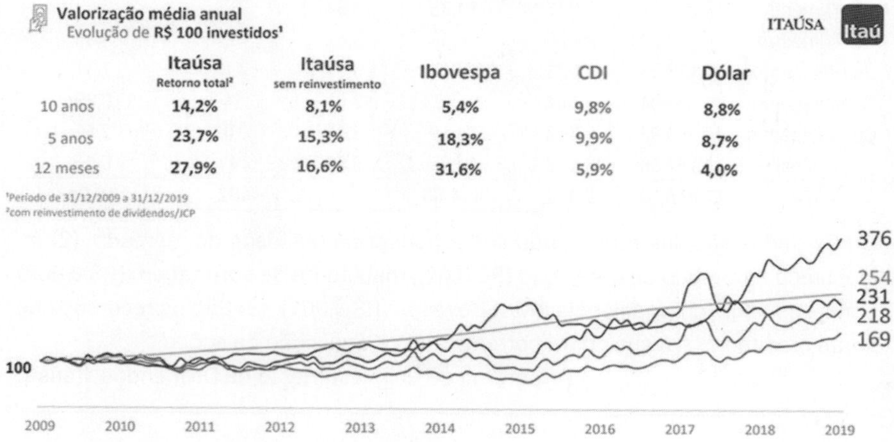
Valorização média anual
Evolução de R$ 100 investidos¹
ITAÚSA
Itaú
Itaúsa Retorno total²
Itaúsa sem reinvestimento
Ibovespa
CDI
Dólar
10 anos 14,2% 8,1% 5,4% 9,8% 8,8%
5 anos 23,7% 15,3% 18,3% 9,9% 8,7%
12 meses 27,9% 16,6% 31,6% 5,9% 4,0%
¹Período de 31/12/2009 a 31/12/2019
²com reinvestimento de dividendos/JCP
376
254
231
218
169
100
2009
2010
2011
2012
2013
2014
2015
2016
2017
2018
2019

Fonte: itausa.com.br.

A Itaúsa apresenta um gráfico em base 100, no qual compara a valorização de suas ações com o reinvestimento de dividendos (atingindo 376 pontos) e sem o reinvestimento de dividendos (218) ao Ibovespa (169), ao CDI (254) e ao dólar (231) no período entre o final de 2009 e o final de 2019 (dez anos). Note que o retorno médio anual com o reinvestimento de dividendos é de 14,2% para o período de dez anos. Sem o reinvestimento dos dividendos, esse retorno seria de apenas 8,1%, uma diferença de 6,1 pontos percentuais. Para os períodos de cinco anos e de 12 meses, essas diferenças seriam de 8,4 e 11,3 pontos percentuais, respectivamente.

Isso demonstra, na prática, que **o reinvestimento de dividendos faz uma diferença significativa nos retornos futuros**! Então, parece ser uma boa ideia reinvestir os dividendos recebidos hoje em novos dividendos no futuro? A resposta é sim!

4.5. Dividendos *versus* outros investimentos

Ações são tipicamente classificadas como investimentos de renda variável porque têm retornos indefinidos, que dependem não só dos fundamentos da empresa, mas também de fatores externos, como política, economia, etc. Como os dividendos dependem da existência de lucros, nem todos são "fixos". Todavia, a própria Lei nº 6.404/1976 prevê, em seu artigo 17, a figura do dividendo fixo para as ações preferenciais, apesar de ele ser extremamente raro no Brasil. E a lógica para a dificuldade de encontrar empresas com dividendos fixos é clara: é um risco para a empresa assumir o compromisso de pagar um dividendo fixo se seu lucro não é fixo!

Se você procurar por empresas negociadas em bolsa que têm esse tipo de dividendo, verá que não é fácil encontrar. Por isso, vamos utilizar o caso da Kepler Weber, uma companhia do setor de agronegócio especializada em soluções de armazenamento de grãos. Até 2012 a empresa possuía ações preferenciais do tipo B que tinham um dividendo fixo. Proporcionalmente, essas ações representavam apenas 0,0028% do total de ações da empresa. Naquele ano, a empresa divulgou a conversão de todas as suas ações PN em ações ON.

Veja como o parágrafo 2º do artigo 6º do estatuto social da Kepler Weber definia o dividendo fixo como uma das vantagens de suas antigas ações preferenciais do tipo B:

> "Parágrafo 2º – Além das vantagens indicadas no caput, as ações preferenciais de classe "B" gozarão das seguintes vantagens adicionais:
> a) serão resgatadas, obrigatoriamente, imediatamente após a alienação do controle da controlada Kepler Weber Inox Ltda. ('KW Inox');
> b) receberão um **dividendo prioritário fixo cumulativo mensal, calculado com base na variação da taxa de juros de longo prazo, conforme divulgada pelo Conselho Monetário Nacional ('TJLP'), acrescida de um spread de 3,8% ao ano, base 360 dias corridos, incidente sobre o preço de emissão das ações preferenciais de classe 'B', ou seja, R$ 0,3027** (trinta centavos e vinte e sete milésimos de real) ('Dividendo Fixo'). Caso o Dividendo Fixo não seja integralmente pago em um mês, o saldo não pago acumulará para o mês seguinte, e assim sucessivamente, até que o saldo do Dividendo Fixo não pago seja integralmente quitado. O saldo do Dividendo Fixo não pago será corrigido pela TJLP, acrescida de um spread de 3,8% ao ano, base 360 dias corridos, incidente sobre o saldo não pago desde a data do inadimplemento até a data do efetivo pagamento. Excepcionalmente, no período entre 17 de agosto de 2007 e 15 de setembro de 2008, o Dividendo Fixo não será devido mensalmente, mas em uma única parcela a ser devida no dia 15 de setembro de 2008. A fórmula abaixo exemplifica como deverá ser calculado o Dividendo Fixo:
>
> $$DIV = 0,3027 * [1 + (TJLP + 3,8\% \text{ a.a.})^{DM/360}]$$
>
> DM = dias do mês"
>
> (Estatuto Social, Kepler Weber)

Portanto, **não podemos esquecer que até mesmo as ações de empresas sólidas e pagadoras de dividendos são classificadas como renda variável**. Logo, há maior risco de mercado (maior volatilidade, ou maior variância entre o retorno esperado e o retorno realizado), não há retorno garantido, não há prazo de resgate definido e a forma de recebimento do retorno do investimento (dividendos, JCP, ganho de capital, etc.) varia ao longo do tempo.

Mesmo assim, é comum encontrar notícias e relatórios financeiros comparando o *dividend yield* das ações com a renda fixa. A lógica por trás dessa comparação leva em conta que empresas sólidas tendem a pagar dividendos frequentes como uma espécie de "**cupons**", que são os juros periódicos recebidos de alguns títulos de renda fixa. Outro elemento considerado nessa comparação é o perfil do investidor que busca esses tipos de investimento, geralmente considerados como "conservadores" por buscarem renda passiva.

Uma característica comumente atribuída à renda fixa é a previsibilidade do retorno a ela atribuído, muitas vezes devido a uma taxa de juros predefinida. Porém, **é importante que você saiba que até mesmo na renda fixa a rentabilidade nem sempre é fixa!** O que há na renda fixa é uma expectativa de rentabilidade ancorada (fixada) em alguma referência ou *benchmark*, como a Selic, o CDI, o IPCA, etc.

A maior parte dos títulos de renda fixa, como o Certificado de Depósito Bancário (CDB), a Letra de Crédito do Agronegócio (LCA), a Letra de Crédito Imobiliário (LCI), o título público do Tesouro Direto, entre outros, tem retorno variável de acordo com a variação da taxa de referência (Selic, CDI, IPCA, etc.). Portanto, a rentabilidade não é fixa e, inclusive, títulos de renda fixa de um banco (CDB), uma empresa (debênture) ou de um governo (Tesouro Direto) têm risco de *default* (descumprimento) pelo emissor. Mas a probabilidade de isso acontecer geralmente é baixa devido às garantias exigidas, além de algumas alternativas de investimento contarem com a cobertura do Fundo Garantidor de Créditos.

Assim, esperamos que fique claro que a renda fixa não é necessariamente invariável, assim como renda variável não é necessariamente imprevisível. Tipicamente, empresas sólidas possuem lucros mais previsíveis e dividendos mais persistentes. Por isso, o investimento nesse tipo de ação é classificado como mais "conservador" ou "previsível", podendo ser comparado com o investimento em renda fixa, desde que se considerem seus riscos diferentes. Perceba que estamos falando bastante de persistência. No Capítulo 7 você entenderá o porquê.

Ressaltamos, mais uma vez, que ações são ativos de risco. O investimento em ações pagadoras de dividendos, por mais conservadoras que sejam, faz parte do mundo de renda variável. O investidor está sujeito às variações do mercado, ficando exposto a maior risco de o retorno realizado ser diferente do retorno esperado, o que é menos comum entre os ativos típicos de renda fixa.

Na Figura 18, você pode observar o retorno acumulado do Índice de Dividendos (IDIV), criado no final de 2005 pela B3, desde o seu início até o final do ano de 2024. Ao longo desses 19 anos, o IDIV acumulou 783,6% de retorno. Comparativamente, pode-se notar que esse retorno é superior aos retornos acumulados da Selic (514,7%), da poupança (275,0%), do Ibovespa (259,5%), da inflação pelo IPCA (179,6%) e da variação cambial do dólar americano (164,5%).

Figura 18: Comparação dos retornos dos investimentos nos últimos 19 anos.

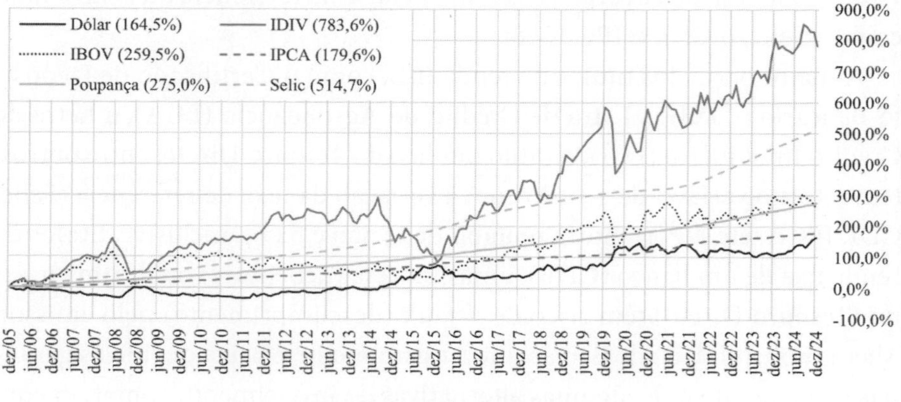

Fonte: dados da Refinitiv Eikon.

Note que o IDIV teve retorno acumulado menor do que outro tipo de investimento apenas em dois momentos: (i) em 2015, ficando abaixo do acumulado pela Selic; e (ii) em 2016, ficando abaixo da Selic e da poupança. No caso de 2015, houve uma forte desvalorização de todo o mercado de ações devido à crise política brasileira, enquanto a Selic alcançou o patamar de 14,25% ao ano. Porém, já a partir de 2016 o retorno do IDIV voltou a se distanciar dos demais investimentos.

Nesse exemplo, utilizamos o IDIV como parâmetro para uma carteira de ações, que é o que ele é. Nessa carteira, todos os dividendos recebidos das ações que compõem o índice são automaticamente reinvestidos. Assim como vimos no caso da Itaúsa na seção anterior, sabemos que essa estratégia de reinvestimento de dividendos faz diferença no decorrer dos anos, pois permite ao investidor possuir mais ações para receber mais dividendos.

Enquanto escrevíamos esta edição, o Brasil passava por um período de volatilidade nos juros. Saiu de uma Selic de 14,25% em 2016 e foi até 2% em 2020. Nós já analisamos o passado e vimos na Figura 18 que os dividendos apresentaram uma vantagem interessante em relação às principais referências dos investimentos de renda fixa. **O que acontece se olharmos para o**

futuro? Pensando nisso, apresentamos na Tabela 2 as médias das previsões dos analistas de mercado para o *dividend yield* de 20 empresas com maiores DY entre as empresas com maiores participações na carteira teórica do Ibovespa. Tomamos o final de 2024 como referência. A Tabela detalha o DY realizado nos últimos três anos e a previsão do DY para os próximos três (2025, 2026 e 2027).

Tabela 2: *Dividend yield* realizado e previsto pelos analistas (em %).

Plano A: Empresa	Ação	Realizado			Previsto		
		2022	2023	2024	2025	2026	2027
Petrobras	PETR4	58,84	29,58	21,22	19,53	12,56	12,78
Cemig	CMIG4	13,50	11,59	15,05	12,19	7,83	7,23
JBS	JBSS3	5,27	4,55	12,04	4,72	4,65	2,94
Brasil	BBAS3	14,44	13,16	9,43	11,38	12,04	13,30
Santos Brasil	STBP3	10,25	5,66	8,01	6,40	10,08	8,90
BB Seguridade	BBSE3	9,46	10,32	7,88	9,08	9,71	10,80
Itaú Unibanco	ITUB4	4,86	5,03	7,11	9,29	8,69	9,60
Vale	VALE3	9,73	6,84	6,93	11,09	10,18	10,49
Vibra	VBBR3	4,00	5,36	6,90	7,91	7,01	8,24
Itaúsa	ITSA4	7,17	6,93	6,45	9,53	9,76	9,83
Tim	TIMS3	4,40	7,33	6,36	9,60	11,01	12,00
BRF	BRFS3	0,00	0,00	5,10	3,75	2,87	14,86
Ambev	ABEV3	4,94	5,03	4,86	6,39	6,72	6,79
Bradesco	BBDC4	2,39	11,20	4,80	8,49	9,74	10,25
Grupo Natura	NTCO3	0,52	0,00	4,38	5,68	5,05	7,05
Copel	CPLE6	15,68	6,44	4,10	6,39	6,37	9,08
Gerdau	GGBR4	13,32	5,72	3,96	5,53	4,79	5,51
Lojas Renner	LREN3	2,73	3,49	3,80	5,21	5,75	6,98
Suzano	SUZB3	5,21	2,41	3,63	2,37	2,39	2,71
Telefônica Brasil	VIVT3	4,20	8,93	3,55	7,39	8,88	9,25
Plano B: Indicador Econômico*					2025	2026	2027
Inflação (IPCA)					4,99	4,01	3,90
PIB					2,01	1,80	2,00
Dólar (em R$)					6,00	5,90	5,80
Selic					15,00	12,00	10,00

Fonte: dados da Refinitiv e do BACEN. Nota: * conforme Boletim Focus de 03/01/2025.

Em 2024, observe que o maior rendimento de dividendo foi da Petrobras, com DY de 21,22%. Com base na média das previsões constantes na Refinitiv, os analistas esperam um DY de 19,53% para a Petrobras em 2025 e de 12,78% em 2027. Outras duas empresas tiveram DY com dois dígitos em 2024; foram a Cemig (15,05%) e a JBS (12,04%). Porém, perceba como o DY previsto para os próximos anos da JBS é menor que o patamar de 2024 (sendo 4,72%, 4,65% e 2,94%, respectivamente, para os anos de 2025 a 2027). Esse percentual é diferente também dos anos passados (2022 e 2023), demonstrando que o ano de 2024 parece ser atípico em termos de DY para a JBS.

O Plano B da Tabela 2 apresenta as expectativas de mercado para os principais indicadores econômicos do Brasil nos próximos anos. Para 2025, por exemplo, espera-se uma inflação (IPCA) de 4,99% e uma taxa de juros (Selic) de 15%. Comparando esses números à previsão de DY para as empresas em 2025, notamos que há empresas com DY esperado inferior à inflação (como JBS, BRF e Suzano), e que apenas a Petrobras tem DY esperado em 2025 superior à Selic esperada. Esse mesmo tipo de análise pode ser feito para os outros anos, servindo como referência para analisar as expectativas de DY.

Os números apresentados na Tabela 2 demonstram que a análise detalhada e cuidadosa de uma empresa sólida e pagadora de dividendos pode lhe oferecer um retorno ainda melhor do que uma carteira com todas as empresas que pagam dividendos (IDIV). Mas não entenda isso como uma sugestão de concentração de seus investimentos em uma única ação! O que estamos dizendo é que é possível formar uma carteira de investimentos própria, com a seleção das melhores empresas pagadoras de dividendos, em vez de escolher um índice como o IDIV.

Finalmente, terminamos este capítulo de investimento por dividendos enfatizando, mais uma vez, que você não deve usar os investimentos em empresas pagadoras de dividendos como sendo uma alternativa idêntica à renda fixa. Mas que os dividendos podem, sim, ser uma boa forma de lhe fazer ter uma renda passiva para se aposentar bem, principalmente porque as boas empresas pagadoras de dividendos geralmente são muito sólidas, com forte geração de lucros e de caixa, além de possuírem longos históricos de pagamentos de dividendos (persistência!). Vamos explorar essas características nos próximos capítulos.

4.6. Destaques

1. No mercado de ações há diferentes perfis de investidores, com diferentes necessidades e estratégias de investimento. Alguns preferem o recebimento de dividendos e viram "clientes" das companhias que os distribuem com frequência.
2. Em teoria, o valor da "ação com o dividendo" é exatamente igual ao valor da "ação sem o dividendo" mais o "dividendo" que foi pago.
3. O investimento por dividendos geralmente é visto como uma estratégia de investimento na qual você compra ações com *dividend yield* acima da média. Esse é o fundamento para formar uma carteira de investimentos, sem deixar de buscar boas empresas a preços descontados e sem abrir mão de algum crescimento.
4. *"Eu estou sempre feliz na bolsa, porque quando estamos num mercado de alta* (bull market) *o meu patrimônio cresce, mas quando estamos num mercado de baixa* (bear market)*, a rentabilidade dos meus dividendos é que cresce."* (investidor anônimo)
5. No *dividend investing*, o investidor seleciona as ações para investimento entre as empresas de valor com maior qualidade em termos de persistência dos lucros, sustentabilidade dos dividendos e expectativa de crescimento (níveis de retorno).
6. Vaca leiteira (ou *cash cow*) é o "jargão de mercado" utilizado para se referir às empresas que têm maior potencial de pagamento de dividendos frequentemente.
7. Você trabalha e investe todo mês, mas também usa os dividendos recebidos para potencializar o seu poder de investir.
8. Não podemos esquecer que até mesmo as ações de empresas sólidas e pagadoras de dividendos são classificadas como renda variável.
9. Até mesmo na renda fixa a rentabilidade nem sempre é fixa. Isso porque a renda fixa não é necessariamente invariável, assim como a renda variável não é necessariamente imprevisível.
10. Empresas sólidas possuem lucros mais previsíveis e dividendos mais persistentes e, por isso, o investimento nesse tipo de ação é classificado como mais conservador.

5.
POLÍTICA DE DIVIDENDOS

*"O dividendo de uma ação é algo tangível – não é
uma projeção de lucro; é algo sólido, na mão.
O dividendo é retorno de verdade sobre o investimento.
Tudo mais é esperança e especulação."*
RICHARD RUSSELL

A "Política de Dividendos" (ou "Política de Remuneração ao Acionista") de uma empresa é que define o volume de lucros que a empresa distribuirá aos seus acionistas. Essa política tem sustentação no estatuto social, que define o dividendo mínimo obrigatório que a empresa deve distribuir em cada período. O principal produto da distribuição de lucros é chamado de dividendo, mas ela não se limita a ele, envolvendo também os Juros sobre Capital Próprio (JCP), as recompras de ações, as bonificações de ações e até os bônus de subscrição.

A todos esses meios de remuneração ao acionista podemos dar o nome de "proventos". Porém a referência ao dividendo sobressai especialmente pelo fato de no Brasil os JCP também serem entendidos como um dividendo, pois seu pagamento pode ser subtraído do dividendo mínimo obrigatório da empresa. E, de forma geral, a política de dividendos das empresas muda consideravelmente entre os países, pois ela é afetada diretamente pelo perfil das empresas e de seus gestores.

Em países desenvolvidos como os Estados Unidos, cerca de 54% da população investe em ações, o que torna o mercado de capitais a principal fonte de recursos para as empresas. Nesses mercados, a propriedade das empresas é amplamente pulverizada entre muitos acionistas, que geralmente aceitam a maior proporção de reinvestimento dos lucros em detrimento da distribuição de dividendos. Esse comportamento é favorecido por um ambiente legal que oferece maior proteção e segurança aos investidores, além de alternativas de investimento, como títulos de renda fixa, que apresentam retornos inferiores aos da Bolsa de Valores (Lopes, 2019, em R7).

Por outro lado, em países emergentes, como o Brasil, a situação é bastante diferente. Apenas 2,5% dos brasileiros investem em ações, de acordo com o estudo "Raio X do Investidor Brasileiro" da ANBIMA (2024). Segundo dados da B3, em março de 2024 a bolsa brasileira chegou a 5,1 milhões de investidores em renda variável, sendo 74,27% homens e 25,73% mulheres.[4] Além disso, muitos desses investidores mantinham contas em mais de uma corretora, o que pode inflar os números. Em mercados emergentes, o acesso ao mercado de capitais é limitado, as empresas frequentemente recorrem aos bancos para financiamento e a propriedade se concentra em famílias e no governo. O ambiente legal menos robusto também contribui para a preferência dos investidores por dividendos em vez de reinvestimentos do capital.

Isso converge na **Teoria do Pássaro na Mão**, em que os investidores preferem um pássaro na mão (os dividendos correntes recebidos hoje) a dois voando (dividendos futuros maiores provenientes do reinvestimento dos lucros correntes). Por essas diferenças, há algumas considerações que devemos fazer quando comparamos o mercado brasileiro aos mercados de outros países (especialmente dos Estados Unidos).

Benjamin Graham lembra que décadas atrás, nos Estados Unidos, a política de dividendos foi objeto de controvérsias frequentes entre acionistas e gestores das empresas. Em linhas gerais, de um lado os acionistas requerem um dividendo maior para que possam eles mesmos decidir pelo reinvestimento de seus recursos; do outro, os gestores querem maior retenção de lucros para poder ter mais recursos sob sua gestão, permitindo-lhes trabalhar com um mix maior de projetos em busca de alcançar suas metas com mais facilidade. Segundo Graham, desenvolveu-se no

---

4 Fonte: https://www.b3.com.br/pt_br/market-data-e-indices/servicos-de-dados/market-data/consultas/mercado-a-vista/perfil-pessoas-fisicas/perfil-pessoa-fisica/.

mercado americano a chamada **Teoria do Reinvestimento Lucrativo**, em que, quanto mais lucrativa é a empresa, mais favorável ao reinvestimento tende a ser o investidor.

Por outro lado, durante a década de 1970 no Brasil, o governo criou o instrumento do **dividendo mínimo obrigatório de 25%** como incentivo à vinda da população para o mercado de ações e como penalização às empresas que não se adequassem às exigências da Lei das Sociedades por Ações (Lei nº 6.404/1976). Isso afetou diretamente as políticas de distribuição de lucros das empresas, que passaram a ter a obrigação de distribuir parte deles.

A política de dividendos ótima é aquela que busca o equilíbrio entre os dividendos distribuídos e o crescimento futuro dos lucros da empresa, a fim de maximizar o valor da companhia. Essa política envolve não só a decisão sobre quanto de lucros será distribuído, mas também as condições sob as quais essa distribuição será feita, a forma de remuneração utilizada e em quais períodos ela será realizada. As decisões comumente envolvidas são:

1. O mínimo de lucros a distribuir ao longo de um período;
2. As condições para distribuição de uma proporção de lucros maior do que os dividendos mínimos obrigatórios;
3. A forma de distribuição dos lucros – se apenas como dividendos ou por meio de juros sobre capital próprio ou recompra de ações, por exemplo;
4. O período de pagamento: se mensal, trimestral, semestral ou anual;
5. A possibilidade de distribuição de dividendos complementares ou extraordinários.

A política de dividendos pode ter definições simples ou mais complexas, a depender das características da empresa. Por exemplo, o Banco ABC Brasil, instituição bancária de médio porte cujo negócio é o oferecimento de crédito a empresas de médio e grande porte, define sua política de dividendos da seguinte maneira:

> "O dividendo obrigatório do Banco ABC Brasil é de, no mínimo, 25% do lucro líquido ajustado, na forma da Lei das Sociedades por Ações e do Estatuto Social, apurado nas demonstrações financeiras não consolidadas. A declaração anual de dividendos, incluindo o pagamento de dividendos além do dividendo mínimo obrigatório, exige aprovação em Assembleia Geral Ordinária por maioria de votos de acionistas titulares das ações do Banco ABC Brasil e irá depender de diversos fatores. Dentre esses fatores estão os resultados operacionais, condição financeira, necessidades de caixa e perspectivas futuras do Banco, e outros que o conselho de administração e acionistas do Banco ABC julguem relevantes."
> (Política de Dividendos, Banco ABC).

Outras empresas condicionam a outros elementos o volume de lucros distribuídos como proventos. O Itaú Unibanco, por exemplo, define um volume mínimo em sua política e deixa a critério do conselho de administração a definição do volume efetivamente distribuído aos acionistas, considerando elementos como as exigências regulatórias do setor financeiro, a necessidade de capitalização do banco, a lucratividade do ano, as perspectivas de crescimento esperado e possíveis mudanças fiscais previstas.

> "A prática de pagamento de dividendos e JCP do Itaú Unibanco prevê a distribuição de, no mínimo, 35% do lucro líquido recorrente anual, sendo que o valor total a ser distribuído a cada ano será fixado pelo Conselho de Administração, considerando-se, entre outros:
> 1. O nível de capitalização da Companhia, conforme regras definidas pelo BACEN;
> 2. O nível mínimo estabelecido pelo Conselho de Administração de 13,5% de capital nível 1;
> 3. A lucratividade no ano;
> 4. As perspectivas de utilização de capital em função do crescimento esperado dos negócios, programas de recompra de ações, fusões e aquisições, e alterações de mercado e regulatórias que possam alterar a exigência de capital;
> 5. Mudanças fiscais.
> Assim, o percentual a ser distribuído poderá flutuar ano a ano em função da lucratividade e demandas de capital da Companhia, sempre considerando o mínimo previsto no Estatuto Social."
> (Política de Remuneração aos Acionistas, Itaú Unibanco).

No caso da Vale, a empresa não utiliza o lucro líquido como referência para o volume de lucros a distribuir, mas sim o *Earnings Before Interest, Taxes, Depreciation and Amortization* (EBITDA), em português: Lucros antes de Juros, Impostos, Depreciação e Amortização (LAJIDA). No caso especial da Vale, é importante salientar que, mesmo tendo estabelecido a distribuição de um dividendo obrigatório mínimo em seu estatuto social e em sua política de remuneração aos acionistas, é possível que a empresa suspenda temporariamente o pagamento de dividendos por situações especiais.

Em 2016, após o rompimento da barragem de rejeitos de minério na cidade de Mariana (MG), assim como em 2019, após o rompimento de outra barragem, na cidade de Brumadinho (MG), a Vale suspendeu temporariamente o pagamento de dividendos para garantir fluxo de caixa suficiente ao pagamento de indenizações e acordos judiciais. Ao final desses mesmos anos, a empresa voltou a pagar dividendos aos seus acionistas.

> "A Política de Remuneração aos Acionistas definida pelo Conselho de Administração da Vale vigora conforme segue:
> 1. A remuneração ao acionista será composta por duas parcelas semestrais, a primeira em setembro do ano corrente e a segunda em março do ano subsequente.[a]
> 2. O valor mínimo da remuneração será de 30% do EBITDA Ajustado menos Investimento Corrente apurados na demonstração do resultado do primeiro semestre, para a parcela de setembro, e na demonstração do resultado do segundo semestre, para a parcela de março.[b]
> 3. O Conselho de Administração poderá deliberar sobre remuneração adicional, via distribuição de dividendos extraordinários.
>
> Notas: [a] O Conselho de Administração poderá declarar juros sobre capital próprio no mês de dezembro de cada ano, para pagamento em março do ano subsequente. Tais valores serão reduzidos do valor da parcela de março. [b] Valor do dividendo mínimo = 0,3 x (EBITDA ajustado − Investimento Corrente)."
> (Política de Remuneração aos Acionistas, Vale).

Segundo Benjamin Graham, **o dividendo apropriado de uma ação é aquele pago ao acionista para lhe dar uma prova ou representação tangível do lucro da empresa**, em resposta aos lucros reinvestidos no negócio pela empresa, em seu nome, ao longo de um período curto no passado recente (Graham, 2007). Essa é uma forma de recompensar seus atuais acionistas e atrair novos investidores.

No que se refere à periodicidade, a distribuição dos lucros de uma empresa pode ser feita de diferentes formas, conforme definição em sua política de remuneração aos acionistas e demais deliberações do conselho de administração, sendo as mais comuns: regular, intermediária, complementar ou extraordinária.

a) **Distribuição regular:** a empresa define previamente o tipo de provento, o valor por ação e o prazo de pagamento.
   Exemplo: o Itaú Unibanco definiu em 2020 o pagamento mensal de JCP no valor de R$ 0,015 por ação, seja ordinária ou preferencial.
b) **Distribuição intermediária:** a empresa define o provento a ser distribuído a partir do levantamento de balanço semestral, com base em lei ou no seu estatuto social.
   Exemplo: o Bradesco levanta o total de JCP pagos entre os meses de janeiro e junho de cada ano e o compara com o dividendo mínimo obrigatório que pode ser pago no primeiro semestre, e, em caso de este último ser maior, paga a diferença como JCP Intermediário.
c) **Distribuição complementar:** a empresa define ao longo do ano o tipo de provento, o valor por ação e o prazo de pagamento de acordo com critérios previamente definidos em sua política de remuneração ao acionista.
   Exemplo: o Itaú Unibanco define em sua política que poderão ser efetuados pagamentos complementares na forma de dividendos ou JCP, com pagamentos semestrais após a apuração dos balanços de 30 de junho e 31 de dezembro, por deliberação do conselho de administração e em observância a exigências regulatórias do setor financeiro; necessidade de capitalização do banco; lucratividade do ano; perspectivas de crescimento esperado; e possíveis mudanças fiscais previstas.
d) **Distribuição extraordinária:** a empresa pode definir sua existência na política de remuneração ao acionista, determinando os critérios para seu cálculo, sendo seu montante aprovado pelo conselho de administração.

Exemplo: a Cemig determina em sua política que, sem prejuízo do dividendo obrigatório, a cada dois anos ou em menor periodicidade, se sua disponibilidade de caixa permitir, será utilizada a reserva de lucros específica para a distribuição de dividendos extraordinários, até o limite do caixa disponível, conforme determinado pelo conselho de administração, com observância de sua estratégia de longo prazo e de suas normas internas.

É possível perceber que cada empresa tem sua estratégia de remuneração aos acionistas. Assim como pode mudar a periodicidade da distribuição dos lucros, pode haver diferenças significativas entre os tipos de provento que as empresas podem utilizar, especialmente porque cada um deles possui um tratamento tributário específico.

5.1. Tipos de remuneração ao acionista

A remuneração ao acionista de uma empresa pode ser realizada por diferentes meios. Cada empresa define os tipos de remuneração que pretende utilizar, assim como a periodicidade de cada uma. No decorrer do ano, o conselho de administração da empresa se reúne e define o tipo de remuneração a ser utilizado, seu volume e as datas relacionadas ao direito de recebimento pelo acionista.

Essas datas são importantes, pois são o parâmetro para que a empresa identifique quem são os acionistas que possuem ações da companhia naquele momento e que têm direito à remuneração. Abaixo explicamos algumas datas comumente relacionadas à remuneração do acionista:

a) **Data de declaração:** é o dia no qual a empresa anuncia que seu conselho de administração aprovou a remuneração dos acionistas, quando normalmente são informados o tipo de remuneração, o valor, as datas "com" e "ex" remuneração, além da forma e da data de pagamento. Representa um compromisso da empresa com seus acionistas. Também é conhecida como "**data de anúncio**".

b) **Data "com":** é o último dia em que o acionista deve ter posição na ação para ter direito à remuneração em questão. Ao final do dia, a empresa verifica quem estava posicionado em suas ações e distribui a remuneração em questão a esses acionistas. Também é conhecida como data "**com-dividendos**", "**com-JCP**", "**com-direito**", "**data de custódia**" ou "**data-base**".

c) **Data "ex":** é o dia a partir do qual o investidor que comprar a ação não terá mais direito à remuneração em questão. É o dia seguinte à "data com". A partir dessa data, o acionista que já possuía a ação e a vende não perde o direito à remuneração em questão. Também é conhecida como data "**ex-dividendos**", "**ex-JCP**", "**ex-direito**" ou "**ex-data**".

d) **Data de registro:** é o dia no qual a empresa registra o montante de remuneração a que cada acionista tem direito junto à instituição depositária. A partir desse registro, surge na conta do investidor em sua corretora a previsão de um provento a receber em data futura.

e) **Data de pagamento:** é o dia no qual a empresa realiza o pagamento do provento ao acionista, seja por meio da liquidação financeira (disponibilização do dinheiro na conta do acionista em sua corretora) ou por outro meio (disponibilização das novas ações bonificadas ou dos direitos de subscrição na conta do acionista na corretora).

Como exemplo, podemos analisar um trecho da Ata da Reunião do Conselho de Administração da Brasil, Bolsa, Balcão (B3), empresa com suas ações negociadas na própria Bolsa de Valores, que aprovou em 05/03/2020 a distribuição de dividendos com as seguintes condições:

> "4.4. Aprovar, por unanimidade dos presentes, e observado o parecer favorável do Conselho Fiscal da Companhia, a proposta de destinação do resultado do exercício social encerrado em 31 de dezembro de 2019, a ser apresentada à Assembleia Geral Ordinária de 2020 da Companhia, integralmente à conta de dividendos obrigatórios, correspondente a R$ 2.714.164.629,20, dos quais R$ 2.369.918.377,22 já foram pagos aos acionistas por meio de dividendos e juros sobre capital próprio durante o exercício de 2019, restando um saldo de R$ 344.246.251,98 a ser distribuído a título de dividendos, equivalentes ao valor de **R$ 0,168173061 por ação**, sendo que:
> 4.4.1. o valor por ação é estimado e poderá ser modificado em razão da alienação de ações em tesouraria para atender ao Plano de Concessão de Ações da Companhia ou outros planos baseados em ações;

> 4.4.2. o **pagamento acima referido será realizado em 7 de abril de 2020** e tomará como base de cálculo a posição acionária de 25 de março de 2020;
>
> 4.4.3. as ações da Companhia serão negociadas na **condição 'com' até o dia 25 de março de 2020**, inclusive, e na **condição 'ex-dividendos' a partir do dia 26 de março de 2020.**" (Ata da Reunião do Conselho de Administração, 05/03/2020, B3)

Nesse trecho da ata, podemos verificar com clareza que os acionistas com direito ao dividendo são aqueles com posição nas ações da empresa até o dia 25 de março (inclusive), que a partir do dia 26 de março os investidores que passarem a ter posição na ação não terão direito ao recebimento desse dividendo em questão e que o pagamento efetivo do dividendo, com o respectivo depósito na conta do acionista, será realizado no dia 7 de abril de 2020.

É importante lembrar que na data "ex-direito" o preço teórico da ação é ajustado automaticamente pela Bolsa de Valores (assim como todo o histórico de preços da ação na base de dados da B3). Preço teórico é o preço de equilíbrio pelo qual a ação seria negociada caso o leilão de abertura de um dia de negociação terminasse naquele instante. Esse preço é apenas um indicativo de referência de valor, por isso é "teórico". Na prática, com o início do pregão o preço pode mudar.

O preço de uma ação no mercado é apenas uma referência de valor para o seu patrimônio líquido. Quando uma empresa decide distribuir lucros, ela está decidindo devolver ao acionista parte do patrimônio líquido da empresa, que é composto, entre outros elementos, pelos próprios lucros (lembra da história da galinha e da garrafa de água que contamos no Capítulo 4?). Assim, como o patrimônio líquido é reduzido, o preço da ação na Bolsa de Valores também é reduzido.

Por exemplo, em 11 de novembro de 2019 a Valid Soluções S.A. comunicou a seus investidores que o conselho de administração havia aprovado o pagamento aos acionistas de juros sobre capital próprio no valor de R$ 0,70 por ação. A "**data-base**" para direito ao JCP era o dia 14 de novembro de 2019, quando a ação VLID3 terminou o dia cotada a R$ 15,60. O dia "**ex--direito**" foi 18 de novembro de 2019 (pois 15, 16 e 17 foram feriado e fim de semana, respectivamente), quando a ação iniciou o dia de negociação na bolsa pelo **preço teórico de R$ 14,90 (R$ 15,60 − R$ 0,70)**.

Esse preço é teórico porque é apenas a referência de valor para o início do pregão de abertura do dia de negociação, quando a oferta de compra de um investidor se iguala à oferta de venda de outro e o primeiro negócio do dia é concretizado. O preço de abertura do pregão pode ser diferente do preço teórico, a depender das ofertas de compra e de venda para a ação. No caso da VLID3, o preço de abertura do dia 18 de novembro foi R$ 14,95 – portanto R$ 0,05 acima do preço teórico (R$ 14,90).

5.1.1. Dividendo

Dividendo é a **parcela dos lucros de uma empresa que é distribuída aos seus acionistas**. Esse é o tipo mais comum de remuneração ao acionista, sendo previsto em lei desde 1976 (lei 6.404), como vimos com profundidade no Capítulo 3. O dividendo pode ser distribuído de forma regular, intermediária, complementar ou extraordinária. A partir da definição de sua forma, a empresa pode informar antecipadamente a sua periodicidade ou comunicar aos acionistas a sua distribuição apenas quando o conselho de administração aprovar as demonstrações contábeis e a distribuição de lucros.

O Bradesco é um exemplo de empresa que define em sua política de dividendos a distribuição de lucros em diferentes momentos (ver trecho reproduzido a seguir). O banco define como dividendo mínimo obrigatório o percentual de 30% de seu lucro líquido ajustado e distribui essa proporção mensalmente por meio de JCP mensais. Ao final do primeiro semestre do ano, o Bradesco apura o lucro líquido ajustado que poderia ter distribuído como dividendo mínimo obrigatório, verifica o total dos JCP mensais distribuídos de janeiro a junho e, caso identifique um pagamento menor que o obrigatório no primeiro semestre, distribui um "JCP intermediário".

> "2. **Dividendo Mínimo Obrigatório**
> De acordo com o inciso III do Artigo 27 do estatuto social do Bradesco, é assegurado aos acionistas, em cada exercício, a título de dividendo mínimo obrigatório, 30% (trinta por cento) do lucro líquido, ajustado pela diminuição ou acréscimo dos valores especificados nos incisos I, II e III do Artigo 202 da Lei nº 6.404/76 (Lei das Sociedades por Ações).

> 3. **Dividendos Intermediários**
> A Diretoria, mediante aprovação do Conselho de Administração, está autorizada a declarar e pagar dividendos intermediários, semestrais ou mensais, à conta de Lucros Acumulados ou de Reservas de Lucros existentes (Parágrafo Primeiro do Artigo 27 do estatuto social)."
> (Práticas de Pagamento de Dividendos e/ou Juros sobre Capital Próprio, Bradesco)

Entre os meses de fevereiro e março de cada ano, após a divulgação do lucro do ano anterior, o banco distribui como "**JCP complementares**" a diferença entre o montante pago ao longo do ano e o dividendo total aprovado por seu conselho de administração. Periodicamente, o conselho de administração pode aprovar a distribuição de "**dividendos extraordinários**". Na Tabela 3, estão detalhados os pagamentos feitos aos acionistas no ano de 2019 para as ações preferenciais.

Tabela 3: Remuneração dos acionistas do Bradesco durante o ano de 2019.

Mês	Tipo de Remuneração	Data-Base	Data Pagamento	BBDC4
Janeiro	JCP Mensais	02/01/2019	01/02/2019	R$ 0,0190
Fevereiro	JCP Mensais	01/02/2019	01/03/2019	R$ 0,0190
Março	JCP Mensais	01/03/2019	01/04/2019	R$ 0,0190
Março	JCP Complementares	21/12/2018	08/03/2019	R$ 0,7302
Abril	JCP Mensais	01/04/2019	02/05/2019	R$ 0,0190
Maio	JCP Mensais	02/05/2019	03/06/2019	R$ 0,0190
Junho	JCP Intermediário	28/06/2019	15/07/2019	R$ 0,1898
Junho	JCP Mensais	03/06/2019	01/07/2019	R$ 0,0190
Julho	JCP Mensais	01/07/2019	01/08/2019	R$ 0,0190
Agosto	JCP Mensais	01/08/2019	02/09/2019	R$ 0,0190
Setembro	JCP Mensais	02/09/2019	01/10/2019	R$ 0,0190
Outubro	Dividendos Extraordinários	17/10/2019	23/10/2019	R$ 1,0435
Outubro	JCP Mensais	01/10/2019	01/11/2019	R$ 0,0190
Novembro	JCP Mensais	01/11/2019	02/12/2019	R$ 0,0190
Dezembro	JCP Mensais	02/12/2019	02/01/2020	R$ 0,0190
Dezembro	JCP Complementares	19/12/2019	30/12/2019	R$ 0,5537

Fonte: bradescori.com.br.

Uma observação adicional importante sobre a Tabela 3 é que o Bradesco utiliza os Juros sobre Capital Próprio (JCP) como meio para distribuição de seus dividendos obrigatórios. A seguir, explicamos esse tipo de remuneração.

5.1.2. Juros sobre Capital Próprio (JCP)

Juros sobre capital próprio, também conhecidos como JCP ou JSCP, representam a remuneração do capital próprio do acionista calculada sobre o patrimônio líquido. É uma das formas de a empresa distribuir lucros aos seus acionistas, titulares ou sócios. O JCP se assemelha ao dividendo, tendo como principal diferencial o tratamento tributário. Por essa razão, o valor do JCP pago a título de remuneração aos acionistas pode ser deduzido do valor dos dividendos mínimos obrigatórios da empresa.

O JCP passou a ser permitido no Brasil a partir de 1º de janeiro de 1996, quando a Lei nº 9.249/1995 entrou em vigor. A lei previa que as empresas poderiam deduzir do lucro tributável, que é base de cálculo do Imposto de Renda da Pessoa Jurídica (IRPJ) e da Contribuição Social sobre o Lucro Líquido (CSLL), os juros pagos ou creditados a título de remuneração do capital. Contudo, as empresas só podem distribuir JCP quando tiverem lucros. Dessa forma, **diferentemente do dividendo, contabilmente o JCP é tratado como uma despesa e deduzido da base de cálculo dos tributos da empresa**.

O JCP foi criado no Brasil como uma medida paliativa ao fim da correção monetária das demonstrações financeiras. Com o advento do real, a inflação no Brasil foi controlada e o governo julgou desnecessária a continuidade da correção monetária. Por meio da Lei nº 9.249/1995, pôs fim à correção monetária e criou uma forma de **recompensar os acionistas pela falta de correção monetária do patrimônio líquido das empresas**, pois, mesmo reduzida, a inflação ainda existia. Assim surgiu mais uma "jabuticaba" brasileira, que é o JCP, tipo de remuneração exclusivo do Brasil.

O argumento é que, com o decorrer dos anos, o capital investido pelos acionistas ficaria "parado" no patrimônio líquido da empresa, sofrendo os efeitos da inflação, que, apesar de pequena para os padrões daquela época, ainda existia. Assim, o governo permitiu que as empresas remunerassem esses acionistas com juros calculados com base no valor do patrimônio líquido da empresa e na Taxa de Juros de Longo Prazo (TJLP) "*pro rata dia*". A intenção do governo também foi a de atrair mais investidores ao mercado de ações brasileiro, fomentando seu crescimento.

Para o cálculo do JCP, a Lei nº 9.249/1995 determina que devem ser consideradas as seguintes contas do patrimônio líquido: (i) capital social, (ii) reservas de capital, (iii) reservas de lucros, (iv) ações em tesouraria e (v) prejuízos acumulados. Já o limite de distribuição de lucros como JCP é de até 50% do lucro líquido do período corrente ou de 50% dos lucros acumulados e reservas de lucros de períodos anteriores.

A taxa de tributos sobre o lucro da empresa é de cerca de 34%. Logo, ao decidir pagar JCP, a empresa pode reduzir esse equivalente percentual em relação ao lucro tributável. Algumas empresas podem ser bastante beneficiadas com a distribuição de JCP em vez de dividendo. Especialmente aquelas com altos valores de patrimônio líquido, altos lucros e altas taxas de tributos, como é o caso dos bancos.

Vejamos um exemplo hipotético na Tabela 4. Note que as receitas e os lucros são iguais nos dois casos. No primeiro, a empresa não faz uso do JCP, remunerando seus acionistas apenas com dividendos de R$ 165 milhões. No segundo, ela distribui o equivalente a 25% do seu lucro líquido como JCP (R$ 165 milhões), deduzindo esse montante do cálculo dos seus tributos, e ainda distribui um dividendo complementar de R$ 56,1 milhões.

Ao final, a empresa tem o mesmo montante de lucro reinvestido, seja no Caso 1 ou no 2, porém os acionistas recebem uma remuneração maior no Caso 2. Em valores brutos, são R$ 221,1 milhões (165,0 + 56,1). Mesmo se deduzirmos os 15% de IRRF que os acionistas teriam sobre o JCP (165,0 x 15% = 24,75), a remuneração líquida recebida no Caso 2 seria de R$ 196,35 milhões (140,25 + 56,1) – isto é, 19,0% maior do que no Caso 1.

Tabela 4: Comparação da remuneração ao acionista com o uso de JCP.

Caso 1: distribuindo apenas dividendos (em R$ milhares)	
Receitas	3.200.000
(-) Custos e despesas	(2.200.000)
(=) Lucro antes dos impostos (tributável)	1.000.000
(x) Alíquota de tributos (IRPJ e CSLL):	34%
(-) Tributos	(340.000)
(=) Lucro líquido	**660.000**
(a) Dividendo mínimo obrigatório de 25%	*165.000*
(b) Lucro reinvestido (75%)	*495.000*

Caso 2: distribuindo JCP e dividendos (em R$ milhares)	
Receitas	3.200.000
(-) Custos e despesas	(2.200.000)
(-) JCP	(165.000)
(=) Lucro antes dos impostos (tributável)	835.000
(x) Alíquota de tributos (IRPJ e CSLL):	34%
(-) Tributos	(283.900)
(=) Lucro líquido	**551.100**
(a) Dividendos complementares	*56.100*
(b) Lucro reinvestido (75% de LAIR + JCP)	*495.000*

É claro que, em casos reais, as alíquotas de tributos variam de acordo com o setor e as características da empresa, assim como os montantes de JCP e dividendos, conforme a política de remuneração aos acionistas da empresa. Mas essas informações são fáceis de ser encontradas nas demonstrações financeiras das empresas e em suas políticas de dividendos. Normalmente, as empresas divulgam os pontos positivos de suas escolhas.

O Banco ABC Brasil vai além. É uma das empresas que utiliza apenas o JCP como tipo de remuneração aos acionistas. O estatuto social do banco e sua política de dividendos determinam que o dividendo mínimo obrigatório é de 25% do lucro líquido ajustado. Porém nos últimos anos o Banco ABC Brasil tem distribuído cerca de 50% de seus lucros em forma de JCP, beneficiando-se da permissão legal e da vantagem tributária do JCP. A seguir, destacamos a Nota Explicativa 23 às demonstrações financeiras anuais de 2019.

> "Conforme previsto no estatuto social do Banco, aos acionistas é assegurado o direito de um dividendo mínimo de 25% do lucro líquido anual ajustado na forma da lei. **Tal dividendo pode, alternativamente, ser distribuído na forma de juros sobre capital próprio.**
>
> Durante os exercícios findos em 31 de dezembro de 2019 e 2018, foi deliberada pelos acionistas a **distribuição de juros sobre capital próprio, calculados de acordo com os dispositivos da Lei nº 9.249/1995**, os quais são assim resumidos:
>
> | 2019 | | |
> |---|---|---|
> | Período | Juros sobre capital próprio | Redução da despesa com imposto de renda e contribuição social |
> | 28/06/2019 | 120.161 | 48.064 |
> | 20/12/2019 | 105.097 | 42.039 |
> | **Total – 2019** | **225.258** | **90.103** |
> | 2018 | | |
> | Período | Juros sobre capital próprio | Redução da despesa com imposto de renda e contribuição social |
> | 26/06/2018 | 108.002 | 48.601 |
> | 21/12/2018 | 112.445 | 50.600 |
> | **Total – 2018** | **220.447** | **99.201** |
>
> **Os juros sobre capital próprio são calculados sobre as contas do patrimônio líquido e limitados à variação da taxa de juros de longo prazo – TJLP,** condicionados à existência de lucros computados antes de sua dedução ou de lucros acumulados e reservas de lucros, em montante igual ou superior a duas vezes o seu valor.
>
> Em 21 de dezembro de 2018, o Conselho de Administração aprovou proposta da diretoria para distribuição de juros sobre capital próprio no valor bruto total de R$ 112.445, que **representa um valor bruto de R$ 0,5390 por ação** ordinária e ação preferencial."
>
> (Demonstrações Financeiras Consolidadas de 2019, Banco ABC Brasil)

Como podemos observar, o Banco ABC Brasil tem distribuído exclusivamente JCP ao longo dos últimos anos, com dois pagamentos semestrais, equivalendo a cerca de 50% de seu lucro líquido ajustado, conforme limite permitido pela Lei nº 9.249/1995.

5.1.3. Bonificação de ações

A bonificação de ações é o **ato de a empresa emitir novas ações e distribuí-las aos acionistas** com posição em ações da empresa em determinada data. Normalmente, as novas ações emitidas são resultado da incorporação de reservas de lucro ao capital social – isto é, o valor do patrimônio líquido da empresa não é modificado por essa incorporação, há apenas uma permuta de valores entre contas integrantes do patrimônio líquido (há uma diminuição nas contas de reservas de lucro e um aumento equivalente na conta de capital social).

A bonificação não altera o valor contábil do patrimônio líquido nem o valor de mercado da empresa. As novas ações emitidas podem ter valor nominal ou não, a depender da decisão do conselho de administração. Caso as novas ações sejam emitidas "sem valor nominal", o acionista sofrerá apenas a modificação do número de ações que possui. Por exemplo, caso o investidor possua 100 ações "ABCD3" da companhia ABC, adquiridas em uma única compra pelo valor total de R$ 1.100, e receba uma bonificação de ações da empresa de 10% – isto é, receba uma nova ação para cada 10 que já possuía –, o investidor passará a possuir 110 ações "ABCD3", com o mesmo valor total de R$ 1.100. O que muda para o investidor é o preço médio de cada ação, que antes era R$ 11 (R$ 1.100 / 100) e agora será de R$ 10 (R$ 1.100 / 110).

No dia ex-direito de bonificação, de forma parecida à que vimos no caso em que a empresa distribui dividendos aos seus acionistas, o preço teórico da ação após a distribuição da bonificação também muda automaticamente, e na mesma proporção da bonificação realizada. Por quê? Pelo mesmo motivo de o valor contábil do patrimônio líquido da empresa não ter mudado: ela está apenas dividindo seu valor por um número maior de ações.

Você pode estar se perguntando: se não há valor nominal nessa nova ação, então por que a empresa a emite? Normalmente para dar maior liquidez e proporcionar ao acionista maior espaço de valorização do preço da ação ao longo do tempo. Outra vantagem ocorre quando a empresa aumenta o número de ações e mantém o valor unitário do provento pago, como fez o Itaú Unibanco em 2016, quando bonificou seus acionistas em 10% e manteve o JCP mensal de cada ação (inclusive das novas) no valor de R$ 0,015.

Quando as novas ações emitidas possuem valor nominal, o conselho de administração determina esse valor de acordo com o montante de reservas incorporado ao capital social e com a quantidade de novas ações emitidas. O montante de reservas de lucro é identificado nas demonstrações contábeis da empresa. Já a quantidade de novas ações depende da quantidade de ações atualmente em circulação e do percentual de bonificação. Se a empresa tem 1 milhão em circulação e pretende bonificar seus acionistas com 10%, precisará emitir 100 mil novas ações.

O valor nominal de cada nova ação representará o bônus que o acionista receberá – o qual, inclusive, deve ser informado em sua declaração de imposto de renda, mesmo sendo atualmente isento de tributos. Esse valor também afetará o preço médio das ações possuídas pelo investidor. Veja o exemplo da bonificação de ações informada pelo Bradesco em 2020:

> "O Banco Bradesco S.A. comunica aos seus acionistas e ao mercado a aprovação, pelo Banco Central do Brasil, em 30/3/2020, do processo de **aumento do seu capital social** no valor de R$ 4.000.000.000,00, elevando-o de R$ 75.100.000.000,00 para R$ 79.100.000.000,00, **com bonificação de 10% (dez por cento) em ações (1 nova ação para cada 10 ações da mesma espécie possuídas)**, deliberado na Assembleia Geral Extraordinária realizada em 10/3/2020, informando:
>
> 1) serão beneficiados os acionistas que estiverem inscritos nos registros do Banco em 13/4/2020. A partir de **14/4/2020**, as ações passarão a ser negociadas **ex-bonificação**;
>
> 2) as ações oriundas da bonificação **serão incorporadas à posição dos acionistas em 16/4/2020**, estando disponíveis em 17/4/2020;
>
> 3) **os juros sobre capital próprio mensais permanecem pelo valor bruto de R$ 0,017249826 por ação ordinária e R$ 0,018974809 por ação preferencial**, os quais, líquidos do imposto de renda na fonte de 15% (quinze por cento), correspondem a, respectivamente, R$ 0,014662352 e R$ 0,016128588. O imposto de renda na fonte não se aplicará às pessoas jurídicas que estejam dispensadas da referida tributação.
>
> Por oportuno, informa também que **é de R$ 4,960422205 o custo unitário atribuído às ações bonificadas**, de conformidade com o disposto no Artigo 10 da Lei nº 9.249, de 26/12/1995 (com nova redação dada pela Lei nº 12.973, de 13/5/2014), e no Parágrafo Primeiro do Artigo 58 da Instrução Normativa nº 1.585, de 31/8/2015, da Secretaria da Receita Federal, que constará do 'Comprovante de Ações Escriturais para Declaração de Rendimentos do Exercício de 2021, relativo ao Ano-Calendário 2020'."
>
> (Comunicado ao Mercado de 3/4/2020, Bradesco)

Portanto, o investidor que possuía 100 ações "BBDC4" do Bradesco, adquiridas pelo valor total de R$ 2.200, e que receba essa bonificação de ações de 10% (uma nova ação para cada 10 que possuía), passará a deter 110 ações BBDC4, sendo 100 ao custo total de R$ 2.200 e as novas 10 ações ao custo total de R$ 49,60 (sendo 10 x R$ 4,960422205). O preço médio de cada ação BBDC4 também muda, passando a ser de cerca de R$ 20,45 (R$ 2.249,60 / 110) o que antes era R$ 22 (R$ 2.200 / 100).

O total de R$ 49,60 das ações recebidas em bonificação deverá ser informado pelo investidor em sua declaração de imposto de renda como bonificação de ações, mesmo sendo um rendimento isento. De maneira semelhante à bonificação sem valor nominal, na Bolsa de Valores o preço teórico da ação muda de forma automática no dia ex-bonificação (14 de março de 2020). O Itaú Unibanco também tem bonificado seus acionistas com frequência, como demonstrado na Tabela 5.

Tabela 5: Histórico de bonificação de ações do Itaú Unibanco.

Data de Anúncio	Data 'Ex'	Tipo de Evento	Efeito
31/10/2018	21/11/2018	Desdobramento (50%)	1 nova ação para cada 2 ações possuídas
01/08/2016	18/10/2016	Bonificação (10%)	1 nova ação para cada 10 ações possuídas
01/07/2015	14/07/2015	Bonificação (10%)	1 nova ação para cada 10 ações possuídas
23/05/2014	06/06/2014	Bonificação (10%)	1 nova ação para cada 10 ações possuídas
08/05/2013	21/05/2013	Bonificação (10%)	1 nova ação para cada 10 ações possuídas
01/09/2011	31/10/2011	Desdobramento	100 novas ações para cada 1 ação possuída
01/09/2011	31/10/2011	Grupamento	100 ações foram substituídas por 1 ação
17/08/2009	29/08/2009	Bonificação (10%)	1 nova ação para cada 10 ações possuídas
16/05/2008	01/06/2008	Bonificação (25%)	1 nova ação para cada 4 ações possuídas

Fonte: itau.com.br/relacoes-com-investidores.

Nos últimos anos, o Itaú Unibanco ofereceu bonificação de ações em quase todos eles. Destaque para o ano de 2011, no qual o banco fez um grupamento e um desdobramento de ações com o objetivo de manter em sua base acionária apenas acionistas com o mínimo de 100 ações (lote-padrão). E em 2018 fez um desdobramento de uma para duas ações, seguido de bonificação de 50% (mais uma ação a cada duas).

5.1.4. Recompra de ações

A recompra de ações é o **ato de a empresa recomprar suas próprias ações no mercado de ações**. Essa prática é habitual quando a empresa considera que o preço atual da ação não representa completamente suas perspectivas operacionais futuras. Isso permite a recompra por um preço inferior ao valor justo esperado, criando a possibilidade de revenda dessa ação no futuro por um preço maior, ou mesmo a eliminação da ação, diminuindo a quantidade de ações que participarão dos lucros.

A Lei das Sociedades por Ações (6.404/1976) prevê, em seu artigo 30, que é permitido a uma companhia adquirir ações de sua emissão para permanência em tesouraria, cancelamento ou posterior alienação, desde que até o valor do saldo de lucros ou reservas, exceto a legal, e sem diminuição do capital social, ou por doação. A Comissão de Valores Mobiliários (CVM) ainda limita em 10% do total de ações o percentual de ações em tesouraria, segundo a Instrução CVM 567, de 17 de setembro de 2015.

O conselho de administração da empresa precisa autorizar a recompra de ações pela própria empresa. Uma vez que recompra suas próprias ações, a empresa tem dois caminhos: (1) manter as ações em tesouraria, seja para posterior alienação no mercado ou utilização em planos de remuneração aos seus gestores; ou (2) cancelar as ações, reduzindo o número total de ações da companhia.

E como o acionista se beneficia desse programa? Por que ele é considerado como um tipo de remuneração? No primeiro caso, se a empresa decidir manter as ações em tesouraria, ela poderá vender essas ações com ganho de capital (por um preço maior), o que aumentará o lucro da empresa naquele ano, possibilitando o pagamento de um dividendo maior. No segundo caso, se a empresa cancelar essas ações, o dividendo por ação será maior, mesmo não havendo o ganho de capital da possível venda citada anteriormente, porque o número de ações pelo qual o lucro será dividido será menor.

As recompras de ações servem para agregar valor à empresa de duas formas: (1) permitem à gestão da empresa devolver o excesso de capital aos acionistas de forma eficiente do ponto de vista fiscal; e (2) possibilitam que a gestão "sinalize" ao mercado que a própria empresa acredita que suas ações estão subavaliadas no mercado (Grullon e Ikenberry, 2000). Isso é particularmente bom para o investidor que possui ações de empresas maduras, com poucas oportunidades de investimentos eficientes em novos projetos, pois evita que a gestão aplique o capital da empresa em projetos ineficientes e permite ao investidor canalizar esse capital para setores mais promissores.

Além disso, o plano ou programa de recompra de ações da companhia favorece o acionista que permanece na empresa, aquele que não vende os seus papéis. Segundo a lei de oferta e demanda, se a demanda permanecer inalterada e a oferta de ações no mercado diminuir, a tendência é que as ações no mercado se valorizem. Porém, para que esse favorecimento apareça na prática, a empresa só deve recomprar ações se tiver caixa suficiente para suprir suas necessidades de liquidez, além de efetivamente as ações estarem sendo negociadas a preços com claro desconto em relação ao valor intrínseco.

Essa é também uma sinalização importante que a empresa faz ao mercado, ao anunciar que vai utilizar seu próprio caixa para comprar ações. Demonstra que a administração da empresa acredita no potencial de valorização das ações, uma vez que o preço atual não estaria refletindo todo o valor intrínseco da empresa. Isso é verdade, especialmente, se o programa de recompra não tiver como finalidade apenas o atendimento do programa de *stock options* da empresa (remuneração com opções).

Mas essa forma de remuneração também sofre críticas, pois possui pontos negativos. A primeira crítica diz respeito à redução da liquidez das ações da empresa. A depender do tamanho, especialmente se for uma *small cap*, é possível que a empresa enfrente problemas com a manutenção da quantidade mínima de papéis em circulação na bolsa (o chamado *free float*). Nos níveis diferenciados de governança corporativa da B3, o *free float* mínimo exigido é de 25%.

A segunda crítica se refere à própria influência da empresa no volume de negociação do mercado. Como a empresa tende a comprar grandes quantidades de ações, isso pode "puxar" o preço da ação para cima, reduzindo o possível ganho de capital. Por isso, é comum a imposição de um limite de compras no mercado de até 50% do volume médio de negócios em cada dia.

Em períodos de crise ou de mercados em baixa (*bear market*), é mais comum se observar a aprovação de programas de recompra de ações pelas empresas. Eles dão à gestão uma importante flexibilização para ajustar sua estrutura de capital, buscando a maximização do valor intrínseco da empresa, além de permitir que ela explore a subavaliação percebida no preço de suas ações e, em alguns casos, aumentar a liquidez das ações na Bolsa de Valores, o que é particularmente importante em períodos de *bear market* (Grullon e Ikenberry, 2000).

Nos períodos de crise, o lançamento de novos projetos é menos comum devido às condições do mercado, além de as ações tenderem a ser negociadas por preços relativamente baixos. Assim aconteceu na crise financeira do *subprime*, por exemplo, nos idos de 2008. A partir de 2020, novamente, tem sido comum verificar várias empresas aprovarem esses planos. De acordo com matéria do *InfoMoney*, os anúncios de recompras de ações no Brasil triplicaram no primeiro trimestre de 2020, chegando ao total de 26 (Ribeiro, 2020).

Após a forte queda das ações na bolsa brasileira em decorrência da pandemia do coronavírus, a Marfrig anunciou, no dia 16 de março de 2020, um Plano de Recompra de Ações para a aquisição, em uma única operação ou em uma série, de até 5.910.145 ações ordinárias, nominativas, escriturais e sem valor nominal, de emissão da companhia, de acordo com os seguintes termos e condições:

> "O objetivo do Plano de Recompra de Ações é adquirir as ações de emissão da própria Companhia em bolsa de valores, a preços de mercado, para **permanência em tesouraria**, **cancelamento** ou **posterior alienação** das ações no mercado ou sua destinação ao eventual **exercício de opções de compra de ações** no âmbito do plano de Stock Option ou **outorga direta de ações da Companhia**, sem redução do capital social, respeitado o quanto disposto no § 1º do artigo 30 da Lei das S/A e normas enunciadas na ICVM 567/15;
>
> **A quantidade de ações em circulação no mercado, nos termos do § 3º do art. 8º da ICVM 567/15, é de 383.329.030** (trezentas e oitenta e três milhões, trezen-

> tas e vinte e nove mil e trinta) ações ordinárias, nominativas, escriturais e sem valor nominal, de emissão da Companhia em circulação, excluídas deste total as ações em tesouraria;
> Considerando o número de Ações em Circulação e saldos de reservas disponíveis, **a Companhia poderá, a seu exclusivo critério e nos termos deste Plano de Recompra de Ações, adquirir até 5.910.145** (cinco milhões, novecentas e dez mil e cento e quarenta e cinco) ações, correspondentes a 0,83% (oitenta e três centésimos por cento) do total de ações de emissão da Companhia e 1,54% (um inteiro e cinquenta e quatro centésimos por cento) das Ações em Circulação, sendo portanto inferior a 10% (dez por cento) das Ações em Circulação.
> [...]
> O prazo **máximo para realização das compras e aquisições é de 18 (dezoito) meses**, iniciando-se em 16 de março de 2020 e encerrando-se em 16 de setembro de 2021."
>
> (Plano de Recompra de Ações, Marfrig)

Até o final do prazo para realização das compras e aquisições, a empresa precisa comunicar ao mercado o encerramento do seu programa de recompra de ações. Nesse momento, ela informa a quantidade de ações adquiridas, quanto elas representam de seu total e a finalidade das ações. No exemplo a seguir, a Gol comunica ter adquirido 1,098% de suas ações preferenciais, com o objetivo de maximizar a geração de valor para o acionista.

> "A recompra de ações preferenciais foi realizada na B3 S.A. – Brasil, Bolsa, Balcão, sendo que **a Companhia recomprou ações preferenciais representativas de 1,096% do total de ações preferenciais** emitidas e correspondente a 0,843% do capital social da Companhia, calculado com base na proporção de 35:1 entre os direitos de participação nos dividendos dos detentores de ações ordinárias e preferenciais. Em decorrência das aquisições efetuadas pela Companhia no âmbito do programa de recompra de ações, **a Companhia passa a deter um total de 3.006.390 (três milhões, seis mil e trezentas e noventa) ações preferenciais em tesouraria**, representativas de 1,098% do total de ações preferenciais emitidas, correspondendo a 0,845% do capital social da Companhia.
> O plano de recompra, ora concluído, como uma **política recorrente da Companhia**, teve por **objetivo maximizar a geração de valor para o acionista por meio de uma administração eficiente da sua estrutura de capital.**"
>
> (Encerramento do Programa de Recompra de Ações, Gol)

Assim, a Gol indica que participa ativamente no mercado de forma a utilizar o seu programa de recompra de ações para maximizar a geração de valor aos acionistas. Isso deixa mais claro o papel das recompras como tipo de remuneração ao acionista. O Itaú é ainda mais direto ao demonstrar como a recompra de ações cria valor para seus acionistas, conforme a Tabela 6, apresentada pelo próprio banco.

Tabela 6: Histórico de remuneração aos acionistas do Itaú (R$ milhares).

Ano	Lucro Líquido Recorrente (A)	Total Líquido de Dividendos Pagos (B)	Proporção de Lucro distribuído (B/A)	Total de Recompras (C)	Proporção de Lucro distribuído considerando recompra (B+C/A)
2023	35.617.917	21.468.373	60,3%	688.716	62,2%
2022	30.785.539	8.367.377	27,2%	-	27,2%
2021	26.879.499	6.231.210	23,2%	-	23,2%
2020	18.535.945	4.503.255	24,3%	-	24,3%
2019	28.362.570	18.777.003	66,2%	-	66,2%
2018	25.732.850	22.437.426	87,2%	510.308	89,2%
2017	24.878.893	17.557.262	70,6%	3.089.464	83,0%
2016	22.221.949	10.000.363	45,0%	947.409	49,3%
2015	23.832.489	7.304.529	30,6%	3.324.436	44,6%
2014	20.618.724	6.635.128	32,2%	34.746	32,3%
2013	15.835.820	5.095.080	32,2%	662.215	36,4%
2012	14.042.701	4.517.978	32,2%	122.333	33,0%
2011	14.640.990	4.393.807	30,0%	1.302.638	38,9%
2010	13.022.648	3.908.114	30,0%	-	30,0%
2009	10.490.611	3.472.459	33,1%	6.979	33,2%

Fonte: itau.com.br/relacoes-com-investidores.

Podemos observar que na maior parte dos anos o Itaú Unibanco distribuiu uma proporção de seus lucros por meio da recompra de ações, o que, segundo o banco, tem dois efeitos econômicos importantes: para os acionistas, maior retorno em dividendos ou maior participação no capital em caso de cancelamento das ações recompradas; para a empresa, otimização da utilização de recursos disponíveis para investimento ou alteração do Índice de Capital.

5.1.5. Bônus de subscrição

Bônus de subscrição são títulos negociáveis emitidos por sociedades por ações que conferem aos seus titulares, nas condições constantes do certificado, o **direito de subscrever ações do capital social da companhia** dentro do limite de capital autorizado no estatuto. "Direito de subscrição" é o direito proporcional que o acionista tem em relação à sua posição em ações na empresa. Por ser um título negociável, o acionista que não desejar aumentar sua posição em ações pode até vendê-lo no mercado de ações.

Quando a empresa decide aumentar seu capital social por meio da emissão de novas ações, ela oferece aos atuais acionistas a "preferência" na aquisição dessas ações. Isso ocorre especialmente porque, a partir do momento em que a empresa decide emitir novas ações para subscrição, ela é obrigada a garantir a todos os acionistas o direito de subscrição (artigo 109, inciso IV da Lei nº 6.404/1976). No entanto, cabe ao acionista decidir se irá fazer a subscrição (comprar as novas ações) ou não. Caso o acionista decida não participar, ele pode ter diluída sua participação no capital da empresa.

Por exemplo, considere que a empresa XYZ possui 100 milhões de ações em circulação e o acionista A tenha 1 milhão dessas ações (1% do capital da empresa). Quando a empresa emite 10 milhões de novas ações (+10%), se o acionista A não participar da subscrição adquirindo as ações equivalentes ao seu direito de subscrição (1% dos 10 milhões de novas ações, ou 100 mil ações), sua participação final no patrimônio líquido da empresa será reduzida para 0,91% (ainda 1 milhão de ações diante do novo total de 110 milhões de ações).

O conselho de administração é quem define se a empresa irá emitir bônus de subscrição, assim como as condições. Ao divulgar tal emissão, a empresa precisa indicar a data de vigência do direito, o preço de exercício da subscrição, assim como a data-limite para negociação do referido direito, que pode ser vendido pelo acionista na Bolsa de Valores. O acionista deve manifestar o interesse à sua corretora e a liquidação financeira pode ocorrer em dinheiro, na sua conta, ou por meio da utilização de dividendos oferecidos pela própria empresa (isso depende da emissão da empresa).

O bônus de subscrição é classificado como tipo de remuneração porque é uma forma de a empresa privilegiar sua base de acionistas com a oportunidade de adquirir novas ações, habitualmente por um preço com desconto em relação ao preço médio da ação na Bolsa de Valores. Isso é visto no mercado de ações como um diferencial para a empresa, pois ela consegue capturar capital para crescimento e ainda oferece uma remuneração adicional aos acionistas.

O Banco ABC Brasil é um exemplo de empresa que durante muito tempo utilizou os bônus de subscrição como meio de fomentar seus aumentos de capital, beneficiando os acionistas. Historicamente, esse banco distribuiu cerca de 50% de seus lucros e apresenta a seus acionistas um plano de reinvestimento de dividendos em ações da própria empresa, oferecendo-lhes um direito de subscrição de ações por um preço com desconto de cerca de 20% em relação ao preço da ação na Bolsa de Valores.

A seguir, destacamos os principais trechos da Ata da Reunião do Conselho de Administração do Banco ABC Brasil do dia 21 de dezembro de 2018, quando a empresa justificou que o aumento de capital teria por objetivo reforçar sua capitalização, diante das expectativas de crescimento do volume de operações de crédito, e manter seus índices de liquidez em níveis elevados.

"4.3. **Aprovar o aumento de capital social da Companhia**, dentro do limite autorizado na forma do art. 7º, § 8º do Estatuto Social, mediante subscrição particular, no montante de até **R$ 95.578.527,00** (noventa e cinco milhões, quinhentos e setenta e oito mil, quinhentos e vinte e sete reais) **mediante emissão de até 7.226.107 novas ações**, sendo 3.693.611 ações ordinárias e 3.532.496 ações preferenciais, nos seguintes termos e condições:

4.3.1. **Emissão.** As ações a serem emitidas em razão deste aumento conferirão aos seus titulares direitos idênticos aos das ações atualmente existentes e terão participação integral em qualquer remuneração (dividendos e/ou juros sobre capital próprio) declarados a partir da homologação do aumento de capital pelo Conselho de Administração;

4.3.2. **Preço de Emissão. O preço de emissão por ação (ordinária e preferencial) é de R$ 13,226832584**, fixado com base na média ponderada das cotações das ações preferenciais no mercado nos nove pregões, **com aplicação de deságio de 20%.** A utilização da cotação de mercado das ações preferenciais como critério para determinação do preço de emissão tanto de ações preferenciais quanto das ações ordinárias decorre do fato de as ações ordinárias não serem negociadas em Bolsa de Valores. O deságio tem o propósito de incentivar os acionistas minoritários a participarem do aumento de capital;

4.3.3. **Proporção da subscrição.** **Cada acionista poderá subscrever 3,463791535% sobre a posição acionária que possuir**, na respectiva classe (ordinária e preferencial), em 28 de dezembro de 2018, ressalvada a possibilidade de subscrição de sobras conforme o item 4.3.8 abaixo;

4.3.4. **Direito de Preferência e Negociação ex-subscrição.** Será resguardado o direito de preferência na subscrição aos **Acionistas inscritos nos registros da Companhia no dia 28 de dezembro de 2018**, proporcionalmente à posição acionária detida em cada espécie de ações, sendo que as negociações realizadas a partir de 2 de janeiro de 2019 serão consideradas sem direito ao referido direito de preferência, ou seja, serão negociadas ex-subscrição;

4.3.4.1. A data-base da posição acionária que será considerada para o pagamento do JCP (dia 28/12/2018) será a mesma data-base que será considerada para o direito de preferência na subscrição (dia 28/12/2018);

4.3.5. **Cessão do Direito de Subscrição.** Os acionistas exercerão o direito de preferência na subscrição privada de ações na mesma proporção e espécie das respectivas participações no capital social sendo que **tal direito de preferência poderá ser livremente cedido**, nos termos do art. 171, § 6º da Lei nº 6.404/76;

4.3.6. **Prazo para Subscrição.** Os acionistas que constarem nos registros da Companhia no dia 28/12/2018 poderão exercer seu direito de preferência na subscrição de ações ordinárias e/ou preferenciais, conforme o caso. **O prazo para subscrições iniciar-se-á dia 2 de janeiro de 2019**, mediante as condições indicadas no AVISO AOS ACIONISTAS a ser publicado **até essa data e findar-se-á no dia 4 de fevereiro de 2019** para os acionistas com ações custodiadas no Itaú Unibanco S.A. Os acionistas participantes da custódia fungível da B3, cujas ações estejam depositadas na Central Depositária de Ativos, deverão exercer os respectivos direitos de preferência por meio de seus agentes de custódia e de acordo com as regras estipuladas pela própria Central Depositária de Ativos.

4.3.7. **Integralização.** A integralização das ações subscritas poderá ser feita em moeda corrente nacional ou mediante utilização do crédito (líquido de IR) relativo aos juros sobre capital próprio declarados nesta Reunião do Conselho de Administração, os quais serão pagos após o prazo de subscrições, devendo os acionistas que assim desejarem informar sua opção pela utilização dos juros sobre capital próprio no respectivo boletim de subscrição, na forma indicada no AVISO AOS ACIONISTAS;

4.3.8. **Procedimento de Sobras.** Transcorrido o prazo de subscrições e **havendo eventuais sobras, essas serão rateadas entre os acionistas** que houverem manifestado no boletim de subscrição intenção de participar das mesmas, proporcionalmente às respectivas subscrições no aumento de capital;

4.3.9. O período adicional para subscrição de sobras compreenderá o intervalo

> de 18 de fevereiro de 2019 a 22 de fevereiro de 2019, período no qual as sobras deverão ser subscritas em moeda corrente nacional, na forma indicada no AVISO AOS ACIONISTAS;
> 4.3.10. **Havendo sobras** após o rateio encerrado dia 22 de fevereiro de 2019, **essas sobras serão vendidas em Bolsa**, em benefício da Companhia, na forma da lei. A data do leilão (em Bolsa) das sobras será objeto de comunicação através de aviso próprio;"
>
> (Ata da Reunião do Conselho de Administração de 21/12/2018, Banco ABC Brasil)

É comum que nem todos os acionistas das empresas utilizem seus bônus de subscrição, seja porque a fração de ações a que têm direito é muito pequena ou por indisponibilidade de caixa para fazer a liquidação da compra. E, se o valor e a quantidade do bônus forem pequenos, podem não compensar os custos de negociação na bolsa. Em consequência, surgem as "sobras de subscrição", que são os direitos de subscrição não exercidos e que são redistribuídos aos acionistas que subscreveram. Se ainda assim sobrar algum bônus de subscrição, a empresa pode vender todos diretamente em bolsa.

5.2. Destaques

1. A Política de Dividendos ou Política de Remuneração ao Acionista de uma empresa é que define o volume de lucros que esta distribuirá aos seus acionistas.
2. Em países emergentes, onde o ambiente legal é mais frágil e há menor proteção aos acionistas, o investidor tende a preferir o recebimento de dividendos ao reinvestimento total dos lucros (o que converge na Teoria do Pássaro na Mão).
3. *"O dividendo apropriado de uma ação é aquele pago ao acionista para lhe dar uma prova ou representação tangível do lucro da empresa, em resposta aos lucros reinvestidos no negócio pela empresa, em seu nome, ao longo de um período de tempo curto no passado recente."* (Benjamin Graham)
4. A remuneração ao acionista de uma empresa pode ser realizada por

diferentes meios e cada empresa define os tipos de remuneração que pretende utilizar, assim como a periodicidade de cada uma.
5. Quando uma empresa decide distribuir lucros, ela está devolvendo ao acionista parte do seu patrimônio líquido, que é composto, entre outros elementos, pelos próprios lucros.
6. Dividendo é a parcela dos lucros de uma empresa que é distribuída aos seus acionistas.
7. Juros sobre capital próprio representam a remuneração do capital próprio do acionista calculada sobre o patrimônio líquido da empresa.
8. A bonificação de ações é o ato de a empresa emitir novas ações e distribuí-las aos acionistas com posição em ações da empresa em determinada data.
9. A recompra de ações é o ato de a empresa recomprar suas próprias ações no mercado de ações.
10. Bônus de subscrição são títulos negociáveis emitidos por sociedades por ações que conferem aos seus titulares, nas condições constantes do certificado, o direito de subscrever ações do capital social da companhia, dentro do limite de capital autorizado no estatuto.

6.
DIVERSIFICAÇÃO E ARMADILHAS

"Regra número 1: nunca perca dinheiro.
Regra número 2: nunca esqueça a regra número 1."
WARREN BUFFETT

Por mais que indicadores e filtros sejam utilizados para escolher empresas com dividendos maiores e mais seguros, **recomendamos que nenhum investidor aposte todas as fichas em uma única empresa**. Isso é comumente chamado de *"all-in"*, o que requer do investidor muita convicção e segurança de que a empresa investida se trata de uma real barganha, além de estar ciente de que o risco de estar errado pode representar a perda de todo o seu patrimônio.

Parafraseando uma metáfora exaustivamente repetida no mercado financeiro: **"Não coloque todos os ovos na mesma cesta!"** Por quê? Se por acaso você tropeçar e a cesta cair da sua mão, todos os seus ovos quebrarão. Algo semelhante podemos afirmar sobre as ações. Se todo o seu capital for investido em uma única empresa e ela "quebrar" de uma hora para outra, você pode perder todo o seu capital.

Por mais que isso pareça lógico, é muito comum ouvir no mercado financeiro histórias de investidores que cometeram esse erro. Da mesma forma que você pode pensar: "Não vou tropeçar, sei andar com cuidado e segurança, vejo claramente os buracos à minha frente e desvio deles!" Em algum momento você pode se distrair e tropeçar no próprio pé. Acontece com as empresas. Por mais que você tenha certeza da solidez dos números e da qualidade da gestão, lembre-se de que a maior parte das informações que vêm a público é elaborada pela própria empresa. Olhando para o passado, podemos lembrar de diversos casos de erros, fraudes e até má gestão que levaram empresas sólidas à ruína em pouco tempo.

No *dividend investing*, o objetivo final é suportar a formação de uma carteira de investimentos com empresas sólidas e lucrativas que pagam dividendos robustos e seguros de forma frequente. Essa segurança também é suportada pela diversificação dos investimentos. A qualquer momento uma empresa pode suspender o pagamento de seus dividendos por problemas inesperados. Citamos o caso da Vale, que, apesar de sua solidez e lucratividade, por duas vezes precisou suspender temporariamente a distribuição de lucros devido ao rompimento de suas barragens. Portanto, **contar com mais de uma fonte de dividendos é essencial para o investidor obter a desejada renda passiva.**

Em países com mercado de capitais menos desenvolvidos e com menor proteção legal aos investidores, como é o caso do Brasil, **as empresas tendem a utilizar a política de dividendos para melhorar sua reputação e reduzir os riscos dos investidores** (La Porta et al., 2000). Como o ambiente de negócios em países emergentes é mais complexo e volátil do que em países desenvolvidos, em países como o Brasil o investidor tende a preferir o recebimento do dividendo para antecipar seu fluxo de caixa e reduzir a incerteza sobre o retorno de seu capital.

A estratégia de diversificação da carteira de investimentos também tem como objetivo reduzir os riscos dos investidores, além de possibilitar o recebimento de dividendos em diferentes momentos do ano. Com diferentes fluxos de dividendos, em diferentes momentos, você pode aproveitar as oportunidades para comprar ações baratas que surgem no mercado enquanto recebe os dividendos das ações que já possui em sua carteira de investimentos.

Além disso, na formação de sua carteira **você não pode ser atraído apenas pelo dividendo oferecido pela empresa**. É necessário observar os sinais que as empresas emitem e que podem indicar alguma armadilha. Por exemplo, veja os casos de Oi e Eternit, empresas que tiveram seus tempos áureos de pagadoras de dividendos, mesmo diante de dificuldades financeiras, mas que pouco tempo depois vieram a suspendê-los e até pediram recuperação judicial (apresentaremos mais detalhes no Capítulo 7). Aí está a armadilha!

Então, vejamos nas próximas seções a importância de ter uma carteira de investimentos diversificada e os casos mais comuns de armadilhas envolvendo dividendos.

6.1. Diversificação é importante mesmo com empresas sólidas

Diversificar significa distribuir o capital investido entre diferentes ativos (considerando sua classe, risco, setor, tempo, etc.). Essa diversificação pode ser feita em uma mesma classe de ativos (como ações) ou entre diferentes classes (como ações e títulos públicos). Isso é fundamentado pela **Teoria das Carteiras** de **Harry Markowitz**, economista estadunidense laureado com o Prêmio Nobel de Economia em 1990 por sua contribuição à análise de risco e retorno de ativos financeiros.

No mercado de ações, **risco pode ser entendido como a chance de o retorno esperado ser diferente do retorno obtido (ou realizado) pelo investidor.** Isto é, se o preço de uma ação é muito volátil, podemos dizer que ela é mais arriscada porque é mais difícil antever o retorno que poderemos obter com o investimento nela. Podemos esperar um retorno de +20% ao longo de um ano, mas, devido à alta volatilidade da ação (o preço sobe e desce muitas vezes), é bastante difícil acertar. Pode ser que daqui a um ano o retorno seja +40% ou -20%. Assim, é mais fácil estimar o retorno esperado de ações com pouca oscilação em seus preços (menor volatilidade).

Markowitz provou matematicamente que, quando analisadas em conjunto, as ações de uma carteira de investimentos podem representar um risco total menor do que se somássemos os riscos individuais de cada ação. Devido à correlação entre as ações (em alguns casos, negativa), o mesmo fator pode provocar o aumento do risco de uma ação e reduzir o risco de outra (quando as ações são negativamente correlacionadas). Por isso, a formação de uma carteira de investimentos com mais de um ativo diversifica o risco.

Mesmo que você conheça as principais características de uma empresa "vaca leiteira", que ela tenha bons fundamentos, além de lucros e dividendos persistentes, é possível (e até provável) que a empresa mude com o passar do tempo. Ela pode até mesmo passar por períodos de dificuldade e incerteza. Esses períodos podem ser pontuais ou demorar muito a passar.

E, se você aposta todas as fichas em um caso problemático como esse, pode perder anos de trabalho sério e dedicado para construir um histórico de bons retornos.

Podemos citar os casos de Cemig (CMIG4), Cielo (CIEL3), Eternit (ETER3) e Valid (VLID3), empresas que durante muito tempo foram frequentemente indicadas nas carteiras de dividendos de diferentes bancos e casas de análises como as principais pagadoras de dividendos. Veja na Figura 19 que essas empresas também apresentaram momentos de alta volatilidade em seus preços, com retornos bastante negativos no período entre 30 de dezembro de 2004 e 30 de dezembro de 2019, reflexo das dificuldades financeiras que enfrentaram.

Note que dessas quatro ações apenas a Cemig (+46,4%) teve retorno acumulado positivo ao longo de todo esse tempo. Cielo (-56,4%), Eternit (-75,5%) e Valid (-47,2%) tiveram retornos negativos. Todos esses retornos já são os ajustados pelos dividendos pagos pelas empresas (considere como se os dividendos tivessem sido reinvestidos nelas mesmas). Para fins de comparação, considere o DIVO11, fundo passivo (ETF) que aloca recursos nas principais ações pagadoras de dividendos, representando uma carteira teórica de ações pagadoras de dividendos. Ao longo dos anos 2015 a 2019, seu retorno foi de +148,8%, também considerando o reinvestimento dos dividendos recebidos.

Figura 19: Retorno acumulado do DIVO11 e das ações entre 2015 e 2019.

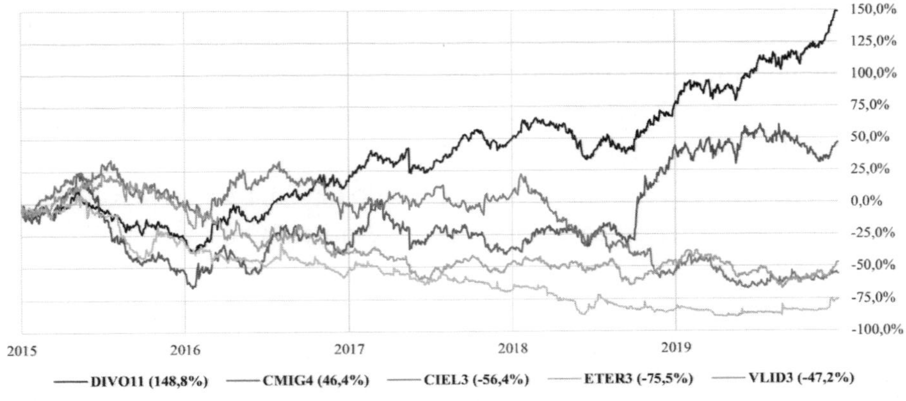

Fonte: dados da Refinitiv Eikon.

No caso específico da Cielo, durante muito tempo ela teve margens de retorno muito altas, oferecendo excelentes rendimentos de dividendos aos acionistas. A partir de 2018, no entanto, a empresa enfrentou uma abertura de mercado em seu setor, com consequente aumento de competitividade e redução de margens. Desde o início de 2018, os dividendos dela caíram cerca de 45% e seu preço, para quem adquiriu a ação no início de 2018, desvalorizou cerca de 65%. Quem poderia prever isso com razoável certeza? Muitos investidores acharam que a empresa recuperaria sua rentabilidade rapidamente, o que não aconteceu.

Esses exemplos reforçam que, se você for um investidor mais preocupado com a sua aposentadoria e que não quer se expor a muitos riscos, diversificar é preciso. Ainda que encontremos aquela grande oportunidade que parece estar sendo esquecida por todo mundo no mercado e que distribua mais dividendos do que as outras empresas, se você concentrar seus investimentos nessa única oportunidade, aumentará demais o risco do seu patrimônio. Quanto mais concentrada a carteira em poucos ativos, maior é a exposição aos fatores de risco dos ativos que estão nela.[5]

Agora imagine o que teria acontecido se você tivesse tido o azar de montar uma carteira de investimentos com apenas essas quatro ações, com pesos iguais (25% em cada uma), e que tivesse mantido essa carteira ao longo de todo o período. Claro, sabemos que isso é difícil de acontecer e que você poderia ter mudado sua carteira no meio do período, até mesmo porque algumas dessas empresas perderam seus bons fundamentos. Porém, para simplificação, vamos desenhar uma situação hipotética no pior cenário, para entendermos suas consequências.

Considerando os retornos acumulados de Cemig (+46,4%), Cielo (-56,4%), Eternit (-75,5%) e Valid (-47,2%), essa carteira de investimentos hipotética teria obtido um retorno acumulado de -33,2%. Agora, considere que você poderia ter cinco cenários de investimento: (1) apenas CMIG4,

---

5 Nota importante sobre diversificação e concentração: costumamos manter em nossa carteira cerca de 10 ativos, podendo aumentar esse número quando observamos muitas oportunidades no mercado ou podendo concentrar em um número não muito menor quando temos mais confiança em casos específicos. Isso normalmente está relacionado com o nosso apetite por risco.

(2) apenas CIEL3, (3) apenas ETER3, (4) apenas VLID3 e (5) uma carteira com essas quatro ações. Diante dos cinco cenários, essa carteira de investimentos hipotética, que pode até parecer absurda quando já sabemos os retornos ruins das ações, teria obtido um retorno melhor do que três cenários, ocupando a segunda posição entre as alternativas, perdendo apenas para o cenário 1, no qual precisaríamos não só de uma boa técnica, mas também de sorte para acertar o investimento na empresa que teria problemas, mas se recuperaria ao longo do tempo.

O que estamos tentando demonstrar na prática é que **mesmo as empresas com bons fundamentos no passado, conhecidas como fortes pagadoras de dividendos, podem mudar ao longo do tempo**. Isso serve para mostrar que desempenho passado não é garantia de desempenho futuro. Por isso, a concentração de investimentos em uma ou poucas ações com base em desempenhos passados é arriscada. Quando o investidor opta por construir uma carteira de investimentos diversificada, o desempenho ruim de algumas das empresas de sua carteira pode ser compensado pelo desempenho bom das outras.

Outros fatores inesperados também podem ocorrer. Descobertas de fraudes, mudanças no setor, alterações na legislação, crises políticas, catástrofes – diversos são os fatores que podem fazer uma ou outra empresa ser mais afetada que as demais e ter os seus dividendos colocados em risco. Mesmo que a história da empresa não tenha registros de mudanças muito repentinas em seus fundamentos, isso não impede que no futuro ela enfrente alguma adversidade que afete profundamente os seus resultados. No Brasil, não faltam casos como esses.

Até mesmo problemas de gestão podem afetar a empresa, destruindo o seu valor. Em nosso país, podemos citar vários outros casos recentes de empresas que sempre foram conhecidas como "vacas leiteiras" por terem fundamentos sólidos e pagarem dividendos frequentemente, mas que enfrentaram sérios problemas de gestão que destruíram seu valor:

1. **Qualicorp:** em 2018 ela era a maior administradora de planos de saúde do Brasil e viu seu conselho de administração aprovar um pagamento de R$ 150 milhões a seu acionista controlador em troca de sua "fidelidade". Isso mesmo! O acordo previa que ele não po-

deria vender suas ações nem abrir uma empresa concorrente no período de seis anos. No dia em que a empresa fez esse anúncio ao mercado, suas ações desvalorizaram 30%, fazendo-a perder R$ 1,4 bilhão em valor de mercado (também ocasionando perdas de capital aos seus acionistas).

2. **LATAM:** também em 2018, ela era a maior companhia aérea no Brasil e comunicou ao mercado que não pretendia renovar o contrato de serviços com a Multiplus, empresa que administrava seu programa de fidelidade. A LATAM era a acionista controladora com mais de 70% das ações da Multiplus e tinha o interesse de fechar o capital da empresa para consolidar suas demonstrações contábeis e apresentar melhores condições de liquidez em seu próprio balanço. O curioso é que o contrato só tinha vencimento em seis anos. Isso fez a Multiplus acumular sucessivas quedas de preços em suas ações até o fechamento do capital (e a LATAM gastou menos dinheiro para recomprar as ações da Multiplus).

3. **Smiles:** ainda em 2018, apenas dois meses depois, a Gol decidiu o caso LATAM-Multiplus e propôs o fechamento do capital da Smiles, empresa controlada que administrava o seu programa de milhagem. O objetivo era semelhante: consolidar a Smiles em seu balanço e apresentar melhor situação de liquidez. A Gol anunciou a não renovação do contrato de exclusividade que venceria treze anos à frente (isso mesmo!), o que fez as ações da Smiles perderem cerca de 50% de valor de mercado em pouco tempo. Além disso, a Gol passou a aumentar o custo da passagem para a Smiles, a fim de melhorar a própria situação financeira. Esse caso foi mais complicado porque havia um número maior de acionistas minoritários e eles já conheciam o caso LATAM-Multiplus. Houve maior resistência. Em 2020, a Gol conseguiu um acordo com os demais acionistas para o fechamento do capital da Smiles. Mesmo assim, não deixou aos demais acionistas da empresa a expectativa de recuperação das perdas de valor ao longo do tempo. Ainda, em meio à pandemia da covid-19, a Gol forçou a Smiles a antecipar cerca de R$ 1,6 bilhão em passagens aéreas, o que fez com que os acionistas minoritários iniciassem um processo arbitral por abuso do poder de controladora.

a) Nesse caso em específico, nós tínhamos posição na empresa na época em que a notícia veio ao mercado. Contudo, diante da resistência, decidimos avaliar o caso para estimar alguma probabilidade de a Gol conseguir fechar o capital da Smiles. Analisamos os seguintes pontos: (i) a Gol não tinha condições financeiras de desembolsar caixa suficiente para fechar o capital da Smiles; (ii) a Gol também não tinha condições de captar dívida porque estava extremamente alavancada; e (iii) a Gol até poderia tentar emitir ações no mercado (*follow-on*) para levantar capital e recomprar as ações, mas poucos teriam coragem de comprar ações dela naquelas condições. Assim, consideramos que era bastante difícil essa transação de fechamento de capital ser bem-sucedida. Por isso, decidimos manter nossa posição por mais algum tempo. O que não esperávamos era uma manobra jurídica da Gol para fechar o capital da Smiles por meio de uma troca de ações, tendo de desembolsar pouco caixa. Essa disputa perdurou até 2021, quando a Gol conseguiu convencer os acionistas da Smiles a aprovar em assembleia a incorporação da Smiles, após a Gol ter aumentado sua proposta duas vezes. Durante algum tempo nossa tese de investimento esteve correta, porém o imponderável surgiu e nos fez perder dinheiro. Na época, nossa posição na empresa era grande, mas tínhamos diversificação na carteira e outras posições nos ajudaram a recuperar parte dessa perda. Então, por mais que os números da empresa sejam muito bons, muito cuidado com essas "vacas leiteiras". Aspectos como tipo de controlador, qualidade da gestão e da governança corporativa importam muito. E a diversificação é uma aliada nesses casos.

4. **IRB Brasil:** em 2020, os acionistas da maior resseguradora da América Latina depararam com uma série de eventos que destruíram o valor de mercado da empresa. Depois da abertura de capital em 2017, sua estrutura de propriedade foi diluída entre vários acionistas, ao mesmo tempo que a gestão ganhou força, especialmente por apresentar resultados financeiros cada vez melhores. O problema é que essa mesma gestão, que aparentemente estava entregando resultados muito consistentes, passou a ser suspeita de manipulação

de resultados e fraude. Por trás disso existia um plano de remuneração da gestão que criou um incentivo errado, pois previa bônus de remuneração no caso de a empresa duplicar o valor de mercado em até três anos. Só em 2020, um fundo de investimento publicou uma carta apontando inconsistências em seus resultados, a gestão divulgou a falsa informação de que Warren Buffett seria acionista do IRB, o diretor de contabilidade e controladoria foi demitido por suspeita de fraude e todo o conselho de administração e a diretoria da empresa foram trocados. Resultado? As ações chegaram a se desvalorizar mais de 85% em poucos meses. Se contado antes de ocorrer, ninguém acreditaria.

5. **Americanas:** em 2023, uma das maiores varejistas do Brasil enfrentou um escândalo de fraude contábil que abalou o mercado financeiro nacional. Apesar de estar listada no Novo Mercado da B3, segmento que exige elevados padrões de governança corporativa, a empresa ocultou dívidas de aproximadamente R$ 25 bilhões por mais de uma década. A manipulação envolvia práticas como a subavaliação de passivos operacionais e a contabilização indevida de verbas de propaganda, resultando em demonstrações financeiras que não refletiam a real situação econômica da empresa. A descoberta dessas irregularidades levou à renúncia de executivos, incluindo o então CEO, Sergio Rial, e à substituição de todo o conselho de administração. As ações da empresa sofreram uma desvalorização de cerca de 90,6% em 2023, culminando em um pedido de recuperação judicial ainda naquele ano. O caso evidenciou falhas graves nos mecanismos de governança e controle interno da Americanas, levantando questionamentos sobre a eficácia das auditorias internas e externas e ressaltando a necessidade de maior transparência e responsabilidade na gestão corporativa.

Por essas razões, a diversificação é importante para reduzir o risco (volatilidade) dos investimentos. Não é nosso objetivo discutir uma "carteira ótima" nem analisar pontos fortes ou fracos da Teoria das Carteiras. Em se tratando de *dividend investing*, especialmente para o investidor que deseja obter renda passiva, segura e frequente, o importante é discutir o papel da diversificação de maneira que reduza o risco e ofereça frequência no recebimento de dividendos.

É claro que a diversificação sozinha não resolve todos os problemas. Veja o que aconteceu em 2020, durante a pandemia da covid-19 (todas as ações se desvalorizaram, em maior ou menor grau). Porém, imagine se você tivesse apenas a posição em uma empresa de turismo ou de aviação civil (setores que mais sofreram com a crise)! Quem também tinha ações de empresas de energia elétrica ou de saneamento básico viu suas ações caírem menos. Essa é a ideia da diversificação. **O sucesso do seu investimento no longo prazo deve depender do conjunto, do todo, e não de apenas uma ação.**

Carlson (2010) observa que, ao empregar a diversificação corretamente, o investidor pode reduzir o risco da carteira de investimentos sem sacrificar o seu retorno. É claro que, mais uma vez, isso depende muito de pessoa para pessoa: apetite por risco e ciclo de vida. Vamos tomar os dois autores deste livro como exemplo. Enquanto escrevemos este livro, o Felipe é solteiro, mais jovem e não tem filhos. Então, tende a ter uma carteira de investimentos mais agressiva do que o Orleans, que é casado, mais velho e tem uma filha. Cada um deve conhecer suas necessidades e seu apetite por risco antes de montar sua carteira.

Não queremos definir uma regra geral, até porque não é o objetivo aqui. Sobre o assunto, sugerimos a leitura de *The Intelligent Asset Allocator*, de William Bernstein, e *The Elements of Investing*, de Burton G. Malkiel e Charles D. Ellis. Se preferir, busque na internet as resenhas elaboradas pelo Felipe Pontes.

Voltando à questão da diversificação, Carlson (2010) aponta quatro componentes importantes:

1. **Diversificação entre classes de ativos**: considera quanto dinheiro manter em ações e quanto dinheiro manter em outras classes de ativos, como, por exemplo, títulos públicos e certificados de depósito bancário. O objetivo é possuir classes de ativos que não estão intimamente correlacionadas entre si. Por exemplo, as taxas de juros dos títulos públicos tendem a ser negativamente correlacionadas com o valor de mercado das empresas. Quando o país enfrenta crises (como

antes do impeachment da ex-presidente Dilma em 2016), os preços das ações caem e as taxas de juros sobem (aumentando o retorno dos títulos públicos).
2. **Diversificação dentro da mesma classe de ativos**: considera a distribuição do volume de investimentos entre ativos da mesma classe, como ações (diferentes setores, importadoras versus exportadoras, empresas de valor versus empresas de crescimento, etc.) ou ativos de renda fixa (títulos públicos, debêntures, CDBs, etc.).
3. **Diversificação ao longo do tempo**: considera a realização de investimentos ao longo do tempo, em diferentes momentos. Ao reinvestir os dividendos quando são recebidos, o investidor dilui ao longo do tempo os seus aportes de capital, evitando realizar um investimento único em um momento no qual o preço da ação esteja alto.
4. **Diversificação entre estratégias de investimento**: considera a utilização de diferentes estratégias de investimento, especialmente se a correlação entre elas não for alta. Por exemplo, concentrar uma parte do seu dinheiro em uma estratégia passiva por meio do investimento em um fundo de índice (ETF, na sigla em inglês) ou de uma carteira de ações pagadoras de dividendos e outra parte em estratégias mais agressivas, em fundos de investimento mais agressivos ou por meio de commodities.

Independentemente do tipo de diversificação (e pode ser mais de um tipo), o tamanho da carteira de investimentos depende, essencialmente, do perfil do investidor. O que podemos dizer é que o tamanho da carteira deve levar em consideração o seu perfil, a profundidade de conhecimento que você tem, o tempo disponível para acompanhar o mercado e analisar cada empresa, assim como seu apetite por risco – e isso muda com o tempo, de acordo com o seu estágio do ciclo de vida.

É comum que bancos e corretoras de investimentos classifiquem o perfil de cada investidor como **conservador**, **moderado** ou **agressivo** (ou arrojado). Cada um deles tem os próprios parâmetros para classificar os investidores, mas geralmente o conservador tem a maioria do seu capital alocado em renda fixa, por ter pouca tolerância a riscos; o moderado tem mais exposição à renda variável, dividindo seu capital entre renda fixa e ativos mais arriscados (como ações); e o agressivo é aquele que tem a maior parte do capital em renda variável e uma pequena parte em ativos menos arriscados.

Se concentrar o investimento em uma ou poucas ações é arriscado, diluir em muitas ações vai aproximar sua carteira de investimentos do índice de mercado, como o Ibovespa. Então por que perder tempo escolhendo e acompanhando várias ações, se no final era melhor ter comprado um ETF como o BOVA11 ou BOVV11? Uma estratégia interessante é manter na carteira de investimentos em torno de 10 empresas, com cerca de 90% do capital investido em ações. Isso se alinha a um perfil mais agressivo. Eventualmente você pode fugir desses números (de acordo com as oportunidades de mercado), mas buscando seguir à risca a estratégia definida – e utilizando os quatro tipos de diversificação apontados por Carlson.

Nossa carteira é majoritariamente formada por empresas pagadoras de dividendos (*dividend investing*), mas também mantemos posição menor em empresas com maior potencial de valorização, mesmo que ainda não paguem dividendos. Os 10% que não estão investidos em ações em geral são mantidos em fundos de investimento de renda fixa, com alta liquidez, como "caixa" para a compra de ações baratas em momentos oportunos – e até temos derivativos ocasionais para proteção ou especulação, mas com pouquíssimo capital (geralmente em torno de 1% do patrimônio líquido). Preferimos fundos mais seguros com maior parte do capital investido em títulos públicos. Além disso, diversificamos nossas ações entre diferentes setores, protegendo nossa carteira de eventuais picos de riscos setoriais.

6.2. Armadilhas dos dividendos

A escolha de uma empresa para dividendos é feita com o objetivo de se obter renda passiva e previsível. Podemos até dizer que mais previsível do que passiva. **A falta de previsibilidade (ou menor persistência) dos dividendos pode atrapalhar os planos do investidor**, além de representar um risco. Por isso devemos ter atenção especial às chamadas armadilhas dos dividendos.

Chamamos de armadilha porque o investidor pode ser atraído equivocadamente por um indicador ou uma informação isolada. É comum ver casas de análises (analistas), corretoras e diferentes portais de notícias divulgarem listas com "**as maiores pagadoras de dividendos do ano**". Geralmente essas listas são suportadas por apenas um indicador: o *dividend yield*. Como vimos, o *dividend yield* é um ótimo indicador para retorno, mas pode ser facilmente distorcido por mudanças nos fundamentos ou nos preços da ação.

Podemos elencar algumas das armadilhas mais comuns:

1. Empresa com *dividend yield* **alto** porque o preço tem caído por aumento de risco ou perda de fundamentos;
2. Empresa que pagou **um alto dividendo**, pontualmente, e provavelmente não voltará a fazer isso;
3. Empresa de **setor que passa por mudanças estruturais** (abertura à concorrência);
4. Empresa com **problemas de governança corporativa ou gestão**;
5. Uso isolado do **modelo de Gordon** para avaliação (explicaremos esse modelo mais à frente, ainda neste capítulo).

6.2.1. Dividend yield *muito alto*

Apesar de o *dividend yield* (DY) ser um indicador direto e útil que auxilia na compreensão da rentabilidade do dividendo de uma empresa, ele não deve ser utilizado como único parâmetro de decisão para a escolha de uma empresa para dividendos. Isso pode parecer óbvio, mas esse erro é muito comum entre os investidores iniciantes, especialmente por se tratar de um indicador que representa um percentual fácil de ser comparado com outros tipos de investimento.

O *dividend yield* de uma empresa pode mudar por dois motivos:

a) O dividendo por ação da empresa pode aumentar (ou diminuir), refletindo melhora (ou piora) no seu lucro;
b) O preço da ação pode subir (ou cair) refletindo uma melhora (ou piora) das expectativas sobre o desempenho futuro da empresa.

E, adicionalmente, **dividendo e preço podem não variar na mesma velocidade, pois a informação sobre o dividendo não é diária, como**

é a variação do preço da ação. Por isso, o *dividend yield* pode mudar diariamente apenas com a variação do preço, mesmo que a empresa informe seus dividendos em um período mensal, trimestral, semestral ou até anual.

O mercado tende a antecipar boas e más notícias a respeito da empresa, afetando diretamente o preço de sua ação. Se uma empresa começa a enfrentar dificuldade em seu setor, com expectativa de perda de *market share* e redução de rentabilidade, investidores e analistas começam a captar sinais de piora de desempenho e refletem essa piora nos preços de suas ações a partir do momento em que passam a vender ou recomendar a venda da ação. Por isso, antes que o resultado seja divulgado ao público no final do próximo trimestre ou ano, o mercado se antecipa e penaliza o preço da ação da empresa. O contrário também é verdadeiro.

No Capítulo 7, falaremos sobre a característica de persistência de lucros e dividendos, em que os dividendos tendem a ser mais persistentes do que os lucros. Isto é, os dividendos tendem a se repetir em proporções mais frequentes ao longo do tempo. Se por um lado isso é bom para o investidor, pois aumenta o seu poder de previsibilidade, por outro, pode ser perigoso. Por quê? Devido ao fato de a empresa aumentar seu *payout* e seu *dividend yield* apenas para satisfazer as vontades do investidor (efeito clientela).

Esses aumentos podem esconder riscos, como o aumento descontrolado da dívida (Oi é um desses casos: ela chegou a tomar dívida para pagar dividendos) ou mesmo a redução da capacidade de investimento (como é o caso da Eternit, que distribuía 100% do seu lucro e retardou a adequação de sua planta de produção à proibição do amianto no Brasil, o que levou a empresa a pedir recuperação judicial). Por isso, um DY alto pode esconder uma armadilha.

Na Figura 20, é possível acompanhar a variação do *dividend yield* (em cinza-escuro, com referência na coluna da esquerda), do dividendo por ação (DPA) pago no ano (em preto, com referência na coluna da esquerda) e do preço da ação (em cinza-claro, com referência na coluna da direita) da Valid. Observe que habitualmente o preço da ação acompanha o dividendo por ação, porém o preço tem respostas mais rápidas às mudanças na companhia. Note que, em geral, o preço antecipa os movimentos do dividendo.

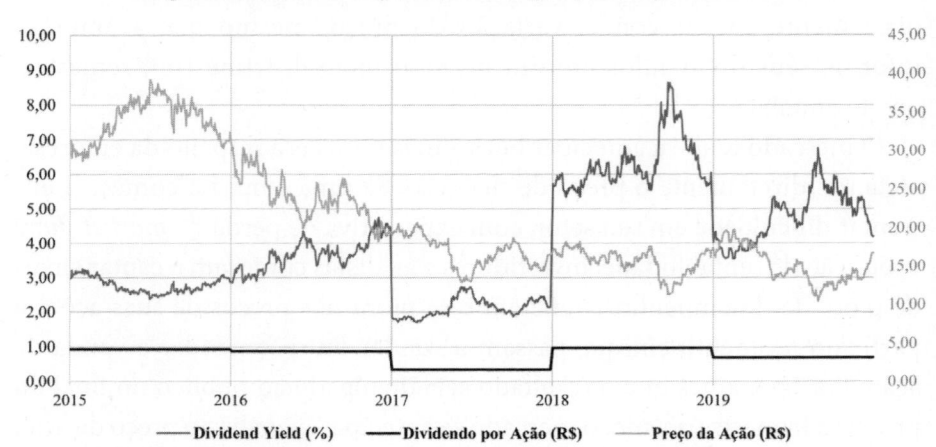

Figura 20: *Dividend yield*, DPA e preço da ação da Valid.

[Gráfico com linhas de Dividend Yield (%), Dividendo por Ação (R$) e Preço da Ação (R$) de 2015 a 2019. Eixo esquerdo: 0,00 a 10,00; eixo direito: 0,00 a 45,00.]

Fonte: dados da Refinitiv Eikon. Nota: à esquerda, está a escala do *dividend yield* (em %) e do dividendo por ação (em R$); e à direita, a escala do preço da ação (em R$, ajustado pelos proventos).

Por que isso acontece? Pelo fato de os investidores e analistas no mercado não acompanharem apenas a divulgação do lucro pela empresa, mas também informações operacionais, do setor e até da economia do país. Com isso, na maioria das vezes eles conseguem antecipar o resultado da empresa com razoável precisão. Isso faz com que os preços tenham uma reação mais rápida e, por conseguinte, o *dividend yield* também pode responder de forma mais rápida do que a divulgação do lucro ou do dividendo que a empresa pagará aos seus acionistas no futuro.

No caso da Valid, observe como o preço apresenta uma variação quase que perfeitamente inversa ao *dividend yield*. Isso demonstra que o DY da Valid entre 2015 e 2019 foi mais determinado pela variação do preço da ação da empresa do que pelos resultados que ela apresentou ao longo do tempo. Note que em 2015 e 2016 a empresa teve DY crescente (linha cinza-escura subindo), enquanto lucro e preço caíam. Em 2017, o dividendo teve uma queda ainda mais forte, fazendo com que o DY também caísse. Mas note como o preço e o DY continuam a ter movimentos quase que perfeitamente invertidos.

Uma forma de evitar essa armadilha é verificar se o DY é muito maior que a média do setor ou que o DY histórico da própria empresa. Um DY extremamente alto ou baixo pode não ser fruto de um aumento (ou redução) dos dividendos, mas sim de uma queda (ou alta) do preço da ação. Em geral, quando isso ocorre temos um sinal de que alguma coisa pode estar errada. Esse fenômeno é chamado de *red flag* (ou bandeira vermelha), que é um sinal que o investidor deve observar e analisar com mais atenção para não cair na armadilha do alto *dividend yield*.

Mas quanto é "consideravelmente maior"? Se o rendimento for quatro ou cinco vezes maior que a média do mercado, ou duas ou três vezes maior que a média histórica da própria empresa (Carlson, 2010). Esses são valores de referência. Isso não quer dizer que necessariamente todas as empresas nessas condições são armadilhas. Há casos de empresas que são efetivas armadilhas sem que essa *red flag* seja observada, assim como há casos de empresas que podem se enquadrar em uma dessas situações, mas não ser armadilhas. Como mencionamos, isso serve como um sinal para você analisar com mais atenção os fundamentos da empresa.

Podemos citar como exemplo de exceção o Itaú Unibanco, que em 2019 teve um *dividend yield* no final do ano de 8,8% (ITUB3), quase duas vezes o histórico da empresa. Isso é justificável porque a empresa mudou sua política de dividendos em 2017, passando a distribuir mais de 70% de seus lucros crescentes (como vimos antes). Por outro lado, podemos citar como exemplo de *red flag* o caso da Cielo, que em 2018 teve um *dividend yield* no final do ano de 15,95% (CIEL3), mais de seis vezes a média histórica da empresa. Em 2019, a Cielo teve uma queda de seu *dividend yield* para 5,9% (falaremos mais desse caso à frente).

Voltando à Figura 20, é possível ver que, depois da tendência de crescimento do DY da Valid entre os anos 2015 e 2016, em 2017 o dividendo por ação e o DY da empresa foram menores, e a partir de 2018 ela teve um DY extremamente alto. O *dividend yield* médio da empresa entre 2015 e 2017 foi de 2,9%, porém no início do segundo semestre de 2019 o DY chegou a ultrapassar 8,6%, isto é, quase três vezes a média dos últimos anos. Em seguida, o DY voltou a cair com a subida do preço.

Mesmo com a identificação desse sinal, muitas vezes o investidor até acha que o rendimento é bom demais para ser verdade, mas compra a ação. Por quê? Guiado por fatores psicoemocionais que geralmente impulsionam os erros nos investimentos: ganância, esperança e "efeito de ancoragem". Ganância e esperança são conceitos comuns, que certamente você conhece. Efeito de ancoragem é um viés cognitivo que os seres humanos têm de "ancorar" suas expectativas sobre o futuro em informações do passado. Nesse caso, é olhar para o preço passado da ação e esperar que em algum momento o preço futuro retorne ao mesmo patamar anterior, sem levar em consideração as mudanças de fundamentos da empresa.

A ânsia por retornos altos e rápidos é uma armadilha psicológica, especialmente se estiver associada ao chamado efeito de ancoragem. Isso também tem relação com a esperança, devido à espera (quase eterna) de que aquele cenário passado se repita. Lembre-se: retorno passado não é garantia de retorno futuro.

6.2.2. Único dividendo muito alto

O pagamento de um dividendo único também pode ser uma armadilha na qual o investidor pode cair. Ele também pode estar associado ao aumento momentâneo do *dividend yield*, pois é possível que o preço e o lucro da empresa não apresentem variações fora do normal, mas a empresa decida "devolver capital" aos seus acionistas por meio do pagamento de um dividendo extraordinário, que tende a não se repetir no curto prazo.

A Ser Educacional é um desses exemplos. Durante vários exercícios sociais a empresa reteve lucros para reinvestimento em uma "Reserva de Retenção de Lucros", cujo saldo, ao final do primeiro trimestre de 2019, era de pouco mais de R$ 548 milhões. Em maio de 2019, o conselho de administração decidiu devolver aos acionistas o valor de R$ 250 milhões em forma de um dividendo extraordinário de R$ 1,942177 por ação (vide Tabela 7).

Naquela ocasião, o conselho de administração argumentou que a operação era realizada para "otimizar a estrutura de capital da empresa". Portanto, observe que não há a expectativa de que a empresa repita frequentemente esse tipo de pagamento "extraordinário". **Pontualmente, o *dividend yield* da empresa aumenta, mas logo em seguida tende a voltar ao normal** (cair para os níveis anteriores). É possível observar isso nos próprios proventos propostos para pagamento nos dias 10 de setembro de 2019 e 30 de junho de 2020, cujos valores "retornaram à média".

Tabela 7: Pagamentos de dividendos da Ser Educacional (2015 a 2019).

Data de Distribuição	Exercício Social de Competência	Tipo de Provento	Valor Total do Provento	Provento por Ação	Preço da Ação*	Dividend Yield
30/06/2020	2019	Dividendo	6.063.113,00	0,047103		
10/09/2019	2019	Dividendo	32.803.043,00	0,254837	R$ 14,45	15,53%
24/05/2019	2019	Dividendo	250.000.000,00	1,942177		
24/05/2019	2018	Dividendo	36.679.381,00	0,284951	R$ 27,62	1,58%
25/09/2018	2018	Dividendo	20.685.235,00	0,151280		
07/05/2018	2017	Dividendo	37.847.153,00	0,273394	R$ 15,85	1,72%
05/05/2017	2016	Dividendo	34.233.511,00	0,274228	R$ 6,35	4,32%
06/05/2016	2015	Dividendo	23.116.119,40	0,185172	R$ 22,95	0,95%
15/09/2015	2015	JCP	3.960.439,79	0,031718		

Fonte: ri.sereducacional.com. Nota: * preço de fechamento do primeiro dia do ano.

Observe na Tabela 7 que o valor de R$ 1,942177 se destaca frente aos proventos habitualmente pagos pela Ser Educacional. Considerando o total de proventos distribuídos em cada exercício social e o preço da ação no início de cada ano, fica claro que o *dividend yield* de 2019 não é normal, uma vez que naquele ano o DY foi de 15,53%, contra uma média, nos quatro anos anteriores, de pouco mais de 2%. Isso é um sinal (*red flag*) de que o alto DY proveniente de um dividendo extraordinário e único pode ser uma armadilha para o investidor atraído exclusivamente por ele.

6.2.3. Mudanças setoriais

Mudanças setoriais também podem afetar as empresas, especialmente em setores onde há maior concentração. No Brasil, há tempos os governos afirmam ter o interesse de aumentar a competitividade em alguns setores para beneficiar a população com serviços/produtos de melhor qualidade e menores custos. E isso pode representar um risco para o investidor das empresas que se beneficiam da menor concorrência existente nesses setores. O Banco Nacional de Desenvolvimento Econômico e Social (BNDES) realizou um estudo no início de 2017 em que aponta o panorama dos setores no Brasil.

Em "Panoramas Setoriais 2030: Desafios e Oportunidades para o Brasil", o BNDES afirma que a estrutura produtiva e de competitividade dos setores no país está longe de ser uniforme. Nos extremos, há setores nos quais há baixa concentração empresarial (como agropecuária e software), mas existem setores nos quais há um monopólio natural, uma vez que não é viável ter mais de duas empresas oferecendo o serviço na mesma localidade, como saneamento e energia elétrica, sobretudo em transmissão e distribuição (BNDES, 2017).

Mas o BNDES também destaca casos intermediários, nos quais existem maiores ou menores barreiras de entrada, seja no plano econômico ou mesmo no regulatório (setores regulados). Nesses casos, podem ser apontadas situações de quase monopólio, quando uma grande empresa é responsável por mais da metade da produção do setor, como nos casos de petróleo e gás, mineração e aeroespacial. Em geral, o principal elemento de competitividade no Brasil continua sendo o preço do produto/serviço.

Com base em análises da competitividade e dos fatores críticos para a realização de investimentos nos setores brasileiros, o BNDES apresenta um ranking dos desafios (poucos ou muitos) e das oportunidades (poucas ou muitas) dos setores, conforme a Figura 21. Por exemplo, o setor de bebidas apresenta menos desafios, mas também menos oportunidades. Já setores como resíduos sólidos, saneamento, ferrovias e mobilidade urbana têm maiores oportunidades de investimento, mas também possuem maiores desafios.

Essas condições setoriais são especialmente importantes para que você avalie o risco de investir em uma empresa que possui "momentaneamente" uma grande participação de mercado (*market share*), indicando isso como uma vantagem competitiva. A empresa pode perder essa vantagem em algum momento, com a natural abertura do mercado e a chegada de mais competidores. Quando isso ocorre, a empresa é forçada a "competir com preços", o que comprime seus preços e margens de lucro. Caindo o lucro, o preço também tende a cair.

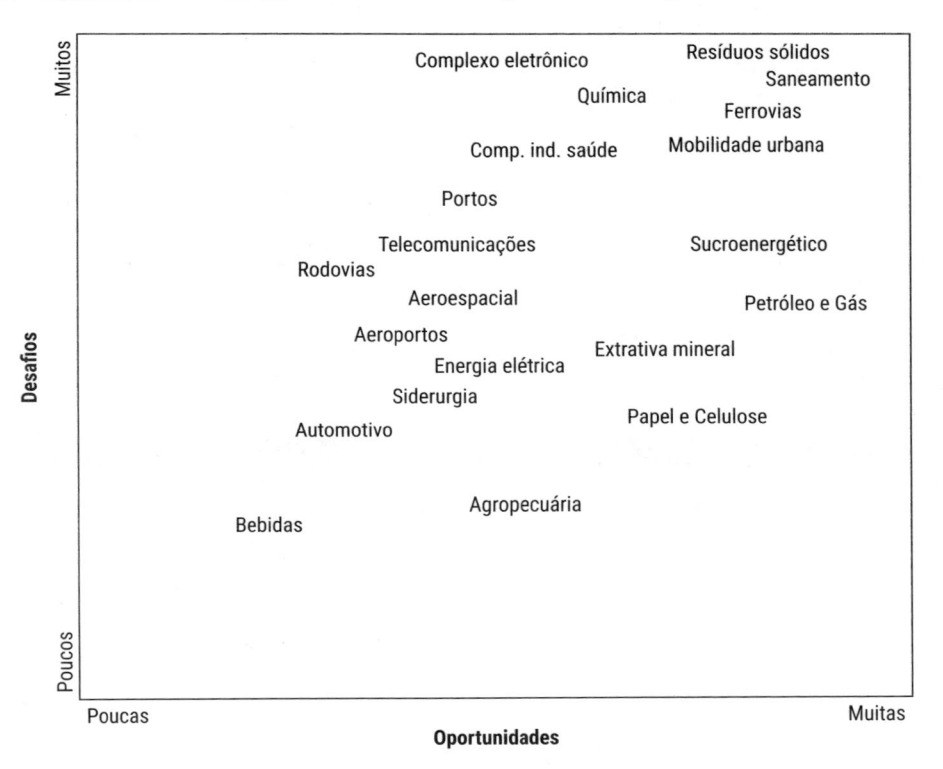

Figura 21: Classificação dos desafios e oportunidades por setor no Brasil.

```
Muitos │   Complexo eletrônico      Resíduos sólidos
       │                             Saneamento
       │            Química          Ferrovias
       │
       │         Comp. ind. saúde   Mobilidade urbana
       │
       │              Portos
       │         Telecomunicações
       │    Rodovias
Desafios│           Aeroespacial              Sucroenergético
       │                                      Petróleo e Gás
       │          Aeroportos
       │                           Extrativa mineral
       │          Energia elétrica
       │            Siderurgia
       │                                      Papel e Celulose
       │         Automotivo
       │
       │                Agropecuária
       │     Bebidas
       │
Poucos │
       └────────────────────────────────────────
         Poucas                          Muitas
                    Oportunidades
```

Fonte: BNDES (2017).

Como já vimos, o preço tende a antecipar a informação de queda de lucro da empresa, o que pode aumentar o seu *dividend yield* de forma temporária e artificial. Assim cria-se a armadilha do dividendo! É o que aconteceu no setor de serviços financeiros, no mercado de adquirência brasileiro (maquininhas de cartão de crédito). Na Figura 22, você pode ver os principais avanços das empresas de processamento de pagamentos por meio de cartão de crédito no Brasil. Em 2009, a **Cielo** teve seu capital aberto na Bolsa de Valores.

No início de 2014, quando a Cielo detinha 54,7% de *market share*, começou a observar o aumento da concorrência, especialmente com a quebra do monopólio da adquirência de bandeiras de cartão de crédito e com o avanço da PagSeguro e da GetNet. No final de 2016, seu *market share* já era de 50,5% do mercado. Com o aumento da concorrência, a empresa viu seu *yield* de receita líquida (proporção do lucro em relação ao volume faturado de vendas) cair de 1,19% (em 2016) para 0,70% (em 2019). Isso representa uma queda de 41,2% nesse *yield*.

Figura 22: Abertura do mercado de adquirência e variação da receita da Cielo.

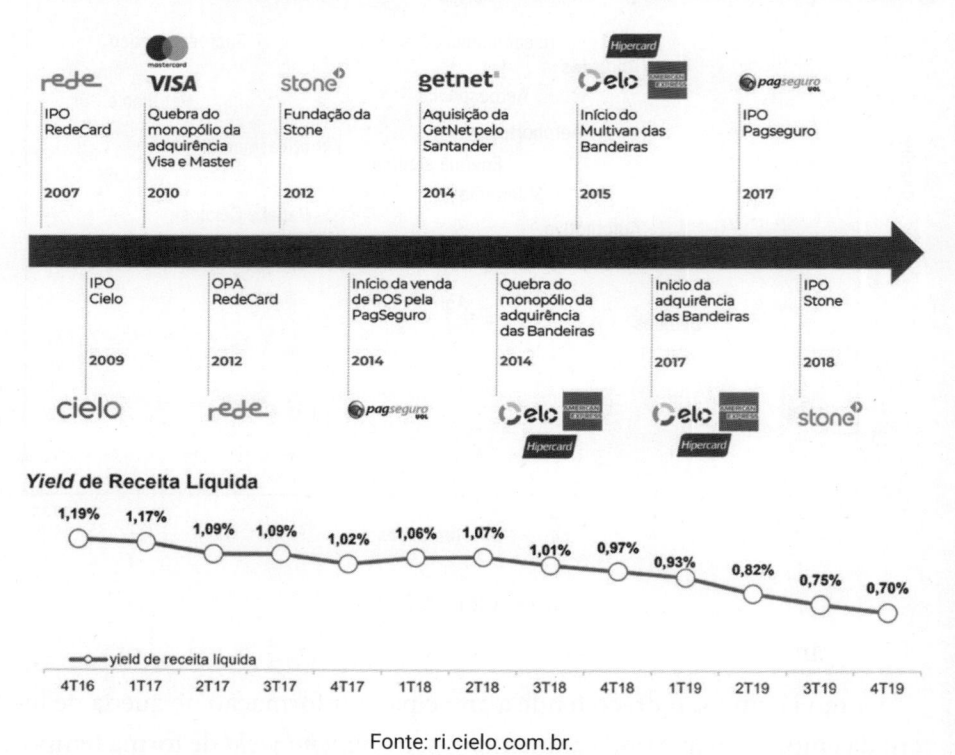

Fonte: ri.cielo.com.br.

Como falamos anteriormente, o preço é o principal elemento de competitividade em diferentes setores no Brasil. O *yield* de receita líquida da Cielo caiu porque ela foi forçada a reduzir o preço de seus serviços para não perder ainda mais mercado. Mesmo assim, no final de 2019 seu *market share* já era de 40%, isto é, 14,7 pontos percentuais menor do que no início de 2014, quando as mudanças no setor começaram. **Qual é a consequência disso no preço, no dividendo e no *dividend yield*?**

Na Figura 23 é possível verificar que o preço da ação da Cielo (em cinza-claro) tem um intenso movimento de queda entre 2015 e 2019. Em 2015 a ação chegou a ser negociada por R$ 25,19, mas terminou o ano de 2019 valendo R$ 8,21. Ao longo desse período, apesar do lucro decrescente, a empresa manteve seu pagamento de dividendos (em preto), chegando a aumentá-lo no ano de 2018, o que fez seu *dividend yield* (em cinza-escuro) crescer significativamente (3,47% no começo de 2018 e 15,95% no último dia daquele ano).

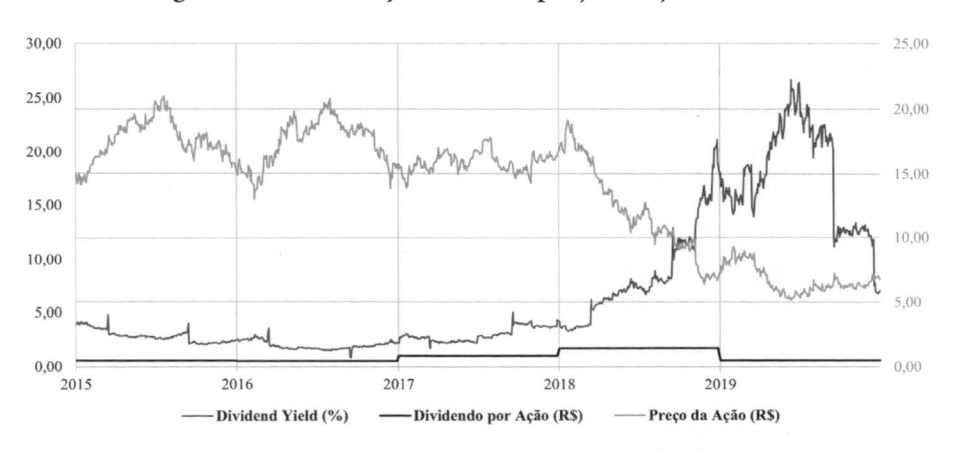

Figura 23: *Dividend yield*, DPA e preço da ação da Cielo.

Fonte: dados da Refinitiv Eikon. Nota: na escala à direita, o *dividend yield* é apresentado em % e o dividendo por ação e o preço da ação (ajustado pelos proventos) são apresentados em R$.

Visivelmente não é normal que a Cielo tenha um DY de 15,95%. Isso é uma *red flag* que sugere que o mercado está penalizando o preço da ação da empresa por algum motivo. E esse motivo foi o aumento da competitividade no seu segmento de atuação. Desde então, a empresa não conseguiu oferecer os mesmos desempenho e lucratividade de outrora. Como consequência, já no ano de 2019 ela foi forçada a reduzir seu volume de dividendos e o *dividend yield* retornou à média anterior. O investidor que comprou a Cielo apenas de olho no DY de 15,95% caiu em uma armadilha clássica. Note que a variação do preço da ação é inversamente proporcional à variação do *dividend yield*, até se encontrarem no final de 2019.

Para finalizar esse exemplo, vamos deixar uma pergunta: será que a empresa B3 (Bolsa de Valores) conseguirá sustentar os seus dividendos com a possível chegada de um competidor ao Brasil? E, chegado outro competidor nesse setor (outra Bolsa de Valores no Brasil), qual é a tendência da margem de lucro e dos dividendos da atualmente única Bolsa de Valores no Brasil? Para ajudá-lo a responder essa questão, podemos lembrar que todas as vezes que há notícias sobre a possível chegada de outra Bolsa de Valores ao Brasil, as ações da B3 (empresa) tendem a desvalorizar por algum tempo.

6.2.4. Problemas de governança ou gestão

Problemas de governança corporativa ou mesmo de gestão podem afetar diretamente o lucro da empresa, assim como seus dividendos e o preço da ação. No Brasil, não é raro deparar com casos de empresas que perderam valor de mercado por problemas de governança ou de gestão. Já citamos os casos de Qualicorp, Multiplus, Smiles e IRB Brasil. Entre esses casos, podemos dar mais detalhes sobre esse tipo de armadilha usando o caso da Multiplus.

A Multiplus Fidelidade surgiu de uma *spin-off* da TAM em 2009.[6] Em 2010, após a assinatura do contrato operacional com prazo de vigência de 15 anos entre as duas empresas, a TAM fez a Oferta Pública Inicial de ações (IPO, na sigla em inglês) na Bolsa de Valores brasileira, tornando a Multiplus uma empresa de capital aberto. Em 2012, ocorreu a fusão entre a chilena LAN e a brasileira TAM, dando origem à LATAM, que passou a controlar a Multiplus.

Apesar de ter listado a Multiplus no Novo Mercado, o segmento mais alto de governança corporativa da bolsa brasileira, a relação entre LATAM (controladora) e Multiplus (controlada) foi fortemente marcada por conflitos de interesses entre acionistas controladores e minoritários. A LATAM detinha mais de 70% das ações da Multiplus, o que lhe dava o controle majoritário da empresa, permitindo-lhe influenciar fortemente as políticas operacionais e de preços.

Já em 2015, a LATAM aditou o contrato entre as empresas para modificar sua política de preços, adotando um modelo de custos chamado de *transfer price*, entre outros motivos, pelo interesse de maximizar a receita da LATAM.

---

6   *Spin-off* é uma empresa derivada de outra, quando uma parte da empresa maior é separada, dando origem a uma nova companhia, independente, embora possa continuar sob o controle da empresa originária.

Em paralelo à Multiplus, a LATAM também mantinha o antigo programa de fidelidade, o LAN Pass, e eram frequentes os questionamentos de investidores e analistas sobre uma possível incorporação do LAN Pass pela Multiplus, pois apenas esta última tinha capital aberto na Bolsa de Valores.

Aliado a isso, também eram comuns questionamentos à Multiplus sobre uma possível prorrogação antecipada do contrato entre a Multiplus e a LATAM, que vencia apenas no final de 2024 (sete anos à frente), com vistas a permitir ao mercado maior previsibilidade dos resultados da empresa. A ponto de seu CEO, Roberto Medeiros, ter declarado, na teleconferência de divulgação dos resultados do terceiro trimestre de 2017, que não havia passado pela cabeça da gestão da Multiplus conversar com a controladora sobre esse tema, mas que havia indícios claros de que esse contrato seria renovado sem problemas.

Claramente, após ser questionado por um analista sobre a alta probabilidade de não renovação ou renovação em condições desfavoráveis, Roberto Medeiros afirmou: "Não, zero. O contrato será renovado, sem nenhum problema. Aliás, não sei por que alguns de vocês têm esse medo. Não é um tema presente em nossas discussões." A essa altura, podemos verificar na Figura 24 que o mercado já penalizava o preço da ação da empresa devido às desconfianças e incertezas relacionadas ao seu futuro.

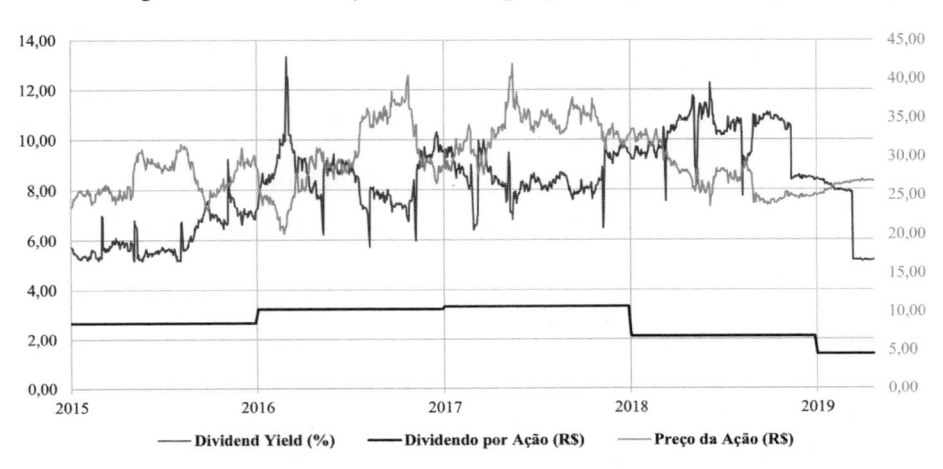

Figura 24: *Dividend yield*, DPA e preço da ação da Multiplus.

Fonte: dados da Refinitiv Eikon.

E todo o temor do mercado foi confirmado no dia 04/09/2018, quando, de forma surpreendente, a Multiplus divulgou um Fato Relevante informando aos acionistas e ao mercado que havia recebido, naquela data, uma correspondência de sua controladora informando que: (i) não pretendia prorrogar ou renovar o contrato operacional (que vencia apenas sete anos à frente), e (ii) pretendia realizar uma Oferta Pública de Aquisição (OPA) de ações para fechar o capital da Multiplus.

Em meio a tudo isso, as ações da Multiplus se desvalorizaram 42,6%, desde o seu valor máximo em 2017 (R$ 41,90) até o fim do dia do comunicado da não renovação do contrato (R$ 24,03). Além disso, a empresa perdeu *market share* para sua principal concorrente, a Smiles, o que também afetou seus lucros e dividendos. Apesar disso, a Multiplus conseguiu manter o pagamento de dividendos (linha preta), o que fez com que seu *dividend yield* aumentasse entre meados de 2017 e 2018 (linha cinza-escura), saindo de cerca de 8,0% até ultrapassar 12,0%.

Assim como nas armadilhas anteriores, você pode ver que tanto o volume de dividendos distribuídos pela empresa como o *dividend yield* diminuem no período seguinte. A gestão da Multiplus gastou muita energia com essa situação, enquanto sua concorrente ganhava espaço e lhe tirava lucros. Já os acionistas que foram indevidamente atraídos apenas pelo alto DY viram a Multiplus ter seu capital fechado em abril de 2019, ao preço de R$ 26,80.

6.2.5. Uso do modelo de Gordon

O modelo de Gordon é comumente utilizado para estimar o valor da ação de uma empresa que está em "estado de equilíbrio", com os dividendos crescendo a uma taxa que se espera que permaneça estável ao longo do tempo. Por isso, ele também é conhecido como modelo de crescimento de Gordon.

Esse modelo relaciona o valor da ação aos dividendos futuros esperados da empresa, considerando uma taxa de retorno exigida pelo investidor (chamada de custo de capital próprio) e uma taxa de crescimento esperado dos dividendos (chamada de crescimento estável). Esse crescimento estável, ou "estado de equilíbrio", geralmente é observado quando a empresa se encontra no estágio de maturidade do ciclo de vida.

$$\text{Valor da ação} = \frac{DPA_{t+1}}{(K_e - g)}$$

Em que DPA_{t+1} é o dividendo por ação esperado para o próximo período, crescendo à uma taxa g, isto é, $DPA_t \times (1 + g)$; K_e é a taxa de retorno exigida pelo investidor ou o custo de capital próprio (seu cálculo será detalhado no Capítulo 16); e g é a taxa de crescimento estável (ou constante) dos dividendos.

Embora o modelo de Gordon seja uma abordagem simples para estimar o valor esperado de uma ação, ele possui uma série de fragilidades e restrições que precisam ser observadas para que não seja utilizado de forma equivocada. O primeiro ponto a ser observado é que ele é um modelo de perpetuidade, isto é, considera que seus parâmetros seguirão um padrão estável ao longo do tempo, para sempre.

Isto significa que se espera que **os dividendos "sempre" crescerão a uma mesma taxa** (constante) ao longo do tempo, assim como o retorno exigido pelo investidor também será o mesmo (constante) ao longo do tempo. Por essa razão, esse modelo é limitado a empresas que estejam crescendo a uma taxa de crescimento estável (constante) ou que sejam muito maduras.

Como o dividendo é a parte de lucro que a empresa distribui aos acionistas, e estamos falando de crescimento na perpetuidade, dizer que se espera que os dividendos cresçam a uma taxa constante é assumir que os lucros da empresa também devem crescer a uma taxa constante. Por isso, na perpetuidade, as taxas de crescimento dos dividendos e dos lucros tendem a se equivaler.

Além disso, **a taxa de crescimento estável dos dividendos da empresa não deve ser maior do que a taxa de crescimento esperado da economia do país** (do Produto Interno Bruto, por exemplo), pois, quando levada ao infinito (perpetuidade), faria a empresa se tornar maior do que o próprio país em algum momento no futuro (mesmo que muito longe), o que não é razoável que aconteça (explicaremos isso com mais detalhes no Capítulo 14).

Pelos pontos observados, **o modelo de Gordon é extremamente sensível a mudanças em algum de seus parâmetros**, em especial, à taxa de crescimento. Como observa Damodaran (2017), usado incorretamente, ele pode levar a desvios ou resultados absurdos, já que, à medida que a taxa de crescimento converge para a taxa de retorno exigida, o valor da ação tende ao infinito. A escolha equivocada de alguma dessas taxas pode resultar em erro no valor esperado da ação.

Apesar de tudo isso, dada sua simplicidade, é bastante comum encontrar sites e planilhas eletrônicas que oferecem aos investidores o cálculo do valor da ação da empresa por meio do modelo de Gordon. Isso pode ser uma armadilha perigosa, uma vez que o investidor pode utilizar esse modelo para empresas que não se enquadram nas características apontadas anteriormente ou, ainda, pode utilizar taxas inadequadas de retorno e de crescimento.

Alguns de seus pressupostos são difíceis de se observar na prática, especialmente aqueles relacionados à estabilidade das variáveis. Apesar de se esperar uma taxa de crescimento estável, retorno passado não é garantia de retorno futuro. O cálculo do crescimento com base em dados passados pode levar a uma taxa de crescimento esperado que não se mantém no futuro, simplesmente porque as condições de mercado mudam.

Também é possível que a empresa seja forçada a suspender ou reduzir seus dividendos em algum momento (vimos o caso da Vale, no Capítulo 5), ou mesmo que a empresa mude seu *payout* ao longo dos anos (como é o caso do Itaú, que detalharemos à frente). Ainda, é difícil que os dividendos cresçam de forma linear, ou mesmo que as taxas de crescimento e de custo de capital não variem ao longo do tempo, diante de mudanças nas condições econômicas do país.

Vejamos o exemplo do Itaú Unibanco. No Capítulo 5, vimos que a política de remuneração aos acionistas do banco prevê a distribuição de um dividendo mínimo obrigatório de 35% do lucro líquido ajustado. Comparando o provento líquido pago pelo banco aos seus acionistas com o lucro líquido recorrente (não ajustado) entre 2009 e 2023, veja na Tabela 8 que o *payout* variou entre 30,0% e 87,2%.

Nesse período, o Itaú promoveu duas modificações em sua política de dividendos: (i) em 2016, impôs um limite de 45% ao *payout*; e (ii) a partir de 2017, retirou esse limite, passando a distribuir um volume maior de lucro devido à menor necessidade de reinvestimento. Na última coluna, veja que o dividendo por ação (DPA) pago ao acionista varia de acordo com as mudanças no *payout* da empresa.

Você pode observar que o Itaú tem modificado a proporção de lucros distribuída como dividendos em cada ano. Na penúltima coluna da Tabela 8, é possível verificar a taxa de crescimento (média aritmética) a partir de 2009. Portanto, já temos indícios de que os pressupostos do modelo de Gordon não são completamente atendidos. Mesmo assim, vamos demonstrar como a sua utilização sem observar essas condições pode fazer você cair em uma armadilha. Para ficar mais claro, vamos utilizar os dados de 2022 para a projeção dos valores esperados para o ano seguinte, pois já temos os valores reais de 2023 para comparação.

Tabela 8: Histórico de pagamento de dividendos do Itaú Unibanco (2009 a 2023).

Ano	Lucro Líquido Recorrente (R$ milhares)	Provento Líquido Pago (R$ milhares)	Payout Realizado (%)	Crescimento anual do Lucro (%)	DPA (R$)
2023	35.617.917	21.468.373	60,3%	15,7%	2,19
2022	30.785.539	8.367.377	27,2%	14,5%	0,85
2021	26.879.499	6.231.210	23,2%	45,0%	0,64
2020	18.535.945	4.503.255	24,3%	-34,6%	0,46
2019	28.362.570	18.777.003	66,2%	10,2%	1,92
2018	25.732.850	22.437.426	87,2%	3,4%	2,29
2017	24.878.893	17.557.262	70,6%	12,0%	1,79
2016	22.221.949	10.000.363	45,0%	-6,8%	1,02
2015	23.832.489	7.304.529	30,6%	15,6%	0,75
2014	20.618.724	6.635.128	32,2%	30,2%	0,68
2013	15.835.820	5.095.080	32,2%	12,8%	0,52
2012	14.042.701	4.517.978	32,2%	-4,1%	0,46
2011	14.640.990	4.393.807	30,0%	12,4%	0,45
2010	13.022.648	3.908.114	30,0%	24,1%	0,40
2009	10.490.611	3.472.459	33,1%	-	0,35

Fonte: itau.com.br/relacoes-com-investidores.

Para calcular o valor esperado da ação do Itaú com base no modelo de Gordon, precisamos calcular o dividendo esperado para o ano seguinte. A partir do histórico de proventos pagos, vamos observar o que acontece se assumirmos equivocadamente o crescimento médio histórico do lucro até

2023 (g = 10,8%) como crescimento estável (cuidado, já dissemos que isso não deve ser feito, aqui o fazemos apenas para demonstrar como isso é uma armadilha). Não vamos utilizar o crescimento dos proventos porque o Itaú mudou de forma significativa sua política de dividendos nesse período.

A partir do DPA em 2022 (R$ 0,85), poderíamos esperar que o DPA para 2023 fosse R$ 0,9418 (0,85 x 1,108). E o retorno exigido? Por enquanto não vamos nos preocupar com esse cálculo, pois o estudaremos com detalhe no Capítulo 16. Como alternativa, vamos assumir que o retorno exigido seja igual ao retorno anual médio do Ibovespa desde o início de 1995 até 2023 (média geométrica no período pós-Plano Real). Assim, assumimos que o custo de capital próprio (K_e) é de 12,55%. Com essas informações, já podemos calcular o valor esperado da ação, com base nas premissas assumidas.

$$Valor\ da\ ação_{2018} = \frac{DPA_{2023}}{(K_e - g)} \rightarrow \frac{R\$\ 0,85}{(0,1255 - 0,108)} \rightarrow \frac{R\$\ 0,85}{0,0175} = R\$\ 48,57$$

Dada a variação do volume de dividendos distribuídos pelo Itaú, observe que o DPA real de 2023 (R$ 2,19) foi significativamente maior do que o DPA esperado (R$ 0,9418). Por quê? Pelo fato de o banco ter retomado sua política de maior *payout* depois das limitações de distribuição de lucros no período da pandemia de covid-19. Então, veja como a alteração no *payout* pode distorcer o dividendo esperado, assim como o valor esperado para a ação.

O preço da ação preferencial do Itaú (ITUB4) no final de 2023 era de R$ 33,97. O valor da ação estimado para o final de 2023, com base nos dados que utilizamos, foi de R$ 48,57. Observe que é um valor extremamente superavaliado devido ao uso indevido de uma taxa de crescimento estável maior do que a taxa de crescimento esperado para a economia brasileira nos próximos anos, que, de acordo com o Focus Relatório de Mercado (ou Boletim Focus) do Banco Central do Brasil (BACEN) para o período mais longo disponível (2027) era de 2,0% (conforme consulta durante revisão do livro).

Então o que acontece se a taxa de crescimento estável do Itaú for limitada ao crescimento esperado para a economia brasileiro no longo prazo? O DPA para os próximos períodos cresceria apenas 2% (perpetuidade), o que nos levaria a um valor esperado da ação de R$ 8,06. Dessa vez, o valor da ação seria subavaliado, podendo levar o investidor a não investir na ação por achar que ela estaria cara (valor esperado de R$ 8,06, sendo negociada no final de 2023 a R$ 33,97).

$$\text{Valor da ação}_{2018} = \frac{DPA_{2023}}{(K_e - g)} \to \frac{R\$\ 0{,}85}{(0{,}1255 - 0{,}02)} \to \frac{R\$\ 0{,}85}{0{,}1055} = R\$\ 8{,}06$$

Nesse segundo caso, o problema está na subestimação da taxa de crescimento já nos primeiros anos de nossa estimativa de valor. Como o modelo de Gordon considera um único estágio de crescimento, não nos permite assumir que a empresa possa crescer 10% no primeiro ano, 8% no segundo e assim por diante, estacionando seu crescimento na perpetuidade na taxa de 2% (conforme estimativas para a economia). Isso torna a análise menos precisa.

Não estamos falando que o modelo de Gordon é errado ou que não tem utilidade. Mas queremos demonstrar que sua utilização sem a rigorosa observação das condições precedentes pode ser uma armadilha perigosa, pois o número que ele "cospe" no final pode não representar muita coisa. Para o investidor menos atento, isso é bastante perigoso – se ele acreditar nesse número como sendo uma estimativa confiável, poderá ter sérios prejuízos.

Finalmente, vale salientar que todo e qualquer modelo (seja teórico, matemático, etc.) é uma simplificação de uma realidade complexa. Mais à frente, veremos que o modelo de Gordon tem muita importância. Porém é indispensável observar que ele se ajusta melhor a empresas que crescem a uma taxa comparável ou inferior à taxa de crescimento da economia do país, e que tenham políticas de pagamento de dividendos bem estabelecidas e com previsão de continuidade de sua execução no futuro.

6.3. Destaques

1. Não coloque todos os ovos na mesma cesta! Se por acaso você tropeçar e a cesta cair da sua mão, todos os seus ovos se quebrarão.
2. A diversificação da carteira de investimentos também tem como objetivo reduzir os riscos dos investidores. O risco total da carteira pode ser menor do que a soma dos riscos individuais das ações, além

de o investidor poder contar com mais de uma fonte de dividendos para obter a desejada renda passiva.

3. *"Ao empregar a diversificação corretamente você pode reduzir o risco de sua carteira de investimentos sem sacrificar seu retorno, observando quatro componentes: (1) diversificação entre classes de ativos, (2) diversificação dentro da mesma classe de ativos, (3) diversificação ao longo do tempo e (4) diversificação entre estratégias de investimento."* (Carlson, 2010)

4. Diversificar é diferente de pulverizar. Não há regra geral. A quantidade de ações depende dos perfis dos investidores, que podem ter maior/menor apetite pelo risco e diferentes estágios do ciclo de vida, o que determina carteiras mais arriscadas e concentradas (ou mais conservadoras e diversificadas).

5. Dividendo e preço não variam na mesma velocidade, pois a informação sobre o dividendo não é diária como é a variação do preço da ação.

6. O mercado tende a antecipar boas e más notícias a respeito da empresa, afetando diretamente o preço de sua ação antes que seus fundamentos reflitam uma redução nos lucros e dividendos.

7. Um dividendo alto e pontual pode aumentar o *dividend yield* da empresa, porém, logo em seguida, ele tende a retornar à média histórica da empresa.

8. Mudanças setoriais podem fazer a empresa perder uma vantagem competitiva ou mesmo participação no mercado, fazendo com que seus dividendos sejam reduzidos.

9. Problemas de governança corporativa ou mesmo de gestão podem afetar diretamente o lucro da empresa, assim como seus dividendos e o preço da ação.

10. A utilização do modelo de Gordon sem a rigorosa observação das condições precedentes pode ser uma armadilha perigosa, pois o número que ele "cospe" no final pode não representar muita coisa.

7.
LUCROS E DIVIDENDOS DAS EMPRESAS

"Um histórico de crescimento de dividendos é um indicativo importante da habilidade da empresa em aumentar seus lucros."
DON SCHREIBER JR. E GARY STROIK

Você já sabe que dividendo nada mais é do que a distribuição do lucro da empresa. Então **é óbvio que empresas que não geram lucros de forma consistente não poderão pagar dividendos** também de forma consistente. Apesar de isso ser óbvio, insistimos em reafirmar, porque ainda surpreende a quantidade de investidores que adquirem ações de empresas com fundamentos ruins, guiados apenas por um dividendo alto e pontual ou pelo fato de "aparentemente" a empresa estar barata. Aparentemente porque a queda no preço (e no valor) normalmente é explicada pela piora dos fundamentos.

É possível que você encontre alguma empresa que tenha distribuído algum dividendo aos acionistas em um trimestre ou ano no qual ela tenha reportado um prejuízo. É possível, ainda, que isso se repita por algumas (poucas) vezes. Porém é pouco provável que uma empresa tenha sucessivos prejuízos e mesmo assim mantenha a distribuição de dividendos por muito tempo. Sabe por quê? Como o dividendo é parte do lucro, a empresa só pode distribuir dividendo se tiver lucro naquele período ou se possuir alguma "reserva de lucros" de períodos passados (partes acumuladas dos lucros de outros períodos).

Portanto, se a empresa não tem lucro hoje, pode usar parte das suas "reservas de lucros" (conforme previsto no parágrafo 4º do artigo 182 da Lei nº 6.404/1976), que são contas que compõem o seu patrimônio líquido e têm o objetivo de acumular lucros não distribuídos de vários períodos para atender a finalidades específicas, como absorção de prejuízos, aumento de capital, contingenciamento de perdas prováveis e estimáveis, expansão da empresa e até mesmo pagamento de dividendos extraordinários. Algumas dessas reservas podem ser revertidas (desfeitas) e até distribuídas aos acionistas como dividendos.

7.1. Por que as empresas pagam dividendos

Já na década de 1930, Graham e Dodd (2009) afirmaram em seu famoso *Security Analysis* que, além dos próprios lucros, o volume de dividendos pagos pela empresa é importante não apenas porque o investidor naturalmente deseja um rendimento sobre seu capital em dinheiro, mas também porque os lucros que não são pagos como dividendos aos acionistas tendem a perder parte de seu valor efetivo ao longo do tempo.

Desde então, é fácil encontrar diferentes estudos na literatura financeira que investigam a distribuição dos lucros pelas empresas na forma de dividendos. Especialmente as discussões acerca da **Teoria da Relevância dos Dividendos**, também conhecida como **Teoria do Pássaro na Mão**, que argumenta que a distribuição dos lucros é um fator de relevância na determinação do valor de uma empresa.[7] Não vamos nos alongar sobre essa teoria, já discutida nos Capítulos 4 e 5. Apenas a resgatamos para demonstrar que há um fundamento teórico por trás do pagamento de dividendos pelas empresas.

A distribuição de lucros como dividendos é um meio pelo qual a empresa consegue reduzir a incerteza sobre seu desempenho futuro e sobre o possível aumento do patrimônio do acionista. Isso é especialmente importante em mercados mais arriscados e menos eficientes, como o brasileiro, fazendo com que o investidor prefira o recebimento de dividendos agora a um possível lucro maior no futuro.

---

7 Ver Lintner (1956) e Gordon (1963), que contrapõem a Teoria da Irrelevância dos Dividendos de Miller e Modigliani (1961).

Porém, **aumentar o pagamento de dividendos sem a certeza de que os lucros aumentarão continuamente não é sensato**. Isso cria a possibilidade de os dividendos serem reduzidos no futuro, o que pode provocar descontentamento entre os acionistas devido ao **efeito clientela** (Marsh e Merton, 1987). Esse efeito surge devido ao interesse de a empresa manter os acionistas satisfeitos, levando a gestão a preservar certos níveis de pagamento de dividendos de forma constante, tornando a distribuição de dividendos persistente ao longo dos períodos, uma vez que diminuir ou cessar tais dividendos não seria uma decisão facilmente aceitável pelos acionistas.[8]

No livro *Narrative and Numbers: The Value of Stories in Business*, Damodaran (2017) apresenta a relação que os números das empresas possuem com as histórias dos negócios (o valor da narrativa). Para ele, os investidores investem em uma empresa para ter retornos, e o dinheiro devolvido pela empresa na forma de dividendos e recompras de ações representa a "colheita" dos frutos desse investimento. Por isso, mudanças pela empresa na quantidade de dinheiro devolvido ou na maneira como essa devolução é realizada podem levar os investidores a realizar uma reavaliação das histórias que determinam seu valor no mercado (números).

Damodaran tem uma maneira particular de apresentar a estrutura patrimonial das empresas no balanço patrimonial, representando seu valor intrínseco (ou econômico) com a inclusão do que ele chama de "ativos de crescimento". Aqui não vamos nos aprofundar em discussões sobre definições de valor e teoria da contabilidade, pois esse não é nosso objetivo.[9] Mas, para um entendimento adequado, basta saber que há uma diferença entre o valor intrínseco (econômico) e o valor contábil (aquele que aparece no balanço patrimonial publicado pela empresa) que Damodaran explica, conforme a Figura 25.

Ativos de crescimento são elementos que sabemos que existem e que agregam valor à empresa, como uma carteira de clientes ou uma marca que a empresa cria e lança no mercado, mas que não são registrados pela con-

---

8 Para saber mais sobre a persistência de dividendos, consulte Chan, Powell, Shi e Smith (2018) e Martins, Moura e Girão (2019).

9 Para mais detalhes sobre esses temas, sugerimos que consulte Damodaran (2025) e Salotti, Lima, Murcia, Malacrida e Pimentel (2019), nessa ordem.

tabilidade porque as normas contábeis não permitem esse registro devido à alta incerteza na definição do valor monetário de cada um desses elementos. Eles representam a expectativa de valor futuro criado pelos investimentos.

Figura 25: Decisão de dividendos e valor.

Ativos	Passivo e Patrimônio Líquido	
Ativos existentes (investimentos já realizados)	**Dívida** (dinheiro emprestado)	**Aumentar os dividendos** *Vantagem:* sinaliza confiança na estabilidade dos lucros futuros e na capacidade de manter os dividendos. *Desvantagem:* sinaliza menor crescimento no futuro, indicando excesso de caixa das operações.
Ativos de crescimento (investimentos no futuro)	**Patrimônio Líquido** (dinheiro próprio)	
	Cortar os dividendos *Vantagem:* melhora a posição de caixa e reduz as dificuldades financeiras e o risco. *Desvantagem:* sinaliza falta de confiança no retorno por lucros em períodos futuros.	**Aumentar a recompra de ações** *Vantagem:* fluxos de caixa saudáveis de ativos existentes. *Desvantagem:* nenhum investimento de crescimento para o caixa excedente.

Fonte: adaptada de Damodaran (2017).

Por exemplo, por que o mercado estaria disposto a pagar R$ 10 bilhões (valor de mercado) por uma empresa que possui apenas R$ 7 bilhões em patrimônio líquido em seu balanço patrimonial (valor contábil)? Certamente porque o mercado enxerga um potencial de crescimento ou o valor de itens que existem na empresa, mas que não são completamente mensurados pela contabilidade e evidenciados no balanço patrimonial (como vantagens competitivas, carteira de clientes, marcas, etc.).

Note na Figura 25 que a realização de mudanças na política de distribuição de lucros pela empresa tem vantagens e desvantagens que representam reflexos sobre o valor econômico da empresa (refletido nos ativos de crescimento). Por exemplo: se a empresa decide cortar seus dividendos, ela pode melhorar sua posição de caixa, reduzindo suas dificuldades financeiras e até mesmo seu risco (especialmente o financeiro). Por outro lado, isso pode sinalizar que a empresa não tem confiança em retornos por lucros futuros, os quais não seriam suficientes para manter sua saúde financeira.

O aumento do volume de dividendos também tem vantagens e desvantagens para a empresa. Se, por um lado, o aumento dos dividendos sinaliza confiança na estabilidade ou no crescimento dos lucros futuros, de forma a garantir a sustentabilidade dos dividendos, por outro, sinaliza menor crescimento futuro. Além de representar menor volume de reinvestimento para crescimento, demonstra que a empresa tem excesso de caixa devido à inexistência de projetos novos e adequadamente rentáveis (sugere ineficiência da gestão).

Em se tratando das recompras de ações, seu aumento pode indicar níveis saudáveis de fluxos de caixa, porém, em excesso, sinaliza falta de oportunidades de investimento para o caixa excedente que está sendo utilizado para recomprar ações da própria empresa. Portanto, observe que a empresa precisa encontrar um equilíbrio do uso de seu caixa, e esse equilíbrio tem bastante a ver com seu estágio do ciclo de vida (veremos mais detalhes no Capítulo 8). Por exemplo, uma empresa em estágio de crescimento (jovem) demanda mais recursos para sua expansão. Já uma empresa no estágio de maturidade (empresas maiores e mais antigas) não requer muito reinvestimento e tende a distribuir maior parte dos seus lucros.

Cabe ao investidor estar atento às mudanças na política de dividendos da empresa. Mudanças bruscas e repetidas nos lucros sem as relativas mudanças nos dividendos devem chamar sua atenção. Da mesma forma, mudanças bruscas e repetidas nos dividendos, quando não justificadas por mudanças relativas nos lucros, também podem indicar problemas.

Se sua visão inicial é de que a empresa é um negócio de alto crescimento, aumentos inesperados nos dividendos podem representar perdas de oportunidades de investimento, o que talvez faça o mercado reavaliá-la de forma negativa. O contrário também é verdadeiro. Se você identifica a empresa como madura, sem muitas oportunidades de crescimento e necessidade de reinvestimento dos lucros, e mesmo assim ela distribui poucos dividendos e não apresenta crescimento dos lucros ao longo dos anos, o mercado tende a reavaliá-la de forma negativa. Se retém lucro, tem de crescer.

Graham e Dodd (2009) afirmam que a relação entre dividendo e valor da empresa é um paradoxo. "*Value is increased by taking away value*", ou "o valor é aumentado por meio da retirada de valor". Os autores se referem ao fato de uma ação se tornar mais atrativa porque a empresa paga parte dos seus lucros em forma de dividendos. Quanto mais se paga dividendos, mais se retira capital e reservas de lucros, e maior é o valor relativo que o investidor atribui ao que resta do capital da empresa.

Como alternativa para que a empresa não distribua mais lucros do que pode, protegendo sua posição patrimonial, Graham e Dodd sugerem o seguinte princípio: "Um lucro obrigatório é um lucro imaginário." Os lucros que são retidos para proteger a posição patrimonial da empresa não são ganhos reais, mas devem ser deduzidos da demonstração de resultados da empresa como reservas de lucros, com uma explicação adequada de sua necessidade.

No Brasil, há uma reserva de lucro que é obrigatória por lei, a chamada reserva legal. Mas a empresa pode constituir uma variedade delas, desde a reserva de lucros a realizar, para lucros provenientes de transações a prazo e ainda não realizados financeiramente, como outras destinadas à expansão, como a reserva para expansão ou reserva orçamentária. Assim, a parte do lucro destinada à manutenção da empresa é protegida.

Os conselhos de administração das empresas devem definir o volume de pagamento de dividendos em níveis que sejam confortavelmente cobertos pelos lucros da companhia. Em períodos com maiores oportunidades de crescimento, uma parcela maior dos lucros da empresa é retida para reinvestimento. Como a empresa é mais atrativa ao mercado devido ao seu maior crescimento, a gestão tem maior liberdade para oferecer, proporcionalmente, níveis menores de dividendos em relação aos seus lucros. Se os lucros continuarem a crescer, a empresa pode aumentar os dividendos continuamente, embora em um ritmo mais lento.

Por outro lado, em períodos mais desafiadores, a gestão da empresa costuma manter os níveis de pagamento de dividendos, mesmo que excedam o seu lucro ou o fluxo de caixa livre, como forma de emitir um sinal positivo ao mercado. Nessas épocas a empresa não tem o crescimento como atrativo, logo o conselho de administração pode fazer isso para expressar sua confiança no futuro dos negócios da companhia. Mas, obviamente, isso não deve durar por muito tempo, acontecendo em curtos períodos e quando o conselho enxerga uma recuperação operacional da empresa no curto prazo.

Cabe ao investidor **examinar a política de dividendos da empre-**

sa como uma forma de identificar o pensamento de sua gestão sobre a **durabilidade dos seus lucros**. Geralmente, se as mudanças nos lucros são consideradas temporárias, os dividendos não são ajustados. Mas, se a gestão da empresa acredita que as mudanças nos fluxos de caixa futuros podem ser permanentes, ela ajusta os dividendos de acordo com suas expectativas (Graham e Dodd, 2009).

Se a expectativa é de novas oportunidades de investimento com riscos relativamente baixos, essas oportunidades podem ser financiadas com dívidas, permitindo que os dividendos permaneçam inalterados. Porém, se as novas oportunidades forem vistas como relativamente arriscadas, elas podem ter de ser financiadas por meio de capital próprio, com maior retenção de lucros e consequente redução dos dividendos. A gestão da empresa precisa deixar isso claro aos acionistas.

Então, a decisão sobre o volume de distribuição de lucros como dividendos é um poder discricionário da gestão da companhia. Assim, se pudermos considerar que essa estratégia seja executada com honestidade, é possível que o investidor consiga encontrar o valor da empresa com maior segurança, projetando os fluxos de caixa futuros a partir do fluxo de caixa atual. Nesse contexto, um alto nível de dividendos é um fator positivo para o *valuation*.

Mas esse poder discricionário pode ser abusado de maneira arbitrária e perigosa, seja para receber uma remuneração maior, para permitir que a própria cúpula gerencial da empresa adquira mais ações dela por um valor mais baixo ou o contrário, para elevar o preço da ação e, assim, permitir que os gestores se desfaçam de suas ações por um valor maior. O perigo consiste no caso de a gestão da empresa ser tentada a manipular os dividendos para criar uma expectativa inapropriadamente favorável de crescimento dos fluxos de caixa futuros.

Um exemplo recente e emblemático aconteceu com o IRB Brasil RE. O IRB foi criado como empresa pública em 1939, detendo o monopólio do mercado brasileiro de resseguros até 2007, sendo privatizado em 2013. Já em 2017 teve seu capital aberto na Bolsa de Valores, quando seu controle foi pulverizado entre vários acionistas, tornando a empresa uma "*corporation*", denominação atribuída às empresas em que nenhum acionista tem uma participação tão grande no capital a ponto de conseguir, sozinho, definir os rumos da empresa. No final de 2019, o maior acionista era o Bradesco Seguros, com 15,2% das ações. O problema nesses casos é que a gestão da empresa ganha muita força.

E, quando a gestão da empresa não está completamente alinhada com os interesses dos acionistas, isso é um problema. No caso do IRB, a gestão conseguiu aprovar um plano de remuneração extremamente favorável, que previa um bônus milionário no caso de a empresa duplicar seu valor de mercado em até três anos. Isso criou um incentivo equivocado, que levou a gestão a fraudar a contabilidade para mostrar alto crescimento em seus lucros. Entre os anos de 2016 (último com capital fechado) e 2019, as receitas operacionais do IRB cresceram 16,7% ao ano; o lucro bruto, 19,9%; o lucro antes dos impostos (LAIR), 14,4%; e o lucro líquido, 27,5%.

Conhecido no mercado como uma "vaca leiteira", por pagar altos e frequentes dividendos, chama a atenção o crescimento anual de 22,6% dos dividendos propostos pelo IRB. Observe que é uma taxa de crescimento maior do que as taxas de crescimento da receita, do lucro bruto e até do LAIR. Apenas o lucro líquido cresceu em velocidade maior. Em 2019, o *payout* da empresa chegaria a 71%. Porém, no início de 2020, uma gestora de investimentos chamada Squadra Investimentos divulgou uma carta aos seus cotistas na qual acusou o IRB de ter manipulado seu lucro líquido para que parecesse maior.

Com um lucro líquido maior, a empresa poderia distribuir mais dividendos e atrair ainda mais investidores, fazendo o preço de sua ação subir. Qual o objetivo? Supostamente para a empresa atingir maior valor de mercado, o que levaria a gestão a receber seu bônus multimilionário. Qual é a consequência? No início de 2020, a empresa chegou a perder mais de 85% de seu valor de mercado, e quase toda sua gestão foi trocada, desde o conselho de administração, passando pelas diretorias, até o chefe de contabilidade e controladoria.

Empresas sob estresse como o IRB Brasil RE quase sempre estão atrasadas para cortar seus dividendos quando os problemas de gestão ou desempenho surgem. Assim, emitem um sinal falso ao mercado. Nesses casos, o investidor que compra a ação devido aos dividendos extraordinariamente altos, mas com fundamentos em deterioração, pode cair em uma armadilha e se deparar com sérios problemas. É provável que esses dividendos sejam reduzidos.

No caso do IRB, a empresa anunciou a revisão dos dividendos no início de 2020, após refazer suas demonstrações financeiras para os anos de 2018 e 2019 por conta da fraude identificada, o que a fez reduzir seu dividendo por ação. Depois de vários investidores comprarem suas ações esperando um *dividend yield* perto de 10% (o preço caiu antes de o DPA ser reduzido), o IRB reduziu o DPA para 2019 de R$ 1,08 para R$ 0,13. Esse caso se tornou uma verdadeira armadilha para o investidor menos atento (falamos sobre as armadilhas no Capítulo 6).

7.2. Persistência dos lucros e dos dividendos

Persistência é a qualidade de ser persistente, constante. Um lucro persistente é aquele que se repete em certa medida ao longo dos períodos. Isto é, além de a empresa apresentar lucros sucessivos, para esses lucros serem persistentes eles precisam ter valores aproximados ao longo do tempo (não necessariamente iguais, mas que se aproximam). Na literatura financeira, a persistência dos lucros é considerada característica qualitativa da informação contábil, já que lucros persistentes são mais previsíveis.[10]

Quando a empresa tem lucros muito voláteis, a previsão de seus fluxos de caixa futuros fica comprometida. É mais difícil prever com razoável confiança quais serão os lucros da empresa no futuro, mesmo ao considerar sua taxa de crescimento passada. Isso porque a volatilidade dos lucros é inversamente relacionada à sua persistência, ou seja, quanto mais voláteis os lucros, menos persistentes (e previsíveis) eles são. No Capítulo 9, falaremos sobre a contabilidade, dando mais detalhes com evidências científicas sobre esse assunto.

A volatilidade dos lucros pode estar ligada a uma série de fatores, desde a própria característica do setor da empresa, como no caso de setores cíclicos ou empresas que produzem commodities e dependem do ciclo da commodity, até mesmo ao gerenciamento de resultados por parte da gestão da empresa, na medida em que se suavizam os lucros em um período para acumular maiores resultados em outro período, para se atender às expectativas do mercado.

Como a persistência dos lucros aponta sua sustentabilidade ao longo

---

10 Para conhecer mais sobre persistência dos lucros e *valuation*, consulte Dechow e Schrand (2004), Dichev e Tang (2009) e Dechow, Hutton, Kim e Sloan (2010).

do tempo e os lucros (ou fluxos de caixa) são insumos importantes para os modelos de avaliação de empresas, podemos afirmar que **é mais fácil e preciso avaliar uma empresa que tem lucros mais persistentes (mais previsíveis)**. Por isso, a gestão da empresa pode tentar aumentar a previsibilidade dos lucros por meio do gerenciamento de resultados. O mesmo pode ser afirmado com relação aos dividendos, especialmente se levarmos em consideração um efeito clientela, que espera dividendos contínuos e crescentes ao longo do tempo.

Assim, podemos definir a persistência dos dividendos como a sustentabilidade deles ao longo do tempo, o que também é importante para modelos de avaliação com base no desconto dos dividendos. E como o poder da gestão sobre os dividendos é maior do que sobre os lucros – isto é, a gestão tem maior poder de definir quanto serão os dividendos daquele período (e não tem como definir quanto serão os lucros) –, existe a expectativa de que os dividendos sejam mais persistentes do que os lucros. E há provas sobre isso (ver Chan, Powell, Shi e Smith, 2018, e Martins, Moura e Girão, 2019).

As empresas tendem a manter a constância de seus volumes de dividendos, mudando apenas o volume de lucros distribuídos (índice *payout*), se naquele período os lucros forem maiores ou menores, o que torna os dividendos mais persistentes do que os lucros. Portanto, o *dividend payout* tende a variar, mas o dividendo por ação (DPA) tende a ter valores aproximados ao longo do tempo. Essa é a regra geral, portanto, se os dividendos nos últimos períodos apresentam uma variação maior do que os lucros, acende-se um sinal de alerta e o investidor deve analisar com maior detalhe o motivo dessa variação.

Se os dividendos variam mais positivamente do que os lucros, com os fundamentos da empresa acompanhando esse crescimento, isso pode indicar uma mudança na política de remuneração aos acionistas e representar maior confiança dos gestores nos resultados futuros da empresa. Se não há o acompanhamento positivo dos fundamentos, isso pode sinalizar uma tentativa de recuperar a confiança dos investidores, que já não acreditam em um futuro muito promissor para a empresa.

Se a variação é mais negativa, com piora dos fundamentos, essa pode ser uma medida desesperada de conter essa piora nos fundamentos da empresa, já refletida na cotação de sua ação. E se a variação for negativa, mas os fundamentos não mudarem, a motivação pode estar relacionada ao aumento de investimentos por parte da empresa. Em todos os casos, a empresa precisa manter seus acionistas informados. E ao investidor cabe analisar cada informação disponível, a fim de se certificar de que as mudanças são por bons motivos. Por essa razão, é importante conhecer o histórico da empresa e seu modelo de negócio, saber como ela faz dinheiro (veremos mais sobre isso no Capítulo 9).

Veja o exemplo da Eternit (Figura 26), empresa que durante muito tempo foi considerada grande pagadora de dividendos, chegando a pagar mais dividendos do que teve lucros no ano de 2016, na tentativa de manter sua atratividade no mercado. Observe no plano superior da figura que o lucro por ação (LPA) da Eternit tem uma tendência negativa desde 2014, ano em que o preço da ação também inicia uma tendência de queda (plano inferior).

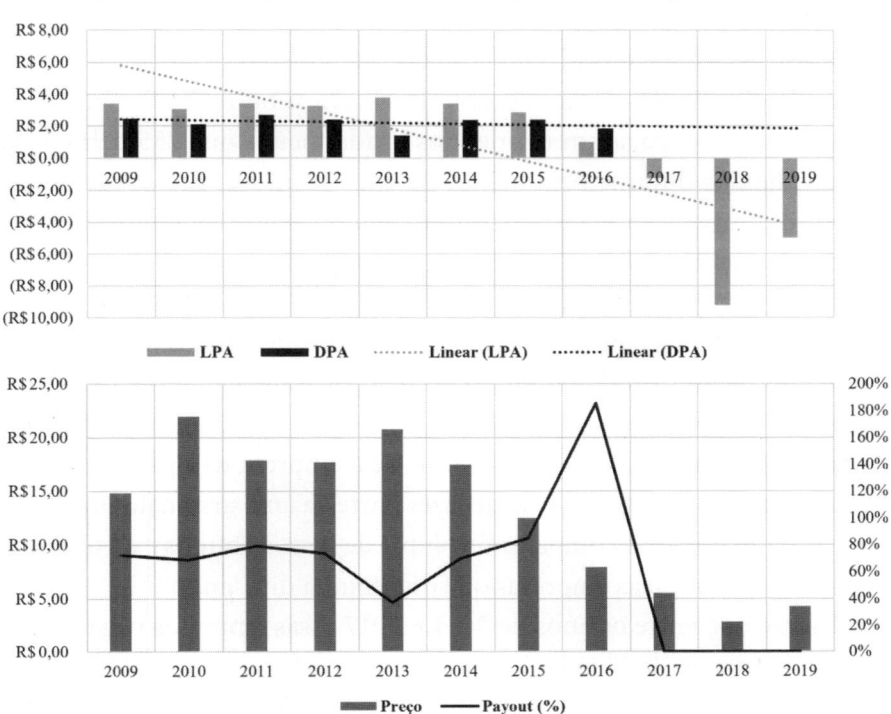

Figura 26: Evolução de LPA, DPA, Preço e índice *Payout* Eternit.

Fonte: dados da Refinitiv Eikon. Nota: no plano inferior, à esquerda, está a escala do preço (ajustado pelos proventos); e à direita, a escala do *payout*.

Entre 2013 e 2015, a Eternit aumenta o dividendo por ação (DPA) mesmo enquanto o LPA cai (à esquerda), levando a empresa a ter um DPA maior que o LPA em 2016, o que faz seu *dividend payout* ultrapassar a marca dos 180% naquele ano. Observe as linhas de tendência (linear) do DPA e do LPA e verá que, mesmo enfrentando dificuldades, a Eternit tenta manter a sustentabilidade (persistência) dos dividendos. Mas, nesse caso, como há uma piora dos fundamentos da empresa, claramente ela não consegue manter essa sustentabilidade por muito tempo, o que é refletido na queda no preço da ação da empresa.

Isso demonstra como as empresas tendem a lutar pela manutenção da estabilidade de seus dividendos, especialmente porque os investidores têm um interesse particular por essa remuneração. Por isso é indispensável avaliar a persistência dos dividendos quando você analisa e escolhe uma empresa para investimento por dividendos. E essa é uma tendência nos diferentes mercados de ações, não só no Brasil.

Em 2013, a Standard & Poor's fez um levantamento no mercado de ações dos Estados Unidos e identificou que em seu principal índice de mercado (o S&P 500, com 500 empresas) um total de 354 companhias (ou 71% do total) pagaram dividendos. Nada menos que 255 delas pagaram dividendos durante pelo menos 20 anos seguidos. E, de acordo com a S&P, 57 empresas daquele índice aumentaram seus dividendos de forma consecutiva ao longo de pelo menos 25 anos (conforme Sir Francis Bacon, em Graham, 2007).

Na Figura 27, são apresentados os somatórios dos lucros líquidos e dos dividendos pagos de todas as empresas que pagaram algum dividendo nos últimos 15 anos (as quantidades de empresas por ano são semelhantes, incluindo Petrobras e Vale). Em cada ano, se a empresa não pagou dividendos aos seus acionistas, ela deixa de fazer parte da amostra analisada. Nossa intenção aqui é apenas comparar o volume de lucros obtidos e o volume de dividendos pagos pelas empresas que distribuem dividendos.

Observe que entre os anos de 2011 e 2017 essas empresas pagaram volumes maiores de dividendos do que nos anos anteriores (2005 a 2010). Isso ocorreu mesmo quando os volumes de lucros entre 2011 e 2017 foram menores que aqueles observados em 2010. De uma forma bem simples, isso sugere que os dividendos no Brasil são de fato mais persistentes do que os lucros. Ou seja, mesmo quando o volume de lucros caiu, as empresas mantiveram o volume de dividendos em patamares semelhantes àqueles observados em 2011.

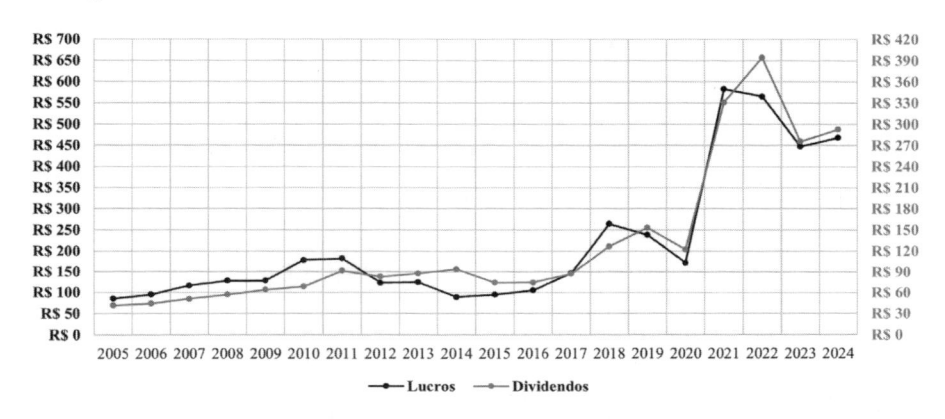

Figura 27: Soma dos lucros e dividendos, em R$ bilhões (2005 a 2024).

Fonte: dados da Refinitiv Eikon. Nota: à esquerda, está a escala de lucros; e à direita, a escala de dividendos (na proporção de ½, para melhor visualização da relação).

Em 2020, os lucros e dividendos caem devido aos efeitos da pandemia da covid-19. Nos anos de 2021 e 2022 há uma forte subida em ambos devido aos fortes resultados de Petrobras e Vale. Para demonstrar esse feito, considere que em 2024 a soma do lucro das demais empresas foi de R$ 335 bilhões, enquanto apenas a Petrobras e a Vale somadas tiveram lucros entre os anos de 2021 e 2024 de R$ 227,9 bi, R$ 284,3 bi, R$ 164,5 bi e R$ 89,9 bi, respectivamente.

Essas variações também ficam evidentes quando analisamos as médias móveis de crescimento dos lucros e dividendos. Observe que em 14 dos 20 anos os dividendos têm crescimento médio maior que os lucros. A mediana da taxa de crescimento (geométrica) dos dividendos nos últimos 20 anos é de 11,2% ao ano, enquanto os lucros têm mediana de crescimento de 10% ao ano. Mais uma vez, na Figura 28 é possível notar essa diferença até visualmente, sem a necessidade de uma técnica estatística mais robusta.

Figura 28: Médias móveis (geométricas) do crescimento de lucros e dividendos.

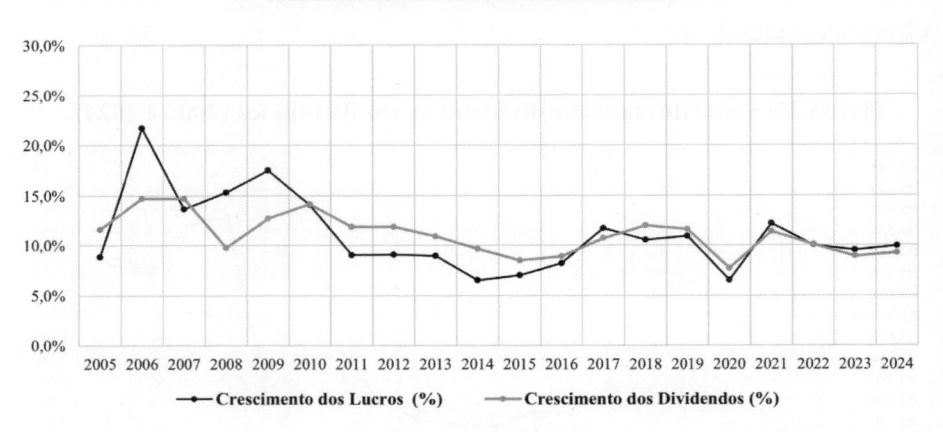

[Gráfico de linhas mostrando Crescimento dos Lucros (%) e Crescimento dos Dividendos (%) de 2005 a 2024, com valores variando aproximadamente entre 6,0% e 22,0%.]

Fonte: dados da Refinitiv Eikon.

Observe que desde os primeiros sinais do fim do superciclo das commodities brasileiras (2011) até o período da crise política nacional (2014-2016), a taxa média de crescimento dos dividendos se manteve superior e mais distante da taxa média de crescimento dos lucros. Os dividendos pagos pelas empresas caíram menos do que os lucros daquele período, diretamente afetados pelas crises. Dessa forma, assim como o volume total de dividendos pagos, a taxa de crescimento desses dividendos é mais persistente do que os dados de lucros, conforme prevê a literatura financeira relacionada a esse tema (Chan et al., 2018; Martins, Moura e Girão, 2019).

Esse contexto também é observado em outros mercados, nos quais os gestores de investimentos frequentemente consideram os elementos de persistência e sustentabilidade dos dividendos no momento da escolha de ações para uma carteira de dividendos. Isso é afirmado por Michael Clemens, gestor-chefe das carteiras de investimentos do BankInvest, e ratificado por Charles Carlson, ao observar que um fluxo de dividendos consistente e confiável fornece um bom lastro de retorno a uma carteira de investimentos (Carlson, 2010; Clemens, 2013).

E isso não é algo novo! Benjamin Graham e David Dodd já afirmavam na década de 1930, em seu livro *Security Analysis*, que mesmo em tempos difíceis os dividendos costumam ser mantidos pela gestão das empresas, até mesmo se excederem o fluxo de caixa livre, porque a gestão busca expressar sua confiança de longo prazo no negócio da empresa. Ainda, se os lucros da empresa estiverem crescendo, a gestão tende a aumentar os dividendos de forma constante.

Portanto, é natural que o investidor espere um dividendo persistente e crescente ao longo do tempo. Por essa razão, e em face do efeito clientela, a gestão da empresa é induzida a garantir a persistência dos dividendos passados ou até mesmo a aumentar o volume de dividendos correntes. E podemos ver que os números das empresas brasileiras apontam nesse sentido, além de haver estudos científicos que confirmam essa impressão.

Todavia, é importante que o investidor tenha em mente que o aumento contínuo do volume de dividendos sem que haja um equivalente aumento nos lucros pode ser perigoso, pois pode representar um risco à sustentabilidade dos proventos devido ao surgimento de dificuldades financeiras na empresa. Quando isso é observado ao longo do tempo, não se pode descartar a possibilidade de que, no futuro, a empresa seja forçada a reduzir drasticamente ou até suspender os dividendos devido às possíveis dificuldades financeiras.

Por essa razão, é importante que o investidor se certifique de que a empresa possui bons fundamentos que suportem o pagamento de seus dividendos ao longo do tempo. Saber como a empresa calcula e paga os dividendos em cada período, além de analisar em profundidade a qualidade dos números da empresa (seus fundamentos financeiros), é essencial não só para identificar se ela paga altos dividendos, mas se eles são sustentáveis ao longo do tempo. E é isso que vamos abordar nas próximas seções e capítulos deste livro.

7.3. Dos lucros aos dividendos: o cálculo dos proventos

No Capítulo 5, você conheceu quais são os principais tipos de remuneração ao acionista, quais sejam: dividendo, juros sobre capital próprio (JCP), bonificação de ações, recompra de ações e bônus de subscrição. Também explicamos que proventos nada mais são do que lucros distribuídos aos acionistas da empresa. Assim, cada empresa decide o que fazer com os seus lucros, decisão que é suportada por seu estatuto social e por sua política de dividendos. Por essa razão, a estratégia de investimento por dividendos requer que o investidor tenha completo conhecimento sobre a capacidade da empresa de gerar lucros.

Entre esses tipos de remuneração ao acionista, especialmente o dividendo e o JCP são calculados a partir do lucro corrente da empresa, sendo pagos aos acionistas em dinheiro. A recompra de ações é realizada em dinheiro, mas geralmente independe do lucro corrente da empresa (a gestão considera seu fluxo de caixa). Esse é um tipo de remuneração indireta, porque, se a empresa tiver um programa de recompra de ações, ela influenciará a quantidade de ações em circulação que poderá receber os proventos, assim como afetará o preço da ação no mercado.

Já a bonificação de ações e os bônus de subscrição geralmente são baseados em reservas de lucros, por isso não são pagos em dinheiro. Apesar disso, assim como o dividendo e os JCP, são calculados com base no número de ações em circulação e em uma data "com-direito". Portanto, pode parecer estranho, mas o número de ações em circulação de uma empresa varia com frequência, seja porque ela emitiu novas ações para bonificação ou bônus, ou porque recomprou ou revendeu suas próprias ações no mercado.

Cada operação dessas tem um efeito diferente sobre a participação dos acionistas nos lucros da empresa, e até mesmo no preço da ação no mercado. Lembre-se da famosa "**Lei da Oferta e da Demanda**". Quando a demanda por bananas é constante e há uma oferta maior de bananas na feira, é natural que o preço da banana caia. O contrário também é verdadeiro. Essa lei funciona da mesma forma para o caso das ações na Bolsa de Valores. Logo, a parcela de lucro que é distribuída aos acionistas é diretamente afetada pelo número de ações, variando assim:

- **Recompra de ações**: pode aumentar ou diminuir o número de ações em circulação, e tem origem na composição dos planos de remuneração da gestão, na redução dos acionistas que participam dos resultados, na valorização ou até extensão das ações;
- **Bonificação de ações**: aumenta o número de ações e tem origem no aumento de capital da empresa;
- **Bônus de subscrição**: aumenta o número de ações e tem origem no aumento de capital;

- **Desdobramento de ações**: aumenta o número de ações e tem origem na divisão de uma ação por um número maior (busca maior liquidez para a ação). Também é conhecido como *split*. Por exemplo, em 2019 o Magazine Luiza desdobrou suas ações na proporção de 1 para 8, isto é, multiplicou o total de 190.591.464 ações ordinárias por 8 e passou a ter 1.524.731.712, sem aumento de capital em dinheiro. O objetivo da empresa era facilitar a negociação de suas ações por pessoas físicas, uma vez que o preço da ação foi reduzido de R$ 263,72 para R$ 32,96 (valor anterior dividido por 8);
- **Grupamento de ações**: reduz o número de ações e tem origem na soma de várias ações, que passam a ser uma única ação (busca maior valor, seja para evitar a saída do Ibovespa ou para dificultar a manipulação de preços). Também chamado de *inplit*, é o contrário do desdobramento. É a soma de uma quantidade determinada de ações em circulação que passa a representar uma ação. Por exemplo, em 2018 a Eternit aprovou o grupamento de suas ações na proporção de 6 para 1, isto é, a empresa "agrupou" as ações de seus acionistas em grupos de seis ações, que passaram a representar uma única ação. Com isso, ela reduziu o total de ações de 179.000.000 para 29.833.333 ações (total de ações dividido por 6). O objetivo era evitar que a ação da empresa se tornasse uma *"penny stock"*, ação negociada na casa dos centavos, o que pode ser utilizado por especuladores no mercado. Naquela data, a ETER3 era negociada a R$ 0,55 e passou para R$ 3,15 (após o grupamento), evitando que a empresa fosse enquadrada na regra da B3 que prevê a deslistagem de empresas com ações negociadas a valores inferiores a R$ 1,00.

Podemos ver o exemplo do Magazine Luiza. Quando a empresa abriu seu capital na bolsa brasileira, no ano de 2011, informou que possuía no final de 2010 um total de 150 milhões de ações emitidas. Em 2011, quando abriu o capital, a empresa emitiu mais 36,494 milhões de novas ações. E desde 2013, em todos os anos o número de ações em circulação da empresa muda, seja pela recompra, pela emissão de novas ações, pelo cancelamento de ações, pelo grupamento e até pelos desdobramentos de ações, como detalhamos na Tabela 9.

Tabela 9: Histórico de quantidade de ações do Magazine Luiza (em milhares).

Ano	Movimentações	Em Tesouraria [a]	Em Circulação	Emitidas
2010		0	150.000	150.000
2011	36.494 [b]	0	186.494	186.494
2012		0	186.494	186.494
2013		-2.500	183.994	186.494
2014	-5.000 [c]	-2.393	179.101	181.494
2015	-438 [d]	-375	21.874	22.249 [e]
2016	-625 [f]	-350	21.274	21.624
2017	17.600 [g]	-1.360	189.232	190.592 [h]
2018		-1.627	188.964	190.592
2019	100.000 [i]	-4.129	1.620.603	1.624.732 [j]

Fonte: dados da Refinitiv Eikon. Notas: [a] Saldo de ações em tesouraria, proveniente dos programas de recompra de ações. [b] Emissão de 36.494 (mil) novas ações ao preço individual de R$ 16,00. [c] Cancelamento de 5.000 (mil) ações. [d] Cancelamento de 438 (mil) ações (3.503 mil ações antes do grupamento). [e] Após o cancelamento e o grupamento de ações na proporção de 8 para 1. [f] Cancelamento de 625 (mil) ações. [g] Emissão de 17.600 (mil) novas ações ao preço individual de R$ 65,00. [h] Após o desdobramento de ações na proporção de 1 para 8. [i] Emissão de 100.000 (mil) novas ações ao preço individual de R$ 43,00. [j] Após novo desdobramento de ações na proporção de 1 para 8.

Para calcular o valor do provento a ser recebido pelo acionista, precisamos estar atentos à variação da quantidade de ações. Em algumas situações, essa variação pode ser positiva, como no caso de a empresa cancelar ações recompradas, o que pode fazer o dividendo por ação ser maior. Mas a variação também pode ser negativa, como no caso de a empresa emitir novas ações, negociá-las por meio de bônus de subscrição e o acionista não exercer seu direito de subscrição comprando as novas ações que lhe são de direito. Isso faria sua participação societária ser diluída (diminuída proporcionalmente), o que também diminuiria sua proporção de dividendos futuros.

Portanto, para a definição do volume de lucros a distribuir como dividendos, a empresa considera a quantidade de ações que cada acionista possui na última data "com-dividendo" (ou antes da data "ex-dividendo"), além dos seguintes elementos:

- **Política de dividendos**: quanto do lucro corrente será distribuído?

- **Lucro líquido ajustado**: quanto do lucro deve ser retido antes da distribuição?
- **Fluxo de caixa**: considerando a disponibilidade de caixa e equivalentes de caixa e as necessidades de reinvestimento de lucros, quanto a empresa pode pagar?

Além disso, é comum que as empresas calculem os proventos a serem distribuídos aos acionistas a partir do seu lucro líquido ajustado no período. Nos últimos anos, porém, tem sido comum que algumas empresas utilizem outros parâmetros de resultado para definição dos dividendos, como o fluxo de caixa (operacional ou livre), o EBITDA e até o próprio patrimônio líquido. Vejamos como calcular os proventos a partir de cada um deles.

7.3.1. Dividendo a partir do lucro líquido

A forma mais comum de as empresas calcularem os proventos a serem distribuídos aos seus acionistas é a partir do lucro líquido obtido no período. Para isso, a empresa deve efetuar alguns ajustes no seu lucro líquido antes de propor o pagamento dos proventos. Com base na Lei nº 6.404/1976, esses ajustes são os seguintes:

a) Retirar a importância destinada à reserva legal;
b) Retirar a importância destinada à reserva para contingências (ou somar a reversão da mesma reserva, quando constituída em períodos anteriores e não utilizada);
c) Retirar a importância destinada à reserva de incentivos fiscais (cujo valor é restrito ao reinvestimento na empresa, não podendo ser distribuído aos acionistas);
d) Retirar a parte do lucro não realizada (financeiramente), desde que seja constituída a reserva de lucros a realizar (ou somar a reversão da mesma reserva, quando constituída em períodos anteriores e já realizada financeiramente).

A reserva legal é uma reserva de lucro obrigatória para a qual a empresa deve destinar 5% do lucro do exercício antes de qualquer destinação, até que ela alcance o percentual de 20% do capital social da empresa (a partir de quando a empresa pode deixar de reservar parte do lucro do exercício). A reserva para contingências é criada para eventos específicos que possam causar perdas à empresa, como riscos relacionados a perdas julgadas prováveis (atividades cíclicas) ou a fenômenos naturais (geadas ou secas), a critério da administração. A finalidade dessas duas reservas é suportar algum prejuízo que a empresa venha a ter ou, caso não tenha, ser utilizadas para aumentar seu capital social.

Já a reserva de lucros a realizar é criada a critério da administração para a empresa não distribuir dividendos com base em lucros que ainda não se materializaram em caixa, como o lucro proveniente do uso do método de equivalência patrimonial para a avaliação das participações societárias da empresa, ou mesmo de uma variação cambial.

Quando o lucro for realizado, ou quando a contingência deixar de existir, a companhia poderá devolver esses valores à conta de lucros e distribuí-los como proventos, pois eles serão somados ao lucro líquido ajustado, da seguinte maneira:

=	**Lucro líquido do exercício**
-	Reserva legal (5%)
+/-	Reserva para contingências
+/-	Reserva de lucros a realizar
+/-	Outros ajustes/reservas
=	**Lucro líquido ajustado**

Algumas empresas têm como política de dividendos a distribuição de 100% do seu lucro líquido ajustado. Pelos ajustes apresentados acima, algumas vezes o *payout* (se calculado como percentual do lucro líquido do exercício) pode ser maior do que 100% devido à existência de "reversões" de reservas durante o ajuste do lucro líquido. Mas esse é um efeito temporário, haja vista que nos períodos em que as reservas foram constituídas, o *payout* foi inferior a 100%.

A Engie Brasil Energia é um exemplo de empresa que distribuiu 100% do seu lucro líquido ajustado (pelo menos até 2022, pois veremos no Capítulo 17 que a empresa retomou a política de 55% a partir de 2023). Ela detalhava na Nota (Explicativa) 30 às suas demonstrações financeiras de 2019 o lucro líquido do exercício de R$ 2.309,9 milhões, tendo sido ajustado pela subtração da reserva legal e da reserva de incentivos fiscais, e pela soma dos custos atribuídos ao imobilizado (ajuste de avaliação patrimonial) e de uma parcela de dividendos e JCP não reclamados por alguns acionistas em distribuições passadas. O lucro líquido ajustado em 2019 é de R$ 2.197,1 mil, conforme a Figura 29.

Observe que a Engie aponta, em sua nota explicativa, que o seu *payout* era de 100%, mas toma como referência o lucro líquido ajustado, o que está correto. Se fizéssemos o cálculo do *payout* com base no lucro líquido do exercício, no ano de 2019 ele seria de 95,1%, mas o cálculo seria inconsistente, uma vez que não é correto supor que a empresa possa distribuir todo o lucro líquido, pois teria de constituir as reservas legal e de incentivos fiscais.

Figura 29: Cálculo dos dividendos e JCP da Engie Brasil Energia (2018 e 2019).

NOTA 30 – DIVIDENDOS E JUROS SOBRE CAPITAL PRÓPRIO

a) Cálculo

	31/12/2019	31/12/2018
Base de cálculo dos dividendos ajustada		
Lucro líquido do exercício atribuído aos acionistas controladores	2.309.925	2.314.361
Reserva legal	(115.496)	(115.718)
Reserva de incentivos fiscais	(28.431)	(23.465)
Realização do custo atribuído do imobilizado	25.407	93.881
Dividendos e juros sobre capital próprio não reclamados	5.738	3.423
Lucro líquido do exercício ajustado para fins de dividendos e juros sobre capital próprio	**2.197.143**	**2.272.482**
Dividendos / juros sobre capital próprio proposto		
Dividendos intercalares relativos ao primeiro semestre	893.399	1.146.037
Dividendos intermediários relativos à reserva de lucros	-	652.742
Juros sobre capital próprio, líquidos do imposto de renda retido	302.525	338.160
Dividendos adicionais propostos	949.744	76.703
Subtotal	**2.145.668**	**2.213.642**
Imposto de renda retido sobre os juros sobre capital próprio	51.475	58.840
Total dos dividendos e juros sobre capital próprio anuais	**2.197.143**	**2.272.482**
Percentual equivalente do lucro líquido ajustado	**100%**	**100%**

Fonte: engie.com.br/investidores.

Duas outras informações relevantes são fornecidas pela Engie em seu Relatório de Administração e Demonstrações Contábeis de 2019. A empresa apresenta seu histórico de distribuição de dividendos (por ação) desde 2008, com destaque para o *payout* e o *dividend yield* de cada ano. Detalhando o cálculo do dividendo por ação (DPA), a empresa diz que o provento em 2019 foi de R$ 2,6928163914 por ação, explicando que o gráfico de comparação (Figura 30) considera o ajuste do DPA pela bonificação aprovada em 7 de dezembro de 2018. Em suma, veja como a quantidade de ações é importante para o cálculo do DPA.

Figura 30: Histórico de distribuição de dividendos da Engie (2008 a 2019).

Dividendos
Mesmo diante do considerável ciclo de investimentos e crescimento vivenciado em 2019, o Conselho de Administração da ENGIE Brasil Energia aprovou a distribuição total de R$ 2.197,1 milhões em proventos relativos a 2019 (R$ 2,6928163914 por ação), equivalente a 100% do lucro líquido distribuível ajustado no ano.

Do valor total mencionado, R$ 949,7 milhões (R$ 1,1640046498 por ação), se referem a proposta de dividendos complementares, que deverá ser ratificada pela Assembleia Geral Ordinária, a quem caberá definir as condições de pagamento.

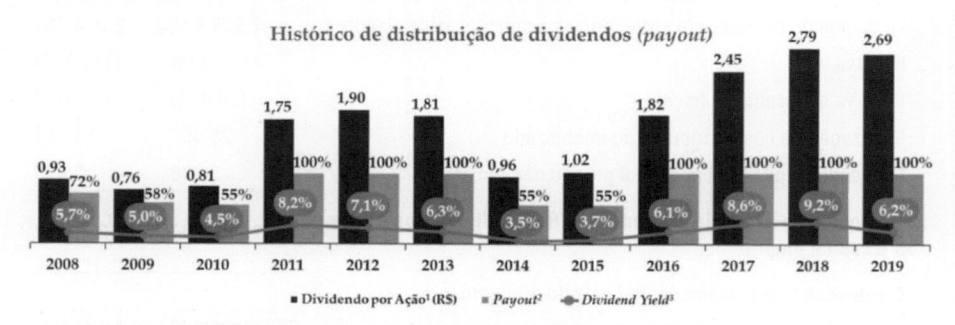

Histórico de distribuição de dividendos *(payout)*

Ano	DPA (R$)	Payout	Dividend Yield
2008	0,93	72%	5,7%
2009	0,76	58%	5,0%
2010	0,81	55%	4,5%
2011	1,75	100%	8,2%
2012	1,90	100%	7,1%
2013	1,81	100%	6,3%
2014	0,96	55%	3,5%
2015	1,02	55%	3,7%
2016	1,82	100%	6,1%
2017	2,45	100%	8,6%
2018	2,79	100%	9,2%
2019	2,69	100%	6,2%

■ Dividendo por Ação[1] (R$)   ■ Payout[2]   ◆ Dividend Yield[3]

(1) Para fins de comparabilidade entre os anos, houve ajuste do dividendo por ação decorrente da bonificação aprovada em 7/12/2018.
(2) Considera o lucro líquido ajustado do exercício.
(3) Baseado no preço de fechamento ponderado por volume das ações ON no período.

Fonte: engie.com.br/investidores.

A Engie define, em seu estatuto social, um dividendo mínimo obrigatório de 30%, mas tem praticado uma política indicativa de pagamento mínimo de 55% do seu lucro líquido ajustado, como podemos verificar nos anos de 2008, 2009, 2010, 2014 e 2015. Essa indicação é feita pela gestão da empresa, que também apontava que poderia distribuir até 100% do lucro líquido ajustado quando a condição financeira da empresa permitisse, o que acontecia até então. Em todos os casos, note que o lucro líquido é sempre ajustado para a distribuição.

7.3.2. Dividendo a partir do fluxo de caixa

Algumas empresas estabelecem como política de dividendos a distribuição de lucros com base no fluxo de caixa (operacional ou livre), respeitando o que diz o artigo 202 da Lei nº 6.404/1976. O principal objetivo dessa prática é preservar o nível de caixa e equivalentes de caixa da empresa, evitando que a companhia pague mais dividendos do que sua saúde financeira permite naquele momento.

A distribuição de lucros de forma consistente depende da geração de fluxos de caixa operacionais positivos pela empresa. Por exemplo, a Petrobras é uma empresa que adota o fluxo de caixa operacional como parâmetro para sua distribuição de lucros. Além disso, a empresa considera seu nível de endividamento e as necessidades de investimentos (despesas de capital ou Capex) para permitir a distribuição de um volume de lucros maior que o dividendo mínimo obrigatório.

Em 2019, a empresa comunicou ao mercado a mudança de sua política de dividendos, informando que "a nova política visa estabelecer um parâmetro objetivo para o pagamento de proventos, dando aos investidores mais transparência em relação à sua remuneração. Os critérios utilizados permitem equilibrar a remuneração aos acionistas com a sustentabilidade financeira da Petrobras e a manutenção de sua capacidade de investimento".

> **"4.2. PARÂMETROS DE DISTRIBUIÇÃO DE PROVENTOS**
> 4.2.1 Em caso de endividamento bruto, incluindo os compromissos relacionados a arrendamentos mercantis, superior a US$ 60 bilhões, a Companhia poderá distribuir aos seus acionistas os dividendos mínimos obrigatórios previstos em lei e no Estatuto Social.
> 4.2.2 Em caso de endividamento bruto, incluindo os compromissos relacionados a arrendamentos mercantis, inferior a US$ 60 bilhões, a Companhia poderá

> distribuir aos seus acionistas 60% da diferença entre o fluxo de caixa operacional e os investimentos, conforme definido abaixo:
> **Remuneração = 60% x (FCO – CAPEX)**
> **FCO:** Fluxo de caixa operacional (recursos líquidos gerados pelas atividades operacionais)
> **CAPEX:** Investimentos (aquisição de ativos, imobilizados, intangíveis e investimentos societários)
> Nessa fórmula não são considerados como CAPEX: (a) os recursos provenientes da venda de ativos; (b) os pagamentos na participação das rodadas de licitação para exploração e produção de petróleo e gás natural; e (c) pagamentos referentes a aquisição de empresas ou participações societárias.
> 4.2.3 A Petrobras poderá, em casos excepcionais, realizar o pagamento de dividendos extraordinários, superando o valor anual estabelecido no item 4.2.2."
> (Política de Remuneração aos Acionistas, Petrobras)

Em sua política de remuneração aos acionistas, aprovada em 28 de agosto de 2019, a Petrobras destaca seu dividendo mínimo obrigatório como sendo 25% do lucro líquido ajustado e explica os parâmetros de distribuição de proventos que devem ser observados para que o conselho de administração aprove um provento superior ao mínimo obrigatório. Quando atendidos, a empresa pode distribuir um dividendo maior, considerando seu fluxo de caixa operacional; quando não atendidos, os proventos estão limitados aos 25% do lucro líquido ajustado do período; se não houver lucro, não haverá proventos.

7.3.3. Dividendo a partir do EBITDA

EBITDA é a sigla em inglês de *Earnings Before Interest, Taxes, Depreciation and Amortization*, que em tradução literal para o português significa "Lucros Antes de Juros, Impostos, Depreciação e Amortização" (ou LAJIDA). O EBTIDA é um indicador largamente utilizado no mercado como representação do potencial de geração de fluxo de caixa operacional da empresa. Dizemos que é "potencial" porque aqui é importante diferenciá-lo do fluxo de caixa operacional (encontrado na demonstração dos fluxos de caixa), pois o EBITDA não representa necessariamente um volume de caixa e equivalentes de caixa gerado, mas um volume de lucros antes de juros, impostos, depreciação e amortização que "pode" se transformar em caixa (dinheiro).

Essa é uma medida chamada de "non-GAAP", isto é, "não definida por Princípios Contábeis Geralmente Aceitos". Isso dá maior liberdade às empresas de apresentar o EBITDA de diferentes formas, o que é ruim porque reduz a comparabilidade entre as empresas, mesmo havendo regulação da CVM específica para esse fim, sendo comum encontrar empresas divulgando os famigerados "EBITDA Ajustado" e "EBITDA Ajustado Pró-forma".

Sim, sabemos que o EBITDA pode ser uma medida muito enganadora (Vasconcelos, 2017), mas algumas empresas, como a Vale, optam por fazer a distribuição dos seus lucros calculando os proventos com base no EBITDA. Sobre sua política de dividendos, a Vale afirmou que "o principal objetivo da mudança é manter a remuneração ao acionista de forma mais alinhada à geração de caixa da Vale, principalmente em um período de maior volatilidade e incerteza nos preços das commodities minerais, sem a necessidade de se antecipar ao mercado o valor da remuneração mínima para o ano já no mês de janeiro do próprio ano".

A seguir, veja a política de remuneração ao acionista da **Vale**:

"**Remuneração ao Acionista**

Em 27/01/2019 foi deliberada pelo Conselho de Administração a suspensão da Política de Remuneração aos Acionistas que anteriormente vigorava conforme segue:

1. A remuneração ao acionista será composta por **duas parcelas semestrais**, a primeira em setembro do ano corrente e a segunda em março do ano subsequente.[1]

2. **O valor mínimo da remuneração será de 30% do EBITDA Ajustado menos Investimento Corrente apurados na demonstração do resultado** do primeiro semestre, para a parcela de setembro, e na demonstração do resultado do segundo semestre, para a parcela de março.[2]

3. O Conselho de Administração poderá deliberar sobre remuneração adicional, via distribuição de dividendos extraordinários.

[1] O Conselho de Administração poderá declarar juros sobre capital próprio no mês de dezembro de cada ano, para pagamento em março do ano subsequente. Tais valores serão reduzidos do valor da parcela de março.

[2] **Valor do dividendo mínimo = 0,3 x (EBITDA ajustado − Investimento Corrente)."**

(Política de Remuneração aos Acionistas, Vale)

7.3.4. Dividendo a partir do patrimônio líquido

A própria Lei nº 6.404/1976 prevê no parágrafo 1º de seu artigo 202 que o estatuto social poderá estabelecer o dividendo como percentual do lucro ou do capital social ou fixar outros critérios para determiná-lo, desde que regulados com precisão e minúcia e não sujeitem os acionistas minoritários ao arbítrio dos órgãos de administração ou da maioria.

Como vimos no Capítulo 5, o dividendo mínimo obrigatório também pode ser pago por meio de juros sobre capital próprio. Estes, por sua vez, são calculados a partir do valor do patrimônio líquido da empresa e da Taxa de Juros de Longo Prazo (TJLP). O parágrafo 8º do artigo 9 da Lei nº 9.249/1995 determina que devem ser consideradas as seguintes contas do patrimônio líquido para cálculo do JCP:

1. Capital social;
2. Reservas de capital;
3. Reservas de lucro;
4. Ações em tesouraria;
5. Prejuízos acumulados.

Também há um limite para a distribuição de lucros por meio de JCP, que é de até 50% do lucro líquido do período corrente ou de 50% dos lucros acumulados e reservas de lucros de períodos anteriores. Dessa forma, é possível que uma empresa remunere seus acionistas apenas com JCP, uma vez que ela pode definir seu dividendo mínimo obrigatório em 25% e limitar seus pagamentos ao máximo de 50% do lucro líquido do período. Assim, ao utilizar o JCP como tipo de remuneração, o provento será calculado com base no patrimônio.

Isso é comum entre os bancos, especialmente motivados pela dedução fiscal que o JCP permite. Veja o caso do Banco ABC Brasil, que detalha, em sua Nota Explicativa 23 às Demonstrações Financeiras Anuais de 2019, como é realizado o cálculo dos proventos distribuídos aos seus acionistas a partir do seu patrimônio líquido.

O Banco ABC tem utilizado esse modelo de remuneração há anos, pagando aos acionistas apenas o JCP calculado em cada semestre. Observe que os elementos determinantes do JCP recebido pelo acionista são o patrimônio líquido e a taxa de juros (TJLP), e não o lucro líquido do exercício. Claro, o lucro líquido é a origem do provento, mas nesse caso ele atua mais como "limite" (JCP de até 50% do lucro líquido) do que como determinante do volume.

> "Conforme previsto no estatuto social do Banco, aos acionistas é assegurado o direito de um dividendo mínimo de 25% do lucro líquido anual ajustado na forma da lei. **Tal dividendo pode, alternativamente, ser distribuído na forma de juros sobre capital próprio.**
> Durante os exercícios findos em 31 de dezembro de 2019 e 2018, foi deliberada pelos acionistas a **distribuição de juros sobre capital próprio, calculados de acordo com os dispositivos da Lei nº 9.249/95**, os quais são assim resumidos:
>
> | | 2019 | |
> |---|---|---|
> | Período | Juros sobre capital próprio | Redução da despesa com imposto de renda e contribuição social |
> | 28/06/2019 | 120.161 | 48.064 |
> | 20/12/2019 | 105.097 | 42.039 |
> | Total – 2019 | 225.258 | 90.103 |
> | | 2018 | |
> | Período | Juros sobre capital próprio | Redução da despesa com imposto de renda e contribuição social |
> | 26/06/2018 | 108.002 | 48.601 |
> | 21/12/2018 | 112.445 | 50.600 |
> | Total – 2018 | 220.447 | 99.201 |
>
> **Os juros sobre capital próprio são calculados sobre as contas do patrimônio líquido e limitados à variação da taxa de juros de longo prazo – TJLP**, condicionados à existência de lucros computados antes de sua dedução ou de lucros acumulados e reservas de lucros, em montante igual ou superior a duas vezes o seu valor."
> (Demonstrações Financeiras Consolidadas de 2019, Banco ABC Brasil)

A Figura 31 demonstra claramente a relação do patrimônio líquido com o JCP do Banco ABC. Nela é possível verificar que a evolução do patrimônio líquido (em preto) e do JCP pago anualmente (em cinza) são proporcionalmente semelhantes, especialmente porque esse banco segue uma prática de aumentar seu capital social semestralmente, dando aos seus acionistas a oportunidade de adquirir mais ações dele com o JCP pago pelo próprio banco, utilizando a emissão de bônus de subscrição para emitir novas ações (vimos um exemplo no Capítulo 5).

Figura 31: Patrimônio Líquido e JCP do Banco ABC Brasil, em R$ milhões.

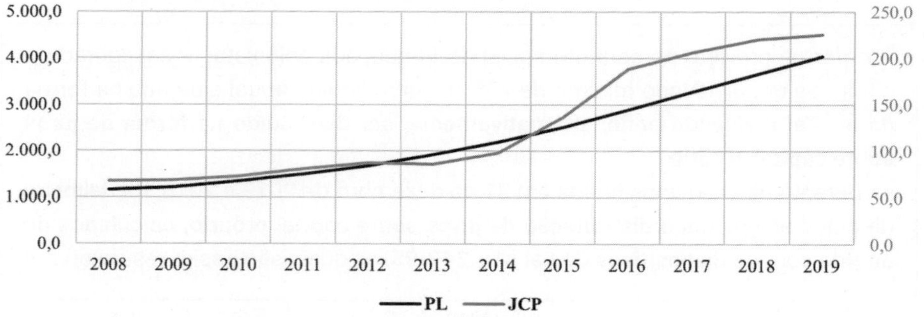

Fonte: dados da Refinitiv Eikon. Nota: à esquerda está a escala do PL; à direita, a dos JCP.

Observe que ao longo dos anos o patrimônio líquido cresce com os aumentos de capital e a retenção de cerca de 50% do lucro de cada ano. Como consequência, o JCP pago, que é calculado com base no patrimônio líquido, também aumenta. Assim, além de remunerar seus acionistas com bons proventos, a empresa consegue recursos para fomentar seu crescimento e oferecer proventos ainda maiores no futuro.

7.4. Dividendos em ações ordinárias e preferenciais

No Brasil, conforme a natureza dos direitos dos investidores, são dois os tipos (ou espécies) de ação mais comuns entre as empresas abertas: ordinária e preferencial. Esses tipos de ação são comumente conhecidos como ON (ordinária) e PN (preferencial). Obrigatoriamente, toda empresa possui ações ON, mas pode optar por não ter ações PN (são facultativas). Na verdade, no mercado brasileiro até há um incentivo para que as empresas possuam apenas ações ON, como forma de isonomia entre os acionistas. Isso já acontece entre as empresas listadas no segmento Novo Mercado de governança corporativa da B3.

As ações ordinárias são aquelas que conferem os direitos comuns de um acionista, como o direito de voto e a participação nos lucros, sem restrições ou privilégios incomuns. É comum ouvir falar dessa ação como "ação comum", assim chamada em alguns países, como nos Estados Unidos (*common stock*). No Brasil, são identificadas pelo número 3 depois das quatro letras de identificação do *ticker* da ação, como no caso da ação ordinária da Petrobras: PETR3.

Já as ações preferenciais são aquelas que conferem aos seus titulares algumas preferências ou vantagens em relação às ações ordinárias, como a prioridade no recebimento de dividendos, sejam fixos ou mínimos, além da prioridade no reembolso do capital em caso de liquidação da empresa. Todas essas vantagens precisam estar detalhadas no estatuto social da empresa. E é possível que uma empresa tenha mais de uma classe de ações preferenciais, também conhecidas como PN, que podem atribuir preferências diferentes aos seus portadores, como as chamadas PNA, PNB, etc.

No Brasil, as ações preferenciais de classe única são identificadas pelo número 4 depois das quatro letras de identificação do *ticker*, como no caso da Petrobras: PETR4. Mas há empresas que possuem mais de uma classe de ações preferenciais, identificando essas classes com os números 5 e 6. Esse é o caso da Eletrobras, que possui ações preferenciais da classe A (PNA, cujo *ticker* é ELET5) e B (PNB, cujo *ticker* é ELET6). O que muda entre uma classe e outra são as vantagens (preferências) que as ações preferenciais oferecem aos acionistas.

Você pode estar se perguntando sobre aquelas ações que terminam com o número 11 (por exemplo, ALUP11, BPAC11, KLBN11, SANB11, TAEE, entre outras). Essas são as chamadas "UNITs", que não são ações propriamente, mas sim um "pacote" de ações composto por mais de uma espécie de ação. É facultativo à empresa criar e negociar a UNIT, e geralmente ela faz isso para dar maior liquidez à sua ação ON, já que a PN tende a ser a mais líquida. Na Tabela 10, você pode observar as UNITs negociadas na B3.

Tabela 10: UNITs negociadas na B3 (2020).

Empresa	UNIT	Composição
Alupar	ALUP11	1 ação ON + 2 ações PN
BR Partners	BRBI11	1 ação ON + 2 ações PN
BTG Pactual	BPAC11	1 ação ON + 2 ações PN
Energisa	ENGI11	1 ação ON + 4 ações PN
Iguatemi	IGTI11	1 ação ON + 2 ações PN
Klabin	KLBN11	1 ação ON + 4 ações PN
PPLA	PPLA11	1 BDR A + 2 BDR B
Renova	RNEW11	1 ação ON + 2 ações PN
Rodobens	RBNS11	1 ação ON + 2 ações PN
Sanepar	SAPR11	1 ação ON + 4 ações PN
Santander	SANB11	1 ação ON + 1 ação PN
Taesa	TAEE11	1 ação ON + 2 ações PN

Fonte: dados da B3.

Não vamos nos aprofundar na discussão sobre vantagens e desvantagens de cada espécie de ação, nem mesmo se você deve preferir investir em ações ON ou PN. Por trás dessa discussão seria necessário abordar outros temas, como governança corporativa, risco, etc. Esse não é nosso foco neste livro. Portanto, vamos falar sobre as diferenças no que se refere aos lucros e aos dividendos aos quais os acionistas têm direito ao possuir esses tipos de ação. Você pode encontrar informações mais específicas sobre os direitos e preferências de cada um desses tipos de ação no estatuto social da empresa.

Na maioria dos casos, o grande atrativo das ações preferenciais são os dividendos por elas proporcionados. Essa é uma forma de compensação à sua falta de direito de voto, ao menor ou à inexistência de *tag along* (mecanismo de proteção do acionista minoritário em caso de venda do controle da companhia), entre outros. Por isso, é comum que as empresas ofereçam para seus acionistas preferenciais dividendos fixos, dividendos mínimos e até dividendos superiores àqueles das ações ON.

O artigo 17 da Lei nº 6.404/1976 estabelece as preferências ou vantagens das ações preferenciais, entre elas a prioridade na distribuição de dividendos (fixos ou mínimos). Em seu parágrafo 1º, diz que somente é admitida a negociação de ações preferenciais (sem direito de voto) no mercado de ações se a companhia garantir algumas das seguintes preferências:

a) Direito de participar do dividendo a ser distribuído, correspondendo ao menos a 25% do lucro líquido do exercício, de forma que o dividendo não seja inferior a 3% do valor patrimonial da ação ou que seja assegurado às ações PN a igualdade das condições das ações ON na participação dos lucros distribuídos;
b) Direito ao recebimento de dividendo, por ação PN, pelo menos 10% maior do que o atribuído a cada ação ordinária;
c) Direito de serem incluídas na oferta pública de alienação de controle, nas condições previstas no artigo 254-A da Lei nº 6.404/1976, assegurado o dividendo pelo menos igual ao das ações ordinárias.

A referida lei também veda a distribuição de dividendos, ainda que fixos ou cumulativos, em caso de prejuízo do capital social (redução inapropriada), salvo no caso de liquidação da companhia. Já as vantagens em dividendos das ações preferenciais geralmente não são cumulativas (mas o estatuto pode permitir que sim). A ação PN tem dividendo fixo e não participa dos lucros remanescentes, ou tem dividendo pelo menos 10% superior ao atribuído às ordinárias, ou participa dos lucros distribuídos em igualdade de condições com as ordinárias.

No que se refere ao primeiro tipo de vantagem – a existência do dividendo mínimo obrigatório –, veja o curioso caso da Oi, apresentado na Figura 32. Desde 2014, a Oi passou a acumular substanciais prejuízos, chegando ao ponto de pedir recuperação judicial no final de 2016, tendo ocorrido o acordo com seus credores apenas em 2018. Note que na maior parte do período entre 30 de dezembro de 2004 e 30 de dezembro de 2020 a ação ordinária (OIBR3, na cor preta) teve desempenho superior à ação preferencial (OIBR4, na cor cinza-clara). Entenda como "desempenho superior" o fato de a ação "cair menos".

Porém, especialmente a partir do final de 2018, a OIBR4 passou a se desempenhar melhor do que a ordinária (OIBR3), mesmo sendo a OIBR3 a ação com maior volume de negociação na bolsa. Note que no período analisado a OIBR3 desvalorizou 67,8%, enquanto a OIBR4 caiu "apenas"

55,1%. São cerca de 12,7% de diferença em favor da ação preferencial. Para ficar ainda mais claro, apresentamos um "Fator OIBR4/OIBR3" (na cor cinza-escura), que é um índice que representa a divisão do preço de OIBR4 pelo preço de OIBR3. No final de 2014, a OIBR4 representava 92% do preço da OIBR3. Mas no final de 2020 a OIBR4 já valia 128,2% o preço da OIBR3. Note na parte superior da Figura 32 que há uma clara ascendência.

Figura 32: Desempenho relativo de OIBR4 e OIBR3 (2015 a 2020).

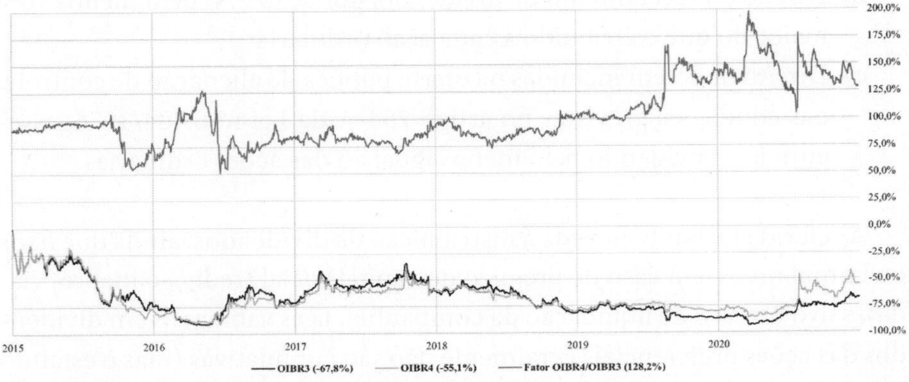

Fonte: dados da Refinitiv Eikon.

Você pode estar pensando: não seria mais seguro ao investidor que deseja comprar a Oi estar posicionado na ação ON, uma vez que ela está em recuperação judicial e pode até ser comprada por uma concorrente? A resposta é sim! No dia 28 de agosto de 2020, OIBR3 era negociada a R$ 1,82, enquanto OIBR4 valia R$ 2,78 – mais de 50% de diferença de preço. Um elemento importante explica essa diferença: o dividendo mínimo obrigatório!

No artigo 12 do seu estatuto social, a Oi define que "as ações preferenciais não têm direito de voto, sendo a elas assegurada prioridade no recebimento de dividendo mínimo e não cumulativo de 6% (seis por cento) ao ano calculado sobre o valor resultante da divisão do capital social pelo número total de ações da companhia ou de 3% (três por cento) ao ano, calculado sobre o valor resultante da divisão do patrimônio líquido contábil pelo número total de ações da companhia, o que for maior".

Dessa forma, enquanto a Oi não possui lucros, não está obrigada a distribuir o dividendo mínimo obrigatório. Porém, como determinam o parágrafo 1º do próprio artigo 12 do seu estatuto e a Lei nº 6.404/1976, a partir de 2017 a empresa ultrapassou três exercícios sociais sem pagar os dividendos mínimos obrigatórios aos acionistas preferenciais e, por isso, todas as suas ações PN passaram a ter direito de voto em todas as matérias sujeitas à deliberação dos acionistas. Além disso, quando a Oi voltar a ter lucros, os acionistas ordinários só receberão dividendos após o dividendo mínimo obrigatório ser pago aos acionistas preferenciais.

Já o Banco Banrisul, além de determinar em seu estatuto social um dividendo fixo de 6% sobre o valor do seu capital social para as ações preferenciais, possui duas classes de ações preferenciais: PNA (BRSR5) e PNB (BRSR6), sendo as ações PNA conversíveis em ON. O banco determina para suas ações PNA um dividendo 10% superior ao pago às ações ordinárias e PNB. Na distribuição dos lucros do quarto trimestre de 2019, o Banrisul divulgou Fato Relevante informando que:

> **"PAGAMENTO DE JUROS SOBRE CAPITAL PRÓPRIO REFERENTE AO 4º TRIMESTRE DE 2019**
>
> O Banrisul S.A. comunica aos seus acionistas que, de acordo com Política de Pagamento de Dividendos e Juros Sobre Capital Próprio, em reunião do Conselho de Administração ocorrida em 6 de novembro de 2019 foi deliberado o pagamento de juros sobre capital próprio referente ao 4º trimestre de 2019, no valor total de R$ 106.771.455,33 (cento e seis milhões, setecentos e setenta e um mil, quatrocentos e cinquenta e cinco reais e trinta e três centavos), **sendo que o valor unitário por tipo e classe de ação será de R$ 0,26098334 por ON, R$ 0,28708168 por ação PNA e R$ 0,26098334 por ação PNB."**
>
> (Fato Relevante de 06/11/2019, Banrisul).

Por outro lado, a Itaúsa possui apenas uma classe de ações preferenciais e confere a elas a prioridade no recebimento de dividendo mínimo anual de R$ 0,01 por ação, não cumulativo, assegurado um dividendo pelo menos igual ao das ações ordinárias. A empresa emitiu um Fato Relevante no início de 2020 para aprovar o pagamento de dividendos e JCP para suas ações em igual valor, sejam ON ou PN:

> **"PAGAMENTO DE PROVENTOS AOS ACIONISTAS**
>
> ITAÚSA – INVESTIMENTOS ITAÚ S.A. ("Companhia") comunica aos seus acionistas que o Conselho de Administração, reunido em 17/02/2020, aprovou o pagamento, em 06/03/2020, dos seguintes proventos aos acionistas, tendo como base de cálculo a posição acionária final registrada no dia 20/02/2020:
> a) **dividendos adicionais no valor de R$ 0,2260 por ação**; e
> b) **juros sobre capital próprio adicionais no valor de R$ 0,2174 por ação**, com retenção de 15% de imposto de renda na fonte, resultando em juros líquidos de R$ 0,18479 por ação, excetuados dessa retenção os acionistas pessoas jurídicas comprovadamente imunes ou isentos.
>
> Aprovou, ainda, que os juros sobre capital próprio declarados pelo Conselho de Administração em 09/12/2019, no valor bruto de R$ 0,005950 por ação (líquido de R$ 0,0050575 por ação), também serão pagos em 06/03/2020 aos acionistas da Companhia com posição acionária final registrada no dia 12/12/2019, conforme anteriormente divulgado.
>
> Em relação ao resultado do exercício de 2019 e considerados os proventos acima e os dividendos (trimestrais e intermediário) pagos antecipadamente, **a Itaúsa distribuiu aos acionistas o montante de R$ 7.034 milhões (R$ 0,8363475 por ação) em dividendos e juros sobre capital próprio (líquido de imposto de renda), correspondendo a 68,2% do lucro líquido consolidado do exercício de 2019."**
>
> (Fato Relevante de 17/02/2020, Itaúsa).

Uma última diferença que desejamos deixar clara diz respeito ao *dividend yield*. Lembre-se que o DY é encontrado pela divisão do dividendo por ação pelo preço da ação. Dessa forma, uma mesma empresa pode ter diferentes *dividend yields* para suas ações, especialmente se ela pagar dividendos diferentes para as diferentes espécies de ação. Veja o caso do Banrisul, tendo como referência o preço de cada ação no dia da divulgação do Fato Relevante (6 de novembro de 2019) que anunciou o dividendo.

Ação	ON (BRSR3)	PNA (BRSR5)	PNB (BRSR6)
JCP bruto	R$ 0,26098334	R$ 0,28708168	R$ 0,26098334
(-) Imposto de renda (15%)	R$ 0,03914750	R$ 0,04306225	R$ 0,03914750
(=) JCP líquido	R$ 0,22183584	R$ 0,24401943	R$ 0,22183584
Preço (06/11/2019)	R$ 22,08	R$ 21,52	R$ 21,50
Dividend yield (JCP líquido)	1,00%	1,13%	1,03%

Como o Banrisul tem duas classes de ações preferenciais (PNA e PNB) além da ON, e a PNA tem 10% a mais de dividendo do que as demais, o *dividend yield* desse pagamento trimestral de JCP tende a ser diferente entre as ações. Além disso, as próprias ações têm liquidez e preço diferentes. Note que a BRSR3 era a mais cara (R$ 22,08), com as preferenciais tendo preços bem parecidos (R$ 21,52 e R$ 21,50). Ao final, a BRSR5 ofereceu maior DY (1,13%), seguida pela BRSR6 (1,03%) e pela BRSR3 (1,00%).

No final do dia, a decisão pela escolha do tipo de ação fica a cargo do investidor. Outros elementos, além dos dividendos, podem ser considerados nessa escolha. Fatores como *tag along*, direito de voto, liquidez, entre outros, podem ser levados em conta. Olhando para a principal diferença, que é o direito de voto, podemos dizer que isso faz pouca diferença para o pequeno investidor. Por outro lado, mais dividendos para o pequeno investidor podem ser bem-vindos.

7.5. Destaques

1. Empresas que não geram lucros de forma consistente não poderão pagar dividendos também de forma consistente.
2. Surpreende a quantidade de investidores que adquirem ações de empresas com fundamentos ruins, guiados apenas por um dividendo alto e pontual ou pelo fato de "aparentemente" a empresa estar barata.
3. *"Além dos próprios lucros da empresa, o volume de dividendos pagos pela empresa é importante não apenas porque o investidor naturalmente deseja um rendimento sobre seu capital em dinheiro, mas também porque os lucros que não são pagos como dividendos aos acionistas tendem a perder parte de seu valor efetivo ao longo do tempo."* (Graham e Dodd)
4. Aumentar o pagamento de dividendos sem a certeza de que os lucros aumentarão continuamente não é sensato, pois cria a possibilidade de os dividendos serem reduzidos no futuro.
5. Ao investidor cabe examinar a política de dividendos da empresa como uma forma de identificar o pensamento da sua gestão sobre a durabilidade dos seus lucros.

6. Um lucro persistente é aquele que se repete, em certa medida, ao longo dos períodos, permitindo maior previsibilidade dos resultados futuros da empresa.
7. A persistência dos dividendos indica sua sustentabilidade ao longo do tempo, o que também é importante para os modelos de *valuation* com base no desconto dos dividendos.
8. *"Os gestores de investimentos frequentemente consideram os elementos de persistência e sustentabilidade dos dividendos no momento da escolha de ações para uma carteira de dividendos."* (Michael Clemens)
9. *"Mesmo em tempos difíceis os dividendos costumam ser mantidos pela gestão das empresas, até mesmo se eles excederem o seu fluxo de caixa livre, porque a gestão busca expressar sua confiança de longo prazo no negócio da empresa."* (Graham e Dodd)
10. Nos últimos anos tem sido comum que algumas empresas utilizem outros parâmetros de resultado para definição dos dividendos, como o fluxo de caixa (operacional ou livre), o EBITDA e até o próprio patrimônio líquido.

8.
ESCOLHA DE EMPRESAS PARA DIVIDENDOS

"Você precisa escolher ações para dividendos pelos méritos delas, não por suas necessidades."
CHARLES CARLSON

O mais importante para a escolha de empresas para dividendos não é identificar a empresa que paga o maior dividendo, mas sim aquela que paga dividendos persistentes e crescentes. É isso que dá segurança ao investimento, dependendo diretamente da qualidade dos fundamentos da empresa, que podem mudar com o passar do tempo. Por isso, os procedimentos que usamos para escolher uma empresa para investimento por dividendos são os mesmos que devemos utilizar periodicamente para identificar se a empresa mudou seus fundamentos e se isso pode passar a representar um risco maior para a carteira de investimentos.

Não só o investidor iniciante pode ter dificuldade em identificar se a empresa está passando por problemas, mas também investidores experientes. Isso acontece porque o mercado de ações não é completamente eficiente em termos informacionais. Há no mercado alguma assimetria de informação sobre a qualidade dos fundamentos das empresas. Mas, por mais que o nível de informação entre os participantes do mercado seja diferente, na média o mercado reflete a qualidade das empresas nos preços das ações, levantando uma bandeira vermelha (*red flag*) quando há algo que pareça errado, o que é um sinal ao investidor.

À medida que o mercado "bate" no preço de uma ação, no curto prazo seu *dividend yield* tende a aumentar. Por essa razão, o **dividend yield é um excelente indicador para saber se a empresa terá problemas com seus dividendos**, pois seu aumento repentino pode ser uma resposta à rápida queda do preço da ação, o que ocorre mais rapidamente do que uma decisão do conselho de administração de reduzir os dividendos por conta da mudança nos fundamentos da empresa (Carlson, 2010). Mas isso não significa que devemos analisar apenas esse indicador – nenhuma análise de investimento deve ser feita a partir de um único indicador.

Também não significa que um *dividend yield* alto sempre será um problema. O que devemos avaliar ao escolher uma empresa para dividendos é a segurança dos dividendos. Um dividendo alto, pontualmente, ou mesmo um *dividend yield* alto que não reflete as médias históricas do setor ou da empresa, não deve ser um guia incondicional para escolha de uma ação para dividendos. Isso pode ser uma armadilha na qual o investidor menos atento pode cair, vindo a ter um retorno menor ou, ainda, um prejuízo no investimento, uma vez que a empresa pode vir a reduzir ou parar de pagar dividendos e o preço dessa ação pode continuar caindo. Nessa condição, não há renda passiva, mas sim a destruição do seu patrimônio.

É mais provável que empresas de alta qualidade paguem dividendos maiores e seguros ao longo do tempo. Para encontrar essas empresas, vamos seguir dois passos. Primeiro, vamos buscar as empresas com os melhores fundamentos da bolsa ou de um setor específico, "filtrando-as", de forma semelhante ao que faz um garimpeiro com uma peneira à busca de pedras preciosas. Nossa peneira será a qualidade mínima exigida de alguns indicadores (veremos isso no Capítulo 10). Segundo, depois de identificar as melhores empresas, vamos escolher qual avaliar para saber seu valor intrínseco e identificar se ela está sub ou sobreavaliada (veremos isso a partir do Capítulo 11).

Essa análise prévia pode ser guiada por uma diversidade de indicadores. Não há uma receita pronta ou indicadores universais inquestionáveis. Há, sim, alguns indicadores mais utilizados, e cada investidor pode definir quais os de sua preferência, aqueles que considera mais importantes para as empresas ou setores que serão analisados. Por exemplo, se quisermos identificar uma empresa para dividendos no setor de energia elétrica, é importante que analisemos algum indicador de endividamento. Porém, se essa mesma análise for direcionada às empresas do setor de bancos, não é adequado dar o mesmo olhar ao endividamento, pois dívida é a matéria-prima dos bancos, assim, é mais importante olhar o Retorno sobre o Patrimônio Líquido Médio (ROAE, na sigla em inglês).

Charles Carlson destaca que o investidor deve levar em consideração os seguintes critérios na seleção de uma ação para dividendos:

1. **Segurança e confiabilidade do dividendo:** um *dividend yield* de 20% ao ano não terá importância se no médio prazo a empresa suspender o pagamento de dividendos e o preço de sua ação for reduzido a zero. Então o "grande e seguro dividendo" é aquele que existe hoje, amanhã e no futuro.
2. **Potencial de ganho de capital da ação:** o *dividend yield* é apenas uma parte do retorno total da ação; não podemos ignorar o preço da ação. Além de o preço determinar o retorno da ação, ele é determinante do tamanho do *dividend yield* (por exemplo, o "grande dividendo" pode ser pontual devido à queda do preço da ação).
3. **Rendimentos em investimentos alternativos:** ao avaliar a atratividade dos dividendos, é importante considerar o rendimento de investimentos alternativos, como aqueles da renda fixa. Essa comparação é especialmente importante em períodos com inflação e taxa de juros muito acima ou abaixo da média histórica do país. Por exemplo, um *dividend yield* de 8% quando a inflação é de 10% não parece atrativo. Porém, um rendimento de 5% quando o retorno médio da renda fixa é 4% parece ser mais atrativo (a depender dos riscos envolvidos em cada alternativa).
4. **Rendimentos em investimentos comparáveis:** a comparação do *dividend yield* da empresa com a média do mercado ou do setor é uma forma de identificar o chamado "grande dividendo". Por exemplo, se o *dividend yield* da empresa é 6% quando a média do mercado é 4%, ou quando a média do setor é 5%. Porém, nesse critério não se deve descartar a possibilidade de identificar uma *red flag*, por exemplo, quando o *dividend yield* da empresa é 15% e a média do setor é apenas 5%. Como vimos, esse dividendo muito acima da média tende a desaparecer.

5. **Rendimentos antes e após os impostos:** uma ação que apresente um *dividend yield* de 4%, proveniente dos dividendos ou JCP líquidos pagos pela empresa, tem rendimento líquido mais alto do que um título de dívida (público ou privado) que rende os mesmos 4%. Ou mesmo um Certificado de Depósito Bancário (CDB). Por quê? Devido às diferenças tributárias. Hoje os dividendos são isentos, o que representa uma vantagem tributária. Porém, mesmo se fossem tributados a 15%, ou se considerarmos o JCP tributado a 15%, o imposto devido será menor que aquele pago em títulos de dívida ou certificados bancários (variando entre 15% e 22,5% no Brasil).
6. **Potencial de crescimento do dividendo:** o que você preferiria, uma ação "A" que pague 7% de dividendos hoje e não tenha expectativa de crescimento, ou uma ação "B" que pague 4,5% hoje e tenha uma excelente perspectiva de crescimento? O investidor com maior preferência pelo rendimento pode preferir a ação com 7% de *dividend yield*. Isso pode fazer a diferença nos primeiros anos, mas e daqui a cinco, sete ou dez anos? Por isso o investidor com foco no desempenho a longo prazo tende a preferir a ação "B", com maior perspectiva de crescimento dos dividendos futuros. Por exemplo, para que o rendimento da ação "B" seja equivalente aos 7% da ação "A", se o preço de "A" não mudar, seu dividendo teria de aumentar 55%. Porém, se o dividendo tiver uma taxa de crescimento de 9% ao ano, em apenas cinco anos o *dividend yield* da ação "B" será de 7%. Crescendo a 9% ao ano, o dividendo dobrará em mais oito anos e, novamente, em mais oito. Isto é, apesar de o impulso da maioria dos investidores por dividendos ser o rendimento atual, se você detém ações para o longo prazo, precisa levar em conta o dividendo potencial da empresa.

A escolha de ações para dividendos deve ser guiada pelos fundamentos das empresas. Por isso um histórico de solidez é importante, assim como boas perspectivas de crescimento ao longo do tempo. Apesar de o retorno passado não ser garantia de retorno futuro, o passado de uma empresa diz muito sobre ela, e não podemos desprezar essas valiosas informações.

Por mais importante e útil que seja o *dividend yield*, você não deve escolher uma empresa apenas olhando para ele. Mostraremos que isso pode ser uma armadilha perigosa. Carlson destaca esse como um dos erros mais graves do investidor por dividendos. É comum o investidor utilizar suas necessidades para determinar um *dividend yield* mínimo como o parâmetro de um "grande dividendo". Por exemplo, só comprar ações que ofereçam um rendimento de dividendo mínimo de 6% (Carlson, 2010).

"Preciso de um **dividend yield** *de pelo menos 6% em meus investimentos para pagar minhas contas e financiar meu estilo de vida. Preciso de um rendimento tão grande quanto, e só comprarei ações com 6% de* **dividend yield."** (Charles Carlson)

O problema aqui não está apenas no fato de a escolha estar limitada ao rendimento de 6%, mas especialmente no fato de esse ser o único critério de seleção, sobressaindo aos demais indicadores de solidez da empresa. É recomendável que não se crie uma "trava" como essa na escolha da empresa, pois, além de o *dividend yield* mudar com o passar do tempo, podemos deparar com o caso de uma empresa com um rendimento atual de 4,5%, mas que cresce à taxa de 9% ao ano, como citado no item 6 dos critérios de Carlson.

O mercado não sabe nem leva em consideração as necessidades de rendimento do investidor no momento em que determina o preço da ação. Por isso, iniciar a seleção de empresas para dividendos pelo *dividend yield* é perigoso, porque pode levar você a excluir empresas com baixos dividendos mas excelentes perspectivas de crescimento, inclusive dos dividendos, levando-o a manter na amostra a ser analisada apenas as já mencionadas empresas *deep value* (como vimos no Capítulo 4), que são empresas com valor muito depreciado, geralmente devido à péssima qualidade de seus fundamentos. Essas tendem a deixar de pagar dividendos.

Portanto, **não analise o *dividend yield* até que você esteja seguro sobre a consistência dos dividendos**, sobre a persistência e a capacidade de crescimento desses dividendos ao longo do tempo, com base nos fundamentos sólidos identificados na empresa. Quanto mais sólidos e persistentes são os fundamentos da empresa, mais precisas e assertivas são as previsões que podemos fazer sobre seus resultados e, consequentemente, sobre os dividendos futuros.

8.1. Empresas que pagam mais dividendos

Dividendo é lucro! Então, empresas que mais pagam dividendos são aquelas que têm mais lucros. No passado, no presente e no futuro. Por isso, não podemos desprezar as informações de desempenhos passados, mesmo sabendo que um bom desempenho passado não é garantia de um bom desempenho futuro. Mas podemos afirmar que há uma alta e forte correlação entre o desempenho passado e o desempenho futuro. É o que vimos em persistência dos lucros e dos dividendos (Capítulo 7).

Apenas empresas com lucros persistentes e crescentes podem garantir o pagamento de dividendos também persistentes e crescentes. Empresas que não possuem lucros com essas características podem até manter seus dividendos por algum tempo, pouco tempo, mas têm grandes probabilidades de vir a reduzir ou até mesmo suspender o pagamento de dividendos. E isso tende a trazer descontentamento aos investidores "clientes" dos dividendos, que, sob a ótica do **efeito clientela**, tendem a vender a ação e provocar uma pressão de baixa no seu preço. Assim, além de deixar de receber o dividendo, o investidor pode ter um retorno negativo ao vender sua ação por um preço inferior ao da compra.

Após obter lucro, a empresa tem dois destinos para esse lucro: reinvestir ou distribuir aos seus acionistas. **O crescimento esperado é função da quantidade de lucro que a empresa reinveste em suas operações.** Por exemplo, uma empresa de varejo, como o Magazine Luiza, que deseja aumentar sua área de atuação e os tipos de produto e serviço que oferece aos clientes, precisa de capital para fomentar esse crescimento orgânico.

Entre as alternativas de capital que a empresa tem está a retenção de parte de seus lucros, com o objetivo de obter maiores lucros no futuro, provenientes do aumento de sua operação. A outra parte, que não é reinvestida, é distribuída aos acionistas. É essa parte que dá origem ao índice *payout*, ou *dividend payout*.

$$Payout = \frac{Lucro\ distribuído}{Lucro\ Líquido}$$

Parece óbvio que as empresas que pagam mais dividendos são aquelas que têm maiores índices *payout*, correto? Nem sempre! Por uma questão matemática simples: 100% de pouco é pouco. Quando falamos em "**empresas que pagam mais dividendos**", estamos nos referindo àquelas que oferecem as melhores oportunidades de retorno aos acionistas, não apenas pelo dividendo corrente, como também por meio do crescimento dos dividendos e da valorização da ação, compondo o retorno total ao acionista (*total shareholder return* – TSR na sigla em inglês).

O volume e a persistência do lucro são guias importantes para a seleção de empresas que pagam mais dividendos, assim como o crescimento dos lucros e dos dividendos. Para que esse crescimento seja possível, a empresa precisa de reinvestimento. Portanto, devemos buscar empresas que apresentem um ponto ótimo (equilíbrio) entre os volumes de lucros reinvestidos e distribuídos. Geralmente, empresas que retêm muito lucro não têm rendimentos de dividendos atrativos, assim como aquelas que distribuem todo o lucro não conseguem crescer ao longo do tempo, o que pode levar à redução dos dividendos futuros.

Por isso, é razoável esperar que empresas que apresentam maior crescimento dos lucros ao longo do tempo também tenham tendência a possuir dividendos futuros maiores e mais consistentes. Isso também permite ter maior previsibilidade sobre os resultados futuros, aumentando a assertividade do *valuation* da empresa.

"*Surprise! Higher dividends = higher earnings growth.*"

"Surpresa! Maiores dividendos = maior crescimento dos lucros". Esse é o título do artigo científico de **Robert D. Arnott** e **Clifford S. Asness**, dois bilionários americanos e gestores de fundos de investimento. Em sua pesquisa, eles mostraram evidências do mercado dos Estados Unidos entre os anos 1946 e 2011, em que, de forma contrária à teoria tradicional, **empresas com maior crescimento dos lucros pagam maiores dividendos**. Esses resultados foram estatisticamente significantes e robustos, tanto ao longo do período analisado quanto diante do controle de fatores como investimento em relação ao PIB, *earnings yield* (rendimento dos lucros = lucro por ação / preço da ação) e inclinação da curva de rendimentos (Arnott e Clifford, 2003).

Outra forma de identificar empresas que tendem a pagar mais dividendos é observando o estágio do ciclo de vida da empresa. Assim como um ser vivo, as empresas possuem estágios do ciclo de vida. Desde a sua fundação, passando pelo período de alto crescimento, pela maturidade (ápice do desenvolvimento operacional), podendo enfrentar períodos de turbulência e até mesmo de declínio (com possível falência).

Damodaran (2017) divide o ciclo de vida das empresas em seis estágios: startup, crescimento jovem, crescimento alto, crescimento maduro, maturidade (ou crescimento estável) e declínio. Ele relaciona esses estágios à obtenção de receita, lucro e dividendo. Partindo do lado esquerdo até o direito da Figura 33, note que as relações do lucro e do dividendo com a receita da empresa mudam a cada estágio. Com o passar do tempo **a empresa nasce, cresce, envelhece e, em alguns casos, morre** (declínio).

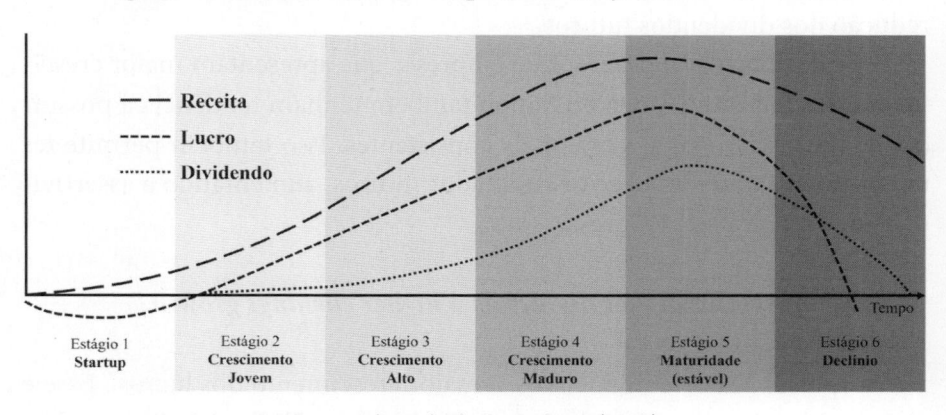

Figura 33: Ciclo de vida das empresas e relação com o dividendo.

Fonte: adaptado de Damodaran (2017).

No nascimento, a empresa tende a ter resultados negativos porque tem mais despesas do que receitas, o que é comum às startups (estágio 1). Ao longo dos períodos de crescimento, ela demanda o reinvestimento da maior parte dos seus lucros, por isso o dividendo já existe, mas o seu volume é menor (estágios 2 a 4). O período de maturidade é quando a empresa possui menor necessidade de reinvestimento e passa a distribuir maior volume de dividendo (estágio 5). No estágio de declínio, a empresa passa por uma redução de receita maior do que de despesa, seja por mudanças no seu negócio ou por má gestão, evidenciando suas dificuldades financeiras, geralmente associadas à diminuição do lucro e do dividendo (estágio 6).

Mesmo em declínio, algumas empresas mantêm o pagamento de dividendos para satisfazer as necessidades de seus acionistas. Em alguns casos, até quando a empresa passa a ter prejuízo ela mantém a distribuição de dividendos, utilizando lucros acumulados em períodos anteriores (por meio das reservas de lucros). Há casos de empresas em recuperação judicial que mantêm o pagamento de dividendos. É normalmente nos estágios de maturidade e de declínio que aparecem as armadilhas dos dividendos (vide Capítulo 6).

Por isso, você precisa estar atento ao estágio do ciclo de vida da empresa e identificar se ela continua reinvestindo eficientemente uma parte de seus lucros para continuar a crescer. E uma forma simplificada de fazer isso é estar atento aos lucros da empresa. Como afirma Peter Lynch, lendário investidor e gestor do fundo Fidelity Magellan, a única taxa de crescimento que verdadeiramente importa é a do lucro! Ele observa ainda que, se você não pode prever os lucros futuros de uma empresa, pelo menos pode descobrir como ela planeja aumentá-los (crescer) e verificar periodicamente se esse plano está funcionando (Lynch e Rothchild, 2011).

No Brasil, temos evidências de que empresas com maior crescimento (*growth firms*) são aquelas que tendem a ser mais lucrativas e, por consequência, apresentam maior crescimento de seus dividendos (Vasconcelos e Martins, 2019). Podemos verificar na prática como a persistência, a previsibilidade e o crescimento dos lucros importam para a escolha de empresas que pagam mais dividendos. Quanto mais voláteis e imprevisíveis são os resultados de uma empresa, mais difícil é avaliá-la.

Na Figura 34, podemos analisar alguns dos principais indicadores de fundamentos do Itaú Unibanco (gráficos da esquerda) e da Engie Brasil Energia (gráficos da direita). Em uma janela temporal de 15 anos, podemos ver que os patrimônios líquidos das empresas são crescentes, assim como seus lucros e proventos. Também podemos ver que os proventos crescem de acordo com o crescimento do lucro. Pela projeção dos gráficos superiores, parece fácil prever os próximos anos dessas empresas (devido aos padrões observados).

Figura 34: Fundamentos do Itaú e da Engie, em R$ milhões e % (2005 a 2019).

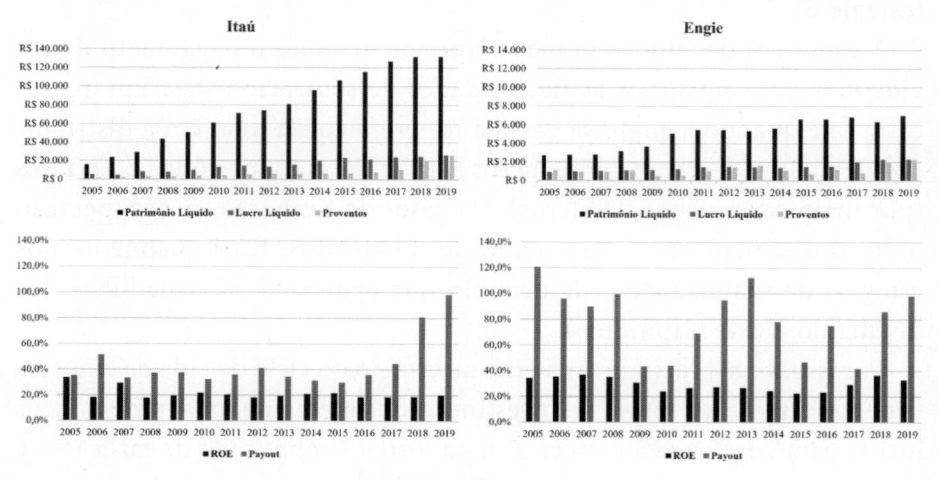

Fonte: dados da Refinitiv Eikon.

Nos gráficos inferiores da Figura 34 estão os percentuais de Retorno sobre o Patrimônio Líquido (ROE, em preto) e de *payout* (em cinza). Podemos ver que o ROE não varia muito ao longo do tempo para as duas empresas, com o ROE do Itaú em torno de 20% e o da Engie iniciando e terminando o período perto de 35%, apesar de ter oscilado no meio. Por outro lado, notamos uma visível diferença no que se refere ao *payout* dessas empresas.

O Itaú distribuía perto de 40% dos seus lucros até 2017, aumentando seu *payout* para mais de 80% nos anos seguintes, o que coincide com a redução do crescimento do patrimônio líquido, do lucro e dos proventos. Notamos que nos anos anteriores esses fundamentos cresciam de forma mais intensa. E isso coincide com os fundamentos da Engie, que tem histórico de menor crescimento de patrimônio, de lucro e de dividendos que o Itaú. Não por coincidência, a Engie tem histórico de maior *payout*, próximo a 100% em vários anos, o que reduz a capacidade de reinvestimento da empresa.

Claro, **essa é uma análise simplista**. Abrimos mão de utilizar ferramentas estatísticas mais sofisticadas para concentrar nossa análise apenas no aspecto visual, com o objetivo de demonstrar que há uma associação visível entre esses fundamentos. E mesmo o investidor iniciante pode identificar essas associações. Para deixar isso ainda mais claro, vamos repetir essa análise em duas outras empresas, em situações e setores diferentes.

Na Figura 35, apresentamos os fundamentos da Oi (gráficos da esquerda) e da MMX Mineração (gráficos da direita) na mesma janela de 15 anos. A primeira, uma empresa de telecomunicações em recuperação judicial; a segunda, uma mineradora do Grupo EBX (do empresário Eike Batista), que passou por recuperação judicial recentemente. Nosso objetivo ao pegar dois casos tão extremos é demonstrar como alguns indicadores podem ser enganosos quando analisados isoladamente, mas parecem óbvios quando olhados em conjunto.

Figura 35: Fundamentos da Oi e da MMX, em R$ milhões e % (2005 a 2019).

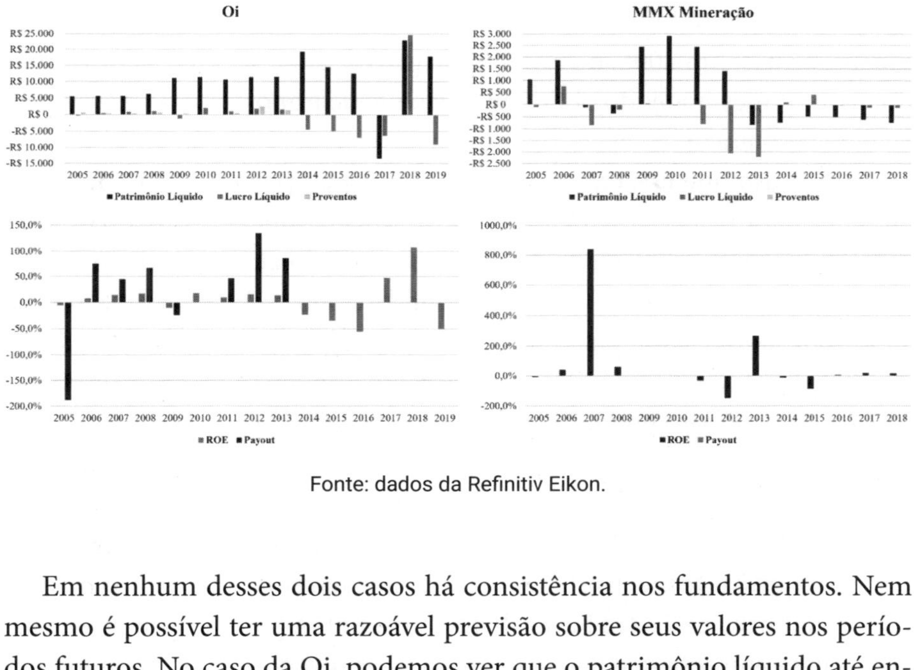

Fonte: dados da Refinitiv Eikon.

Em nenhum desses dois casos há consistência nos fundamentos. Nem mesmo é possível ter uma razoável previsão sobre seus valores nos períodos futuros. No caso da Oi, podemos ver que o patrimônio líquido até ensaia um crescimento, mas tem um valor extremamente negativo em 2017. Os lucros também são inconsistentes, com vários registros negativos e um valor extremamente positivo em 2018, que se refere ao acordo com credores por intermédio da recuperação judicial. Trata-se apenas do reconhecimento da economia com juros provenientes da conversão de dívidas em patrimônio líquido (acordo). Isto é, não entrou caixa na empresa.

Os dividendos da Oi, que um dia foram altos, tendo a empresa até tomado empréstimo para manter seus pagamentos, sumiram com o passar do tempo. Segundo reportagem da *Exame* à época, em 2012 a dívida da Oi aumentou 61%, chegando a R$ 25,1 bilhões para a empresa manter o pagamento de seus dividendos e financiar investimentos em serviços de televisão digital e internet banda larga (Redação Exame, 2013). Em 2012, a Oi teve R$ 1,785 bilhão de lucro, mas distribuiu R$ 2,405 bilhões em dividendos. Depois disso, o último dividendo foi em 2013.

Ainda em 2012, a Oi distribuiu o equivalente a 62% de seu valor de mercado como dividendos. Bom? Não. Entre o início de 2012 e o final de 2016, quando a empresa fez o pedido de recuperação judicial, suas ações perderam 80% de valor de mercado. Note no gráfico inferior da Figura 35 que mesmo antes de 2012 o ROE e o *payout* da Oi eram extremamente inconsistentes. Em 2005, o *payout* foi negativo, isto é, a empresa distribuiu dividendos mesmo tendo obtido prejuízo naquele ano. Isso não é sustentável no longo prazo.

Outro caso que nos ensina qual é o tipo de empresa que não devemos escolher para receber dividendos é o da MMX Mineração. Ela tem uma diferença importante em relação à Oi: o estágio do ciclo de vida. A Oi era uma empresa originada da Telebrás, fundada em 1972 e privatizada em 1998 (portanto, passou pelo estágio de maturidade). A MMX foi fundada em 2005 e estava em estágio de crescimento, requerendo maior reinvestimento. Por isso, a empresa não tem histórico de distribuição de dividendos, especialmente, como podemos ver no gráfico superior da Figura 35, porque a empresa não tinha histórico de lucros consistentes.

No gráfico inferior da Figura 35, observe que o histórico de ROE da empresa é bastante inconsistente, além de não haver *payout*. Ora, se não há lucros, também não deve haver dividendos. Então por que estamos analisando uma empresa que não distribui dividendos porque não tem lucros? Para que fique claro que a utilização de bons e vários indicadores de fundamentos é essencial para a escolha de empresas que pagam mais dividendos. Seu correto uso lhe poupará tempo, mantendo o foco de sua análise em empresas que possuam as características de lucros persistentes e crescentes.

Então, **quais são as características comuns das empresas mais lucrativas e que distribuem bons dividendos?** Essa busca pode ser guiada por fatores como o estágio do ciclo de vida, o tamanho, o setor de atuação, o *market share* (participação no mercado), o posicionamento estratégico, entre outras características que sugerem um "balanço saudável" – isto é, níveis adequados de rentabilidade, liquidez e endividamento.

Empresas em crescimento tendem a ser aquelas que oferecem dividendos também crescentes. Se o dividendo desse tipo de empresa já é bom hoje, tende a ficar melhor no futuro. Empresas maiores tendem a estar nos últimos estágios de crescimento, perto da maturidade, de forma que já não conseguem identificar com a mesma facilidade novos projetos que demandem altos volumes de reinvestimento dos lucros. Um exemplo é o Itaú Unibanco, maior banco da América Latina, que a partir de 2017 passou a aumentar seu *payout* porque não via mais as mesmas oportunidades de crescimento orgânico (ampliação de agências) nem inorgânico (fusões e aquisições). Reveja na Figura 34 como esse padrão muda.

O setor de atuação da empresa também pode ser um diferencial. Especialmente se for não cíclico e menos volátil. Setores de serviços ou produtos básicos, com menor competitividade, que sejam regulados e nos quais as empresas tendam a ser mais maduras geralmente reúnem as empresas que pagam maiores volumes de dividendos. Especialmente em setores regulados, os lucros das empresas são mais resilientes, porque há menor competitividade e mais barreiras de entrada a novas empresas.

As empresas de alguns setores conseguem obter lucros mesmo em períodos de crise, quando a economia do país não vai bem. Quando o mundo está caindo lá fora, os dividendos também continuam a cair... na conta! Alguns setores que podemos destacar:

- **Bancos**: há muito tempo no Brasil existe uma forte concentração bancária. O setor já enfrentou diversos desafios, como a entrada de bancos internacionais como ABN AMRO, BankBoston, BBVA, Citibank, HSBC, Santander, entre vários outros, dos quais apenas o Santander mantém atividades no Brasil, entre os que citamos. Apesar dos desafios, é um setor extremamente resiliente, pois toma-se crédito na crise para pagar as contas, toma-se crédito no crescimento para financiar novos projetos.
- **Energia elétrica**: geralmente as empresas operam com a maior parte da receita contratada e corrigida pela inflação, o que permite alta

previsibilidade. Por ser um setor regulado e com ativos concedidos por leilões com alto custo, apresenta fortes barreiras de entrada. Seja na crise ou na bonança, assistimos à televisão, usamos a geladeira, ligamos o computador, temos luz nas ruas, etc.
- **Saneamento básico**: geralmente o volume de consumo varia pouco e a receita é corrigida pela inflação. Também é comum que apenas uma empresa atue nesse setor em cada estado, o que representa baixa competitividade. Seja na crise ou na bonança, bebemos água, tomamos banho e damos descarga no banheiro.

Participação no mercado (ou *market share*) também é um indicador relevante. Empresas maiores também tendem a ter maior *market share*. Isso permite maior liberdade na definição dos preços de seus produtos e serviços, o que geralmente se reflete em maiores margens de lucro. São as chamadas empresas líderes, maiores e que possuem maiores *market shares*. Essas empresas têm maior força para se proteger da concorrência, adquirindo suas concorrentes menores e influenciando as tendências do setor.

No setor de educação superior do Brasil, podemos ver esse fenômeno claramente. Podemos citar o caso da Cogna, que surgiu em 1966 como um curso pré-vestibular da Pitágoras, em Belo Horizonte, transformando-se em uma rede nacional de ensino quando, já em 2007, abriu seu capital na Bolsa de Valores com o nome de Kroton. Ela seguiu adquirindo faculdades menores até sua fusão com a Anhanguera em 2013, quando criou a Saber, e adquiriu a Somos em 2018, transformando-se na Cogna em 2019. A empresa alcançou a façanha de ser o maior grupo educacional do mundo.

Com isso em mente, você pode "filtrar" entre as empresas da bolsa, ou mesmo de um setor específico, quais são as empresas mais atrativas para investimento. Para essa "filtragem", podemos utilizar indicadores qualitativos e quantitativos. Vamos ver como identificar esses indicadores e como utilizá-los em uma análise.

8.2. Escolha por indicadores financeiros

É comum ver investidores escolhendo ações para investimento com base em dados da empresa de um único período, ou mesmo de um curto período. Essa abordagem normalmente está relacionada com a estratégia de investimento. Por exemplo:

1. *Value investing:* o investidor é atraído por índices Preço/Lucro (P/L), Preço/Valor Patrimonial da Ação (P/VPA) ou mesmo pelo Fluxo de Caixa Descontado;
2. *Growth investing:* o investidor é atraído por empresas com maior crescimento das vendas e dos lucros;
3. *Dividend investing:* o investidor é atraído pelo rendimento dos dividendos.

O *dividend investing* é uma estratégia de investimento que carrega características tanto do *value investing* quanto do *growth investing* (vimos isso no Capítulo 4). Isto é, sabemos que não basta a empresa estar sendo negociada por um preço descontado no mercado, mas também é importante que ela ofereça potencial de crescimento de seus dividendos.

Assim como nas demais estratégias, no *dividend investing* você não pode basear sua decisão de investimento em um único indicador financeiro, nem mesmo em um conjunto pequeno de indicadores correlacionados. Caso contrário, sua carteira de ações poderá sofrer uma grande perda se esse indicador ou pequeno grupo de indicadores estiverem errados.

O primeiro passo para evitar esse problema é escolher um conjunto adequado de indicadores (ou filtros) qualitativos e quantitativos. Que tipo de empresa lhe interessa? O que você julga como indispensável na hora de escolher uma ação? Do que você não abre mão? Existe algum setor de preferência ou mesmo que você queira evitar? Qual é o nível de risco que você aceita correr? Há algum retorno mínimo esperado? Esses são alguns exemplos de questões que você mesmo pode levantar no momento de escolher os "filtros" de seu interesse. Em alguns casos, controlam fatores qualitativos; em outros, fatores quantitativos.

Por mais que investimento em ações seja um tipo de investimento com foco no futuro, julgamos importante que a ação tenha um nível mínimo de volume financeiro negociado em bolsa, para que, no dia que decidirmos vender a ação, seja possível encontrar com facilidade um comprador no mercado. Além disso, como o objetivo desse investimento é obter renda passiva em dividendos – e vimos que dividendo nada mais é do que o lucro que a empresa distribui aos seus acionistas –, consideramos importante que a empresa tenha um histórico de lucros e dividendos contínuos por cinco anos, pelo menos.

Nesse sentido, podemos definir os filtros que podem ser utilizados para selecionar empresas com bons fundamentos. Liquidez mínima e histórico de lucros e dividendos são exemplos de filtros qualitativos. Não estamos interessados nas empresas que têm maiores liquidez, lucros ou dividendos, mas exigimos um "mínimo de qualidade" nesses indicadores para que a empresa integre a amostra menor que vamos analisar. Em seguida, podemos escolher filtros quantitativos que manterão na amostra apenas as melhores empresas, e, para definir o "mínimo de quantidade" de cada indicador, podemos utilizar a média ou definir um valor.

Na Figura 36 explicamos, com alguns múltiplos, como é possível selecionar algumas empresas com bons fundamentos para dividendos. Como esse é um exemplo, utilizamos apenas alguns indicadores como critérios de seleção, mas vários outros podem ser utilizados. Nas subseções seguintes deste capítulo, vamos apresentar dois conjuntos de filtros famosos envolvendo uma série de indicadores que podem ser utilizados para a escolha de empresas.

Primeiro selecionamos um setor de interesse. Como temos um espaço limitado para demonstrar o exemplo, preferimos utilizar um setor, mas você pode fazer essa análise com todas as empresas da bolsa. Escolhemos o setor de energia elétrica (filtro 1), que possui muitas ações com características de empresas pagadoras de dividendos. Em seguida, verificamos nesse setor as empresas que têm maior liquidez, sendo a média diária de volume financeiro negociado superior a R$ 15 milhões (filtro 2). Isso é importante para garantir o investimento em empresa que é negociada com frequência na bolsa, haja vista que temos muitas empresas com pouco volume diário de negociação, o que é um empecilho para investidores maiores.

Figura 36: Filtros para escolha de empresas no setor de energia elétrica (2019).

Volume > R$ 15 milhões	5 anos com Lucros	5 anos com Dividendos	Empresas	ROE > Média	Empresas	ML > Média	Empresas	DY > Média
AES Tiete E	AES Tiete E	AES Tiete E	Engie Brasil	36,6%	Taesa	55,8%	**Taesa**	**8,0%**
Alupar	Alupar	Alupar	Alupar	26,2%	Alupar	35,7%	Engie	4,9%
Cemig	Cemig	Cemig	CPFL Energia	21,9%	Engie Brasil	23,6%	Alupar	2,5%
Cesp	Cesp	Cesp	Taesa	21,9%	AES Tiete E	14,6%	**Média**	**5,1%**
Copel	Copel	Copel	AES Tiete E	19,7%	Cemig	12,3%		
CPFL Energia	CPFL Energia	CPFL Energia	Cemig	19,6%	CPFL Energia	9,2%		
Eletrobras	Eletrobras	Eletrobras	Trans. Paulista	15,7%	**Média**	**25,5%**		
Energias BR	Energias BR	Energias BR	Energias BR	15,3%				
Energisa	Energisa	Energisa	Neoenergia	13,1%				
Eneva	Eneva	Eneva	Copel	12,6%				
Engie Brasil	Engie Brasil	Engie Brasil	Energisa	8,7%				
Equatorial	Equatorial	Equatorial	**Média**	**19,2%**				
Light S/A	Light S/A	Light S/A						
Neoenergia	Neoenergia	Neoenergia						
Taesa	Taesa	Taesa						
Trans. Paulista	Trans. Paulista	Trans. Paulista						

Fonte: dados da Refinitiv Eikon.

Depois desses filtros, restaram 16 empresas. Então decidimos manter em nossa amostra apenas aquelas que tiveram lucros em todos os últimos cinco anos no momento da análise (filtros 3). Ficaram 11. Em seguida, apenas as empresas que pagaram dividendos em todos os últimos cinco anos (filtro 4), que foram as mesmas 11 empresas anteriores. Isso demonstra como o histórico de persistência de lucros é importante para a consistência no pagamento de dividendos. Chamamos esses quatro primeiros filtros de "qualitativos", pois se referem aos critérios gerais de qualidade.

A segunda parte da análise na Figura 36 se refere aos filtros "quantitativos". Nesse exemplo, utilizamos dados reais do ano de 2019, mas você também pode utilizar as médias de mais anos. Selecionamos alguns indicadores que julgamos importantes e "filtramos", em cada um deles, as empresas com valores acima da média de cada indicador. Repetimos que esses indicadores foram selecionados apenas como exemplos. É importante que você utilize os indicadores mais relevantes para a sua empresa ou o seu setor, e na maior quantidade possível.

O filtro 5 que utilizamos é o Retorno sobre o Patrimônio Líquido (ROE), cuja média para as 11 empresas da amostra foi 19,2%. Portanto, mantivemos apenas as seis empresas com ROE > 19,2%. O filtro 6 repetiu esse procedimento com a Margem Líquida (ML) das seis empresas, cuja média foi 25,5%. Restaram apenas três com ML superior a 25,5%. Por fim, verificamos, entre essas empresas, quais têm melhor rendimento de dividendos (*dividend yield* ou DY), cuja média foi 5,1%. Restou apenas a Taesa, com ROE igual a 21,9%, ML igual a 55,8% e DY igual a 8%.

Mas você pode não ter um setor de preferência, ou mesmo querer analisar em todos os setores as empresas que possuem melhores fundamentos. Para isso, **você pode selecionar indicadores de sua preferência e fazer uma "filtragem" de forma ampla**, indicador por indicador. Inclusive recomendamos que essa seja a prática, pois assim é possível encontrar ações que não estão cotidianamente no noticiário ou entre as discussões dos analistas, mas que são boas ações, com bons fundamentos e possíveis descontos em relação ao seu valor intrínseco.

Por exemplo, considerando os dados de todas as 470 ações negociadas na Brasil, Bolsa, Balcão B3 no final de 2019, com dados disponíveis para análise, **podemos estabelecer alguns critérios qualitativos e quantitativos** que julgamos importantes e filtrar as empresas que restam para que façamos uma análise mais criteriosa. Dado o volume de empresas que são negociadas na bolsa, especialmente para o investidor pessoa física, não é possível analisar em detalhe todas as empresas. Por isso, esses filtros são importantes para você saber a quem deve dar atenção. Vamos considerar como exemplo os seguintes critérios:

1. Possuir média diária de volume financeiro negociado maior que R$ 15 milhões;

2. Não ter patrimônio líquido negativo;
3. Possuir histórico de lucros (se possível, crescentes);
4. Possuir ROE maior que 10%;
5. Ter distribuição de dividendos aos seus acionistas de forma frequente;
6. Possuir *dividend yield* maior que a taxa básica de juros (Selic).

No Brasil, é comum as empresas terem mais de um tipo de ação (ordinária, preferencial e até Unit). A maior parte dos indicadores é igual para os diferentes tipos de ação por se referirem à empresa, e não à ação. Por exemplo, lucro por ação, ROE, ML, entre outros. Os indicadores que podem mudar são aqueles diretamente relacionados à ação, como o preço (ON e PN podem ter preços diferentes), o dividendo por ação (PN pode ter 10% a mais de dividendos) e o próprio *dividend yield* (pois é calculado pela divisão do dividendo pelo preço). Por isso, continuamos a análise com foco na empresa, e não na ação.

Após a execução dos cinco primeiros filtros para o período de 10 anos, restam 24 empresas. Portanto, excluímos da análise qualquer empresa que teve seu patrimônio líquido negativo em pelo menos um dos 10 anos, assim como empresas que tiveram algum prejuízo, cujo ROE foi menor que 10% ou que não pagaram dividendos. Se identificamos qualquer desses pontos em apenas um ano, retiramos a empresa da análise. Esses foram os "parâmetros de qualidade" que utilizamos. E, claro, você pode ser mais flexível ou até mais rigoroso com eles.

Destacamos que, da amostra inicial, oito empresas foram excluídas por terem baixas médias diárias de volume financeiro negociado, apesar de atenderem aos demais critérios (Banpará, Banestes, Ceg, Cosern, Comgás, Dimed, Elektro e Grazziotin). Como dissemos, empresas com baixa liquidez podem representar um risco ao investidor na hora que decidir vender a ação, por falta de volume de negociação (pessoas interessadas em comprar), além de haver maior facilidade de manipulação de preços nesse tipo de empresa.

Entre as empresas que passaram nos filtros, observe na Tabela 11 que o setor com maior número é o de finanças e seguros. Mais especificamente, são seis bancos (considerando Itaúsa, já que 90% de seus ativos são Itaú Unibanco) e uma seguradora (SulAmérica). O setor de energia elétrica contou com cinco empresas, seguido pelo têxtil, com quatro empresas, e alimentos e bebidas, com duas. Com uma empresa, os setores de aluguel de carros, comércio, construção, educação, máquinas industriais e software e dados.

Depois de escolher as empresas que atendem aos critérios de qualidade que julgamos importantes, fizemos a análise do rendimento dos dividendos. Para isso, de forma diferente da análise feita na Figura 36, agora escolhemos a taxa básica de juros como nosso padrão de corte. Ao final de 2019, a Selic estava em 4,5%. Na Tabela 12, você pode ver o histórico de *dividend yield* dessas empresas em diferentes períodos. Calculamos as médias de dez e cinco anos, o DY realizado de 2019 e o DY esperado para 2020 (2020E) a partir da média das previsões dos analistas disponível na Refinitiv.

Tabela 11: Empresas selecionadas de acordo com nossos filtros (2010 a 2019).

Empresas que passaram nos filtros			Setor na Bolsa	Quantidade
AES Brasil	Bradesco	Itaúsa	Finanças e Seguros	7
Alpargatas	Cia Hering	Localiza	Energia Elétrica	5
Alupar	Cielo	M Dias Branco	Têxtil	4
Ambev	CPFL	MRV	Alimentos e Bebidas	2
Arezzo	Engie	Renner	Aluguel de Carros	1
Banco ABC	Estácio Par	SulAmérica	Comércio	1
Banco do Brasil	Grendene	TAESA	Construção	1
Banrisul	Itaú Unibanco	WEG	Educação	1
			Máquinas Industriais	1
			Software e Dados	1

Fonte: dados da Refinitiv Eikon.

Por que calculamos o *dividend yield* das empresas em diferentes períodos? Para demonstrar que você pode olhar cada indicador em diferentes momentos, especialmente porque eles mudam com o passar do tempo. Note que o maior DY de dez e de cinco anos foi da Taesa, porém a empresa perdeu esse posto quando olhamos somente para 2019. Naquele ano, o aumento do *payout* do Itaú Unibanco (já discutido) fez com que ele tivesse o maior DY entre as empresas analisadas. Porém, de acordo com as expectativas dos analistas, para o final de 2020 nenhuma dessas empresas terá o DY mais atrativo – será a AES Brasil.

Quanto maior o período de análise, mais você conhece sobre o histórico da empresa. **É um erro considerar o valor de um indicador em apenas um ano.** Ele pode estar sendo afetado por um evento não recorrente, que não se repete ao longo do tempo. Por isso, analisar as médias e até mesmo como esse indicador varia ao longo do tempo é um procedimento de segurança para você não cair em armadilhas.

No exemplo da Tabela 12, utilizamos apenas o *dividend yield*, mas, repetimos, é indispensável que você também faça uma análise de outros in-

Tabela 12: Análise do *dividend yield* das 24 empresas selecionadas.

Ranking	DY: 10 anos		DY: 5 anos		DY: 1 ano		DY: 2020E	
1	Taesa	10,6%	Taesa	9,7%	Itaú	8,1%	AES Brasil	8,0%
2	AES Brasil	9,1%	AES Brasil	9,1%	Cielo	6,5%	Engie	7,0%
3	Banrisul	6,8%	Banrisul	7,1%	Banrisul	6,4%	Banco ABC	6,1%
4	Banco Brasil	6,2%	Banco ABC	6,1%	Engie	6,3%	Banrisul	6,0%
5	Alupar	5,7%	Banco Brasil	5,7%	Taesa	6,2%	Bradesco	5,4%
6	Engie	5,6%	Engie	5,6%	Bradesco	5,8%	Banco Brasil	5,3%
7	Banco ABC	5,5%	Cia Hering	5,4%	AES Brasil	5,4%	Itaú Unibanco	4,9%
8	Grendene	5,1%	Itaú Unibanco	5,3%	MRV	5,2%	MRV	4,7%
9	Itausa	5,0%	Itausa	5,2%	Banco ABC	5,2%	Taesa	4,7%
10	Cielo	4,6%	Alupar	5,2%	Banco Brasil	5,1%	Itausa	4,4%
11	CPFL	4,0%	Cielo	4,7%	Estácio Par	4,0%	Cia Hering	4,1%
12	Alpargatas	4,0%	MRV	4,6%	Itausa	3,2%	Ambev	3,9%
13	Cia Hering	3,9%	Alpargatas	4,5%	Cia Hering	2,9%	Cielo	3,7%
14	Itaú Unibanco	3,9%	Grendene	4,5%	Arezzo	2,6%	CPFL	3,6%
15	Ambev	3,8%	Bradesco	3,9%	Ambev	2,6%	Grendene	3,2%
16	MRV	3,7%	Ambev	3,2%	Grendene	2,6%	Alupar	2,7%
17	Bradesco	3,2%	Arezzo	3,2%	Alupar	2,2%	Arezzo	2,3%
18	SulAmérica	3,0%	Estácio Par	2,8%	CPFL	1,3%	Estácio Par	2,0%
19	Arezzo	2,5%	SulAmérica	2,6%	Alpargatas	1,3%	Alpargatas	1,6%
20	Estácio Par	2,3%	CPFL	2,1%	WEG	1,0%	Renner	1,4%
21	WEG	1,8%	WEG	1,9%	SulAmérica	1,0%	SulAmérica	1,3%
22	Renner	1,6%	Localiza	1,4%	Localiza	0,8%	WEG	1,1%
23	Localiza	1,5%	Renner	1,4%	Renner	0,7%	Localiza	1,0%
24	MD Branco	1,3%	MD Branco	1,2%	MD Branco	0,6%	MD Branco	0,9%

Fonte: dados da Refinitiv Eikon.

dicadores. Saber **como cresce a receita, como varia o lucro, qual é a rentabilidade, como está o nível de endividamento**, entre outros aspectos, são exemplos de informações importantes para uma decisão de compra de uma ação. Por isso, repita esse procedimento de análise para o maior número de indicadores que você puder.

Além disso, é importante que você tenha segurança na qualidade do indicador que está analisando. Geralmente, há uma série de lugares onde esses indicadores e múltiplos de valor podem ser obtidos de forma calculada. O primeiro problema disso é que você não sabe se as informações utilizadas para esse cálculo são corretas. Sites terceirizados, alguns até mesmo gratuitos, podem não ter o zelo necessário no momento da conferência dessas informações. Por isso, prefira as fontes oficiais, como a CVM, a Bolsa de Valores e o site de relações com investidores da própria empresa.

Outro problema de obter indicadores calculados por terceiros é que você não sabe se eles foram calculados da maneira correta ou como você precisa deles para a sua análise. Pior ainda é se você obtiver essas informações em fontes distintas. Vejamos o caso do Retorno sobre o Patrimônio Líquido (ROE). Ele pode ser calculado pela divisão do lucro líquido pelo patrimônio líquido do início do período, do final do período ou até mesmo pelo PL médio. Muitos sites não fornecem essa informação junto com o indicador.

Se você quer avaliar o retorno ao longo de um ano, é mais prudente utilizar o PL inicial ou médio para cálculo do ROE. Mas como saber se o site XYZ fez o cálculo correto? Será que ele usou o lucro líquido recorrente, retirando eventos esporádicos, ou simplesmente utilizou o lucro líquido que está na Demonstração de Resultados? Questões como essas podem fazer você tomar uma decisão equivocada. **Em tempos de fácil acesso à informação e de pessoas querendo obter "cliques" para seus sites, é extremamente importante se assegurar de que as informações que você usa são confiáveis.**

Já vimos muitos dados e indicadores distorcidos em sites gratuitos. Assim como números diferentes para os mesmos indicadores de uma empresa, simplesmente porque cada analista pode calcular ou ajustar o indicador de acordo com o próprio interesse. Por exemplo, um analista pode ajustar o efeito de uma nova norma contábil para ter maior comparabilidade com indicadores de anos anteriores. Se você obtém um indicador desses sem saber da finalidade do ajuste, pode tomar uma decisão de investimento errada. No Capítulo 10, discutiremos os principais múltiplos e os cuidados que devemos ter com eles.

8.3. Usando os filtros de Graham

Benjamin Graham é também conhecido como o precursor da estratégia de investimento conhecida como *"buy and hold"*, como desdobramento do *value investing*. O *buy and hold* (comprar e manter) tem como foco comprar ações de empresas sólidas e com ótimas perspectivas de geração de fluxos de caixa no futuro, e mantê-las em sua carteira de investimentos por um longo período.

Graham também observa que investir com sucesso ao longo de uma vida inteira não requer um quociente de inteligência estratosférico, uma visão empresarial incomum ou informações privilegiadas (Graham, 2007). Geralmente, o investidor pode seguir dois caminhos na renda variável: (i) investir em um fundo de ações ou replicar um fundo de índice (ETF) de ações da própria bolsa, como o Ibovespa (BOVA11) ou o Índice de Dividendos (DIVO11); (ii) aplicar uma bateria de testes (filtros) para selecionar suas próprias ações e se certificar de que há uma qualidade mínima nos fundamentos das empresas.

Graham aponta sete critérios para a inclusão de uma ação na carteira de investimentos:

1. **Tamanho > US$ 100 milhões**:
    a) Mais de US$ 100 milhões de faturamento anual;
    b) Quando concessionária de serviços públicos, mais de US$ 50 milhões.
2. Condição financeira suficientemente forte:
    a) **Liquidez Corrente ≥ 2** (o ativo circulante deve ter, pelo menos, o dobro do passivo circulante);
    b) **Endividamento de longo prazo ≤ capital de giro** (ativo circulante – passivo circulante);

c) Quando concessionária de serviços públicos, a dívida não deve exceder duas vezes o capital social (em valor contábil).
3. **Histórico de lucro positivos por, pelo menos, 10 anos.**
4. **Crescimento de lucros ≥ 1/3 nos últimos 10 anos** (usando médias trienais, no início e no fim).
5. **Dividendos ininterruptos por, pelo menos, 20 anos.**
6. **Preço/Lucro ≤ 15 nos últimos três anos** (lucro médio).
7. **Preço/Valor Patrimonial por Ação máximo ≤ 1,5.**
   a) Um P/L < 15 pode justificar um P/VPA > 1,5. Por isso, Graham sugere que o produto da multiplicação seja menor ou igual a 22,5 (**P/L x P/VPA ≤ 22,5**).

Sobretudo, Graham destaca que esses critérios foram estabelecidos para o investidor defensivo. Portanto, eles tendem a excluir a grande maioria das ações por duas razões: (a) a primeira razão envolve o grupo de empresas pequenas, com condições financeiras frágeis, pelo menos um prejuízo nos últimos 10 anos e sem longo e ininterrupto histórico de pagamento de dividendos, sendo a condição financeira o critério mais severo; (b) a outra razão é oposta, exatamente por envolver o grupo de empresas que tende a ter as características citadas em "a": mantém apenas empresas com P/L e P/VPA mais baixos.

Portanto, a essência da utilização de filtros é encontrar empresas baratas (item b) mas que apresentem características de solidez (conforme exclusões no item a). **Tais critérios podem ser flexibilizados de acordo com o perfil do investidor**, porém mantendo-se a essência de buscar empresas sólidas por preços justos (popularmente chamadas de "baratas"). Na Tabela 13, mostramos um exemplo da aplicação dos filtros de Graham no mercado brasileiro, da forma como o autor os define. Com dados de 2019, notamos que, do total de 354 empresas com ações negociadas na B3 naquele ano, restaram apenas três empresas.

Döhler (têxtil), Ferbasa (siderurgia e metalurgia) e Grazziotin (consumo e varejo) foram as empresas que passaram por todos os filtros. Essas são empresas de menor porte, chamadas de *small caps*, haja vista que faturaram entre US$ 119 e US$ 318 milhões. Por essa razão, mesmo que tenham apresentado fundamentos sólidos, seus indicadores preço/lucro e preço/

valor patrimonial da ação podem estar descontados exatamente porque há menor demanda pelas ações dessas empresas.

Tabela 13: Aplicação dos filtros de Graham no mercado de ações do Brasil (2019).

Empresa	Döhler	Ferbasa	Grazziotin
Tamanho (US$ milhões)	123,9	317,5	119,2
Liquidez Corrente	6,6	2,7	2,1
ELP/CG (%)	5,3	96,5	0
Lucros em 10 anos	Sim	Sim	Sim
Crescimento de Lucros (%)	101,1	158,3	129,2
Dividendos em 20 anos	Sim	Sim	Sim
P/L*	11,9	6,4	7,2
P/VPA*	0,8	0,9	1

Fonte: dados da Refinitiv Eikon. Notas: * Valores para a ação mais líquida (preferencial). Os valores de P/L e de P/VPA considerando o preço da ação ordinária de cada empresa são: Döhler (15,7 e 1,0), Ferbasa (10,6 e 1,5) e Grazziotin (7,3 e 1,0).

As maiores e principais empresas da Bolsa de Valores brasileira não passaram por algum dos filtros, como liquidez corrente, históricos de lucros e dividendos, P/L e P/VPA. Mercados de países emergentes, como o brasileiro, são menos desenvolvidos e mais voláteis do que os de países desenvolvidos, como os Estados Unidos, onde Graham desenvolveu os filtros (La Porta et al., 2000). O Brasil enfrenta crises com mais frequência. Como consequência, é comum as empresas apresentarem prejuízo em alguns anos e até mesmo suspenderem de forma pontual o pagamento de dividendos. Por essas razões, as empresas que possuem os melhores fundamentos são vistas como "de alta qualidade" e por isso seus indicadores de P/L e P/VPA tendem a ser mais elevados.

O próprio Graham observa que esses critérios podem ser flexibilizados com base no perfil do investidor (menor defensivo). Também recomendamos a flexibilização para adequação ao mercado brasileiro. Assim, "relaxamos" a liquidez corrente (permitindo empresas com LC menor que 2), reduzimos o período de lucros e de dividendos ininterruptos para cinco anos e aumentamos os limites do P/L menor ou igual a 20 e do P/VPA menor ou igual a 3. Cinco outras empresas passaram nos filtros: Grendene, Itaúsa, M. Dias Branco, Metal Leve e Isa Energia.[11]

Tabela 14: Aplicação dos filtros de Graham flexibilizados no Brasil (2019).

Empresa	Tamanho (US$ mi)	Liquidez Corrente	ELP/CG (%)	Lucros 5 anos	Crescimento de Lucros (%)	Dividendos 5 anos	P/L*	P/VPA*
Döhler	123,9	6,6	5,3	Sim	101,1	Sim	11,9	0,8
Ferbasa	317,5	2,7	96,5	Sim	158,3	Sim	6,4	0,9
Grazziotin	119,2	2,1	0,0	Sim	129,2	Sim	7,2	1,0
Grendene	513,8	8,9	3,5	Sim	66,3	Sim	18,7	3,0
Itaúsa	1.242,5	2,5	86,1	Sim	104,1	Sim	12,0	2,1
M. Dias	1.514,3	2,0	31,8	Sim	78,7	Sim	18,1	2,1
Metal Leve	626,7	1,9	38,5	Sim	74,8	Sim	14,0	2,8
Isa Energia	820,0	3,1	66,5	Sim	142,7	Sim	8,8	1,3

Fonte: dados da Refinitiv Eikon. Nota: * Valores para a ação mais líquida (preferencial), exceto nas empresas que possuem apenas a ação ordinária: Grendene, M. Dias Branco e Metal Leve.

Na Tabela 14, podemos notar que a flexibilização permitiu a permanência de empresas de maior porte (que ultrapassam US$ 1 bilhão de receita líquida), como Itaúsa e M. Dias Branco. Ao final de 2019, essas duas empresas eram negociadas a 2,1 vezes seus valores patrimoniais. A Grendene foi a empresa que teve o maior P/VPA (3,0), assim como maior preço por cada R$ 1 oferecido em lucros (P/L = 18,7). Falando em lucros, a Ferbasa foi a empresa que apresentou maior crescimento médio dos lucros (158,3%).

8.4. Usando o *Big, Safe Dividend* (BSD) de Carlson

Charles Carlson também criou um conjunto de filtros para escolha de empresas pagadoras de dividendos e o chamou de *Big, Safe Dividend* (dividendos grandes e seguros), ou simplesmente "BSD". O BSD é um in-

---

11 Até 18/11/2024, a Isa Energia era negociada com o nome de CTEEP, sucessora da Transmissão Paulista, cujos *tickers* eram TRPL3 e TRPL4. Desde então, passou a se chamar Isa Energia e seus *tickers* mudaram para ISAE3 e ISAE4, respectivamente.

dicador composto por 10 fatores que variam entre as notas 0 e 100. **As ações com maior BSD representam "dividendos grandes e seguros"**. Seu objetivo é analisar o potencial de estabilidade e crescimento dos dividendos de uma empresa.

Primeiro é realizado o cálculo de cada indicador (seja em percentual ou índice) e, em seguida, eles são transformados em fatores por meio da padronização no intervalo [0, 100], em que o maior valor de cada indicador assume a nota máxima (100) e o menor valor assume a nota mínima (0). O terceiro passo consiste no cálculo da média ponderada do BSD por meio da ponderação pelos pesos atribuídos a cada um dos 10 fatores. Finalmente, outras vezes é realizada a padronização do BSD ao intervalo [0, 100], quando é construído o ranking no qual as empresas com maiores BSD são consideradas aquelas com dividendos grandes e seguros.

A seguir, **apresentamos os 10 indicadores de qualidade que Carlson utiliza**. O autor também aponta pesos diferentes para cada um deles, justificando sua respectiva importância para a determinação da magnitude e segurança dos dividendos das empresas ao longo do tempo. Assim, para o primeiro passo, apresentamos os detalhes dos cálculos:

1. **Índice *payout*** (peso de 30%): representa o volume de lucros distribuídos como dividendos. Possui o maior peso ponderado no cálculo do BSD, por ser considerado o elemento mais importante da persistência do dividendo.

$$\frac{Dividendo\ por\ Ação}{Lucro\ por\ Ação} \times 100$$

2. **Cobertura de juros** (peso de 10%): mede a capacidade de a empresa efetuar o pagamento dos juros de sua dívida. Empresas com muitas dívidas podem ter dificuldade em pagar dividendos se as condições de seus negócios piorarem. Uma empresa não pode deixar de pagar os juros de sua dívida (a menos que a quite ou que declare falência). Por outro lado, ela pode deixar de pagar os dividendos. Assim, quanto maior é a cobertura de juros, menor é o risco de suspensão do dividendo.

$$\frac{\textit{Lucro antes dos Juros e Impostos (EBIT)}}{\textit{Despesas Financeiras}}$$

3. **Fluxo de caixa sobre lucro líquido** (peso de 5%): os lucros são a principal fonte de financiamento dos dividendos. Isso é verdade até certo ponto. Carlson destaca que lucros que são lucros apenas no papel – ou seja, lucros que são uma invenção da magia contábil – não pagam os dividendos. Precisa-se de dinheiro real para o pagamento dos dividendos. Por isso, é importante atentar para o volume de fluxo de caixa que a empresa tem gerado em relação ao seu lucro.

$$\frac{\textit{Fluxo de Caixa das Atividades Operacionais}}{\textit{Lucro Líquido}}$$

4. ***Dividend yield*** (peso de 5%): a inclusão do *dividend yield* na fórmula do BSD busca dar peso às ações com maiores rendimentos. É essencial ao investidor saber a proporção de dividendos que ele deve receber em relação ao preço pago pela ação.

$$\frac{\textit{Dividendo por Ação}}{\textit{Preço por Ação}} \times 100$$

5. **Desempenho relativo do preço** (peso de 10%): esse indicador mede o desempenho relativo do preço das ações nos últimos seis meses. Os movimentos dos preços são antecipatórios, por isso esse é um indicador relevante. Os preços tendem a cair antes de cortes ou suspensões de dividendos. O mercado costuma penalizar o preço da empresa quando algo errado está acontecendo ou mesmo quando a empresa tem a perspectiva de ter resultados ruins. Essa é uma medida calculada com base na variação relativa do preço da ação em relação a um índice do mercado, como o Ibovespa aqui no Brasil.

Retorno da Ação – Retorno do Mercado

6. **Variação tangível no valor contábil** (peso de 10%): o valor contábil do patrimônio de uma empresa é um *proxy* rápido (embora imperfeito) do seu valor intrínseco. Uma variação "tangível" no patrimônio líquido de um ano para outro é mais fácil de ser verificada, aumentando a qualidade do balanço da empresa. O patrimônio da empresa está aumentando devido ao aumento dos ativos intangíveis? Ou é devido ao crescimento dos lucros retidos e das outras medidas relevantes para a segurança de dividendos? Os ativos tangíveis são menos manipuláveis por ser mais fácil de se verificar sua existência e sua correta mensuração.

$$\frac{\text{Variação do Imobilizado}}{\text{Patrimônio Líquido}}$$

7. **Crescimento do lucro esperado no longo prazo** (peso de 10%): a capacidade de a empresa aumentar o dividendo ao longo do tempo depende, em grande parte, de sua capacidade de aumentar os seus lucros. Esse indicador analisa o crescimento esperado dos lucros nos próximos cinco anos, com base nas estimativas de lucros dos analistas que seguem a empresa. Essa é uma medida perfeita? Não. Mas Carlson observa que é uma maneira razoável de se obter alguma leitura sobre a expectativa de crescimento futuro dos lucros da empresa.

$$\left(\frac{\text{Previsão de Lucro por Ação para o 5º ano seguinte}}{\text{Lucro por Ação atual}}\right) \times 100$$

8. **Crescimento do fluxo de caixa em três anos** (peso de 5%): esse é um indicador retrospectivo para ver o sucesso da empresa em fazer crescer o seu fluxo de caixa. Já sabemos que retorno e crescimento passados não são garantia de retorno e crescimento futuros, por isso esse indicador tem peso menor.

$$\left(\frac{\text{Fluxo de Caixa Operacional atual}}{\text{Fluxo de Caixa Operacional de 2 anos atrás}}\right) \times 100$$

9. **Crescimento do dividendo em três anos** (peso de 10%): só porque uma empresa aumentou regularmente seus dividendos não significa

que continuará a fazer isso no futuro. Ainda assim, as empresas que tendem a aumentar regularmente seus dividendos provavelmente evitarão surpresas como cortes ou suspensões. Elas tendem a possuir maior qualidade e previsibilidade.

$$\left(\frac{\text{Dividendo Pago atual}}{\text{Dividendo Pago de 2 anos atrás}} \right) \times 100$$

10. **Crescimento do lucro em três anos** (peso de 5%): outro indicador retrospectivo que fornece uma ideia do sucesso da empresa é o crescimento de lucros. Novamente, o desempenho passado não é necessariamente indicativo de resultados futuros. Ainda assim, é preferível apostar em uma empresa com um histórico de crescimento de lucros do que em uma empresa que não possui tal crescimento.

$$\left(\frac{\text{Lucro Líquido atual}}{\text{Lucro Líquido de 2 anos atrás}} \right) \times 100$$

Da mesma maneira que ajustamos os indicadores de Graham, seja pelas demandas do investidor ou para refletir de forma mais adequada o mercado brasileiro, também podemos ajustar os critérios de Carlson. O mercado brasileiro é menor do que o americano. Se aqui temos cerca de 350 empresas com ações negociadas em bolsa, lá eles têm cerca de 5 mil. Quando a população de empresas é maior, é possível ser mais rígido no uso dos filtros. Por outro lado, quando a população é menor, isso pode levar poucas empresas para a análise final. Vimos que aconteceu exatamente isso quando usamos os filtros de Graham.

Além de termos menos empresas para usar filtros rígidos, nosso mercado é mais jovem, com boa parte das empresas tendo pouco histórico de bolsa. E pelo fato de o Brasil ser um país emergente, que vive imerso em suas diversas e frequentes crises, nosso mercado de ações também é mais volátil. Isso tudo faz com que várias empresas não passem em filtros muito rígidos ou, ainda, que os indicadores sejam distorcidos. Isso pode levar o investidor a encontrar empresas que não representem, de fato, dividendos grandes e seguros.

Exemplos dessas distorções são os casos da Oi e da MMX, citadas no início deste capítulo. A Oi teve um pseudolucro de quase R$ 25 bilhões em 2018, em meio a vários reais-prejuízos nos últimos anos. A MMX teve um pseudo-ROE de mais de 800% em 2007, devido a um real-prejuízo que tinha mais que oito vezes o tamanho do real-patrimônio líquido negativo. Esses casos nos mostram como, além de extremos, os valores encontrados para os indicadores destacados por Carlson podem mudar rapidamente ao longo de poucos anos.

Isso é especialmente importante quando nos referimos a empresas que negociam commodities (como minério de ferro, petróleo, papel e celulose, proteína animal, entre outras). No Brasil, elas representam cerca de 30% do principal índice de mercado (Ibovespa). Por isso, também propomos alguns ajustes nos critérios de Carlson, para que eles sejam mais úteis na escolha de empresas para investimento por dividendos no Brasil.

Como exemplo de aplicação dos filtros de Carlson no mercado brasileiro, utilizamos os dados dos últimos três anos, tendo 2019 como ano mais recente. Em vez de calcularmos os indicadores apenas para o último ano, calculamos para os últimos três anos, utilizando as médias de cada variável. No que diz respeito à previsão de lucros por ação, usamos a previsão para o ano seguinte, uma vez que no Brasil a maior parte das empresas não tem cobertura de analistas, nem mesmo há previsões para cinco anos à frente.

Já as taxas de crescimento (FCO, dividendo e lucro) foram calculadas do último ano em relação à média dos dois anos anteriores. Além disso, para evitar a influência de valores extremos (*outliers*), utilizamos a técnica de Winsor no nível de 10% para controlar valores extremos sem ter que excluir as empresas da amostra. Essa técnica equipara os valores extremos de cada variável aos seus limites inferior (10%) e superior (90%). Tais medidas foram tomadas para dar maior estabilidade aos indicadores, evitando que empresas com valores extremos apareçam como possíveis candidatas a pagadoras de dividendos grandes e seguros.

Em nossa análise prévia, utilizando a versão original e a versão ajustada, pudemos constatar que, de fato, os ajustes apontados a seguir são indispensáveis para que o BSD seja adequadamente aplicado ao mercado brasileiro.

1. Índice *payout* =

$$\left(\frac{\text{Média do Dividendo Pago nos últimos 3 anos}}{\text{Média do Lucro Líquido nos últimos 3 anos}}\right) \times 100$$

2. Cobertura de juros =

$$\frac{\text{Média do EBIT nos últimos 3 anos}}{\text{Média das Despesas Financeiras nos últimos 3 anos}}$$

3. Fluxo de caixa sobre lucro líquido =

$$\frac{\text{Média dos Fluxos de Caixa Operacionais (FCO) nos últimos 3 anos}}{\text{Média do Lucro Líquido nos últimos 3 anos}}$$

4. *Dividend yield* =

$$\text{Média do } Dividend\ Yield \text{ nos últimos 3 anos}$$

5. Desempenho relativo do preço =

$$\text{Retorno da Ação (6 meses)} - \text{Retorno do Ibovespa (6 meses)}$$

6. Variação tangível no valor contábil =

$$\left[\frac{\text{Imobilizado em 2019} - (\text{Média do Imobilizado nos 2 anos anteriores})}{\text{Média do Ativo Total nos últimos 2 anos}}\right] \times 100$$

7. Crescimento do lucro esperado no longo prazo =

$$\left(\frac{\text{Previsão de Lucro por Ação para 2020}}{\text{Lucro por Ação em 2019}} - 1\right) \times 100$$

8. Crescimento do fluxo de caixa em 3 anos =

$$\left[\frac{\text{FCO em 2019} - (\text{Média do FCO nos 2 anos anteriores})}{\text{Média do FCO nos 2 anos anteriores}}\right] \times 100$$

9. Crescimento dos dividendos em 3 anos =

$$\left[\frac{\text{Dividendo Pago [DP] em 2019} - (\text{Média do DP nos 2 anos anteriores})}{\text{Média do DP nos 2 anos anteriores}}\right] \times 100$$

10. Crescimento de lucros em 3 anos (%) =

$$\left[\frac{\text{Lucro Líquido [LL] em 2019} - (\text{Média do LL nos 2 anos anteriores})}{\text{Média do LL nos 2 anos anteriores}}\right] \times 100$$

Após o cálculo dos 10 indicadores, eles foram transformados em fatores por meio da padronização no intervalo [0, 100]. Por exemplo, no *dividend yield* o maior DY de 30,5% foi padronizado em 100 e o menor DY de 0% foi padronizado em 0. Os valores intermediários foram proporcionalmente distribuídos entre 0 e 100. Esse procedimento foi realizado para todas as variáveis. Finalmente, a média ponderada dos 10 fatores foi calculada com base nos pesos atribuídos a cada fator por Carlson e o indicador

BSD foi finalizado a partir de nova padronização dessa média ponderada no intervalo [0, 100].

Na Tabela 15, apresentamos as vinte empresas com melhores notas no BSD (médias de 3 anos). A lista completa com quase 300 empresas pode ser acessada no **Apêndice 1** do **Material Suplementar**, por meio do **QR Code** ao lado. O ranking é apresentado de forma decrescente, com a maior nota sendo 100 e as notas das demais empresas sendo apresentadas de forma proporcional à primeira colocada. Para completar nossa análise, apresentamos o código da principal ação da empresa, seu *payout* no ano de 2019, o preço da ação em 31 de dezembro de 2019, seu *dividend yield* também nessa data, além

Tabela 15: Aplicação dos filtros de Carlson no Brasil (2017 a 2019).

	Nome	Ação	Preço (R$)	Payout (%)	Dividend Yield (%)	Desempenho Relativo (%)	BSD
1º	Comgás	CGAS5	141,67	116,2%	19,6%	112,9%	**100,0**
2º	Eztec	EZTC3	51,44	98,9%	9,0%	87,4%	**99,4**
3º	Cyrela Realty	CYRE3	29,69	534,8%	7,1%	38,5%	**96,6**
4º	Alupar	ALUP11	26,78	86,0%	3,1%	-7,8%	**95,4**
5º	Coelba	CEEB3	39,46	76,6%	6,7%	8,6%	**93,1**
6º	Qualicorp	QUAL3	37,09	82,6%	6,5%	70,8%	**91,2**
7º	Rede Energia	REDE3	8,47	108,1%	2,6%	-1,4%	**90,5**
8º	Dasa	DASA3	57,15	83,7%	1,0%	87,9%	**88,6**
9º	Whirlpool	WHRL4	9,11	75,5%	10,6%	113,3%	**86,0**
10º	Enauta	ENAT3	14,16	94,0%	12,5%	10,6%	**84,6**
11º	Energisa MT	ENMT4	32,65	71,2%	5,7%	5,9%	**84,3**
12º	Engie Brasil	EGIE3	50,80	76,8%	8,3%	6,2%	**84,2**
13º	Locamérica	LCAM3	22,41	42,3%	3,8%	25,5%	**83,9**
14º	Klabin	KLBN11	18,39	175,6%	4,8%	2,4%	**83,6**
15º	Petrobras Distribuidora	BRDT3	30,07	72,7%	9,3%	7,8%	**83,5**
16º	Iochpe-Maxion	MYPK3	22,38	76,0%	1,9%	-8,9%	**82,7**
17º	Aliança da Bahia	PEAB3	44,88	128,8%	9,3%	-8,6%	**82,3**
18º	Ser Educacional	SEER3	27,67	77,0%	6,3%	-1,7%	**81,8**
19º	Itaúsa	ITSA4	13,60	70,7%	8,2%	-1,9%	**80,5**
20º	AES Brasil Energia	AESB3	15,82	108,1%	6,8%	27,5%	**79,6**

Fonte: dados da Refinitiv Eikon.

do desempenho relativo do preço da ação em relação ao Ibovespa (excesso de retorno da ação) nos últimos seis meses de 2019.

Carlson afirma que o investidor deve se concentrar em empresas com notas de BSD acima de 80 (Carlson, 2010). No total, 297 empresas apresentaram dados suficientes para cálculo do BSD na bolsa brasileira, dentre as quais apenas 19 tiveram BSD maior que 80. Com isso, de acordo com Carlson, a análise deve ser direcionada a essas empresas, as quais têm maiores condições de oferecer dividendos grandes e seguros aos investidores.

A Comgás foi a empresa que teve o maior BSD (100). Ela teve um *dividend yield* de 19,6% ao final de 2019 e um retorno da ação superior ao Ibovespa em 112,9%. Historicamente, a Comgás é conhecida no mercado brasileiro como uma empresa pagadora de dividendos. Em seguida, duas empresas do setor de construção civil: Eztec (99,4) e Cyrela (96,6). Também são duas empresas com longo histórico de distribuição de dividendos aos acionistas.

Além do BSD, apresentamos outros indicadores úteis para análise conjunta. O *payout* revela que há empresas que distribuíram mais de 100% do seu lucro líquido nos últimos três anos. A Cyrela chegou a distribuir 534,8%. Isso aconteceu porque a empresa tem longo histórico de distribuição de dividendos e manteve essa distribuição mesmo quando obteve prejuízos nos anos de 2017 e 2018 (distribuiu reservas de lucros). Podemos relacionar esse fenômeno com a persistência do dividendo, discutida no Capítulo 7. A análise complementar desses indicadores é importante para você identificar se o valor extremo do indicador é justificável e sustentável ao longo do tempo.

A Comgás foi a empresa que apresentou o maior *dividend yield* (19,6%), percentual mais que 50% superior ao da empresa na segunda posição desse indicador (Tabela 15). Nesse caso, a empresa fez uma restituição de capital aos seus acionistas no ano de 2019, fenômeno que não se repete com frequência (nenhuma empresa devolve capital aos seus acionistas todos os anos). No que diz respeito ao desempenho relativo da ação da empresa, notamos que a maioria teve retorno superior ao Ibovespa nos últimos seis meses de 2019 e que a empresa com desempenho mais negativo foi a Iochpe-Maxion (-8,9%). Em 2019, o retorno do Ibovespa foi 31,58%, por isso o desempenho relativo inferior da Iochpe-Maxion não preocupa.

Por mais que tenhamos dado maior atenção aos cálculos dos indicadores, tomando os devidos cuidados para evitar valores extremos e distorcidos, precisamos fazer uma análise de refinamento antes de tomar qualquer decisão de investimento. Assim como no caso da utilização dos filtros de Graham, todo e qualquer filtro deve ser utilizado como um guia para a escolha de um grupo de empresas para análise (antes da decisão de investimento). Como vemos, mesmo olhando para as empresas com maior BSD, ainda é possível que esse indicador sofra influência de uma característica que não é sustentável no longo prazo.

Por fim, podemos fazer uma análise por setor. Entre as 20 empresas da Tabela 15, notamos que o setor de energia elétrica é aquele com maior número de empresas (seis, considerando também a AES Brasil, que teve BSD menor que 80). Os setores de construção civil e financeiro possuem duas empresas cada um. Além disso, notamos empresas de outros setores, como aluguel de carros, educação, material de transporte, papel e celulose, petróleo e gás, saúde e utilidades domésticas. Isso demonstra que, mesmo exigindo qualidade para a escolha de uma empresa com dividendo grande e seguro, é possível realizar uma diversificação de carteira, para que se reduza o risco de exposição a uma empresa ou um setor específico.

8.5. Destaques

1. O mais importante para a escolha de empresas para dividendos não é identificar a empresa que paga o maior dividendo, mas sim aquela que paga dividendos persistentes e crescentes.
2. Um dividendo alto, pontualmente, ou mesmo um *dividend yield* alto que não reflete as médias históricas do setor ou da empresa não deve ser um guia incondicional para escolha de uma ação para dividendos.
3. *"Um dividend yield de 20% ao ano não terá importância se no médio prazo a empresa suspender o pagamento de dividendos e o preço de sua ação for reduzido a zero."* (Charles Carlson)
4. Apenas empresas com lucros persistentes e crescentes podem garantir o pagamento de dividendos também persistentes e crescentes.
5. Devemos buscar empresas que apresentem um ponto ótimo (equilíbrio) entre os volumes de lucros reinvestidos e distribuídos, pois empresas que retêm muito lucro não têm rendimentos de dividendos

atrativos, assim como aquelas que distribuem todo o lucro não conseguem fazer crescer seus dividendos ao longo do tempo.
6. A procura por empresas de alta qualidade na bolsa segue dois passos, começando pela busca daquelas que possuem os melhores fundamentos, quando o investidor deve fazer uma "filtragem" semelhante à que faz um garimpeiro em busca de pedras preciosas, terminando com a análise específica e criteriosa das melhores empresas identificadas nessa filtragem.
7. Em tempos de fácil acesso à informação e de pessoas querendo obter "cliques" para seus sites, é extremamente importante se assegurar de que as informações que você usa são confiáveis.
8. A essência da utilização dos filtros de Benjamin Graham é encontrar empresas baratas, mas que apresentem características de solidez.
9. O *Big, Safe Dividend* (BSD), ou dividendos grandes e seguros, é um indicador criado por Charles Carlson composto por dez fatores que servem como "filtros" para a escolha de empresas pagadoras de dividendos.
10. *"Lucros que são lucros apenas no papel – que são uma invenção da magia contábil – não pagam os dividendos, precisa-se de dinheiro real para o pagamento dos dividendos."* (Charles Carlson)

9.
MODELO DE NEGÓCIO E CONTABILIDADE

"Você tem que entender a contabilidade e tem que entender as nuances da contabilidade. Ela é a linguagem dos negócios e é uma linguagem imperfeita, mas, a menos que você esteja disposto a se esforçar para aprender contabilidade – como ler e interpretar demonstrações financeiras –, você realmente não deve escolher ações por conta própria."
WARREN BUFFETT

Há um provérbio antigo que diz: "**Não compramos ações, compramos negócios. Se você vai comprar um negócio, conheça-o**" (Penman, 2013). Qualquer investidor que deseja investir em uma empresa precisa conhecer o seu negócio e como suas atividades empresariais são transparecidas em sua contabilidade. Ao decidir investir no setor de saúde, o investidor deve conhecer o setor e entender o posicionamento estratégico que a empresa tem, como as mudanças tecnológicas e de mercado podem afetar a companhia, assim como tudo isso é refletido pela contabilidade.

Você já deve ter escutado ou lido em algum lugar que "**a contabilidade é a linguagem dos negócios**". Não estamos apenas nos referindo à frase de Warren Buffett acima, apesar de ela deixar isso muito claro – Eugene Fama, Nobel de Economia, tem uma opinião parecida. Na fala daquele que é o maior investidor fundamentalista de todos os tempos, veja como entender a contabilidade é essencial para que você possa analisar e escolher uma ação para investimento. Quando fazemos o *valuation* de uma empresa, seja por múltiplos ou por modelos de desconto de fluxos de caixa, entender o que está na contabilidade é essencial.

Já sabemos que não podemos simplesmente capturar números e índices aleatórios em diferentes fontes de informação não confiáveis para fazer um *valuation*. Para iniciar qualquer análise fundamentada em números financeiros de uma empresa, especialmente nos contábeis, o investidor tem de estar consciente de que esses números são influenciados tanto pelas atividades da empresa quanto pelo seu próprio modelo contábil.

Não é raro depararmos com medidas e indicadores "ajustados" durante a leitura de um relatório financeiro de resultado ou mesmo ao escutarmos uma teleconferência de resultado de uma empresa. Além daqueles números complicados, como EBIT, EBITDA, etc., algumas empresas ainda apresentam o EBITDA ou lucro ajustados. Para piorar, há empresas que ainda vêm com o famigerado "EBITDA ajustado pró-forma". Aí é demais!

Um aspecto central da análise de uma empresa é entender o seu padrão contábil, saber como a mudança de uma norma contábil afeta os resultados e o patrimônio de uma empresa. Por exemplo, a partir de 2019 as empresas no Brasil passaram a ser obrigadas a reconhecer em seus balanços patrimoniais os ativos e passivos provenientes de operações de arrendamento mercantil (*leasing*), de acordo com a norma internacional de contabilidade chamada de IFRS 16. E como alguns balanços mudaram!

No setor de transporte aéreo, por exemplo, ao longo de anos as empresas compravam aviões por meio de **leasing aeronáutico**. É uma espécie de "aluguel" dos aviões por prazos equivalentes à maior parte da vida útil das aeronaves. Ao final, pode haver a opção de compra pela companhia aérea ou ela pode devolver e alugar outro avião mais moderno. De acordo com o entendimento da IFRS 16 (ou CPC 6), por possuírem os benefícios econômicos futuros dos aviões pela maior parte de suas vidas úteis, as companhias aéreas devem reconhecer em seus balanços os ativos e os passivos provenientes do *leasing* aeronáutico.

Sabe qual foi a consequência disso para as companhias aéreas? Algumas tiveram seus patrimônios líquidos "invertidos". Dormiram positivos em 31 de dezembro de 2018 e acordaram negativos em 1º de janeiro de 2019. Vejamos o caso da Azul. No final de 2018, a companhia possuía um patrimônio positivo de R$ 3,164 bilhões. Em 2019, ela foi obrigada a reconhecer os ativos e passivos relacionados ao *leasing* aeronáutico, assim como seus efeitos nos resultados, sendo esse o principal motivo de terminar o ano com um patrimônio negativo de R$ 3,519 bilhões.

Será que a Azul vai falir por conta disso? Suas concorrentes vão se aproveitar disso? Ou o modelo de negócio da empresa ficou ultrapassado? Não, não e não. Essa é uma "regra" da contabilidade que foi estudada durante anos e passou a ser adotada por vários países que seguem as Normas Internacionais de Contabilidade (IFRS, na sigla em inglês), como é o caso do Brasil. Por aqui, todas as companhias aéreas tiveram esse problema, que é pontual (ou não recorrente) e só deve acontecer no ano da mudança. Logo, o investidor precisa ter um conhecimento mínimo para saber avaliar o impacto de uma mudança como essa e não tomar decisões erradas.

Ainda no âmbito da contabilidade, um elemento indispensável e que deve anteceder a análise dos números contábeis da empresa é a análise do Relatório da Auditoria Independente. Antes de gastar seu tempo com a análise dos números, leia esse relatório. Nele, um profissional expert em contabilidade (o auditor) relata como a empresa tem seguido as normas de contabilidade e emite uma opinião sobre se as demonstrações contábeis representam de forma adequada a posição patrimonial da empresa.

Só após essa certeza é que você deve dedicar seu tempo aos números da empresa. Se, de cara, vir uma opinião contrária à qualidade dos números, você já pode decidir não investir nessa empresa por desconfiar de suas informações. Logicamente, os auditores podem cometer erros ou ser coniventes com fraudes, apesar de não termos muitos casos assim no Brasil, o que faria esse relatório não servir de nada. Mas essa é uma importante ferramenta que temos para usar.

A Figura 37 resume como **a contabilidade pode ser aliada do investidor na análise de um investimento**. Até este ponto do livro, já entendemos que no *dividend investing* buscamos empresas sólidas, com dividendos crescentes e seguros. Também vimos que podemos analisar essa solidez por meio de filtros, escolhendo empresas com bons fundamentos e evitando as chamadas armadilhas. Por trás de tudo está a contabilidade que suporta esses filtros.

Figura 37: Contabilidade e análise financeira

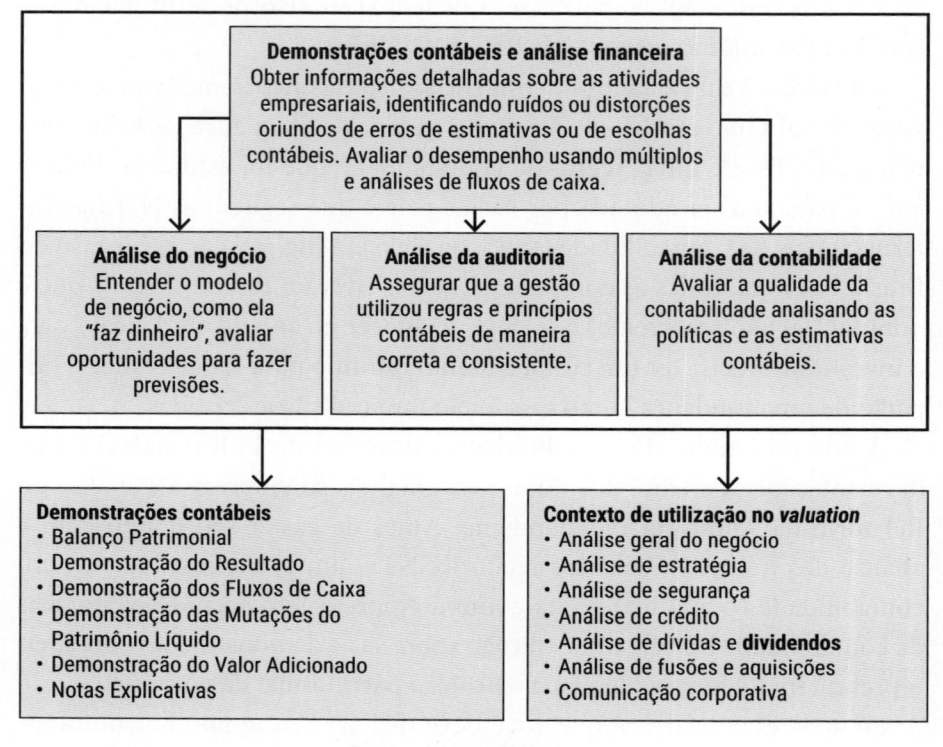

```
┌─────────────────────────────────────────────────────────────┐
│              Demonstrações contábeis e análise financeira   │
│   Obter informações detalhadas sobre as atividades          │
│   empresariais, identificando ruídos ou distorções          │
│   oriundos de erros de estimativas ou de escolhas           │
│   contábeis. Avaliar o desempenho usando múltiplos          │
│                e análises de fluxos de caixa.               │
└─────────────────────────────────────────────────────────────┘
```

Análise do negócio	Análise da auditoria	Análise da contabilidade
Entender o modelo de negócio, como ela "faz dinheiro", avaliar oportunidades para fazer previsões.	Assegurar que a gestão utilizou regras e princípios contábeis de maneira correta e consistente.	Avaliar a qualidade da contabilidade analisando as políticas e as estimativas contábeis.

Demonstrações contábeis
- Balanço Patrimonial
- Demonstração do Resultado
- Demonstração dos Fluxos de Caixa
- Demonstração das Mutações do Patrimônio Líquido
- Demonstração do Valor Adicionado
- Notas Explicativas

Contexto de utilização no *valuation*
- Análise geral do negócio
- Análise de estratégia
- Análise de segurança
- Análise de crédito
- Análise de dívidas e **dividendos**
- Análise de fusões e aquisições
- Comunicação corporativa

Fonte: elaboração própria.

As demonstrações contábeis são a materialização do resultado das atividades de uma empresa. **Quanto a empresa cresceu? O lucro aumentou? Por que esse lucro aumentou, quais foram os principais elementos que o impulsionaram?** As respostas a essas e outras questões são encontradas nas demonstrações contábeis. E por meio delas é possível avaliar o desempenho da empresa, seja por meio de múltiplos (indicadores) ou por modelos de desconto de fluxos de caixa. E, se elas são tão importantes, precisamos ter certeza de que são confiáveis.

Basicamente, para o completo entendimento do que é a empresa e para que essa linguagem (a contabilidade) possa ser utilizada como aliada em um *valuation*, é importante que um caminho lógico seja seguido. Primeiro, entender o modelo de negócio da empresa, como ela "faz dinheiro" (ou constrói seu lucro). Só depois é que se deve olhar para os números da contabilidade, iniciando pela leitura do relatório de auditoria e terminando com o entendimento sobre a adequação do modelo contábil, se ele reflete, de fato, o negócio.

As demonstrações contábeis são os meios pelos quais o investidor pode chegar à conclusão sobre a qualidade da empresa – Balanço Patrimonial, Demonstração do Resultado, Demonstração dos Fluxos de Caixa, Demonstração das Mutações do Patrimônio Líquido, Demonstração do Valor Adicionado e Notas Explicativas –, cada uma com finalidade e utilidade específicas. O investidor deve dissecar essas demonstrações para analisar a viabilidade do negócio e da estratégia, o nível de endividamento e até mesmo a segurança dos dividendos.

9.1. Entendendo o modelo de negócio

"**Nunca invista em um negócio que você não entende.**" Essa é mais uma das várias frases célebres do megainvestidor Warren Buffett. Assim como Buffett, pensamos que não faz sentido o investidor analisar uma empresa cujo modelo de negócio ele não conhece. Se você não conhece como as receitas da empresa são formadas, como o lucro dela é composto ou, de forma mais simples, "como ela faz dinheiro", como pode avaliar o potencial de crescimento da receita ou do lucro? As chances de erro são altíssimas!

O que faz uma resseguradora? Como o lucro dela é composto? E se o governo reduzir a taxa básica de juros, isso impacta de forma positiva ou negativa seu negócio? **E uma empresa do setor de energia elétrica?** Vimos que, basicamente, ela pode atuar em três diferentes segmentos: geração, transmissão e distribuição. Sabendo que a principal fonte de energia elétrica no Brasil é a hidráulica, será que todas as empresas do setor são afetadas da mesma maneira por um período de estiagem? Qual é o efeito disso em uma transmissora?

Até mesmo para análises comparativas, por meio de múltiplos (como veremos nos Capítulos 10, 11 e 12), é necessário entender o modelo de negócio para que a análise faça sentido. Caso contrário, o investidor corre o risco de se expor em um investimento guiado por uma comparação inadequada. Por exemplo, vamos considerar o setor de consumo cíclico.

Dentro dele há empresas que vão desde serviços educacionais até construtoras. Pela própria natureza de suas operações, essas empresas podem ter diferentes indicadores de endividamento e de retorno.

Cada ramo de negócio tem peculiaridades, riscos e oportunidades próprios. Em pesquisas científicas que comparam empresas de diferentes setores, é comum se retirar da amostra analisada as instituições financeiras. Por quê? Naturalmente elas têm um alto nível de alavancagem, o que distorceria algumas análises. Juros para essas empresas podem ser vistos como um insumo, pois o negócio delas é "fazer dinheiro" com a intermediação financeira, isto é, elas pegam seu dinheiro lhe pagando X% de juros e repassam a outra pessoa cobrando Y%. Elas ganham com a diferença, então, pagar juros para uma instituição financeira é parte do negócio!

Conhecer o negócio da empresa é especialmente importante para setores regulados, como o bancário, de seguros, de energia elétrica, de saneamento básico, de telecomunicações, de transporte aéreo, entre outros. No Brasil, cada setor regulado possui uma agência reguladora com normas e padrões contábeis específicos. Por isso é comum as empresas desses setores elaborarem dois conjuntos de demonstrações contábeis (um para a agência reguladora e outro para divulgação aos acionistas).

No setor de seguros, por exemplo, a Superintendência de Seguros Privados (Susep) possui exigências específicas sobre as atividades de seguros e resseguros. As empresas desse setor precisam estar adequadas às exigências de cobertura dos riscos do negócio. A Susep exige, ainda, que as empresas enviem informações mensais sobre seu patrimônio e resultado, as quais são publicadas em seu site. Isso permite ter acesso às informações de janeiro de cada ano antes que a empresa divulgue seu resultado do primeiro trimestre.

Olhando para os setores, também é importante conhecer o negócio da empresa para saber como ela pode ser afetada por uma decisão do regulador. Em 2012, o setor de energia elétrica sofreu uma forte pressão devido à edição da Medida Provisória 579, no governo Dilma Rousseff, que antecipou a renovação das concessões de uma série de usinas hidrelétricas, desde que as empresas aceitassem ter os preços definidos pela Agência Nacional de Energia Elétrica (Aneel). O objetivo era conter a inflação do país. A consequência foi um aumento de R$ 198,4 bilhões nas despesas do setor, sem o necessário e adequado ajuste nas receitas.

Mas não só os setores regulados representam riscos aos negócios das empresas. Como demonstramos no Capítulo 6, a própria abertura do setor à competitividade pode representar um risco ao seu investimento. Mostramos como a Cielo foi afetada pela abertura do mercado de adquirência (maquininhas de cartão de crédito), quando a empresa viu sua posição de predominância no mercado ser colocada em risco pela entrada de novos competidores, fazendo com que perdesse margem de lucro e valor de mercado.

Até mesmo os múltiplos e indicadores operacionais entre os setores podem ser diferentes. Por isso o investidor não pode replicar determinados índices e concluir de forma indevida que uma empresa possui fundamentos melhores que outra. Isso pode não condizer com a realidade. Citando um exemplo: para entender se no final de 2019 o múltiplo preço/lucro de 79,1 do Magazine Luiza é alto, o investidor precisa entender o modelo de negócio da empresa, saber a previsão de crescimento de vendas e a margem de lucro, além de conhecer suas concorrentes.

Também é importante conhecer os principais indicadores e múltiplos de cada setor. Só assim o investidor conseguirá analisar em profundidade a empresa. Muitos desses indicadores são específicos, fazem parte do negócio da empresa, não tendo sentido em outros setores. Por exemplo, um dos indicadores mais importantes para as seguradoras é o Índice de Sinistralidade (que indica a relação entre os custos com sinistros e os prêmios recebidos pelos seguros/resseguros contratados). Ele não tem nenhum sentido no setor de transporte aéreo, cuja preocupação é com o RASK (receita operacional por assentos-quilômetro) e o CASK (custo operacional por assentos-quilômetro). Já nas companhias de varejo devemos dar atenção ao GMV (volume bruto de mercadorias).

Alguns tipos de empresa trabalham com baixas taxas de lucro, o que é natural do setor ou do modelo de negócio da empresa. Também podem ser diferentes os públicos-alvo das empresas. Algumas empresas de construção civil têm foco em clientes de alta renda, enquanto outras têm foco em clientes das classes C e D. Margens e riscos dessas empresas podem ser diferentes, mesmo estando no mesmo setor. Esse é mais um motivo que exige do investidor profundo conhecimento do negócio da empresa.

Não é raro ouvir grandes investidores e gestores de fundos de investimento relatarem experiências de terem se tornado anonimamente clientes das empresas nas quais eles investem. Nós mesmos, por exemplo, fazemos isso com frequência. Já tivemos conta no Banco do Brasil, cartão de crédito do Bradesco, linha telefônica da Vivo, compramos sandálias da Grendene, compramos remédio produzido pela Hypera Pharma em uma farmácia da Raia Drogasil, viajamos na Azul, abastecemos nossos carros em postos BR Petrobras, e assim por diante. Isso faz parte do processo de conhecer o negócio da empresa.

Em mais de uma oportunidade conversamos com empregados, gerentes e até outros clientes dessas empresas para entender o modelo de negócio e a gestão das empresas. A propósito, o Felipe tem uma história curiosa para contar. Ele só comprava remédios na Raia Drogasil e sempre conversava com os atendentes e farmacêuticos. Um dia, um dos funcionários da empresa achou aquelas perguntas estranhas e incomuns. O Felipe disse que estava fazendo as perguntas porque era acionista da empresa. Após responder o que estava ao seu alcance, esse funcionário foi até outro e falou baixinho no seu ouvido: "Ele é acionista da empresa!" Sempre procuramos essa aproximação porque isso cria uma atmosfera positiva.

O contexto do negócio dá significado às informações financeiras. Por exemplo, custos de mão de obra correspondendo a 70% das vendas são mais comuns para uma empresa de serviços do que para uma indústria. Altas despesas de provisão para créditos de liquidação duvidosa em uma instituição financeira podem revelar uma ineficiência em sua estratégia operacional. Altos passivos judiciais no balanço patrimonial podem significar riscos elevados e fora de controle da gestão da empresa. O elo entre negócio e contabilidade é indissociável!

A conjunção do conhecimento do negócio com o conhecimento do modelo contábil que a empresa utiliza é absolutamente vital para o entendimento da qualidade dos seus números e, consequentemente, para a correta análise do que acontece hoje e do que se pode esperar das perspectivas futuras da empresa. É preciso conhecer o modelo contábil e verificar se eles estão "casando" ou não para entender o que está acontecendo com a empresa (Martins, Diniz e Miranda, 2020).

9.2. Auditoria: a opinião que conta!

Afinal, qual é o papel da auditoria independente (ou externa) em uma empresa? Qual é a utilidade do relatório (ou parecer) de auditoria? Vamos começar esclarecendo essas questões. Auditoria independente é uma empresa que presta serviços de auditoria a outra companhia. O auditor independente é o profissional que realiza a auditoria das demonstrações contábeis da empresa, verificando se elas estão em conformidade com as normas e leis específicas.

No Brasil, todas as **empresas de capital aberto são obrigadas a apresentar um relatório de auditoria independente**, que tem como objetivo atestar (ou não) a adequação das demonstrações contábeis para representar a posição patrimonial e financeira da empresa, assim como o resultado de suas operações. Para isso, o auditor analisa de forma aleatória e minuciosa uma amostra de elementos que compõem o patrimônio e o resultado da empresa. Ao final, emite uma opinião sobre a adequação do modelo contábil.

E essa opinião conta! Como observam Martins, Diniz e Miranda (2020), "**não se começa a olhar um balanço a não ser pelo parecer do auditor**". Em regra, o investidor não é especialista em contabilidade, por mais que tenha razoável nível de conhecimento. Mesmo um contador que também seja investidor, ao assumir o papel de analista externo pode não ter o mesmo nível de conhecimento sobre o tratamento de um negócio específico da empresa. O auditor, por ser especialista no assunto e acessar fisicamente a empresa para a sua análise, consegue ter um nível de profundidade maior. Por isso sua opinião conta bastante!

Então, se há um especialista que analisa detalhadamente a adequação das demonstrações contábeis e que emite uma opinião sobre ela, o investidor precisa saber dessa opinião antes de gastar seu tempo analisando os números da empresa. Já imaginou se você dedicar horas a analisar uma empresa e, depois de tudo, descobrir que o auditor emitiu uma opinião adversa (isto é, que as demonstrações contábeis não são confiáveis ao representar o patrimônio e o resultado da empresa)? Você terá perdido seu tempo.

Se você já ouviu ou leu algum caso de empresa que cometeu algum tipo de fraude ou erro em seu balanço, deve estar se questionando por que é preciso dar tanta importância ao relatório de auditoria se os auditores também podem falhar. Sim, na história há casos nos quais a auditoria não conseguiu identificar fraude, erro, corrupção, etc. Porém, há muito mais casos de empresas que foram auditadas e que apresentaram demonstrações contábeis confiáveis.

A opinião do auditor pode ser:
a) **Não modificada** (opinião limpa ou sem ressalva), quando as demonstrações contábeis representam adequadamente a posição patrimonial;
b) **Modificada**, quando não representam adequadamente, variando entre **opinião com ressalva** (quando há apenas exceções que não mudam a posição patrimonial), **opinião adversa** (quando há evidências de distorções que afetam a posição patrimonial de forma relevante) e **abstenção de opinião** (quando não há elementos suficientes para se emitir qualquer opinião).

A "opinião" é a parte mais importante do relatório (mas não é a única) e aparece logo em seu início. Quando o modelo contábil reflete adequadamente o modelo de negócio da empresa, isto é, quando as demonstrações contábeis estão de acordo com normas e leis, refletindo de forma adequada a posição patrimonial e financeira da empresa, a opinião do auditor é não modificada (limpa ou sem ressalva). Essa é a melhor opinião que o investidor pode encontrar. Veja a seguir um trecho do Relatório do Auditor Independente com esse tipo de opinião para as demonstrações contábeis de 2019 da Ambev:

> "**Opinião não modificada (limpa)**
> Em nossa opinião, **as demonstrações contábeis acima referidas apresentam adequadamente, em todos os aspectos relevantes, a posição patrimonial e financeira da Ambev S.A. e da Ambev S.A. e suas controladas em 31 de dezembro de 2019**, o desempenho de suas operações e os seus respectivos fluxos de caixa, bem como o desempenho consolidado de suas operações e os seus fluxos de caixa consolidados para o exercício findo nessa data, de acordo com as práticas contábeis adotadas no Brasil e as normas internacionais de relatório financeiro (IFRS) emitidas pelo International Accounting Standards Board (IASB).

> **Base para opinião**
> Nossa auditoria foi conduzida de acordo com as normas brasileiras e internacionais de auditoria. Nossas responsabilidades, em conformidade com tais normas, estão descritas na seção a seguir, intitulada "Responsabilidades do auditor pela auditoria das demonstrações contábeis individuais e consolidadas". Somos independentes em relação à Companhia e suas controladas, de acordo com os princípios éticos relevantes previstos no Código de Ética Profissional do Contador e nas normas profissionais emitidas pelo Conselho Federal de Contabilidade, e cumprimos com as demais responsabilidades éticas conforme essas normas. **Acreditamos que a evidência de auditoria obtida é suficiente e apropriada para fundamentar nossa opinião."**
> (Relatório do Auditor Independente de 2019, Ambev)

Quando encontra algum elemento patrimonial ou de resultado que não está devidamente retratado conforme as normas contábeis, ou quando não consegue ter certeza de sua correta mensuração e evidenciação, por não ter conseguido obter a devida evidência em sua análise documental ou verificação *in loco*, o auditor modifica sua opinião, indicando a natureza e a profundidade dessa modificação, se a opinião é com ressalva, adversa ou ele pode se negar a emitir opinião sob a justificativa de insuficiência de evidências.

Nesses casos, o investidor deve ter atenção redobrada sobre as demonstrações contábeis da empresa. Os motivos para modificação de opinião podem ser mais simples, quando eles não representam mudanças substanciais nos valores que aparecem nas demonstrações contábeis, ou podem ser mais sérios, representando modificações relevantes. Em casos extremos, a situação é tão ruim que o auditor não consegue formar sua opinião.

Vejamos o caso da Grendene em 2019, quando a auditoria emitiu uma "opinião com ressalva" pelo fato de a empresa não ter reconhecido em suas demonstrações contábeis o valor integral de um ganho proveniente de decisão favorável em causa judicial que tratava da modificação da base de cálculo de seus impostos (PIS e Cofins). Isso porque a empresa decidiu reconhecer apenas uma parte do ganho, sob orientação de seus advogados. Apesar dessa "exceção", a auditoria afirma que as demonstrações contábeis refletem adequadamente a posição patrimonial da empresa (todo o resto está em conformidade).

Mas também é possível encontrar situações mais graves. No Brasil, não é fácil encontrar relatório de auditoria com opinião adversa (Martins, Diniz e Miranda, 2020). Apesar disso, o investidor deve ficar atento a essa possibilidade e evitar empresas com esse tipo de problema. Essa escassez não quer dizer que problemas mais graves não ocorram. Muitas vezes a empresa consegue ganhar tempo para tratar o motivo para a opinião adversa, transformando-o em um motivo para opinião com ressalva. A Petrobras é um bom exemplo, quando em 2014 o escândalo de corrupção da Operação Lava Jato veio a público. É difícil entender o motivo de aquele balanço não ter recebido uma opinião adversa.

Vejamos o caso da Taurus Armas em 2012 (na época Forjas Taurus), quando a auditoria emitiu uma "opinião adversa". Segundo a auditoria, a base para a opinião adversa era a alteração do saldo a receber da venda de uma empresa, trazendo à companhia uma perda de cerca de R$ 57,8 milhões no ano de 2012, a qual foi reconhecida apenas em 2013. O valor dessa perda equivalia a 25% do patrimônio líquido da Taurus Armas em 30 de junho de 2012.

> **"Opinião adversa sobre o desempenho das operações e fluxos de caixa**
> Em nossa opinião, devido à relevância do efeito do assunto mencionado no parágrafo abaixo, **as demonstrações financeiras individuais e consolidadas da Forjas Taurus S.A. não apresentam adequadamente, em todos os aspectos relevantes, o desempenho de suas operações e os seus fluxos de caixa para o exercício findo naquela data**, de acordo com as práticas contábeis adotadas no Brasil aplicáveis às demonstrações financeiras individuais e de acordo com as normas internacionais de relatório financeiro (IFRS) emitidas pelo International Accounting Standards Board – IASB e as práticas contábeis adotadas no Brasil aplicáveis às demonstrações financeiras consolidadas.
>
> **Base para opinião adversa sobre o resultado e fluxos de caixa**
> Em 31 de dezembro de 2012, como mencionado na nota explicativa nº 8, a Companhia apresentava saldo a receber de R$ 118.573 mil, oriundo da venda da empresa SM Metalurgia Ltda., empresa vendida em 21 de junho de 2012. Conforme mencionado em fato relevante divulgado em 12 de setembro de 2013 a Companhia concluiu naquela data a formalização de renegociação do preço de venda da SM Metalurgia Ltda. A renegociação resultou em uma perda de R$ 57.830 mil que foi registrada à rubrica "outras despesas operacionais" no resultado conso-

> lidado dos períodos de três e seis meses findos em 30 de junho de 2013 (reconhecido por meio de equivalência patrimonial nas demonstrações individuais daquela data). **Em nossa opinião, os eventos que levaram a redução do valor original da venda se encontravam substancialmente presentes em 30 de junho de 2012 e a referida perda deveria ter sido reconhecida naquela data.** Como consequência, em 31 de dezembro de 2012, o ativo não circulante, o patrimônio líquido e o lucro do exercício findo naquela data encontram-se apresentados a maior em R$ 57.830 mil."
>
> (Relatório do Auditor Independente de 2012, Forjas Taurus)

Apesar de a opinião da auditoria ser o principal elemento do relatório de auditoria, ali há muito mais informações úteis ao investidor. Assim como a contabilidade tem normas que orientam a elaboração das demonstrações contábeis, a auditoria independente também possui normas que orientam os trabalhos do auditor e a elaboração do seu relatório. Por isso, além da opinião, a auditoria precisa apontar a base para a opinião relatada, uma avaliação sobre a continuidade operacional da empresa, os principais assuntos de auditoria, outras informações incluídas no relatório e as responsabilidades da administração e do auditor.

Os parágrafos de ênfase são utilizados quando o auditor encontra elementos que considera relevantes aos usuários das demonstrações contábeis, mesmo que não cheguem ao ponto de exigir uma opinião com ressalva (Martins, Diniz e Miranda, 2020). Eles evidenciam assuntos que podem até ter sido tratados de forma adequada pela empresa, mas que o auditor julga que merecem uma ênfase para ficarem ainda mais evidentes, considerando sua importância para os usuários das informações.

Vejamos o caso da JBS. Em 2017, a Polícia Federal deflagrou a Operação Carne Fraca, que investigava a adulteração das carnes vendidas por várias empresas. A JBS era uma das investigadas, além de ser envolvida por seus controladores em supostas irregularidades na obtenção de empréstimos junto a bancos estatais. Como consequência, a empresa se tornou alvo de diversas investigações e processos. A auditoria enfatizou isso em seu relatório.

> "**Ênfase – Procedimentos investigativos e judiciais relevantes**
> Chamamos a atenção ao mencionado nas Notas Explicativas nº 2 e 24 às demonstrações contábeis, individuais e consolidadas, **referente aos diversos processos contra a Companhia no âmbito da Comissão de Valores Mobiliários (CVM), criminal, administrativo e judicial**. O desfecho negativo desses processos poderá trazer impactos para a Companhia. Este assunto não modifica a nossa opinião."
> (Relatório do Auditor Independente de 2017, JBS)

Mas o parágrafo de ênfase não destaca apenas pontos negativos ou riscos iminentes ao investidor. Também é possível destacar elementos que representam possíveis ganhos para a empresa. O mesmo pode acontecer com os chamados "**principais assuntos de auditoria**". Eles são os assuntos que requereram maior atenção da auditoria, por serem os mais significativos da análise, sendo seu conhecimento muito útil ao investidor.

Geralmente, os principais assuntos de auditoria estão fortemente relacionados ao negócio da empresa. Nessa parte do relatório, o auditor deve descrever o "porquê" daquele assunto ser um dos principais abordados e "como" ele foi tratado pela auditoria. Para Martins, Diniz e Miranda (2020), "**uma análise minuciosa desses assuntos poderá auxiliar na avaliação das demonstrações financeiras**".

Vejamos o caso da Azul, uma empresa de transporte aéreo que, conforme já abordamos, utiliza o *leasing* aeronáutico com muita frequência devido ao seu modelo de negócio. No relatório do auditor independente sobre as demonstrações contábeis de 2019, a auditoria destacou, entre os principais assuntos de auditoria, as mudanças consequentes da adoção da IFRS 16, modificando a forma de reconhecimento do *leasing* em sua contabilidade. Também destacou, com detalhes, a forma como a auditoria tratou esse ponto.

> "**Arrendamentos**
> Conforme divulgado nas notas explicativas 3.7.1, 3.19 e 15 às demonstrações financeiras de 31 de dezembro de 2019, em 1º de janeiro de 2019 **a Companhia adotou o novo pronunciamento contábil CPC 06 (R2) – Arrendamentos e IFRS 16 – Leases emitido pelo International Accounting Standards Board – IASB**, com base na abordagem retrospectiva completa. Consequentemente, os períodos anteriores foram reapresentados, e o efeito cumulativo da adoção inicial em 1º de

janeiro de 2017 foi registrado na conta de prejuízos acumulados no patrimônio líquido. Essa adoção resultou no reconhecimento nos balanços patrimoniais de abertura em 1º de janeiro de 2017, entre outros impactos, de ativo por direito de uso, passivo de arrendamento e prejuízo acumulado, conforme apresentado nas notas explicativas 3.19 e 15.

Consideramos a adoção do CPC 06 (R2) e da IFRS16 como um assunto significativo para a nossa auditoria pois envolveu valores significativos, abrangência dos impactos nas contas contábeis e alto grau de julgamento por parte da administração da Companhia na determinação da taxa de desconto nos contratos de arrendamento, que é uma estimativa chave utilizada para estimar o ativo por direito de uso e o passivo de arrendamento. Mudanças nestas estimativas podem ter impactos significativos nos valores reconhecidos pela Companhia.

Como nossa auditoria conduziu esse assunto
Nossos procedimentos de auditoria incluíram, dentre outros (i) entendimento e revisão das premissas, controles, política contábil e metodologia definida para adoção do novo pronunciamento; (ii) execução de procedimentos para averiguar a integridade da relação de arrendamentos incluídos pela Companhia; (iii) seleção de uma amostra de transações e obtenção dos contratos e dados necessários para recalcular o direito de uso e passivo de arrendamento de tais operações; (iv) recálculo da taxa de desconto utilizada pela Companhia; (v) a avaliação se as divulgações nas demonstrações financeiras, incluídas nas notas explicativas 3.7.1, 3.19 e 15, foram apropriadas baseado nas normas contábeis vigentes.

Baseados no resultado dos procedimentos de auditoria efetuados, que está consistente com a avaliação da administração, consideramos aceitáveis as políticas de reconhecimento e mensuração, bem como as respectivas divulgações, relativas à adoção do CPC 06 (R2) e IFRS16 no contexto das demonstrações financeiras tomadas em conjunto."

(Relatório do Auditor Independente de 2019, Azul)

Observe quanta informação útil podemos encontrar no relatório da auditoria! Não só a opinião sobre a qualidade da contabilidade, mas um incrível e útil detalhamento que o investidor pode utilizar em seu favor. Até mesmo para o investidor com menor nível de conhecimento sobre contabilidade, esse detalhamento sobre os principais elementos que se devem observar é extremamente útil, seja por meio de uma ênfase ou de um ponto de auditoria. No mínimo, esse é um guia que indica o que o investidor deve analisar com mais detalhe.

E veja só, ainda tem mais! O auditor precisa analisar e informar em seu relatório se há alguma incerteza significativa relacionada a eventos ou condições que possam colocar em dúvida a continuidade operacional da empresa. É claro que esse não é o papel principal do auditor. O analista ou investidor é quem deve inferir esse risco. Porém, pelo fato de o auditor estar acompanhando a empresa de perto, você não pode desprezar essa informação.

Vejamos o caso da Oi em 2019. A empresa iniciou um processo de recuperação judicial em 2016 e desde então vem tentando reorganizar sua estrutura operacional e negociar o pagamento de suas altas dívidas com os credores. Por isso, a empresa apresentou um Plano de Recuperação Judicial que pressupõe a sua continuidade, porém a auditoria destaca que os eventos relacionados a esse plano indicam a existência de incerteza relevante que levanta dúvida quanto à continuidade operacional.

> "**Incerteza relevante relacionada com a continuidade operacional**
> Chamamos a atenção para a Nota Explicativa nº 1 às demonstrações contábeis, individuais e consolidadas, na seção sobre continuidade das operações que informa que **as demonstrações contábeis, individuais e consolidadas, foram preparadas no pressuposto da continuidade normal dos negócios**, que consideram, entre outros aspectos: (i) cumprimento dos requerimentos previstos no Plano de Recuperação Judicial ("PRJ") e na Lei nº11.101/2005; (ii) sucesso na implementação do novo plano estratégico apresentado ao mercado em julho de 2019; (iii) reversão dos prejuízos acumulados consolidados que, em 31 de dezembro de 2019, totalizaram o montante de R$ 17.727.954 mil; e (iv) atendimento de cláusulas restritivas de empréstimos e financiamentos (covenants).
>
> Em 6 de março de 2020, o Juízo da Recuperação Judicial deferiu o pedido da Companhia para a realização de Nova Assembleia Geral de Credores (AGC) para deliberação de aditamento ao PRJ para flexibilização de determinadas condições financeiras e operacionais e para extensão do prazo da recuperação judicial, que se encerraria em 4 de fevereiro de 2020. **Esses eventos ou condições indicam a existência de incerteza relevante que pode levantar dúvida significativa quanto à capacidade de continuidade operacional da Companhia.** Nossa opinião não está modificada em relação a esse assunto."
>
> (Relatório do Auditor Independente de 2019, Oi)

Lembra daquela empresa de turismo, quando falamos sobre a importância da diversificação para reduzir os riscos do investidor? Pois é, em 2020 tivemos a pandemia da covid-19 e a auditoria da empresa adicionou um parágrafo de ênfase, destacando o risco de a empresa eventualmente ter suas atividades descontinuadas (quebrar). A empresa é a CVC.

> "**Ênfase – Incerteza relevante relacionada à continuidade operacional**
> Chamamos a atenção para as notas explicativas 1.1 e 2.3 às informações contábeis intermediárias, que indicam que **a companhia incorreu no prejuízo de R$ 1.403.693 mil** durante o período de seis meses findo em 30 de junho de 2020 (...). Os planos da companhia consistem substancialmente em realização de aumento de capital e negociação com debenturistas para repactuação dos vencimentos previstos para 2020, conforme citado na nota explicativa 31.
> Essas ações, **nem todas sob controle da Companhia, indicam a existência de incerteza relevante que pode levantar dúvida significativa quanto à capacidade de continuidade operacional da Companhia.**
> Nossa opinião não está ressalvada em relação a esse assunto."
> (Relatório do Auditor Independente do 2T2020, CVC)

Nesse momento, o auditor veste a camisa de analista e utiliza seu profundo conhecimento sobre o negócio e o modelo contábil da empresa para expressar sua opinião sobre os riscos de descontinuidade. Porém, repetimos, esse não é o principal papel da auditoria. A análise e a decisão final sobre o investimento cabem ao investidor. O relatório do auditor independente é mais uma ferramenta que pode auxiliar em sua análise.

Agora você entende por que dissemos que não faz sentido analisar os números da contabilidade antes de ler o relatório da auditoria? Se deseja analisar uma empresa para investimento pensando em receber dividendos grandes e seguros e verifica no primeiro parágrafo do relatório de auditoria que esta tem opinião adversa, você já fica sabendo que ali pode encontrar problemas ou cair em uma armadilha. Da mesma forma, se vê que a auditoria levanta dúvida quanto à continuidade operacional da empresa, também já pode desistir dela para sua estratégia de investimento com foco em dividendos (mas pode ser que seja um bom caso de *turnaround*, por outro lado).

E, mesmo que nenhum desses cenários ruins apareça à primeira vista, o investidor pode decidir dedicar seu tempo à análise da empresa, pois à primeira vista seus números refletem adequadamente sua posição patrimonial. Assim, você pode utilizar o relatório de auditoria como um guia para direcionar suas análises mais criteriosas para os pontos destacados pelo auditor.

9.3. Análise do modelo contábil

Não existem duas empresas que façam suas contabilidades perfeitamente iguais. Mesmo em países onde a contabilidade seja extremamente normatizada/regrada, sempre há margens para o processo de escolhas contábeis. A própria empresa pode alterar suas escolhas contábeis com o tempo. Durante muito tempo a contabilidade recebeu críticas por representar apenas uma posição patrimonial passada. De fato, não é objetivo da contabilidade apresentar o valor econômico (ou de mercado) da empresa. Isso demandaria ainda mais julgamentos e subjetividade do modelo contábil. Em suma, as coisas mudam e a contabilidade é uma ciência social (e não exata, como muitos pensam) que busca se adequar aos novos contextos.

Mesmo sendo "histórica", com o passar dos anos a contabilidade tem se modificado e modernizado cada vez mais. Especialmente com o advento das Normas Internacionais de Contabilidade (IFRS) e o processo de harmonização das normas de contabilidade entre os países, tornaram-se comuns as mudanças em normas já existentes e o surgimento de novas normas que provocam efeitos sobre o patrimônio e o resultado das empresas. Por isso o modelo contábil da empresa pode mudar e se adequar a essa nova realidade (como no caso da Azul).

No Brasil, Martins, Diniz e Miranda (2020) demonstram como o modelo contábil pode ser diferente até mesmo entre empresas do mesmo setor, especialmente quando os modelos de negócio das empresas são diferentes. Os autores citam os casos da BRMalls e da Multiplan. A primeira avalia seu ativo, denominado de "propriedades para investimento", pelo valor justo, reconhecendo a variação desse valor no seu resultado, enquanto a segunda avalia o mesmo tipo de ativo pelo custo, apresentando seu valor justo apenas nas Notas Explicativas.

Assim, mesmo estando no mesmo setor e com o mesmo "ramo de negócio", que é a administração de shopping centers, as demonstrações contábeis dessas empresas não são completamente comparáveis. Isso acontece porque as normas contábeis permitem mais de um tipo de tratamento contábil dessas operações, de acordo com o modelo de negócio de cada uma. A empresa que mantém o shopping center e busca sua valorização para venda a terceiros tem interesse no registro do ativo por seu valor justo (ou de mercado). Por outro lado, a empresa que mantém o shopping apenas para obtenção de receita de aluguel não está preocupada com seu valor de mercado e pode preferir manter seu ativo registrado pelo custo para evitar volatilidade em seu lucro.

Ou, ainda, a empresa pode não pensar em vender seus shoppings, mas quer usar o valor justo porque acredita que isso faz com que o seu investidor possa entender melhor o patrimônio e o desempenho da empresa – isso fica a critério da companhia e, se você não concordar, basta fazer um ajuste, retirando o valor justo das suas contas e análises, deixando apenas o custo histórico, pois é função do analista/investidor fazer os ajustes que ele queira no momento da análise.

O lucro (ou prejuízo) de uma empresa nada mais é do que uma síntese de suas atividades ao longo de um período. Podemos dizer que o lucro é um número-índice derivado da diferença entre receitas e despesas (e/ou custos), o qual representa o desempenho da empresa durante um período. E a contabilidade utiliza o chamado "**regime de competência**" para confrontar receitas e despesas e evidenciar qual foi o resultado da empresa naquele período.

Com base no regime de competência, a contabilidade registra naquele período todas as receitas e despesas ocorridas, independentemente de terem sido recebidas ou pagas. Esse regime é diferente do "**regime de caixa**", no qual são contabilizadas receitas e despesas apenas quando há efetiva entrada ou saída de caixa. As normas contábeis exigem que as empresas utilizem o regime de competência (elas não podem escolher o de caixa, por exemplo).

Mas por que estamos falando disso? Para apurar o lucro líquido, os efeitos das transações econômicas são registrados na contabilidade da empresa com base nas expectativas, e não necessariamente considerando entradas e saídas de caixa. Isso significa que as receitas são reconhecidas como "**entradas esperadas de caixa**" decorrentes da venda e entrega de produtos e serviços, e despesas são reconhecidas como "**saídas esperadas de caixa**" associadas ao esforço de vender e entregar produtos e serviços.

A **contabilidade em regime de competência emerge exatamente da demanda de investidores** por relatórios financeiros em base periódica (Palepu e Healy, 2017). Por definição, despesa é o gasto necessário para se obter receita. Para um investidor saber se a receita obtida pela empresa justificou aquela despesa incorrida, ele precisa que a contabilidade realize esse "confronto" em uma mesma base temporal.

Vamos imaginar um exemplo simples. Isso é essencial para você entender como a contabilidade funciona e como ela pode afetar a sua decisão de investimento. Imagine que a empresa "Dividendis" seja fundada no Período 1, quando teve uma única despesa de $ 150 (paga nesse mesmo Período 1) e uma única receita de uma venda a prazo de $ 200 (que será recebida no Período 2). No Período 2, a empresa tem uma despesa de $ 200 (paga nesse mesmo Período 2), recebe a receita do Período 1 ($ 200) e tem uma nova receita de uma outra venda a prazo de $ 350 (que será recebida apenas no Período 3).

Qual é o lucro da "Dividendis" no Período 1? E no Período 2? Observe na Tabela 16 como os resultados mudam conforme muda o regime de reconhecimento de receitas e despesas. Para a apuração do resultado de uma empresa que realiza transações econômicas de forma contínua, a contabilidade precisa comparar a receita (Período 1) com o gasto necessário para que essa receita específica seja obtida (despesa do Período 1). Só assim o investidor poderá ter uma razoável noção do resultado dessas transações econômicas.

Uma coisa é o esforço para a realização das transações econômicas (vender um produto ou serviço), outra é a gestão financeira (quando e como realizar pagamentos e recebimentos). Por definição, qualquer ativo na contabilidade deve possuir expectativa de benefício econômico futuro para a empresa. Logo, se a empresa vendeu a prazo e reconheceu um ativo "a receber", parte-se do pressuposto de que ela tem um razoável controle de risco ao conceder o crédito. Por isso, deve-se reconhecer a receita no período em que ela ocorre, e não quando (ou se) for recebida.

Tabela 16: Demonstração de Resultado, por Regimes de Competência e de Caixa.

Regime de Competência	Período 1	Período 2
Receita	200	350
(-) Despesa	(150)	(200)
= Lucro (Prejuízo)	50	150
Regime de Caixa	**Período 1**	**Período 2**
Receita	0	200
(-) Despesa	(150)	(200)
= Lucro (Prejuízo)	(150)	0

Note como os resultados apurados no regime de caixa são diferentes, chegando a ser nulos no Período 2. Dessa forma, o resultado pelo regime de caixa pode ser pouco útil aos investidores, em especial porque seria extremamente difícil analisar o desempenho de um período específico, haja vista que o resultado seria mascarado por despesas e receitas originadas de vários períodos e realizadas naquele. Mas não estamos dizendo que informações em regime de caixa não são importantes!

Os lucros são compostos por *accruals* (ou acumulações, em tradução literal, como no caso da empresa "Dividendis") e por fluxos de caixa, mas são os fluxos de caixa que tornam os lucros mais persistentes (Sloan, 1996), porque os *accruals* podem ser manipulados e quanto maior for a manipulação dos *accruals*, mais voláteis serão os lucros e menos previsibilidade teremos sobre os lucros futuros da empresa [Nguyet (2017) apresenta uma boa revisão dessa literatura].

Contudo, apesar da possibilidade de manipulação dos *accruals* (gerenciamento de resultados), usar apenas o lucro ou os fluxos de caixa pode ser perigoso. Por isso é sempre importante analisar a DRE e a DFC da empresa em conjunto. Por exemplo, Takamatsu (2011) afirma que no Brasil o fluxo de caixa, sozinho, é mais volátil do que o lucro (composição de *accruals* e fluxos de caixa). Algumas pesquisas publicadas com dados brasileiros demonstram como a manipulação dos *accruals* pode afetar a persistência e a relevância dos lucros para os investidores (Kolozsvari, Macedo, 2016; Leal et. al, 2017).

Dessa forma, mesmo que a contabilidade siga o regime de competência e com ele apresente demonstrações como o Balanço Patrimonial, a Demonstração de Resultado, a Demonstração das Mutações do Patrimônio Líquido e a Demonstração do Valor Adicionado, uma das demonstrações mais importantes para o investidor é a Demonstração dos Fluxos de Caixa, que utiliza o regime de caixa para demonstrar como o caixa e os equivalentes de caixa da empresa variaram no período.

Toda essa contextualização sobre o modelo contábil das empresas tem como principal finalidade esclarecer ao investidor que ao longo dos períodos as empresas apresentam uma série de eventos econômicos que afetam seus resultados (por competência), mas não afetam o caixa (pelo menos naquele período específico). Não é raro ler em relatórios de resultado ou de análise, ou mesmo ouvir em teleconferências de resultados, que aquele evento é "**meramente contábil**".

O "meramente contábil" faz referência a um evento que provocou um efeito no resultado daquele período (por competência), como é o caso de uma variação cambial negativa sobre uma dívida em dólares cujo vencimento é no longo prazo, mas que não afetou o caixa da empresa naquele período porque aquela parcela da dívida ainda não foi efetivamente paga (não houve saída de caixa). Apesar de ainda não ter havido saída de caixa naquele período, tal efeito econômico é reconhecido pela contabilidade porque cria a expectativa de saída de caixa no futuro. Explicamos isso de forma mais detalhada no **Apêndice 2** do **Material Suplementar** deste livro, em "**Entenda o meramente contábil e a matemática por trás da contabilidade**". Digitalize o **QR Code** ao lado com seu celular para ter acesso ao **Material Suplementar** completo.

Esses eventos econômicos são especialmente importantes em alguns segmentos. No caso das empresas exportadoras, especialmente aquelas que exportam commodities como petróleo, minério de ferro, proteína animal, celulose, entre outras, a variação cambial tem forte efeito em seus resultados. Em alguns casos, as empresas optam por realizar espécies de seguros, chamados de *hedge*, para se protegerem da variação do câmbio. Por isso, é importante que o investidor entenda o modelo contábil da empresa para uma análise adequada.

O uso da contabilidade em regime de competência, apesar da vantagem apontada na apuração de resultado, está no centro de muitas discussões devido à subjetividade de algumas estimativas contábeis. Uma vez que a contabilidade por competência lida com as expectativas de realização de despesas e receitas, que levam a futuras consequências de caixa, tais expectativas e estimativas dependem de hipóteses levantadas pelos gestores da companhia, que devem ser verificáveis e rigorosamente justificadas para garantir sua materialidade.

A gestão é responsável por essas expectativas e estimativas porque tem profundo conhecimento do modelo de negócio da empresa. A contabilidade é o meio pelo qual a empresa evidencia essas expectativas e estimativas. Quando esses dois atores falam línguas diferentes, surge uma *red flag* que pode ser um sinal de problemas na empresa. Já comentamos o caso do IRB Brasil RE, que sofreu forte desvalorização na bolsa devido a uma série de problemas, entre eles a suspeita de contabilidade agressiva na estimação de suas provisões.

Também não é raro que investidores sejam surpreendidos por prejuízos ou reduções de lucros devido ao chamado *impairment* (redução ao valor recuperável de ativos). Empresas que negociam commodities têm uma forte correlação entre os preços de suas ações e os das commodities. Como exemplo, é bastante comum ver Petrobras e Vale divulgarem grandes despesas em seus resultados devido à perda por redução do valor contábil de seus ativos (como estoques) ocasionada pela queda do preço da commodity no mercado internacional.

O investidor que analisa ou possui esse tipo de empresa deve conhecer esse fenômeno contábil. É importante saber o efeito que ele ocasiona no resultado da empresa e que, assim como os outros fenômenos chamados de "meramente contábeis", pode não representar uma saída de caixa no presente, mas tende a se tornar no futuro. No caso do *dividend investing*, não podemos esquecer que o efeito econômico não é meramente contábil, pois o dividendo depende do lucro ajustado apurado por regime de competência.

A contabilidade por regime de competência conta com uma discricionariedade de tomada de decisões contábeis que é concedida aos gestores. Esse poder de escolha (dentro dos limites legais e normativos) é potencialmente valioso porque permite que eles reflitam informações mais próximas ao real contexto financeiro e operacional da empresa. Porém, como o investidor enxerga o lucro como uma maneira de medir o desempenho da empresa, o gestor tem o incentivo para usar essa "liberdade" a fim de distorcer ou gerenciar o resultado a seu favor.

Sobre esse assunto, recomendamos que você leia o livro de Palepu e Healy (2017), além de consultar a vasta literatura empírica sobre gerenciamento de resultados no Brasil, como: Martinez (2001), responsável por iniciar essa linha de pesquisa no Brasil, e Paulo (2007), que popularizou o tema (suas teses de doutorado têm, respectivamente, 336 e 226 citações no Google Acadêmico).

Também há diversas pesquisas sobre esse assunto, a exemplo de Lima et al. (2015), que relacionaram a qualidade das informações contábeis com o ciclo de vida das empresas (que afeta os dividendos); Viana Jr., Lourenço e Martins (2019), que analisaram os efeitos da instabilidade macroeconômica e a relação com o gerenciamento de resultados; Sousa, Martins e Girão (2019), que analisaram o efeito do gerenciamento de resultados na persistência dos dividendos das empresas; Girão et al. (2020), que estudaram os impactos da covid-19 no gerenciamento de resultados das empresas listadas em bolsa; e Martins e Barros (2021), que investigaram a relação entre a informatividade e a qualidade da contabilidade das empresas.

O gerenciamento de resultados distorce os dados da contabilidade, fazendo com que eles reflitam de forma deturpada o desempenho e a situação patrimonial da empresa. Para evitar que isso seja uma prática comum, os padrões contábeis, ao mesmo tempo que oferecem essa "liberdade", criam amarras que buscam dar maior confiabilidade à informação contábil. Por isso, lembramos como são importantes os "**principais assuntos de auditoria**" destacados no relatório da auditoria independente. Essa é uma "liberdade assistida" pela auditoria.

Quando falamos em analisar o modelo contábil da empresa, estamos dizendo que você precisa avaliar o grau em que a contabilidade da empresa capta e demonstra o seu modelo de negócio. Como já destacamos, o investidor deve ter uma razoável noção sobre a adequação da contabilidade, e uma forma rápida e adequada de conhecer o modelo contábil da empresa é por meio da leitura detalhada do relatório de auditoria e das notas explicativas das demonstrações contábeis, além do formulário de referência.[12]

---

12 Atenção principalmente aos itens "Políticas Contábeis Críticas", "Eventos com Efeitos Relevantes, Ocorridos e Esperados, nas Demonstrações Financeiras", "Mudanças Significativas nas Práticas Contábeis" e "Itens Relevantes não Evidenciados nas Demonstrações Financeiras".

Vamos começar com o exemplo das "Políticas Contábeis Críticas" da JHSF. No trecho apresentado a seguir, note como a empresa destaca alguns dos seus principais eventos econômicos e como o modelo contábil reflete esses eventos. Há detalhes sobre as premissas, formas de mensuração e de evidenciação dessas informações nas demonstrações contábeis da empresa.

> "Políticas Contábeis Críticas
> Na aplicação das políticas contábeis da Companhia, **são adotadas premissas e variáveis provenientes de experiências prévias e diversos outros fatores subjetivos julgados razoáveis e relevantes**. Em decorrência disso, a elaboração das demonstrações financeiras e informações contábeis intermediárias individuais e consolidadas da Companhia inclui julgamentos e estimativas, dentre outras, referentes à **perda por redução ao valor recuperável** de ativos não financeiros, transações com **pagamentos baseados em ações, impostos, valor justo de instrumentos financeiros, provisões** para demandas judiciais e administrativas. **Os resultados Reais desses valores contábeis podem diferir dessas estimativas**, portanto, para melhor adequar a realidade da Companhia ao disposto acima, **a Companhia revisa as suas premissas continuamente** e os possíveis efeitos decorrentes destas revisões são reconhecidos no exercício ou período em que as estimativas são revistas. De modo a proporcionar um entendimento de como a Companhia forma seus julgamentos sobre eventos futuros, inclusive quanto a variáveis e premissas utilizadas nas estimativas, foram sumarizadas as principais políticas contábeis críticas envolvendo esses julgamentos da administração, incluindo as premissas e as variáveis nas quais se baseiam essas políticas:
>
> **Mensuração do valor justo das propriedades para investimento**
> São representadas por **empreendimentos em shopping centers, mantidos para auferir rendimento de aluguel e/ou para valorização do capital**, e são **inicialmente mensuradas ao custo de aquisição e/ou construção, incluindo custos da transação**. Após o reconhecimento inicial, são apresentadas ao seu **valor justo** (conforme Nível 3 na classificação de hierarquia do valor justo), apurados de forma individual a cada shopping center, utilizando o método de **Fluxo de Caixa Descontado**, atualizado internamente e registrado contabilmente a cada trimestre, com atualização anual por empresa especializada independente. Na determinação das taxas de desconto de cada shopping center, considerasse (SIC) o custo de oportunidade para o empreendedor, o nível de risco do empreendimento, a perpetuidade dos fluxos, o crescimento real esperado pela Companhia e as condições esperadas pelo mercado.
>   Especificamente para os **terrenos, cujos projetos ainda não se encontram em desenvolvimento**, a Companhia registra o valor justo, com base no **método com-**

> parativo direto de mercado avaliando o preço de terrenos em áreas próximas, através de cotações e outras informações disponíveis (nível 3 na classificação do valor justo).
> **A diferença entre o valor de custo e o valor justo calculado é reconhecida em conta do resultado**, no período em que foram apurados, a título de ganho ou perda com valor justo das propriedades para investimento.
> **Propriedades para investimento são baixadas quando vendidas ou quando deixam de ser permanentemente utilizadas e não se espera qualquer benefício econômico futuro da sua venda (*impairment*). Quando da ocorrência de uma venda de propriedade para investimento ou parte dela**, a diferença entre o valor líquido apurado entre a receita de venda e o seu respectivo valor contábil é reconhecida no resultado no período da baixa."
> (Formulário de Referência – 2020, versão 13, JHSF)

Agora, vejamos o caso da Vale quando reporta "Eventos com Efeitos Relevantes, Ocorridos e Esperados, nas Demonstrações Financeiras", após o rompimento da barragem em Brumadinho (MG), no ano de 2019. Esse foi um evento que afetou bastante o preço e o valor da empresa no mercado, haja vista a sua gravidade e as incertezas em torno dos desdobramentos legais e financeiros sobre as operações da mineradora.

> **Eventos com Efeitos Relevantes, Ocorridos e Esperados, nas Demonstrações Financeiras**
>
> (...)
> **c. Eventos ou operações não usuais**
> **Evento subsequente constante da Demonstração Financeira de 31 de dezembro de 2018**
> **Rompimento da barragem de Brumadinho**
> Em 25 de janeiro de 2019 (evento subsequente), ocorreu o rompimento da Barragem I da Mina do Córrego do Feijão, que pertence ao Complexo Paraopebas no Sistema Sul, localizada em Brumadinho, Minas Gerais, Brasil ("Barragem de Brumadinho"). Essa barragem estava inativa desde 2016 (sem descarte adicional de rejeitos) e não havia nenhuma outra atividade operacional na barragem.
> (...)
> Adicionalmente, **a Vale determinou a suspensão (i) da remuneração variável de seus executivos; (ii) da Política de Remuneração aos Acionistas e (iii) de qualquer outra deliberação relacionada à recompra de ações.** A Companhia pagou aos acionistas a título de antecipação da remuneração do exercício, o valor de R$ 7,694 bi-

lhões em setembro de 2018, mediante aprovação pelo Conselho de Administração no dia 25 de julho de 2018. Esse pagamento foi superior ao dividendo mínimo obrigatório do exercício de 2018 e consequentemente nenhum dividendo adicional aos acionistas se faz necessário (nota explicativa 30 às demonstrações financeiras).
(...)
Impactos financeiros decorrentes do rompimento da barragem
A Companhia concluiu que o rompimento da barragem e os desdobramentos subsequentes não se referem a uma condição existente na data das demonstrações financeiras e, portanto, não origina ajustes nos valores contábeis reconhecidos em 31 de dezembro de 2018. Portanto, todos os impactos contábeis serão refletidos em 2019. **No estágio atual das investigações, apurações das causas e possíveis ações de terceiros, não é possível mensurar de forma confiável todos os potenciais custos que a Companhia poderá incorrer para fins de divulgação nas demonstrações financeiras.** Os valores que estão sendo divulgados relacionados a este evento foram baseados nas melhores estimativas da Administração.
Paradas de operação e descaracterização das barragens a montante
(...)
Baixa de ativos
Como resultado do evento e em conjunto com a decisão de aceleração do plano de descaracterização das barragens a montante, a Companhia registrará em 2019 a baixa dos ativos da mina Córrego do Feijão e dos relacionados às barragens a montante no Brasil, resultando em uma perda de R$ 480 milhões, que impactará o balanço patrimonial e a demonstração do resultado da Companhia.
Acordos
(...)
Doações e outras despesas incorridas
(...)
Contingências e outras questões legais
(...)"

(Formulário de Referência – 2019, versão 32, Vale)

Mudanças de normas de contabilidade também são comuns e afetam os resultados das empresas porque as formas de mensuração e evidenciação dos elementos patrimoniais das empresas podem mudar. É comum ver as empresas apresentando seus resultados com a exclusão dos efeitos dessas normas novas. Mas também é importante entender que efeitos são esses e como eles foram tratados pela empresa. Vejamos o exemplo do Bradesco: como ele tratou a adoção da IFRS 16 (sobre arrendamentos) e da IFRIC 23 (sobre incertezas relacionadas aos tributos sobre o lucro).

> "**Mudanças significativas nas práticas contábeis – Ressalvas e ênfases no relatório do auditor**
>
> **Os diretores devem comentar:**
>
> **a) mudanças significativas nas práticas contábeis**
>
> Requerimentos do Banco Central e do CMN introduzindo as Normas Internacionais de Contabilidade (IFRS) nas Instituições Financeiras fizeram com que essas instituições passassem a preparar demonstrações contábeis anuais no padrão internacional a partir do exercício de 2010. Essa é uma exigência adicional às demonstrações contábeis oficiais requeridas pelas autoridades brasileiras.
>
> (...)
>
> Em 2019 entraram em vigor a norma contábil internacional **IFRS 16, que dispõe sobre os Arrendamentos**, e a interpretação **IFRIC 23, que dispõe da Incerteza sobre Tratamento de Tributos sobre o Lucro**. A seguir estão dispostos os principais aspectos exigidos para cada norma:
>
> a) **IFRS 16 – Arrendamentos:** substitui as normas IAS 17 Operações de Arrendamento Mercantil, IFRIC 4, SIC 15 e SIC 27 Aspectos Complementares das Operações de Arrendamento Mercantil, estabelece que os arrendatários contabilizem todos os arrendamentos conforme um único modelo, similar à contabilização de arrendamentos financeiros do IAS 17. A IFRS 16 é mandatória para os exercícios iniciados a partir de 1º de janeiro de 2019. Na Organização há arrendamentos de imóveis e de equipamentos, sendo que os imóveis representam aproximadamente 98% dos saldos.
>
> **Transição**
>
> O Banco Bradesco adotou a IFRS 16 em 1º de janeiro de 2019, utilizando a abordagem retrospectiva modificada simplificada, a qual não requer a divulgação de informações comparativas. A nova norma foi adotada para contratos que haviam sido anteriormente identificados como arrendamentos que utilizavam o IAS 17 e o IFRIC 4 – Aspectos Complementares das Operações de Arrendamento Mercantil. Portanto, a Organização não aplicou a norma a contratos que não tenham sido previamente identificados como contratos que contenham um arrendamento nos termos da IAS 17 e do IFRIC 4.
>
> (...)"
>
> (Formulário de Referência – 2020, versão 15, Bradesco)

Por fim, trazemos um exemplo de "Itens Relevantes não Evidenciados nas Demonstrações Financeiras" da Qualicorp. Nesse caso, a empresa informa sobre os chamados "itens fora do balanço" (ou *off-balance sheet items*), que são contratos de futura compra e venda de produtos e serviços. Esses itens geram despesas (que estão nas demonstrações contábeis) provenientes de direitos e/ou deveres que não aparecem no balanço (porque não são diretamente associados à empresa, podendo estar ligados às suas subsidiárias).

> "**Itens Relevantes não Evidenciados nas Demonstrações Financeiras**
>
> **a. os ativos e passivos detidos pela Companhia, direta ou indiretamente, que não aparecem no seu balanço patrimonial (*off-balance sheet items*), tais como:**
> (...)
> **ii. contratos de futura compra e venda de produtos ou serviços**
> Em 31 de dezembro de 2019, a Companhia possuía compromissos para prestação de serviços de "call center", firmados por meio da celebração de contratos, tendo incorrido nesse exercício social, **despesas de R$ 40,6 milhões com esses contratos**.
>
> Os **contratos são reajustados anualmente**, sendo 70% dos preços reajustados com base no percentual de aumento salarial (de acordo com a categoria) e 30% reajustados com base no IGP-M.
>
> **É possível haver rescisão imotivada** dos referidos contratos, desde que a parte interessada comunique a outra, com 60 dias de antecedência do evento.
>
> Em 28 de dezembro de 2017, foi firmado contrato de prestação de serviços para implantação do ERP SAP S/4 Hana Hec, o qual tem duração de 5 anos. Este contrato possui carência de 14 meses, sendo que a Companhia passou a efetuar pagamentos de acordo com referido instrumento em abril de 2019.
>
> As despesas incorridas com esse contrato no exercício findo em 31 de dezembro de 2019 foram de R$ 2,9 milhões."
>
> (Formulário de Referência – 2020, versão 10, Qualicorp)

Como observam Palepu e Healy (2017), ao identificar onde existe flexibilidade contábil e avaliar quão apropriadas são as políticas e as estimativas contábeis da empresa, você pode estimar o grau de distorção dos números reportados. Entender o negócio, assegurar-se de que a opinião da auditoria é de que os números contábeis representam adequadamente o patrimônio da empresa e ter um mínimo de conhecimento para analisar possíveis distorções contábeis (mesmo que de acordo com as normas) é essencial para aumentar a confiabilidade de suas decisões de investimento.

9.4. Destaques

1. Nunca invista em um negócio que você não entende, pois, se não sabe como a empresa faz dinheiro, não conseguirá avaliar seu potencial de crescimento, tendo chances altíssimas de cometer erros em sua análise.
2. É preciso conhecer o modelo de negócio e o modelo contábil, e verificar se eles estão "casando" ou não, para entender o que está acontecendo com a empresa.
3. Comece entendendo o modelo de negócio da empresa, depois faça a leitura do relatório de auditoria e então finalize com o entendimento da adequação do modelo contábil e da qualidade dos números contábeis.
4. As empresas de capital aberto são obrigadas a apresentar um relatório de auditoria independente, que tem como objetivo atestar (ou não) a adequação das demonstrações contábeis a representar a posição patrimonial e financeira da empresa.
5. Na história há casos nos quais a auditoria não conseguiu identificar fraude, erro, corrupção, etc., mas há muito mais casos de empresas que foram auditadas e que apresentaram demonstrações contábeis confiáveis.
6. Você pode utilizar o relatório de auditoria como um guia para direcionar suas análises mais criteriosas para os pontos destacados pelo auditor.
7. Não existem duas empresas que façam suas contabilidades perfeitamente iguais. Mesmo em países onde a contabilidade seja extremamente normatizada, sempre há margens para o processo de escolha.
8. Com base no regime de competência, a contabilidade registra naquele período todas as receitas e despesas ocorridas, independentemente de terem sido recebidas ou pagas.
9. Qualquer ativo na contabilidade deve possuir expectativa de benefício econômico futuro, logo, se a empresa vende a prazo e reconhece um ativo "a receber", presume-se que ela tem um razoável controle de risco ao conceder o crédito e, por isso, deve reconhecer a receita no período em que ela ocorre, e não quando (ou se) for recebida.

10. No *dividend investing*, principalmente, não podemos esquecer que o efeito econômico das operações não caixa não é "meramente contábil", pois o dividendo depende do lucro apurado por regime de competência.

10.
MÚLTIPLOS DE LUCROS E DE DIVIDENDOS

"Atrás de cada ação está uma empresa. Descubra o que ela está fazendo."
PETER LYNCH

Múltiplos são indicadores úteis para a determinação do "valor justo" de um ativo em relação a outro ativo comparável (semelhante). Eles ajudam a estabelecer uma classificação de valor tendo como base uma ou mais referências, a exemplo do que demonstramos no Capítulo 8. Quando construímos um ranking a partir de algum "filtro", o que estamos fazendo é identificar a empresa mais interessante do ponto de vista daquele indicador ou múltiplo.

Essa abordagem de *valuation* também é conhecida como "avaliação relativa". Ela é muito útil no processo de avaliação de ações, porém o investidor precisa entender em detalhe a composição do múltiplo que ele usa para analisar comparativamente as empresas, de modo a descobrir se uma ação está sendo negociada com um prêmio ou um desconto em relação aos seus pares comparáveis. Após identificar as companhias comparáveis, os múltiplos podem ser a primeira ferramenta para rastrear ações que estão com preços atrativos.

Múltiplos, índices, indicadores – o termo pode variar de acordo com a fonte que você consulta. No entanto, as utilidades e os cuidados necessários ao se utilizar esses elementos em uma análise são convergentes. Em essência, eles demonstram como uma variável da empresa (numerador) está em relação a outra (denominador). Damodaran (2025) diz que, embora os múltiplos ou índices sejam fáceis de usar e intuitivos, também são fáceis de ser mal utilizados. Por isso, neste capítulo, trataremos de alguns detalhes importantes.

Devido à sua simplicidade, a avaliação relativa é uma das formas de *valuation* mais comuns nos diferentes mercados de ações. E a razão é óbvia: **para entender e utilizar os múltiplos, não é necessário um conhecimento avançado de contabilidade, economia ou estatística.** Mas para ajustar os múltiplos a eventos não recorrentes, por exemplo, é preciso entender o básico da contabilidade (lembre-se dos ensinamentos do Capítulo 9). Outro elemento que favorece a ampla popularidade dos múltiplos é a facilidade de acesso aos dados necessários para cálculo deles e, em alguns casos, até mesmo os múltiplos já calculados. Tanto as empresas quanto sites de finanças e investimentos podem disponibilizá-los gratuitamente.

Há dois elementos operacionais importantes que precisamos considerar antes de discutirmos efetivamente os múltiplos. Primeiro, para avaliar uma empresa de forma relativa, precisamos padronizar algumas medidas, por exemplo, de lucro ou de "valor". Isso é feito pela divisão dessas medidas por algum fundamento da empresa, como o seu patrimônio líquido. Assim, surgem índices de rentabilidade (lucro líquido/patrimônio líquido) e de valor (valor de mercado/patrimônio líquido ou preço da ação/lucro líquido por ação).

> **Atenção!**
>
> **Preço** e **valor** são conceitos distintos, como diria Warren Buffett. Neste caso, "valor" é a referência a quanto a empresa está sendo negociada no mercado. Se nós acreditamos que o mercado não é totalmente eficiente, na opinião de quem fez o *valuation*, quer dizer que é possível encontrar empresas que estão sendo negociadas a preços mais baixos do que deveriam (do que o chamado valor justo ou valor intrínseco).

Metaforicamente, **o importante é sempre relacionar cajá com cajá e graviola com graviola**. Isto é, na construção de múltiplos ou indicadores, os elementos de lucro e de valor devem ser correlacionados. Se a medida de lucro se refere ao lucro do acionista (lucro líquido), a medida de valor também tem de se referir ao acionista (patrimônio líquido ou preço da ação). Não é correto calcular múltiplos que relacionem medidas de diferentes detentores de capital da empresa, como lucro líquido (do acionista) e ativo total (financiado não só pelo capital dos acionistas, mas também dos credores).

Relacionar o lucro líquido com o ativo total como se fosse uma medida de Retorno sobre o Ativo (ROA) é um erro incrivelmente comum e repetido exaustivamente. Você pode até já ter visto essa relação em livros, artigos e sites, mas, do ponto de vista de retorno de investimento ou de *valuation*, ela está errada! O lucro líquido é uma medida de rentabilidade do capital do acionista, apenas. É o lucro "após" a subtração dos juros (rentabilidade do capital de terceiros) e dos impostos. Já o ativo total é financiado não somente pelos acionistas, mas também pelos credores (especialmente por meio de empréstimos e financiamentos).

Portanto, achar que lucro líquido também indica a rentabilidade dos credores (que compõem o ativo total) é errado (basta ver que ativo total é igual à soma dos passivos e do patrimônio líquido). O mais adequado é utilizar o Lucro Antes dos Juros e Imposto de Renda (LAJIR ou EBIT) dividido pelo ativo total do início do período ou pelo ativo total médio, da seguinte forma:

$$ROA = \frac{EBIT_t}{Ativo\ Total_{(t-1)}}$$

Há, ainda, quem prefira ajustar o EBIT retirando os tributos, utilizando um EBIT após impostos. Isso também é possível. Em *valuation*, você tem a liberdade necessária para fazer isso, desde que haja fundamento teórico no ajuste realizado. No **Apêndice 3** do **Material Suplementar** deste livro falamos um pouco sobre esse assunto, demonstrando os fundamentos de por que **cajá tem que ser relacionado com cajá e graviola com graviola**. Digitalize o **QR Code** ao lado para acessar esse conteúdo.

O segundo elemento diz respeito à empresa que será utilizada como referência para comparação. É necessário que as empresas sejam comparáveis. Não podemos comparar uma manga-manila (fruta mais doce do mundo, segundo o *Guinness Book of Records*) com um limão-siciliano e tentar identificar qual fruta é mais ácida (popularmente, amarga). Para o investidor ter certeza sobre a comparabilidade das empresas que está analisando, é necessário conhecer os modelos de negócio das empresas, os riscos aos quais estão expostas, como elas "fazem dinheiro", como seus lucros crescem, quem são seus principais concorrentes, qual é o seu estágio do ciclo de vida, etc.

Quando discutimos efetivamente os múltiplos, há outros dois elementos fundamentais que precisamos considerar:

a) Para que a avaliação seja assertiva, é indispensável ter razoável certeza sobre a qualidade dos números das empesas. Serviços de bancos de dados e sites gratuitos podem apresentar números errados. Ir diretamente às fontes oficiais (empresa, Bolsa de Valores ou CVM) é o caminho mais seguro e barato, porém pode requerer mais do seu tempo. Uma alternativa é a contratação de uma base de dados confiável, caso a relação custo-benefício lhe pareça atrativa;

b) É preciso que os múltiplos sejam corretamente calculados no que se refere à relação temporal entre as variáveis (mensal, trimestral ou anual) ou mesmo que relacionem elementos com a mínima e necessária relação intrínseca (no retorno do acionista, usar o lucro e o patrimônio do acionista). Nesse sentido, não deixe de ler o **Apêndice 3**.

Damodaran (2025) afirma que a força da avaliação relativa também é sua fraqueza. Confuso? Nós explicamos. A simplicidade dos múltiplos, que os torna largamente utilizados no mercado, também é um ponto de atenção. A facilidade de calcular e encontrar múltiplos já calculados pode fazer com que o investidor menos atento utilize múltiplos calculados por terceiros, sem ter a certeza de que tenham sido formulados de acordo com os elementos operacionais e fundamentais citados acima.

Isso pode ser uma **armadilha para o investidor**. Diante da facilidade de encontrar múltiplos "prontos" no mercado, há um risco de utilizar **estimativas inconsistentes** para a comparação de empresas que não são totalmente comparáveis em termos de risco, crescimento e fluxo de caixa potencial. Outra fragilidade está relacionada ao **humor do mercado**. Como a análise é comparativa, se o investidor utilizar múltiplos que têm no numerador ou denominador alguma medida de mercado, corre o risco de deparar com empresas comparáveis que estão super ou subavaliadas pelo mercado, o que pode levá-lo a tomar decisões equivocadas. No Capítulo 11, falaremos mais sobre isso.

A esse respeito, é oportuno trazer um trecho de aula do curso de doutorado em contabilidade da Universidade de São Paulo (USP), ministrada por um dos professores de contabilidade mais reconhecidos e importantes do país, Eliseu Martins: "**Indicador é um meio, não uma conclusão. O que interessa é a impressão que se tira das demonstrações contábeis, e não a magnitude de um número (indicador). Indicador escraviza!**" Por isso, apesar de sua simplicidade e utilidade, devemos ter a noção de suas limitações, o que não quer dizer que não devamos usá-los.

Mesmo se o investidor estiver lendo uma análise feita por um analista ou um relatório divulgado pela empresa, ele deve estar atento a uma possível manipulação dos múltiplos, seja por meio da utilização de uma variável "ajustada" ou mesmo da seleção de empresas comparáveis que favoreçam a empresa em questão. Por exemplo, o múltiplo pode forçadamente ser calculado a partir de uma medida de lucro que tente excluir arbitrariamente o efeito de uma alteração nas normas contábeis, ou mesmo de uma crise.

Mas nem tudo é problema. Como dissemos, os múltiplos são muito úteis. O que não devemos é extrapolar os limites de sua utilidade. Por exemplo, eles não são os melhores instrumentos para a realização de previsão de retornos futuros. Na história dos mercados de ações há inúmeros casos de empresas que aparentavam estar relativamente subavaliadas (ou superavaliadas) em relação às concorrentes, porém, com o passar do tempo, não entregaram maior (menor) retorno que as demais, seja porque seus múltiplos ainda não refletiam mudanças em seus fundamentos ou porque o retorno passado não é garantia de retorno futuro.

Dessa forma, nunca use apenas um múltiplo isolado. Isso vai reduzir a chance de você cair em uma *value trap* (ou armadilha do valor). Esse termo é usado para empresas que parecem estar baratas (por exemplo, com múltiplos baixos em relação aos seus pares), mas que no fim das contas nunca deixam de parecer estar baratas, o que faz você provavelmente nunca ganhar dinheiro com elas. Sobre esse assunto, sugerimos a leitura do trabalho de Penman e Reggiani (2018).

Para não cair em armadilhas e perder dinheiro, finalizamos esta seção chamando a atenção para uma frase adaptada do livro de Barrie (1902), que conta a história de Peter Pan, da fada Sininho (descanse em paz), do Capitão Gancho e de muitos outros personagens que fizeram parte da infância de muita gente: toda vez que você usa um múltiplo isolado para tomar uma decisão de investimento, uma fada morre.

Ninguém aqui quer extinguir as fadas, correto? Então vamos analisar os investimentos direito. Nas próximas seções daremos maiores detalhes sobre os principais múltiplos; e no Capítulo 11 mostraremos como eles podem ser analisados em conjunto.

10.1. Múltiplos de lucros

Vários são os tipos de múltiplo de lucro que o investidor pode utilizar em sua análise. Dado que dividendo nada mais é do que uma parte do lucro da empresa que ela distribui para os seus acionistas, o investidor por dividendos não pode abrir mão de uma boa análise sobre o potencial de geração de lucro da empresa. Partindo desde os indicadores de rentabilidade até os indicadores de valor relativo. Há uma diversidade desses indicadores. Entre eles, destacamos: Margem Líquida (ML), Retorno sobre o Patrimônio Líquido (ROE), Preço/Lucro (P/L), Preço/Lucro/Crescimento (PEG, na sigla em inglês) e *Earnings Yield* (EY).

10.1.1. Margem Líquida (ML)

A Margem Líquida é popularmente conhecida como margem de lucro e indica o percentual das vendas líquidas da empresa que se transforma em lucro após a subtração de todos os custos, despesas e impostos. A ML demonstra quanto de lucro a empresa consegue gerar para cada R$ 1 de vendas líquidas. Por ser naturalmente menor do que 1, pois o lucro é uma parte das vendas, é comum esse indicador ser multiplicado por 100 para que seja apresentado como um percentual. Quando negativa, indica que a empresa tem obtido prejuízo em sua operação. Por exemplo, a Cielo teve uma ML de 15,8% em 2019, o que revela que ela conseguiu transformar em lucro R$ 0,158 de cada R$ 1 de vendas líquidas.

$$ML = \frac{Lucro\ Líquido}{Vendas\ Líquidas}$$

No numerador desse indicador está o lucro líquido (recorrente) da empresa, que deve ser o lucro no final do período sem os efeitos dos itens não recorrentes e após os impostos sobre o lucro. No denominador estão as vendas líquidas, que são as vendas brutas deduzidas de devoluções de vendas, descontos incondicionais e impostos sobre vendas. É importante que você tenha um olhar mais cuidadoso sobre tais necessidades de ajuste sobre o lucro. Já as vendas líquidas geralmente são apresentadas pelas empresas, sem a necessidade de ajustes.

Tanto o lucro quanto as vendas devem ser medidos para o mesmo período, pois essa é uma medida de lucratividade para aquele período. Por exemplo, se o seu interesse é pela margem de lucro da empresa no último ano, deve utilizar o lucro líquido anual e as vendas líquidas daquele ano. Como as empresas listadas em bolsa divulgam suas demonstrações contábeis a cada trimestre, o investidor pode utilizar as informações dos últimos quatro trimestres disponíveis (LTM ou TTM) para calcular a ML dos últimos 12 meses.

Essa é uma das formas mais históricas e básicas de se calcular um múltiplo (ao longo do livro, você vê outras variações). Adicionalmente, LTM quer dizer "*last twelve months*" ou últimos 12 meses. Nesse contexto, isso quer dizer que devemos usar o lucro acumulado nos últimos 12 meses e não o lucro de um trimestre qualquer. Em alguns livros, artigos e relatórios é possível também encontrar a definição de TTM ("*trailing twelve months*"), que é sinônimo de LTM.

Uma queda acentuada da ML pode ser explicada pela redução do lucro da empresa ou pelo aumento do volume de vendas sem o respectivo aumento da margem de lucro, o que pode indicar que a empresa reduziu o preço de seus produtos ou serviços para manter a competitividade. Isso aconteceu com a Cielo entre 2014 e 2019 (já comentado no Capítulo 6), quando viu a competitividade no seu setor aumentar e precisou reduzir sua margem para manter *market share*, vendo sua ML cair de 41,8% no ano de 2014 para 15,8% em 2019.

Quanto maior a ML da empresa, mais lucrativa ela é (mas não confunda lucratividade com rentabilidade; para medir a rentabilidade, devemos utilizar uma medida de retorno, como o ROE, por exemplo). Quando é negativa, revela que a empresa tem obtido prejuízo em suas operações. Naturalmente, o investidor espera identificar uma ML positiva e crescente, não o contrário. Quando a ML é decrescente, como no caso da Cielo, a empresa tende a perder valor de mercado (a ação da Cielo caiu de R$ 19,13 no final de 2014 para R$ 8,21 no final de 2019).

Por essa razão, a ML é uma boa medida para identificar a capacidade de geração de lucros da empresa, especialmente porque pondera o lucro obtido pelo volume de vendas (controla o efeito tamanho da empresa em uma análise comparativa). Mesmo assim, o investidor deve estar ciente de que há diferenças de magnitude da ML entre os setores. O setor de energia elétrica, por exemplo, tradicionalmente tem empresas com ML alta (média do setor perto de 20%), enquanto o setor de consumo não cíclico registra ML menor (média do setor perto de 7%).

10.1.2. Retorno sobre o Patrimônio Líquido (ROE)

O ROE é uma medida de rentabilidade para o acionista, relacionando o lucro do acionista (lucro líquido) ao valor contábil do patrimônio da empresa (que é a participação do acionista na empresa, também chamado de capital próprio). O ROE indica qual é o percentual de retorno que a empresa consegue entregar aos seus acionistas, que são os detentores do capital próprio da empresa.

Ele demonstra quanto de lucro a empresa consegue gerar para cada R$ 1 de patrimônio líquido. Por exemplo, a Petrobras teve um ROE de 14,4% em 2019, o que revela que ela conseguiu gerar R$ 0,144 de lucro para cada R$ 1 de patrimônio líquido (PL).

$$ROE = \frac{Lucro\ Líquido}{Patrimônio\ Líquido\ inicial}$$

No numerador desse indicador está o lucro líquido (recorrente) da empresa, que deve ser o lucro no final do período sem os efeitos dos itens não recorrentes e após os impostos sobre o lucro – ou o lucro dos últimos 12 meses (LTM ou TTM). No denominador está o patrimônio líquido inicial, que é o PL no início do período, seja trimestre ou ano. É importante que você esteja atento a "qual patrimônio usar" no cálculo do ROE. Não é adequado utilizar o patrimônio no final do ano! Vejamos...

Para essa explicação, vamos usar o exemplo básico da aplicação em poupança, tipo de investimento comum a muitos brasileiros. Suponha que a taxa mensal de remuneração da poupança seja de 0,3% ao mês e que uma pessoa faça uma aplicação única de R$ 1.000 no dia 1º de abril. Qual seria o seu saldo em 1º de maio? Seria R$ 1.003, formado pelo patrimônio inicial aplicado (R$ 1.000) e pelo ganho daquele mês (R$ 3). Então qual seria o retorno obtido no mês? Observe que nessa conta devemos dividir o ganho pela aplicação inicial (3/1.000 = 0,3%), chegando ao valor exato da taxa de juros oferecida pela poupança. Não é correto dividir o ganho pelo saldo final (3/1.003 = 0,2991%), pois o capital que é rentabilizado é o inicial, e não o final. Esse mesmo raciocínio você deve utilizar quando vai calcular o ROE.

Voltando ao caso da Petrobras, por ser uma empresa de capital aberto que negocia suas ações na Bolsa de Valores, ela divulga seus resultados a cada trimestre e seu patrimônio varia a cada trimestre, podendo aumentar ou diminuir conforme o lucro ou prejuízo obtido em cada trimestre. Logo, se o PL aumenta, a empresa terá mais recursos em suas mãos (mais lucros) para reinvestir e gerar mais retorno.

Assim, você pode utilizar o PL médio para cálculo do ROE. Isto é, o patrimônio médio entre o valor do início do ano de 2019 (publicado no balanço do final de 2018) e o valor no final do ano de 2019. Matematicamente, você deve somar o valor inicial ao valor final e dividir esse resultado por 2.

$$ROE_{médio} = \frac{Lucro\ Líquido}{\frac{PL_{inicial} + PL_{final}}{2}}$$

Isso é especialmente importante para empresas que apresentam variação no tamanho do seu patrimônio líquido dentro do mesmo ano, de um trimestre para outro, como é o caso da Petrobras. O ROE médio da Petrobras em 2019 foi de 14,1%. Observe que esse valor é menor do que o ROE inicial de 14,4%, o que é explicado pelo fato de a empresa ter apresentado crescimento do seu patrimônio ao longo de 2019.

Essa conta poderá fazer uma grande diferença no *valuation* da empresa, conforme você aprenderá no Capítulo 14, sobre taxa de crescimento. Não se preocupe com a matemática agora, mas, com um *payout* de 20%, a taxa de reinvestimento dos lucros seria de 80% (1-*payout*). Com o ROE de 14,1%, o crescimento esperado dos lucros da Petrobras seria de 11,28%. Com um ROE de 14,4%, o crescimento esperado passa a ser de 11,52%. A diferença de 0,24 p.p. na taxa de crescimento esperado pode parecer pequena, mas, para este exemplo (você aprenderá a matemática disso no Capítulo 14), geraria um *valuation* distorcido em 7%. Percebeu a importância de calcular o ROE corretamente?

Como o ROE é uma medida de rentabilidade do acionista que utiliza o lucro líquido como parâmetro, ele é afetado tanto pelo nível de endividamento da empresa quanto pela sua taxa efetiva de impostos. O lucro líquido é o lucro após os juros e os impostos, então, se empresas comparáveis possuem diferentes níveis de endividamento, uma pode ter muito mais despesas de juros do que outra, o que afeta seus lucros líquidos e, por consequência, o ROE.

Esse efeito também será visível na estrutura de capital da empresa, dependendo do percentual que o patrimônio líquido representa no capital total (ativo total). Enquanto os juros reduzem o lucro e pressionam o ROE para baixo, **ter maior volume de dívida e menor patrimônio faz com que o ROE seja elevado**, pois o denominador da equação diminui. Os tributos sobre o lucro também afetam o ROE. Se a empresa tem um incentivo tributário que faz o imposto sobre o lucro ser menor, sobrará mais lucro para a empresa. Logo, o numerador será maior, o que tende a aumentar o ROE.

Não vamos entrar na discussão sobre estrutura de capital, mas a dívida tem potencial de criar valor para a empresa por causa do seu benefício tributário. Mas essa é uma longa história e não é o foco deste livro. Sugerimos a leitura da revisão de literatura feita por Cunha (2020), que teve o trabalho de resumir a extensa literatura sobre estrutura de capital e, caso você queira aprofundar o estudo com dados brasileiros e temas importantes para o investidor que busca dividendos, sugerimos os trabalhos de Kayo et al. (2004)

e Reis, Campos e Pasquini (2017), que consideraram o ciclo de vida, além da pesquisa de Nisiyama e Nakamura (2016) que mostra bem a relação entre o tamanho da empresa e a sua estrutura de capital.

Por falar nisso, o professor Wilson T. Nakamura é o principal pesquisador brasileiro na área de estrutura de capital – além de ser um bom amigo nosso e ter a maior biblioteca particular de livros físicos sobre finanças que já tivemos a oportunidade de ver pessoalmente.

Finalmente, alertamos que, apesar de ser um bom e útil indicador de rentabilidade, o ROE pode ser traiçoeiro quando a empresa tem patrimônio líquido negativo. Veja o caso da companhia aérea Gol, que em 2019 apresentou um ROE de 2,35%, tendo como base seu patrimônio líquido inicial naquele ano (final do balanço de 2018), que era negativo em R$ 4,985 bilhões. Naquele mesmo ano, a empresa teve um prejuízo de R$ 0,117 bilhão. Por uma questão matemática, o ROE é positivo, mas o número não tem sentido algum. Sempre é importante analisar a história por trás do número!

Por essas razões, você precisa estar atento a essas possibilidades quando utilizar o ROE para um *valuation* por múltiplos. Imagine se você pega o ROE calculado em qualquer site e o considera como verdadeiro? É importante saber como ele foi calculado, se faz sentido. Caso contrário, **o múltiplo errado pode levar você a uma decisão de investimento também errada.**

No **Material Suplementar** deste livro, apresentamos alguns detalhes técnicos adicionais, para você compreender melhor a relação do ROE com o *valuation*. Digitalize o **QR Code** ao lado com seu celular para ter acesso a esse conteúdo e leia o **Apêndice 3.**

10.1.3. Preço/Lucro (P/L)

O índice Preço/Lucro (P/L) indica quantas vezes o preço atual da ação da empresa é maior do que o seu lucro por ação (LPA). O P/L demonstra "quantos lucros" são necessários para que o investidor recupere o valor pago naquela ação. Por exemplo, a Hypera teve um P/L de 19,4 em 2019, o que revela que o preço da ação no final de 2019 foi 19,4 vezes maior do que seu lucro naquele ano. Em outras palavras, considerando a mesma proporção de LPA ao longo do tempo, o investidor levaria 19,4 anos para recuperar o preço pago pela ação se embolsasse todo o lucro.

$$P/L = \frac{Preço\ da\ Ação}{Lucro\ por\ Ação}$$

No numerador desse indicador está o preço da ação da empresa, podendo ser o preço que o investidor pagou na data da aquisição, o preço no final do período ou o preço na data de análise (que é mais comum). No denominador está o lucro por ação do período, que pode ser o lucro passado ou o lucro projetado para o próximo período. O LPA pode, ainda, ser trimestral, anual ou para o período de 12 meses (passados ou próximos). Dessa forma, o P/L pode ser passado (LTM ou TTM) ou esperado (*forward*).

Esse é o múltiplo mais comum do mercado, tendo em vista sua simplicidade e facilidade de interpretação. É bastante comum encontrar relatórios de análise com base nesse indicador. Mas também é fácil encontrá-lo calculado de formas diferentes. Por isso, **cuidado com os números que decidem o destino do seu dinheiro!** Eles podem levar você para um caminho errado. Muitas vezes essa "variedade" de lucros que podem ser utilizados no seu cálculo pode levá-lo a múltiplos totalmente diferentes.

Vejamos o caso da própria Hypera. Você pode calcular o P/L passado com base no LPA anual de 2019 ou dos últimos 12 meses. Tome como base o preço da ação HYPE3 no final do mês de maio (29 de maio de 2020), quando foi negociada a R$ 31,94. O LPA de 2019 foi R$ 1,84, o que daria um P/L de 17,3. Mas em maio você também já tem acesso ao LPA do primeiro trimestre de 2020, sendo assim, pode calcular o P/L com base no LPA dos últimos 12 meses, que foi de R$ 1,71, o que dá um P/L de 18,7.

Você também pode calcular o P/L passado para o trimestre mais recente, utilizando esse preço e o LPA para o primeiro trimestre de 2020, que foi de cerca de R$ 0,38. O P/L trimestral será de 84,1. Observe que esse valor é bastante diferente dos anteriores, o que é normal porque o numerador (preço) é o mesmo, mas o denominador (LPA) é menor, referente a apenas ¼ do ano. Por isso, tenha cuidado ao observar para qual período o P/L é calculado. Não recomendamos o cálculo apenas com o lucro trimestral, dado que existem potenciais efeitos de sazonalidade que farão você se equivocar em sua análise. Use sempre o LPA nos últimos 12 meses (LTM).

E, por último, o P/L também pode ser calculado com base no LPA previsto por analistas (ou por você mesmo) para o ano de 2020, que nesse caso é de R$ 1,89 (utilizamos a média das previsões dos analistas disponível na base de dados da Refinitiv). Dessa forma, considerando o preço atual (29/05/2020) e o LPA previsto para 2020, você vai encontrar o P/L projetado de 16,7. Outra forma de obter o LPA previsto é calculá-lo com base no crescimento esperado do lucro da empresa. Se você tem a taxa de crescimento esperado do lucro, pode estimar o LPA previsto (no Capítulo 14 você aprenderá algumas formas de projetar/estimar os lucros para os períodos seguintes).

Com todas essas alternativas, qual é a mais útil? Certamente o P/L projetado, pois você conta com uma expectativa de futuro. Para isso, porém, você precisará ter acesso a algum relatório ou base de dados com previsões de analistas ou calcular a sua própria taxa de crescimento esperado. Caso não queira depender dessa expectativa, o P/L dos últimos 12 meses é uma medida mais recente e útil à sua análise, até para confrontar com o P/L histórico da empresa. Mas em todos os casos, especialmente para empresas cujos lucros são muito voláteis, é importante que você procure normalizar esses lucros para evitar índices P/L pouco realistas.

Outro ponto importante a se observar no P/L é que empresas com muita expectativa de crescimento e, principalmente, em estágios iniciais do ciclo de vida tenderão a ter preços altos (dada a expectativa sobre o seu crescimento) e lucros baixos (dado o nível de investimento e a pouca maturidade do negócio). Então como analisar o P/L de empresas com diferentes estágios de crescimento? Vamos conhecer o PEG!

10.1.4. Preço/Lucro/Crescimento (PEG)

O índice PEG (*Price/Earnings-to-Growth*) mede a relação do índice P/L, porém controlando pelo crescimento esperado do lucro por ação (LPA) da empresa. Sua análise isolada não tem uma leitura lógica, como o próprio P/L, mas sua análise comparativa demonstra que quanto menor é o PEG, menor é o preço que você está pagando por lucro e crescimento de lucro. Isto é, quanto menor é o PEG, mais barata é a ação. Este indicador resolve o problema citado no final da seção anterior. Lembre-se sempre das fadas de Peter Pan.

Como você viu no exemplo anterior, a Hypera teve um P/L de 19,4 em 2019. Também em 2019, seu LPA foi de R$ 1,84 e ela pagou R$ 1,07 de dividendo por ação (DPA). Como consequência, o percentual de lucro reinvestido foi de 41,8% (isto é, 0,77/1,84, pois, do total de R$ 1,84 de lucro por ação, R$ 1,07 virou dividendo e R$ 0,77 foi reinvestido). Assim, com base nesses fundamentos e considerando um ROE de 14,1% em 2019, a taxa de crescimento esperado dos lucros (g) é de 5,90% para o próximo ano.[13]

Como você já sabe que o P/L da Hypera foi 19,4, ao dividi-lo por 5,9 (não usar o percentual) vamos encontrar um PEG de 3,29. Não existe um valor-padrão ou de referência, mas, se você está comparando empresas, um PEG alto pode indicar que a empresa tem um baixo crescimento de lucro para o atual preço pago por suas ações. O contrário também é verdadeiro – um PEG baixo pode indicar que a empresa está com um preço menor para a taxa de crescimento de lucro que ela possui.

Em outras palavras, **a razão entre o P/L e o crescimento é utilizada como medida relativa de valor**. Observe que utilizamos o P/L com base no lucro líquido anual, assim como a taxa de crescimento do lucro líquido. Você deve utilizar o mesmo tipo de lucro nos cálculos do P/L e do g. Apenas o LPA previsto é inadequado, pois já contém a taxa de crescimento em seu cálculo, o que faria o crescimento aparecer duas vezes no PEG, distorcendo o múltiplo.

Assim como o P/L, o PEG é bastante utilizado no mercado financeiro para a identificação de ações sub ou superavaliadas. **Se a empresa tem o P/L menor que o crescimento esperado, ela pode ser considerada como subavaliada**. O PEG também é útil para comparar duas empresas com taxas de crescimento diferentes, estando subavaliada (mais barata) aquela com menor PEG. Isso é especialmente útil para a análise de empresas em setores com alto crescimento, como aqueles ligados à tecnologia. Mas lembre-se sempre de Peter Pan e das fadas do *value trap*, assim como da narrativa por trás dos números. Neste último caso, vale a leitura de Damodaran (2017).

Apesar disso, você precisa estar atento ao fato de a empresa ter um lucro ou crescimento negativos em períodos específicos. Isso faria o P/L ser negativo.

---

13 No Capítulo 14, explicaremos o fundamento e a matemática por trás do número:
    Taxa de crescimento esperada$_{2020}$ = 41,8% × 14,1% = 5,9%.

Por exemplo, se o LPA for -R$ 1 e o preço da ação for R$ 10, o P/L será -10,0. Se nesse exemplo a empresa tiver um *g* de 5%, o PEG será -2,0 (sendo -10,0/5). O mesmo problema pode ocorrer se a empresa tiver um P/L positivo (como 10,0) mas um crescimento negativo (como -5%). Isso também levará a um PEG de -2,0. E o último caso é quando P/L (-10,0) e *g* (-5%) são negativos, o que geraria um PEG positivo de 2,0, mas totalmente fantasmagórico.

Por essa razão, em sua análise comparativa você vai buscar a empresa que tenha o menor PEG, mas esse valor não pode ser negativo! O PEG negativo revela que o lucro ou o crescimento do lucro é negativo, o que deve ser um sinal de alerta para o investidor. Nem sempre isso é ruim. A empresa em análise pode ser jovem, ainda na fase de maturação de seu negócio, e por isso ter lucros negativos (popularmente conhecidos como prejuízos). Por isso o PEG negativo é um sinal. O investidor deve analisar se esse é o caso ou se é um caso de empresa que tem apresentado lucros cada vez menores ao longo dos anos. Mais uma vez, **busque a narrativa por trás dos números**.

O que queremos deixar claro é que não basta apenas olhar para o múltiplo, é preciso saber como ele foi calculado, o que está por trás daquele número composto por duas ou mais partes, entre as quais alguma pode ser negativa. Por essa razão, recomendamos que em sua análise você mesmo calcule os seus múltiplos, pois assim saberá exatamente quais números explicam cada múltiplo que utiliza em sua análise.

Damodaran (2025) também aponta cuidados adicionais e importantes que o investidor deve ter ao utilizar o PEG para comprar empresas com características diferentes, como risco, crescimento e *payout* (como medida de fluxo de caixa). As diferenças do PEG entre essas empresas podem ser explicadas por:

a) Uma empresa com baixo crescimento terá PEG alto e parecerá mais superavaliada em relação a uma empresa com alto crescimento, pois o PEG da empresa com alto crescimento tende a cair quando sua taxa de crescimento diminui;
b) Uma empresa com alto risco terá PEG baixo e parecerá subavaliada em relação a uma empresa com baixo risco, pois o PEG tende a cair com o aumento do risco;

c) Uma empresa com baixo ROE (ou baixo *payout*) terá PEG menor e parecerá subavaliada em relação a uma empresa com alto retorno, pois o PEG tende a cair quando o retorno diminui.

Em síntese, **a empresa em análise pode parecer subavaliada porque os níveis de risco, crescimento ou fluxo de caixa são diferentes**. Se você fez bem a seleção das empresas comparáveis, esse problema será menor ou até irrelevante. Mas, se as empresas são pouco comparáveis, olhar para essas características em conjunto com o PEG é indispensável. E, para uma análise comparativa ainda mais eficiente, você pode utilizar uma técnica estatística para comparar empresas muitos diferentes, como a análise de regressão, que veremos no Capítulo 11.

10.1.5. Earnings Yield *(EY)*

O *Earnings Yield* (EY) é uma medida de rentabilidade (*yield*) do lucro da empresa (*earnings*). O EY demonstra o percentual que o lucro por ação (LPA) de um período representa em relação ao preço da ação da empresa em determinada data. É o inverso do múltiplo P/L. Por essa razão, todas as observações que fizemos para o P/L acerca das possibilidades de utilização de LPA passado (trimestral, anual ou dos últimos doze meses) ou projetado (por analistas ou por cálculo próprio) também são válidas para o EY.

Continuando com o exemplo da Hypera, suponha que a empresa tenha reportado seu LPA de R$ 1,84 para o ano de 2019 no dia 29 de maio de 2020 e que naquele dia a ação HYPE3 tenha sido negociada a R$ 31,94. Nesse dia, o EY da Hypera era de 5,76% (1,84/31,94). Isso sugere que naquele ano os acionistas da empresa tiveram um rendimento de lucro equivalente a 5,76% do preço da ação naquela data. Com esse número, o investidor pode realizar projeções sobre a recuperação do valor investido nessa ação por meio dos lucros gerados pela empresa.

$$EY = \frac{Lucro\ por\ Ação}{Preço\ da\ Ação}$$

No numerador desse múltiplo está o lucro por ação do período. No denominador está o preço da ação da empresa, que pode, ainda, ser o preço que o investidor pagou na data da aquisição, o preço no final do período ou o preço na data da análise (que é mais comum). Dessa forma, o EY também pode ser passado (*trailing*) ou esperado (*forward*).

Assim como o P/L, esse indicador é comumente utilizado por investidores e gestores para identificar empresas que estão sub ou superavaliadas. O fato de o EY ser um indicador de rentabilidade em percentual faz dele um múltiplo facilmente comparável às taxas de juros oferecidas por outros tipos de investimento, como CDB, LCA, LCI, título público do Tesouro Direto, entre outros. Mas lembre-se de considerar que os riscos são diferentes e que risco e retorno esperado andam juntos – primeira lição que um investidor precisa aprender.

Você pode estar pensando: "**Mas nem toda empresa distribui todo o seu lucro aos acionistas!**" Sim, você está certo. Poucas empresas distribuem 100% do seu lucro. Porém, independentemente de serem pagos como dividendos ou de serem reinvestidos, os lucros líquidos gerados pela empresa são dos acionistas. A parte reinvestida tem o objetivo de aproveitar oportunidades de crescimento para a empresa gerar ainda mais lucros no futuro. Por isso o EY é útil à sua decisão de investimento, especialmente porque ele é uma forma mais simples do índice P/L (seu inverso). Indicadores percentuais são mais fáceis de se entender. Apesar disso, o EY não é tão popular quanto o P/L.

Regra geral, baixo EY indica que a empresa está entregando pouco lucro aos seus acionistas, e o contrário também é verdadeiro. Alto EY chama a atenção do investidor. Todavia, de forma semelhante ao caso do P/L, diferentes níveis de risco, crescimento e fluxos de caixa podem afetar o EY. Por exemplo: uma empresa de alto crescimento tende a ter um EY mais baixo porque o mercado pode estar disposto a pagar um preço maior por seu crescimento. Por essa razão, tenha os mesmos cuidados sugeridos ao P/L quando você for utilizar o EY de maneira comparativa em uma análise.

10.2. Múltiplos de dividendos

Depois de ter se certificado de que a empresa tem bom potencial de geração de lucro, **você deve analisar o histórico e o potencial de pagamento**

de parte desse lucro como dividendo. Dessa forma, além de utilizar os múltiplos de lucros em suas análises, é indispensável utilizar alguns múltiplos de dividendos que indicam o volume de lucro que a empresa distribui, a solidez da distribuição e do pagamento de dividendos, além da rentabilidade oferecida ao investidor. Há uma diversidade desses indicadores, mas destacamos os seguintes: *Dividend Payout* (DP), Índice de Cobertura de Dividendos com Caixa (CDC), *Dividend Yield* (DY), *Dividend Yield on Cost* (YOC) e Retorno Total ao Acionista (RTA).

10.2.1. Dividend Payout *(DP)*

O *Dividend Payout* (DP), ou simplesmente índice *payout*, é o percentual de lucro da empresa distribuído aos acionistas em forma de proventos. Os lucros de uma empresa podem ter dois destinos: distribuição aos acionistas ou reinvestimento na empresa. A parcela distribuída é aquela que indica o *payout* da empresa. A Odontoprev, por exemplo, teve um LPA de R$ 0,54 e pagou em DPA um total de R$ 0,36 no ano de 2019. Assim, o *payout* foi de 66,7%, o que revela que ela distribuiu aos seus acionistas cerca de 2/3 do lucro.

$$DP = \frac{Dividendo\ por\ Ação}{Lucro\ por\ Ação}$$

No numerador desse indicador está o DPA (ou provento pago em dinheiro), que é o montante de proventos declarados ou efetivamente pagos pela empresa naquele período. No denominador está o LPA (recorrente) da empresa, que deve ser o lucro no período sem os efeitos dos itens não recorrentes e após os impostos sobre o lucro. Nesse cálculo usamos os valores por ação porque no Brasil algumas empresas têm mais de um tipo de ação, podendo a preferencial ter um dividendo diferente da ordinária. Mas você também pode usar os valores totais por empresa.

É importante atentar que **o "lucro líquido ajustado" utilizado pela empresa como base para calcular o volume de dividendos pode ser diferente do "lucro líquido"** que aparece na última linha da Demonstração de Resultado (no Capítulo 7, mostramos como os dividendos são calculados e detalhamos esse ajuste). Isso acontece porque a legislação permite que a empresa realize algumas deduções do lucro antes de distribuir os dividendos. Você pode verificar tais ajustes nas Notas Explicativas das demonstrações contábeis.

Carlson (2010) afirma que talvez o índice *payout* seja a ferramenta mais poderosa para o investidor obter uma rápida visão sobre a capacidade de a empresa manter ou aumentar seus dividendos. Ele é um fator poderoso para a análise da saúde, da estabilidade e do potencial de crescimento dos dividendos.

Quanto maior é o *payout*, maior é o provento que o investidor receberá da empresa, considerando lucros crescentes. Um *payout* baixo pode indicar que a empresa está reinvestindo a maior parte dos lucros para expandir suas operações. Isso é comum para empresas jovens e de menor porte, que têm maiores oportunidades de investimento para crescimento. Por outro lado, um *payout* alto pode indicar que a empresa tem poucas oportunidades de investimentos e, por essa razão, decide devolver aos acionistas a maior parte dos lucros. Isso é comum em empresas de maior porte, quando já estão no estágio de maturidade do seu ciclo de vida.

Em geral, quando a empresa tem menor *payout*, menor será o pagamento de dividendos aos acionistas e maiores serão as retenções de lucros e a valorização esperada da ação. Por outro lado, quanto maior é o *payout*, maior será o pagamento de dividendos, mas serão menores as retenções de lucros para reinvestimento. Isso tem relação direta com o crescimento esperado da empresa. Quando ela tem menor *payout* e reinveste a maior parte dos seus lucros, o crescimento futuro esperado é maior, por isso a valorização da ação também tende a ser maior. A Tabela 17 resume a relação entre essas três variáveis.

Tabela 17: *Payout*, reinvestimento e valorização esperada

Variação	Menor *Payout*	Maior *Payout*
Pagamento de dividendos aos acionistas	Menor	**Maior**
Retenção de lucros	**Maior**	Menor
Valorização esperada da ação	**Maior**	Menor

Em essência, **não há um número em especial que define o *payout* ideal de uma empresa**, especialmente porque ele depende do setor de atuação, do estágio do ciclo de vida, do tipo de controlador da empresa (se família, governo, etc.), entre outros. São vários fatores que determinam qual é a parcela de lucro distribuída. No Brasil, um fator histórico cria uma espécie de "piso" para algumas empresas, o dividendo mínimo obrigatório, que em muitos casos é de 25%. Porém, como você viu no Capítulo 3, isso pode mudar entre as empresas.

No Capítulo 5, falamos bastante de política de dividendos, mas é importante reforçar, caso você queira se especializar neste assunto. **Sugerimos a leitura dos artigos clássicos** de Miller e Modigliani (1961), Jensen e Meckling (1976), Bhattacharya (1979), Rozeff (1982) e Miller e Rock (1985) sobre fatores que podem influencer a política de dividendos (e o *payout*) das empresas. Adicionalmente, evidências empíricas mais recentes (como Dewasiri et al., 2019), tanto em países emergentes quanto em países desenvolvidos, mostraram que, entre outros fatores, decisões passadas sobre dividendos, lucratividade e oportunidades de investimentos são fatores comuns que determinam a política de dividendos das empresas.

Especificamente no Brasil, Simon, Procianoy e Decourt (2019) identificaram que o ROE afeta negativamente o *payout*, possivelmente por uma tentativa de sinalização de melhores tempos ao mercado, enquanto a concentração de controle acionário afeta positivamente. Setorialmente, por exemplo, no setor financeiro os determinantes do *payout* tendem a ser diferentes dos demais (Simon, 2018). Idem para o setor de utilidade pública, que tem outros tipos de fator específicos (Alves; Guedes; Souza, 2018). Por fim, o trabalho de Souza, Penedo e Pereira (2018) traz um apanhado geral da pesquisa nessa área aqui no Brasil

Em se tratando dos setores e dos dividendos, as empresas de setores defensivos e menos sujeitos à concorrência, como energia elétrica, saneamento e telecomunicações, tendem a ter *payouts* mais altos. No Brasil, esses são setores regulados, o que cria uma barreira de entrada e diminuição da concorrência. Por outro lado, as empresas de setores mais sujeitos à concorrência e aos ciclos típicos do mercado, como comércio, construção civil e hotéis e restaurantes, têm *payouts* menos resilientes porque seus lucros estão sujeitos às flutuações macroeconômicas.

O *payout* é um múltiplo comumente utilizado para identificar a sustentabilidade da política de distribuição de lucros das empresas. Você pode até encontrar uma empresa com *dividend payout* maior do que 100%. Isso significa que ela estaria pagando como dividendo mais do que o seu lucro recente. Essa é uma condição possível se ela utilizar reservas de lucros passados para esse fim, mas é pouco provável que se sustente no longo prazo.

Há casos de empresas com *payouts* negativos, que ocorrem quando a empresa paga dividendo mesmo tendo reportado um prejuízo naquele período. Novamente, isso é possível de ocorrer porque a empresa pode utilizar suas reservas de lucros, mas é pouco provável que se sustente no longo prazo. Por isso, essas condições representam um risco para o investidor que busca obter renda passiva por meio do *dividend investing*.

Empresas nessas condições são mais arriscadas para a sua estratégia de investimento por uma razão óbvia: **dividendo é lucro!** Nenhuma empresa conseguirá manter o pagamento de dividendos acima de seus lucros, nem mesmo quando reporta frequentes e consecutivos prejuízos. Portanto, fique atento quando encontrar uma empresa com *payout* acima de 100% ou negativo. Não esqueça que a semente para a empresa crescer e oferecer lucros maiores no futuro é o reinvestimento de parte dos lucros correntes. Se a empresa distribui todo o seu lucro, tende a não crescer. E, pior, se ela paga dividendos quando reporta prejuízos, tende a encolher!

10.2.2. Cobertura de Dividendos com Caixa (CDC)

O índice de Cobertura de Dividendos com Caixa (CDC), ou *Cash Dividend Covarage Ratio*, indica quantas vezes o fluxo de caixa operacional (FCO) da empresa é maior do que os dividendos pagos aos acionistas. Demonstra quanto de fluxo de caixa a empresa é capaz de gerar para cada R$ 1 de dividendo. Quando negativo, indica que a empresa não tem gerado caixa suficiente com suas operações para manter o pagamento de dividendos. Se isso acontecer, representa um risco para a sua estratégia de investimento.

Para exemplificar, vamos ver o caso da Engie no ano de 2019, quando ela gerou um total de R$ 4,768 bilhões em FCO. Como naquele ano ela tinha 815,9 milhões de ações em circulação, o FCO por ação foi de R$ 5,84. O dividendo pago por ação (DPA) foi de R$ 1,62. Isso revela que a Engie gerou 3,6 vezes mais caixa nas suas atividades operacionais do que a quantidade de dividendo pago, ou que a empresa gerou R$ 3,60 em caixa operacional para cada R$ 1 de dividendo pago. Para facilitar sua análise e compreensão, utilize o valor das informações por ação. Especialmente o dividendo é mais fácil de ser encontrado em valor por ação, seja em bases de dados mais amplas ou no site de relações com investidores das empresas.

$$CDC = \frac{FCO\ por\ Ação}{Dividendo\ por\ Ação}$$

No numerador desse indicador está o fluxo de caixa das atividades operacionais (FCO) por ação (FCO dividido pela quantidade de ações em circulação). O FCO demonstra o fluxo de entradas e saídas de caixa da empresa, levando em consideração apenas as transações necessárias às suas operações. No denominador está o DPA pago aos acionistas naquele período. É importante que você tenha um olhar mais cuidadoso sobre os proventos, no sentido de identificar o valor que efetivamente é uma saída de caixa no período.

O CDC reflete a solvência da empresa em relação aos seus acionistas. Ele demonstra a capacidade de a empresa pagar dividendos com o caixa gerado por suas próprias atividades operacionais. Esse é um importante indicador de estabilidade dos dividendos. Quanto maior é o CDC, melhor é a solvência, indicando que a empresa tem recursos financeiros suficientes para pagar dividendos. Assim, o adequado é que o valor do CDC seja maior que 1.

Em casos pontuais, sua empresa pode apresentar um FCO negativo, por exemplo, devido às mudanças nas políticas de gestão de estoque ou de vendas. Aumentar o prazo de suas vendas pode levar a empresa a ter menos entradas de caixa em um período. Também há casos de empresas com atividades mais sazonais ou cíclicas. Para esses casos, é importante que você amplie seu horizonte de análise e utilize médias periódicas.

Apesar de o próprio FCO já ser reduzido pelos dividendos pagos no período, ter FCO positivo e maior que os dividendos pagos é um importante indicador de que a empresa terá solvência suficiente para pagar dividendos no futuro. Especialmente para empresas que pagam dividendos com frequência e em montantes persistentes e aproximados em cada ano, os dividendos pagos no presente podem ser utilizados como expectativas futuras de saídas de caixa (Braga e Marques, 2001).

10.2.3. Dividend Yield *(DY)*

O *Dividend Yield* (DY) é o rendimento do dividendo da empresa em relação ao preço de sua ação. Ele demonstra em termos percentuais quanto a empresa paga em dividendos em relação ao preço da ação. Por exemplo, a MRV Engenharia pagou R$ 1,11 de dividendos aos seus acionistas em 2019. Se você estivesse fazendo essa análise no dia 30 de dezembro de 2019, quando a ação MRVE3 fechou o dia cotada a R$ 21,55, o *dividend yield* naquele momento era de 5,15%.

$$DY = \frac{Dividendo\ por\ Ação}{Preço\ da\ Ação}$$

No numerador desse indicador está o total de dividendos (ou proventos) pagos por ação ao longo de um determinado período (trimestre, ano ou últimos 12 meses). No denominador está o preço da ação, podendo ser o preço em uma determinada data, o preço em uma data passada ou o preço na data da análise (que é mais comum).

O DY também pode ser calculado com base no dividendo passado (LTM ou TTM) ou com base em projeções para dividendos futuros (*forward*), de forma semelhante ao que demonstramos no P/L. Com base no passado, você deve considerar os dividendos e JCP por ação pagos no período anterior (últimos 12 meses ou em outro período que você queira analisar). Com base no DPA futuro, você pode utilizar as previsões feitas por analistas ou pode calcular o DPA esperado com base em uma taxa de crescimento esperado.

As escolhas sobre quais DPA e preço usar são suas, dependem da análise que você deseja fazer. Por exemplo, se quiser saber qual foi o rendimento em dividendos de uma ação ao longo do ano de 2019, você deve utilizar o DPA daquele ano e o preço de fechamento do primeiro dia de 2019 (ou final de 2018). E se quiser analisar qual pode ser o rendimento futuro, você deve utilizar os dividendos esperados para os próximos 12 meses. Em geral, o DY projetado lhe dá uma visão melhor sobre o investimento hoje, porque você pode avaliar se a rentabilidade esperada é atrativa, dado o risco da operação.

Você pode fazer a adaptação que quiser, tanto no período quanto no tipo de provento ou preço. Pode, por exemplo, analisar qual seria o DY apenas com um dividendo específico que a empresa vai pagar, especialmente quando a empresa tem um dividendo extraordinário a pagar ou quando ela paga uma vez por ano. Também pode calcular o DY esperado considerando o aumento dos lucros futuros. A criatividade é sua e você pode usá-la ao analisar ações, desde que o método faça sentido e você esteja ciente de que aqueles valores são projeções que podem não se realizar.

Como exemplo, nós vimos que em 2019 a Hypera Pharma pagou um total de R$ 1,07 em dividendos e que o crescimento esperado do LPA para o ano de 2020 era 5,9% (de acordo com os fundamentos da empresa). Se isso se confirmasse, o DPA em 2020 deveria ser de R$ 1,13. Supondo que você faça essa análise com base no dia 29 de maio de 2020, quando a HYPE3 fechou o dia negociada a R$ 31,94, seu DY anual esperado seria de 3,54%.

Considere, no entanto, que a Hypera é uma indústria farmacêutica e que 2020 foi um ano de pandemia, no qual as pessoas buscaram mais por seus produtos (vitaminas e alguns remédios). E se ela conseguisse crescer seu lucro em 10%? Qual seria o DY? Caso isso se confirmasse, com base no mesmo preço, o DY anual esperado aumentaria para 3,68%. E se a empresa divulgasse um bom resultado no dia 29 de maio de 2020, com previsão de crescimento de 10%, mas o preço de sua ação aumentasse para R$ 35 no dia seguinte? Então, o DY anual esperado passaria a ser 3,36%.

Observe que a mudança de cada variável faz o DY mudar. O investidor não pode esquecer isso, apesar de o DY ser um percentual de fácil interpretação. Isso é especialmente importante porque o DY é comumente utilizado por investidores e gestores para identificar empresas que estão sub ou superavaliadas, assim como para comparar empresas que pagam dividendos. O fato de o DY ser um indicador de rentabilidade em percentual faz dele um múltiplo facilmente compreendido.

Além disso, essa simplicidade faz com que o DY seja habitualmente comparado a outros tipos de investimento, como CDB, LCA, LCI, título público, entre outros. No caso da Hypera, considerando que em 29 de maio de 2020 a taxa básica de juros (Selic) estava em 3% ao ano, valeria a pena investir na HYPE3? Considerando apenas os números em questão, em todos os cenários que projetamos, sim! Os dividendos recebidos seriam maiores do que os juros que você receberia no Tesouro Direto. Mas não esqueça que estamos falando de ativos com riscos diferentes! Ação é renda variável; título público é renda fixa.

No Capítulo 6, tratamos das armadilhas dos dividendos (não esqueça delas!). Explicamos os riscos que um alto e pontual *dividend yield* pode representar. Aliado a isso, e dada a sua popularidade e facilidade de ser distorcido, é indispensável abordarmos alguns fatores que afetam diretamente o DY (assim como o YOC, que veremos à frente):

a) Bonificação de ações ("filhote");
b) Recompra de ações;
c) Desdobramento (*split*) e grupamento de ações (*inplit*);
d) Impostos.

a) Bonificação de ações ("filhote")
Com a emissão de novas ações, o número total de ações da empresa muda e, por consequência, pode mudar o DY da ação, em especial se o valor do DPA não for alterado (para mais detalhes sobre bonificação e recompra de ações, retorne ao Capítulo 5). Se a empresa, por exemplo, vale R$ 100 milhões e tem 10 milhões de ações, cada ação vale R$ 10. Se ela paga R$ 1 em DPA, seu DY é de 10%. Ao bonificar seus acionistas com 10% de novas ações, seu valor de mercado continuará o mesmo e o preço da ação será ajustado para baixo nessa proporção (ela passa a ter 11 milhões e o novo preço da ação passa a ser R$ 9,09).

Agora observe a diferença no DY quando a empresa decide ajustar o DPA pelo novo número de ações e quando ela decide manter o valor anterior do DPA, mesmo para as novas ações. A Tabela 18 demonstra que, se houver o ajuste, o DY continua a ser 10%. Caso a empresa decida manter seu valor de DPA, o DY passa a ser 11%.

Tabela 18: Ajustes de preço e dividendo por ação devido à bonificação de ações.

Período	Preço da Ação	DY com DPA ajustado	DY com DPA inalterado
Antes da Bonificação	$\frac{R\$ 100\ milhões}{10\ milhões\ de\ ações} = R\$ 10{,}00\ p/ação$	$\frac{R\$ 1{,}00}{R\$ 10{,}00} = 10{,}0\%$	$\frac{R\$ 1{,}00}{R\$ 10{,}00} = 10{,}0\%$
Após a Bonificação	$\frac{R\$ 100\ milhões}{11\ milhões\ de\ ações} = R\$ 9{,}09\ p/ação$	$\frac{R\$ 0{,}91}{R\$ 9{,}09} = 10{,}0\%$	$\frac{R\$ 1{,}00}{R\$ 9{,}09} = 11{,}0\%$

Se a empresa decide bonificar seus acionistas com 10% de novas ações e manter o valor anterior do dividendo pago por ação (DPA), o DY da empresa aumenta em 10%. E isso não é impossível de acontecer. Podemos citar o exemplo do Itaú Unibanco, que fez isso em 2016, quando bonificou seus acionistas com 10% de novas ações e ainda manteve o JCP mensal de cada ação (inclusive das novas) no valor de R$ 0,015. Então o DY dos acionistas aumentou.

b) Recompra de ações
Também tratamos da recompra no Capítulo 5. As empresas pagam dividendos apenas para as ações que estão em circulação no mercado (ações *outstanding*), ou seja, ações em tesouraria (que foram recompradas) não participam da distribuição de dividendos. Dessa forma, quando a empresa tem por hábito recomprar parte de suas ações, os dividendos do período que são distribuídos às ações em circulação passam a ser maiores.

O Itaú Unibanco, por exemplo, pagou R$ 22,437 bilhões em dividendos em 2018. No final daquele ano, o banco possuía 9,721 bilhões de ações em circulação, tendo recomprado um total de 0,510 bilhão de ações só em 2018 (para fins de simplificação, vamos utilizar o total de ações e considerar que os proventos de ações ordinárias e preferenciais sejam iguais). Se o Itaú não tivesse recomprado essas ações, o DPA seria de R$ 2,19 (considerando o total de 10,231 ações emitidas). Porém, como as ações em tesouraria não recebem dividendos, o "bolo" dos dividendos foi dividido em menor quantidade de fatias, mas com fatias mais grossas (o DPA foi R$ 2,31).

A recompra também tende a afetar o preço da ação. De acordo com a lei da oferta e da demanda, se a empresa retira parte de suas ações do mercado (recompra), a oferta de ações diminui. Se a demanda pelas ações se mantém, o preço tende a subir. Esse fenômeno é menos perceptível no mercado porque a empresa não recompra todas as ações de uma vez, mas o faz ao longo de um tempo. Por isso, considerando que os efeitos da recompra são diluídos e o DPA aumenta, o DY da empresa tende a aumentar com a recompra de ações.

c) Desdobramento (*split*) e grupamento de ações (*inplit*)
O desdobramento de ações ocorre quando a empresa multiplica o seu total de ações emitidas por um número determinado. Isso faz a quantidade de

ações ser aumentada. Na maioria dos casos, tanto o preço da ação quanto os proventos são ajustados para a nova quantidade. Porém, o desdobramento é especialmente importante nas empresas com um valor de DPA fixo.

Como exemplo, no dia 31 de outubro de 2018 o Itaú Unibanco anunciou um desdobramento de ações na proporção de uma nova ação para cada duas possuídas. Assim, quem tinha 200 ações recebeu outras 100, ficando com o total de 300 ações. No mesmo anúncio, a empresa comunicou ao mercado que manteria o dividendo mensal de R$ 0,015 por ação. Desse modo, o investidor que antes possuía 200 ações e recebia R$ 3 de dividendos por mês, passou a ter 300 ações e a receber R$ 4,50 de dividendos mensais.

O grupamento de ações é o inverso, quando a empresa decide agrupar (juntar) uma determinada quantidade de ações. Por exemplo, agrupar 10 ações em uma. Assim, o número total de ações da empresa é reduzido na proporção de 10 para 1. Os efeitos nos dividendos são semelhantes ao caso do desdobramento. Se preço e dividendos são ajustados à nova quantidade, é provável que o DY não mude. Porém, se houver algum dividendo fixo, o DY pode mudar.

É importante lembrar que normalmente empresas que desdobram suas ações o fazem porque elas valorizaram muito, o que habitualmente está relacionado com bons resultados operacionais. Por outro lado, empresas que agrupam suas ações o fazem pelo seu baixo valor, o que é um indicativo de que a empresa pode não ter lucros para pagar dividendos.

d) Impostos

Quando revisávamos este livro, no Brasil o dividendo ainda era isento de imposto, mas já havia um projeto de lei em andamento no Poder Legislativo para sua tributação (fizemos essa discussão no Capítulo 3). Independentemente de você estar lendo este livro em um momento no qual os dividendos já sejam tributados, o fato de termos um JCP tributado nos permite a sua utilização como exemplo do efeito dos impostos sobre o DY. Portanto, se os dividendos ainda são isentos, olhe para o exemplo do JCP. Por outro lado, se o JCP foi extinto e os dividendos passaram a ser tributados, considere o exemplo do JCP como se fossem dividendos.

Hoje o imposto de renda sobre o JCP é de 15%. Se o investidor é uma pessoa jurídica (empresa, clube ou fundo de investimento), o JCP não é retido no momento do seu pagamento porque ele passa a fazer parte do lucro tributável da pessoa jurídica (não tem como escapar do imposto). Mas há a vantagem da postergação do pagamento, o que é importante para clubes ou fundos de investimento, pois é possível reinvestir o valor que seria pago como imposto naquele momento, fazendo o efeito dos juros compostos ser maior (o imposto é pago pelo investidor no momento de resgate dos seus recursos do clube ou fundo).

Essa é uma questão mais relacionada ao prazo. Se você tiver uma filosofia de investimento parecida com a nossa, olhando para o longo prazo, isso é bastante benéfico. Procuramos acumular o máximo de capital possível no nosso clube de investimento pensando em nossa aposentadoria (ou velhice mais confortável, já que gostamos de trabalhar). Dessa forma, **aproveitamos os juros compostos trabalhando em nosso favor**, inclusive com os 15% de imposto que não precisamos pagar quando recebemos o JCP no clube.

No dia 20 de dezembro de 2019, o Banco ABC declarou um valor bruto de JCP por ação de R$ 0,491. Após a retenção de 15% de imposto de renda para pessoa física, o acionista recebeu o valor líquido de R$ 0,41735. A última data com-dividendos foi o dia 30 de dezembro de 2019, com o pagamento do provento no dia 14 de janeiro de 2020. Então vamos considerar o preço da ABCB4 no último dia com-dividendos a fim de calcular o DY naquele dia (R$ 19,70) para uma pessoa física e para uma pessoa jurídica (empresa, clube ou fundo).

Observe na Tabela 19 que a única diferença está na coluna do DY, que é o valor do JCP (líquido para a pessoa física e bruto para a pessoa jurídica). Isso representa o efeito dos impostos sobre os dividendos. Note que o DY para um investidor pessoa física é de 2,12% e para uma pessoa jurídica é de 2,49%. Você pode pensar: "**Ah, mas é uma diferença de apenas 0,37%!**"

Tabela 19: Comparação do DY e do patrimônio sob o efeito do imposto.

Tipo de Investidor	DY	Patrimônio Acumulado
Pessoa Física	$\dfrac{(R\$\ 0{,}41735)}{R\$\ 19{,}70} = 2{,}12\%$	R$ 1.000 × (1 + 2,12%)^{20} = R$ 1.521,30
Pessoa Jurídica	$\dfrac{(R\$\ 0{,}491)}{R\$\ 19{,}70} = 2{,}49\%$	R$ 1.000 × (1 × 2,49%)^{20} = R$ 1.635,42

Na última coluna da Tabela 19, mostramos o efeito disso a longo prazo, usando **a mágica dos juros compostos**. Pense que você vai investir R$ 1.000 nessa ação e deixar o dinheiro investido por 20 anos. Para facilitar a compreensão, vamos manter essa rentabilidade do dividendo constante (em 2,12% com o efeito do imposto e 2,49% sem o efeito do imposto). **Quanto você teria acumulado em vinte anos?**

A pessoa física (com provento líquido do imposto) obteria um retorno de 52,13%, enquanto a pessoa jurídica (que só pagaria o imposto no resgate) teria um retorno de 63,54%. E, mesmo que o imposto seja pago no resgate do clube ou fundo, o ganho líquido seria de R$ 540,11, que dá um retorno de 54,01% (ainda maior que no caso da pessoa física).[14] No fim das contas, o imposto reduz o DY, mesmo se considerarmos que ele apenas é pago antecipadamente. Imaginou isso com aportes constantes e vários outros proventos sendo recebidos ao longo do tempo? Ao analisar uma empresa para investimento, isso pode ser levado em consideração. Por isso, é recomendável que você utilize o provento líquido para calcular o *dividend yield* para a sua análise.

10.2.4. Dividend Yield on Cost *(YOC)*

O *Yield on Cost* (YOC), ou *Dividend Yield on Cost*, representa quanto de rendimento de dividendo você recebe em relação ao preço médio de aquisição da ação. Enquanto no DY você utiliza o preço em uma data específica (final de algum período no passado ou o dia da sua análise), no YOC você usa o valor que pagou para comprar a ação. E, se fez mais de uma compra a preços diferentes, você usa o seu preço médio para o cálculo do YOC.

No caso anterior da MRV Engenharia, você viu que em 2019 o DPA foi R$ 1,11, o que gerou um DY de 5,15% sobre o preço de R$ 21,55 no dia 30 de dezembro de 2019, nossa data de análise. Agora considere que você tenha comprado 200 ações MRVE3 ainda em 2018, em dois momentos: 100 ações a R$ 9,50 no dia 12 de junho de 2018 e outras 100 ações a R$ 9,98 no

---

14 R$ 635,42 X (1 − 15%) = R$ 540,11. O imposto de renda seria R$ 95,31.

dia 20 de dezembro de 2018. O seu preço médio nessas 200 ações seria de R$ 9,74 por ação.[15]

Considerando que você permaneceu com essa mesma quantidade de ações ao longo de todo o ano de 2019, seu *dividend on cost* (YOC) seria de 11,40% no ano. O cálculo do YOC é feito a partir da seguinte fórmula:

$$YOC = \frac{Dividendo\ por\ Ação}{Preço\ Médio\ de\ Aquisição\ da\ Ação}$$

No numerador desse indicador está o total de dividendo por ação (DPA) pago ao longo de um determinado período (trimestre, ano ou 12 meses). No denominador está o preço de aquisição da ação, podendo ser de uma compra única ou o preço médio das várias compras ao longo de um período. Da mesma forma que o DY, o YOC também pode ser calculado com base no dividendo passado (LTM ou TTM) ou em projeções para dividendos futuros (*forward*).

Observe que o DY pode ser diferente do YOC (e geralmente é)! Quanto mais tempo você passa com um investimento em uma ação, maior tende a ser o YOC porque a empresa tende a aumentar o seu dividendo pago por ação no decorrer dos anos. E nem sempre o seu YOC é adequado para todos os investidores porque cada um pode ter pagado preços diferentes em momentos diferentes pela ação. Mas o que importa é: quanto maior o YOC, mais rápida é a recuperação do capital investido naquela ação.

O YOC é importante para entendermos qual é a rentabilidade daquele dividendo pago com base no custo histórico de aquisição que tivemos para comprar a ação. A Itaúsa, por exemplo, prometeu um dividendo de R$ 0,02 por ação com data com-dividendos no dia 29 de novembro de 2019. Naquele dia, a ação fechou cotada a R$ 13,27, o que gerou um DY de 0,15%. Porém nós compramos a ITSA4 no Azure Clube de Investimentos em datas passadas e temos um preço médio (de custo) de R$ 8,01. Por isso, nosso YOC foi de 0,25%.

---

15 O preço médio é encontrado pela média ponderada da quantidade e do preço das ações adquiridas em cada compra. Neste caso: (100 ações x R$ 9,50) + (100 ações x R$ 9,98) = R$ 1.938,00. Logo, R$ 1.938,00 / 200 = R$ 9,74 por ação.

No final do primeiro trimestre de 2020, a Itaúsa pagou mais R$ 0,02 de dividendo trimestral, com data-base no dia 28 de fevereiro de 2020, quando a ação tinha o preço de R$ 11,96. Naquela data, o DY foi de 0,17%. Porém, no clube de investimento nosso novo preço médio, após outras compras, passou a ser R$ 8,77, o que nos gerou um novo YOC de 0,23%. Portanto, observe que a cada compra nosso preço médio muda, e muda o YOC.

Você pode estar se questionando: "Mas, com o passar do tempo, o preço passado não sofre o efeito da inflação?" Sim, você está certo. Caso o país esteja passando por um período de alta inflação e você tenha adquirido as ações há muitos anos, recomendamos que o preço seja atualizado pela inflação do período. Caso contrário, não achamos necessário. Em paralelo a isso, lembramos que todos aqueles efeitos que vimos no DY também podem ocorrer sobre o YOC. **A análise é sua, e a criatividade também, desde que o ajuste faça sentido.**

10.2.5. Retorno Total ao Acionista (RTA)

O Retorno Total ao Acionista (RTA), ou *Total Shareholder Return* (TSR), indica qual é o total de retorno que um investidor pode obter com a empresa, somando-se os dividendos recebidos e o ganho de capital proveniente da valorização da ação da empresa no mercado. Esse é um múltiplo que combina as duas maneiras básicas pelas quais um investidor ganha dinheiro com ações: dividendos recebidos e ganho (ou perda) de capital e a valorização (desvalorização) da ação.

Você viu que em 2019 a MRV Engenharia pagou R$ 1,11 em dividendos. Em 30/12/2018, a ação MRVE3 era negociada a R$ 11,61 e, um ano depois, chegou a R$ 21,55 (em 30 de dezembro de 2019), o que representa um ganho de capital de R$ 9,94 (valorização de 85,62%). O investidor que adquiriu a ação no final de 2018 teve um ganho total de R$ 11,05 ao longo de 2019 (R$ 1,11 em dividendos e R$ 9,94 em valorização da ação) sobre um investimento inicial de R$ 11,61 (na compra da ação um ano antes), o que representa um RTA de 95,18%.

$$RTA = \frac{(\text{Preço final da ação} - \text{Preço inicial da ação}) + \text{Dividendos}}{\text{Preço inicial da ação}}$$

No numerador desse indicador estão o ganho (ou perda) de capital proveniente da diferença entre os preços final e inicial da ação e o DPA (ou provento) pago pela empresa no período. Os preços final e inicial são determinados pelo seu período de interesse, podendo ser os preços no início e fim de um trimestre ou ano, ou mesmo o preço inicial que você pagou na ação no dia que a adquiriu e o preço final no trimestre, ano ou na data da sua análise. Você tem a liberdade de escolher o período para o qual quer fazer a análise.

No denominador está o preço inicial da ação. Esse preço pode ser o que você pagou na aquisição da ação, em uma determinada data, ou o preço no final do período passado. Observe que, no exemplo anterior, utilizamos como "preço inicial" o preço da ação no final do ano de 2018 (no dia 30 de dezembro de 2018, último dia com negociação na bolsa). Fizemos isso para capturar o ganho de capital ao longo de um ano completo (entre 30 de dezembro de 2018 e 30 de dezembro de 2019).

No primeiro capítulo deste livro mostramos que quanto maior é o lucro da empresa, maior tende a ser o volume de dividendo pago por ela e, consequentemente, maior o seu valor de mercado. Nesse sentido, o RTA combina o ganho (ou perda) que você pode ter com a valorização (desvalorização) da ação e o ganho com o recebimento de proventos. Por isso, nessa conta devem entrar apenas os proventos recebidos no período. Assim, o RTA é uma espécie de taxa interna de retorno (TIR) de todos os fluxos de caixa que você pode obter com a ação.

O RTA é um múltiplo expresso em percentual, o que facilita sua comparação com as taxas de retorno. Por exemplo: **você pode definir um retorno mínimo exigido para um investimento, a título de custo de capital, e analisar a sua atratividade**. Esse retorno mínimo exigido pode ter como referência o retorno médio do mercado, de um setor específico ou mesmo de uma empresa comparável. Além disso, o RTA se torna especialmente útil para analisar empresas jovens, que ainda possuem menor volume de distribuição de dividendos, mas maior crescimento de lucros e valorização do preço da ação.

Sua referência também pode ser o retorno médio da Bolsa de Valores, medido pelo índice Bovespa (Ibovespa). Em 2019, enquanto a MRV Engenharia teve um RTA de 95,18%, o retorno do Ibovespa foi de 31,58%. Ou seja, a MRV ofereceu aos seus acionistas um retorno equivalente a três vezes a média do mercado no ano de 2019. Neste caso, a MRV se mostrou como um investimento melhor do que a média do mercado. Apesar disso, você não pode esquecer que retorno passado não é garantia de retorno futuro. O RTA é um múltiplo para análise do passado (porque é bastante difícil prever um ganho de capital futuro).

10.3. Destaques

1. Múltiplos são indicadores úteis para a determinação do valor intrínseco de um ativo em relação a outro ativo comparável (semelhante).
2. Para entender e utilizar múltiplos, não é necessário um conhecimento avançado de contabilidade, economia ou estatística.
3. A simplicidade dos múltiplos é um ponto positivo, mas também é um ponto de atenção, pois a facilidade de calcular ou encontrar múltiplos já calculados pode fazer com que o investidor menos atento utilize múltiplos que podem estar errados.
4. Um múltiplo pode ser calculado com base em lucros e dividendos históricos ou com valores projetados, seja por analistas ou estimados pelo próprio investidor.
5. Ao utilizar múltiplos para comprar duas ou mais empresas, uma delas pode parecer subavaliada apenas porque seus níveis de risco, crescimento ou fluxo de caixa são diferentes.
6. O *payout* é um múltiplo comumente utilizado para identificar a sustentabilidade da política de distribuição de lucros das empresas.
7. O fato de o *dividend yield* ser um indicador de rentabilidade em percentual faz dele um múltiplo facilmente compreendido.
8. Quanto mais tempo você passa com um investimento em uma ação, maior tende a ser o seu *yield on cost*, porque a empresa tende a aumentar o seu dividendo pago por ação no decorrer dos anos.
9. Um fluxo de caixa operacional positivo e maior que os dividendos pagos é um importante indicador de que a empresa terá solvência suficiente para pagar dividendos no futuro.
10. O Retorno Total ao Acionista combina as duas maneiras básicas pelas quais um investidor ganha dinheiro com ações: dividendos recebidos e ganho de capital.

11.
ANÁLISE POR MÚLTIPLOS

*"O mercado de ações está cheio de indivíduos
que sabem o preço de tudo,
mas não sabem o valor de nada."*
PHILIP FISHER

Para entendermos a utilidade e importância dos múltiplos, vamos recorrer ao estudo de Pinto, Robinson e Stowe (2019), que pesquisaram junto aos analistas membros do CFA Institute quais eram as abordagens de *valuation* mais utilizadas por eles. A pesquisa também perguntou se tais abordagens eram aplicáveis de forma ampla ou restrita pelos analistas às empresas que eles analisavam. No total, 1.980 analistas dos Estados Unidos, da Ásia-Pacífico, da Europa, do Oriente Médio e da África foram entrevistados.

Na Tabela 20, é possível notar que a **abordagem de múltiplos de mercado é a forma de *valuation* amplamente mais utilizada**, sendo apontada por 92,8% dos entrevistados. De forma complementar, entre aqueles que utilizam essa abordagem, 68,6% afirmaram que a abordagem de múltiplos é amplamente utilizada em suas avaliações de ações. Ainda, entre as abordagens de *valuation* utilizadas para determinar o valor intrínseco das empresas, 78,8% dos analistas afirmaram utilizar um modelo de desconto de fluxos de caixa. Entre eles, 59,5% disseram que essa abordagem é utilizada de forma ampla.

Tabela 20: Abordagens de *valuation* mais usadas entre os analistas.

Questão: Na avaliação individual de ações, quais das seguintes abordagens de *valuation* você utiliza? N = 1.980	Percentual dos analistas %	Percentual de casos em que o analista usa cada uma das abordagens (frequência condicional) %
Abordagem de múltiplos de mercado	92,8	68,6
Abordagem de valor presente descontado	78,8	59,5
Abordagem baseada em ativos	61,4	36,8
Abordagem de opções reais	5,0	20,7
Outra abordagem	12,7	58,1

Fonte: adaptado de Pinto, Robinson e Stowe (2019).

Com esses números, podemos ver que, apesar das fragilidades e possíveis armadilhas apontadas, a avaliação relativa com o uso de múltiplos é extremamente comum entre os principais analistas do mundo, o que reforça a sua utilidade. Com os devidos cuidados, os múltiplos podem ser úteis como "filtros" na busca por empresas possivelmente descontadas no mercado ou mesmo como um meio de validação de uma avaliação por algum método de desconto de fluxos de caixa.

Entre os 1.980 analistas entrevistados, 1.765 afirmaram utilizar algum múltiplo de mercado. **E quais são os principais múltiplos que podemos utilizar em uma avaliação?** O referido estudo também fez esse levantamento, apontando quais são os indicadores mais comuns. Como podemos ver na Tabela 21, múltiplos como Preço/Lucro, EV/EBITDA, *Market-to-Book*, Preço/Fluxo de Caixa, Preço/Vendas e *Dividend Yield* são os mais usuais. O Preço/Lucro merece destaque como o múltiplo mais comum entre os analistas, utilizado por 88,1% deles, estando presente em 67,2% de suas análises.

Desde a primeira versão de *Security Analysis*, em 1934, Benjamin Graham e David Dodd afirmavam que a avaliação de empresas por múltiplos era um método comum naquela época, especialmente utilizando o índice Preço/Lucro. Quase um século depois, notamos que o P/L continua a ser o principal múltiplo utilizado por analistas. Nota-se sobretudo que a escolha dos métodos de *valuation* tem se tornado mais sofisticada e claramente mais bem justificada economicamente com o passar dos anos (Pinto, Robinson e Stowe, 2019).

Tabela 21: Múltiplos de mercado mais usados entre os analistas.

Questão: Quando você utiliza uma abordagem de múltiplos de mercado, quais dos seguintes múltiplos você utiliza? N = 1.765	Percentual dos analistas	Percentual de casos em que o analista usa cada um dos múltiplos (frequência condicional)
PE ou P/L (preço por lucro)	88,1	67,2
EV/EBITDA, EV/EBIT, etc. (múltiplos de valor da empresa)	76,7	61,1
M/B, P/BV ou P/VPA (*market-to-book* ou preço por valor patrimonial da ação)	59,0	44,8
P/CF ou P/FC (preço por alguma medida de fluxo de caixa)	57,2	54,6
PSR ou P/V (preço por vendas)	40,3	45,7
D/P, DY (*dividend yield*) ou P/D (preço por dividendo)	35,5	44,3
Outros múltiplos	11,6	58,5

Fonte: adaptado de Pinto, Robinson e Stowe (2019).

Ao tratarmos de um múltiplo em específico, como o P/L, é importante que você saiba como ele é calculado, pois há diferentes formas de se chegar ao seu valor. Lembre-se do que falamos no Capítulo 10! Por exemplo, o preço é uma informação diária a que o investidor consegue ter acesso de forma fácil, pois as empresas negociam diariamente na bolsa. O lucro, por sua vez, é uma informação a que o investidor só consegue ter acesso a cada trimestre. A escolha de informações em diferentes lapsos temporais, sejam passadas ou projetadas, pode determinar o valor do múltiplo que você usa e, por consequência, a sua decisão de investimento.

No que se refere ao cálculo do múltiplo, **o investidor deve utilizar números passados (*trailing*) ou projetados (*forward*)?** Números passados (ou atuais) são aqueles baseados em dados históricos da empresa, seja do último ano ou dos últimos doze meses, por exemplo. Eles revelam o desempenho da empresa no passado. Já os múltiplos baseados em números projetados revelam as expectativas para os próximos períodos com base nas informações de que você dispõe naquele momento, seja para o próximo trimestre, para o próximo ano ou para os próximos 12 meses.

Certa vez, ao ser questionado sobre o uso de previsões para a construção dos múltiplos, Warren Buffett afirmou que não vê utilidade para os múltiplos baseados em projeções ou em previsões, pois eles criam uma aparente ilusão de precisão. Quanto mais meticulosos são, mais preocupado o investidor deveria ficar. Buffett afirma que não olha para as projeções, que prefere analisar profundamente a trajetória histórica dos números das empresas (Lowe, 2010).

Geralmente, no *value investing* há uma preferência por dados históricos (*trailing* ou atuais), enquanto no **growth investing** são preferíveis dados projetados (*forward* ou previstos). O problema com o uso de dados históricos é que eles podem não representar com fidedignidade os fundamentos das empresas que apresentam mudanças em seus lucros, como aquelas com altas expectativas de crescimento. O múltiplo fica rapidamente defasado. Por outro lado, o problema com o uso de dados projetados é que as previsões provavelmente serão imprecisas, especialmente em períodos de crise ou em mercados voláteis.

No *dividend investing*, ambos são utilizados com maior frequência. Por exemplo, nos filtros "BSD", para encontrar empresas com dividendos grandes e seguros, há dados passados e dados projetados (Carlson, 2010). Isso é justificável porque o foco do *dividend investing* não se limita a empresas que estejam descontadas ou empresas que cresçam a qualquer custo, mas sim em identificar empresas descontadas, que cresçam e ainda ofereçam ótimos dividendos.

Na pesquisa realizada com analistas do CFA, ao serem questionados sobre a forma como constroem o Preço/Lucro, múltiplo mais comum, eles indicaram que a maneira mais comum (em 61,1% dos casos) é dividir o preço da ação pelo Lucro Líquido Previsto (LPA estimado para o próximo período). Em seguida, destaca-se o Lucro Operacional Previsto (lucro antes dos juros e impostos), utilizado por 20,1% dos analistas. O lucro líquido e o lucro operacional atuais são aqueles reais, passados, observados no último período ou nos últimos 12 meses.

Tabela 22: Definição do múltiplo Preço/Lucro usado pelos analistas.

Questão: Quando você utiliza um múltiplo de Preço/Lucro, qual medida de lucro você prefere? N = 1.505	Percentual dos analistas
Lucro Líquido previsto	61,1
Lucro Operacional previsto	20,1
Lucro Líquido atual	8,8
Lucro Operacional atual	4,5
Outro lucro	5,5

Fonte: adaptado de Pinto, Robinson e Stowe (2019).

Para Fabozzi, Focardi e Jonas (2017), o debate sobre a utilização de dados históricos ou projetados é, em última análise, malconcebido. Por natureza, **toda decisão financeira é prospectiva, ou seja, baseada em previsões**. Mesmo que os investidores usem dados históricos, eles fazem projeções. A questão não é se devem fazer projeções ou não, mas como fazê-las. Temos falado desde o início deste livro da importância de conhecer a empresa em avaliação e de ter confiança em seus números. Neste capítulo e nos próximos, veremos como realizar e como usar previsões com parcimônia e prudência.

Até este momento, você já consegue observar que tanto as empresas supostamente comparáveis como a própria forma de cálculo de cada múltiplo podem variar. Embora as empresas estejam no mesmo setor ou atuem no mesmo segmento empresarial, elas podem ser profundamente diferentes. Já um mesmo múltiplo, como o Preço/Lucro ou o *Dividend Yield*, pode ser calculado de diferentes formas, por exemplo, com o uso de informações ajustadas ou não, relativas a um período passado ou futuro, etc.

Embora seja fácil e intuitivo compreender e utilizar um múltiplo de valor, de lucro ou até mesmo de dividendo, ele pode ser perigoso devido à facilidade que existe de ser manipulado. Por isso, para um *valuation* adequado por múltiplos, dois passos essenciais precisam ser seguidos para que a consistência dessa análise seja garantida:

1. As empresas em análise devem ser minimamente comparáveis;
2. Os múltiplos devem ser consistentes e devem estar ajustados às diferenças das empresas.

11.1. Identificando empresas comparáveis

O *valuation* por múltiplos só pode ser feito de forma comparativa, seja comparando os múltiplos atuais da empresa com seus próprios múltiplos no passado ou mesmo comparando-os entre diferentes companhias. Porém, mesmo que seja entre "diferentes companhias", essas empresas precisam ser minimamente comparáveis. Afinal, não podemos comparar laranjas com bananas – naturalmente elas possuem formato e consistência diferentes.

O processo de avaliação por múltiplos é fortemente dependente da seleção de empresas comparáveis. **Mas o que é uma empresa comparável?** Se você está analisando um banco, é natural que as empresas candidatas a comparáveis sejam aquelas do mesmo setor, isto é, outros bancos. Todavia, mesmo em setores que parecem ser economicamente bem definidos, como é o caso do setor bancário, é possível que existam diferenças significativas entre as empresas.

Isso ocorre porque dentro do mesmo setor as empresas podem ter estratégias diferentes, produtos e serviços diferentes, lucros e oportunidades de crescimento diferentes, assim como podem estar expostas a riscos diferentes. Por isso, as empresas devem ser comparáveis do ponto de vista de fluxos de caixa, potencial de crescimento e risco (Damodaran, 2025). Além disso, não podem ser desprezadas as forças macroeconômicas que atuam sobre as empresas.

Não basta olhar apenas para o setor. O simples fato de duas empresas estarem no mesmo setor não significa que sejam totalmente comparáveis. Pode ser que sejam, de fato, mas não apenas pelo setor. Já citamos diversos exemplos ao longo deste livro. Falamos do setor de energia elétrica, no qual há empresas que geram energia e outras que transmitem energia. Fluxos de caixa, crescimento e riscos tendem a ser diferentes. O mesmo acontece nos setores financeiro, de saúde, de varejo, etc.

Como consequência, é possível que duas ou mais empresas de diferentes setores sejam consideradas comparáveis. Por exemplo, uma empresa do setor de varejo pode ser comparável a uma empresa do setor de saúde se elas possuírem fluxos de caixa, crescimento e riscos equivalentes. Apesar disso, Damodaran (2025) observa que a maioria dos analistas prefere limitar as comparações às empresas do mesmo setor.

O fundamento dessa preferência é que empresas do mesmo setor geralmente têm perfis de fluxo de caixa, crescimento e risco mais semelhantes do que empresas de setores diferentes. Ainda, se no setor há um número suficiente de empresas que permite maior controle das diferenças entre elas, é possível utilizar outros critérios para a escolha das empresas comparáveis, como considerar o tamanho, o tipo de controlador e outros.

Todavia, em muitos setores da bolsa brasileira o número de empresas é pequeno. E, mesmo em setores com maior número de empresas, é possível que as diferenças entre elas sejam grandes em alguns fundamentos. Como exemplo, podemos voltar a falar do setor de energia elétrica, que é um dos que têm o maior número de empresas no Brasil, e citar o caso do setor de telecomunicações, marcado por ter poucas empresas.

A Renova Energia, uma empresa jovem do segmento de geração com foco em energia renovável, está no mesmo setor que a Celpe, uma empresa com mais de meio século de história no segmento de distribuição de energia em Pernambuco, mas são duas empresas pouco comparáveis. Quando o setor é pequeno e as diferenças são grandes, esse problema é ainda pior. Esse é o caso do setor de telecomunicações, que atualmente conta com cinco empresas,[16] com destaque às três mais conhecidas: Oi, Tim e Vivo (Telefônica Brasil S.A.), com a Oi em situação de recuperação judicial devido às suas elevadas dívidas.

Dessa forma, quando o investidor quer saber como sua empresa de interesse está frente às demais empresas do setor ou da bolsa como um todo, ele tem duas abordagens possíveis:

1. **Identificar empresas semelhantes** em termos de fluxo de caixa, crescimento e risco;
2. **Considerar que todas as empresas do setor ou da bolsa têm diferenças controláveis**, tornando-as comparáveis por meio do controle das diferenças em seus fundamentos, seja por ajustes subjetivos, por múltiplos modificados ou até por técnicas estatísticas.

A primeira abordagem consiste em buscar empresas que são completamente comparáveis, seja porque são idênticas (o que é raro) ou porque são semelhantes em termos de fluxo de caixa, crescimento e risco. Para isso, deve-se identificar uma característica que represente cada um desses fundamentos e buscar valores aproximados entre as empresas. Por exemplo, Retorno sobre o Patrimônio Líquido (ROE ≈ 15%), crescimento de lucros ($g \approx 6\%$) e Beta ($\beta \approx 1,5$), além do estágio do ciclo de vida (empresa madura com empresa madura).

---

16 Existe ainda a Algar, que é uma S/A, porém teve apenas debêntures negociadas e não as suas ações. Adicionalmente, temos também a Telebras. É possível analisar os números contábeis dessas empresas que são públicos.

No setor de tecidos, vestuário e calçados, podemos utilizar essas características para identificar as empresas comparáveis, como apresentamos na Tabela 23. Há duas formas de fazer essa análise: (a) quando você já tem sua empresa de interesse; ou (b) quando busca identificar, por meio dos múltiplos, quais são as empresas mais interessantes do setor.

No primeiro caso, vamos assumir que a Grendene é nossa empresa de interesse e buscar as empresas comparáveis. Para isso, observe que na Tabela 23 ranqueamos de forma decrescente cada uma das características. Agora considere as duas empresas acima e as duas abaixo da Grendene (se as diferenças forem maiores, você pode ampliar a quantidade). Em 2019, a empresa mais comparável era a Alpargatas, a única que aparecia em destaque nas três características de interesse (ROE, crescimento e Beta).

Tabela 23: Fluxo de caixa, crescimento e risco no setor de Tecidos, Vestuário e Calçados (2019).

Empresa	ROE (%)	Empresa	Crescimento (%)	Empresa	Beta
Arezzo	22,25	Arezzo	16,28	Coteminas	3,35
Cia Hering	15,63	Vulcabras	14,10	Le Lis Blanc	2,81
Vulcabras	14,10	Alpargatas	9,96	Springs	2,10
Grendene	**13,85**	Guararapes	6,78	Vulcabras	2,05
Guararapes	11,67	**Grendene**	**5,75**	Santanense	1,80
Alpargatas	9,97	Dohler	3,64	**Grendene**	**1,55**
Pettenati	6,16	Springs	3,37	Pettenati	1,41
Dohler	5,47	Cia Hering	3,18	Alpargatas	0,70
Santanense	3,75	Pettenati	2,51	Cia Hering	0,68
Springs	3,37	Santanense	2,22	Guararapes	0,42
Coteminas	-2,36	Coteminas	-2,75	Arezzo	0,22
Cedro	-6,88	Cedro	-6,88	Cedro	0,19
Le Lis Blanc	-8,56	Le Lis Blanc	-9,65	Dohler	-0,76
Média	**6,80**	**Média**	**3,73**	**Média**	**1,27**

Fonte: dados da Refinitiv Eikon.

Nesse exemplo, a comparabilidade foi determinada pela combinação das três características, independentemente de outra empresa ter um ROE maior ou um Beta menor que outra. Se você já é acionista da Grendene e quer analisar como ela está indo em relação à empresa mais comparável, deve considerar fluxo de caixa, crescimento e risco em conjunto.

Também é possível fazer uma comparação com a empresa com melhores fundamentos do setor, como é o caso da Arezzo. Grosso modo, a Arezzo tem quase duas vezes o ROE da Grendene, seu crescimento é cerca de três vezes maior e o risco (medido pelo Beta) é aproximadamente 86% menor. Apesar de essa comparação ser possível, é importante destacar que é necessário realizar ajustes nos múltiplos para controlar tais diferenças (veremos isso na próxima seção).

Nesse mesmo sentido, surge a outra forma de utilizar essas características, sendo útil para o investidor identificar a empresa mais atrativa do setor. Utilizando os dados da Tabela 23, vimos que essa empresa foi a Arezzo, por apresentar os melhores fundamentos. Ela tem o maior fluxo de caixa (ROE), o maior crescimento e o terceiro menor risco do setor. No entanto, isso a faz diferente das demais, dificultando uma comparação direta, o que nos leva à próxima abordagem.

A segunda abordagem requer que o investidor lide com diferenças maiores entre as empresas, as quais podem ser reduzidas ou anuladas com a utilização de médias do setor ou de grupos de empresas. Se nenhuma empresa é completamente comparável àquela que você analisa, é possível calcular as médias dos múltiplos do setor e fazer uma análise comparativa com sua empresa, considerando essas médias como "uma empresa típica". Além disso, pode-se utilizar técnicas de análise mais robustas, como a análise de regressão.

11.2. Ajustando os múltiplos

A fortaleza da análise por múltiplos é também a sua fragilidade. Isto é, ao mesmo tempo que a simplicidade dessa análise é um ponto forte pelo fato de facilitar a compreensão e a análise dos indicadores, ela é um ponto fraco pelo fato de dar espaço para manipulações indevidas dos múltiplos ou mesmo análises comparativas inadequadas das empresas.

Depois da identificação das empresas comparáveis ou da decisão de utilizar médias do setor ou de um grupo maior de empresas, é necessário que você se certifique da consistência, da uniformidade, do controle de valores atípicos e da tendenciosidade dos múltiplos. Em geral, os múltiplos são formados pelo menos por duas partes: numerador e denominador. Preço dividido por valor patrimonial (P/VPA), preço dividido por lucro (P/L), dividendo dividido por lucro (*Dividend Payout* ou DP), lucro líquido dividido por patrimônio líquido (ROE), lucro operacional dividido pelo ativo total (ROA), e assim por diante.

O primeiro cuidado que o investidor precisa ter é assegurar a consistência do múltiplo, identificando se cada variável está corretamente calculada e se elas estão adequadamente relacionadas. No caso do DP, você deve se certificar de que o "dividendo" (numerador) considere outros tipos de remuneração aos acionistas, como o JCP, e que o "lucro" (denominador) seja aquele utilizado como base pela empresa para o cálculo dos dividendos, ou seja, o lucro líquido (e não o lucro operacional ou o EBITDA, por exemplo).

A uniformidade diz respeito à utilização dos mesmos critérios para cálculo dos múltiplos. Por exemplo: o ROE de 2020 pode ser calculado com a divisão do lucro líquido obtido em 2020 pelo patrimônio líquido no início do ano de 2020 (publicado no balanço final de 2019) ou pelo patrimônio líquido médio (soma dos valores no final dos anos de 2019 e de 2020 e divisão desse resultado por dois). Outro problema pode ser o ciclo operacional das empresas, uma vez que algumas têm o ano fiscal encerrado em junho e outras em dezembro. Até mesmo as diferenças nos padrões contábeis podem provocar falta de uniformidade.

Como vimos no Capítulo 9, **empresas do mesmo setor podem ter modelos contábeis diferentes devido ao seu ramo de negócio**. Nesse caso, se você estiver realizando uma análise comparativa entre duas companhias, é válido entender os efeitos dessa diferença e ajustar os múltiplos utilizados. Caso a comparação seja com um número maior de empresas, cabe a utilização de médias do setor ou de técnicas estatísticas para controlar tais diferenças. Portanto, para que a análise seja mais assertiva, é importante garantir a maior uniformidade possível.

Em meio aos dados da empresa ou do setor podem existir valores atípicos (extremos positivos ou negativos). Quando você coleta os dados históricos de uma ou mais empresas, pode deparar com números estranhos e extremamente distantes da média. Não é raro encontrar empresas com P/L de 200 ou

-50, ROE de 180% ou -15%, DY de 500% ou -30%. Isso acontece porque em uma das variáveis que compõem o múltiplo pode haver um valor anormal.

A empresa pode ter um lucro muito pequeno ou muito alto naquele ano específico devido a um evento não recorrente. No Capítulo 8, vimos o caso da Oi (Figura 35), que teve prejuízos seguidos que variaram de 4,3 a 6,9 bilhões de reais entre 2014 e 2017, mas apresentou um lucro anormal de R$ 24,6 bilhões em 2018 (devido a acordos com credores no processo de recuperação judicial). Já em 2019, a empresa voltou a apresentar um prejuízo de R$ 9 bilhões. Esse lucro é claramente um valor atípico e precisa ser controlado.

No Capítulo 6, vimos um caso menos extremo, mas que também pode representar um viés para a análise. Mostramos que a Ser Educacional pagou um dividendo extraordinário e não frequente de cerca de R$ 1,94 por ação, o que gerou um *dividend yield* de 15,53% em 2019, diante de um DY anual médio de 2,15% nos quatro anos anteriores. Esse DY de 15,53% é claramente um valor atípico (*outlier*). Portanto, na análise dos múltiplos o investidor deve estar atento aos valores extremos e evitar que eles distorçam sua análise.

Ao analisar as médias dos múltiplos de um grupo de empresas que contenha valores extremos, você corre um alto risco de ter sua decisão enviesada por tais valores. A média é sensível aos valores extremos, que a fazem não representar a amostra de empresas adequadamente (a "empresa média típica" não representará a realidade). Para evitar os efeitos de valores extremos, você pode excluí-los e substituí-los pela média da empresa (seja dos anos passados ou pela média dos anos anterior e posterior) ou do setor (se os valores não forem muito distantes). Independentemente da escolha, é importante que o investidor seja prudente.

Já a tendenciosidade dos múltiplos consiste no viés que se cria ao excluir empresas de uma amostra por ela ter valores atípicos (extremos). Também podemos chamar esse fenômeno de viés de seleção. Vamos voltar ao exemplo da Tabela 23, na qual fizemos uma análise das empresas do setor de tecidos, vestuário e calçados. Entre as 13 empresas, três possuem ROE e crescimento negativos. Se você excluir essas empresas simplesmente por conta dos valores negativos (embora não sejam extremos, porque são possíveis e comuns), estaria superestimando a média do setor, o que pode levá-lo a uma conclusão equivocada sobre as demais empresas.

Portanto, **existe uma linha tênue entre um valor atípico e um valor que foge à média**. O investidor não pode se deixar influenciar pelo valor atípico (extremo), mas também não pode simplesmente excluir qualquer valor da amostra analisada porque ele é diferente daquele da empresa analisada ou porque está um pouco distante da média do grupo. Em geral, há três formas de tratar esse problema:

1. Estar consciente de que essa tendenciosidade pode existir e lidar com isso na análise (fazer os ajustes necessários para controlar as diferenças);
2. Realizar a análise com e sem o valor em questão, considerando as médias do grupo de empresas como alternativa (trocar o valor pela média do grupo);
3. Substituir o "múltiplo problemático" por outro indicador equivalente que não sofra o efeito da variável-problema (se o ROE está distorcido porque o lucro líquido da empresa foi anormal, pode-se utilizar o ROA, calculado com o lucro operacional).

Aliado a isso, em paralelo à observação da consistência, da uniformidade, dos valores atípicos e da tendenciosidade dos múltiplos, o *valuation* pode ser realizado com o uso de dados apenas da empresa de interesse ou de outras companhias, de acordo com as seguintes categorias:

a) **Comparação histórica:** quando a empresa possui um histórico suficiente de dados disponíveis, pode-se analisá-la por meio da comparação de seus múltiplos atuais com seus múltiplos em períodos anteriores;
b) **Comparação direta:** quando for possível identificar empresas "comparáveis" ou "semelhantes" à empresa de interesse, pode-se comparar os múltiplos diretamente;
c) **Comparação com múltiplos modificados:** quando não for possível identificar empresas "comparáveis" ou "semelhantes", pode-se modificar o múltiplo para incorporar a dimensão na qual há diferenças entre as empresas;
d) **Comparação com técnicas estatísticas:** se as empresas variam em mais de uma dimensão, pode-se utilizar técnicas estatísticas, como

regressões (ou similares), para se chegar a uma estimativa "controlada" para análise comparativa dos múltiplos.

No primeiro tipo de análise, a empresa é comparável com ela mesma. Nos demais, a identificação de empresas comparáveis é necessária e pode ser feita de duas maneiras: (i) buscando por empresas comparáveis ou semelhantes em termos de fundamentos, por meio de variáveis de fluxo de caixa, crescimento e risco; ou (ii) considerando todas as empresas da bolsa como comparáveis, controlando as diferenças de seus fundamentos por meio de múltiplos modificados ou utilizando técnicas estatísticas, como regressões múltiplas.

11.3. Comparação com a própria empresa

Na comparação histórica, qualquer empresa que tenha um histórico suficiente de informações é passível de comparação consigo mesma. Nesse caso, apesar de não haver a necessidade de encontrar "outra empresa" para comparação, você precisa ter a certeza de que a empresa atual (no presente) é comparável com a empresa do passado.

Essa necessidade existe porque as empresas são sistemas vivos, que se modificam com o passar do tempo e estão sujeitas ao processo de entropia. Naturalmente, espera-se que a empresa cresça, então é razoável que seu estoque, sua dívida, seu patrimônio e até seu lucro tenham se modificado ao longo do tempo. Também podemos encontrar casos de empresas que passaram pelo processo de fusão, sendo unidas a outra companhia, como é o caso da "nova Suzano", que se tornou maior depois da fusão da "antiga Suzano" com a Fibria em 2018, conforme a Figura 38.

Também é possível que a empresa seja dividida em mais de uma parte, passando pelo processo de cisão. A Figura 38 também mostra o caso da antiga AES Tietê (que viraria AES Brasil), que dividiu suas operações de geração e distribuição de energia, dando origem a duas novas companhias, a AES Tietê Energia e a AES Eletropaulo. Nos dois casos demonstrados, veja como ativo total, patrimônio líquido e receita líquida mudam substancialmente.

Figura 38: Fundamentos de Suzano e AES Brasil (2010-2019).

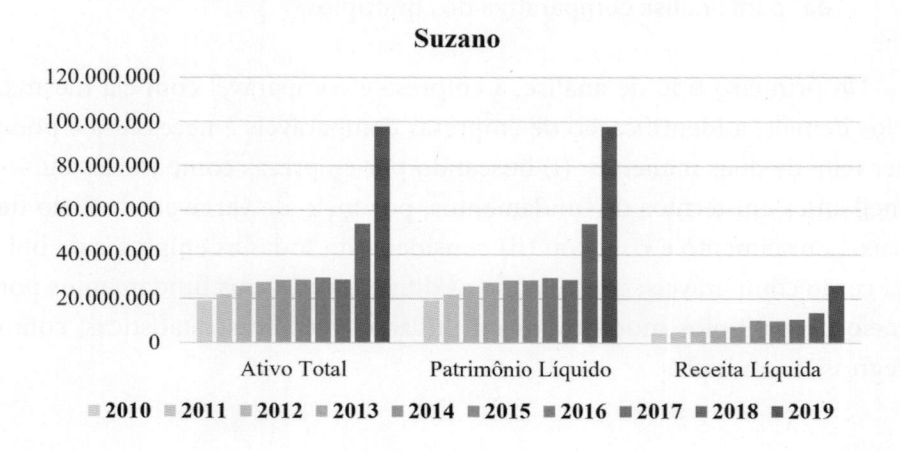

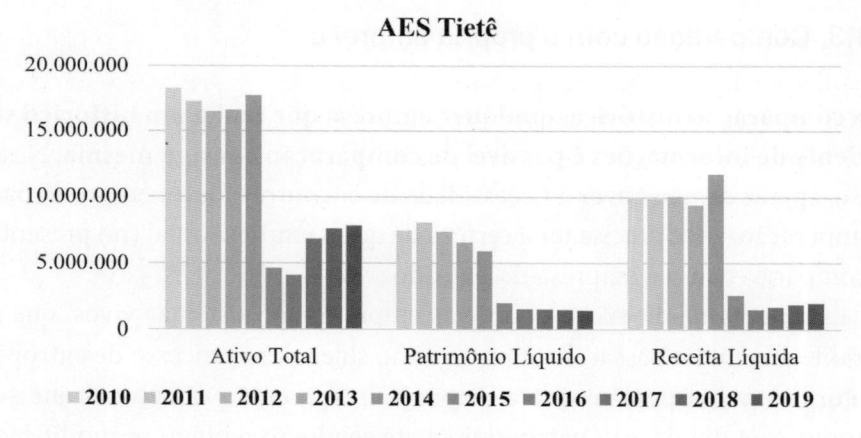

Suzano

AES Tietê

Fonte: dados da Refinitiv Eikon.

É claro que esses são dois casos menos comuns no mercado. O que queremos mostrar é que casos assim acontecem. E mesmo em empresas que "apenas cresceram", sem ter ocorrido uma fusão, seus fundamentos mudam. Por si só, um múltiplo tende a controlar as mudanças nos fundamentos. O múltiplo "ROE", por exemplo, é fruto da divisão do lucro líquido pelo patrimônio líquido da empresa. Se ambos crescem ao longo do tempo, o ROE tende a continuar consistente porque captura o crescimento das duas variáveis.

Todavia, é possível que ocorra uma "quebra estrutural" (uma alteração, estatisticamente significativa, no padrão de uma série temporal de dados) no múltiplo em algum período, isto é, que a magnitude do múltiplo mude, pois uma variável pode ser mais afetada que outra. Note, por exemplo, como visualmente a mudança no ativo total da Suzano é maior do que a mudança na receita líquida. Imagine se você estivesse analisando o múltiplo "Giro do Ativo", que é fruto da divisão da receita líquida pelo ativo total médio. Em sua análise, você precisa levar isso em consideração, não se deixando influenciar por uma impressão de melhora ou piora.

11.4. Comparação com outras empresas

Por mais rigorosa que seja uma análise, sempre haverá diferenças entre os fundamentos das empresas. Mesmo que você escolha empresas do mesmo setor e com o mesmo ramo de negócio, as diferenças existirão, seja porque uma delas é mais nova e tem maior expectativa de crescimento, seja porque uma delas tem mais dívida em sua estrutura de capital ou porque o controlador de uma delas representa mais riscos para o investidor.

Além dos múltiplos tradicionais (como P/L, P/VPA e DY) que podem ser calculados para empresas de diferentes setores, é importante que o investidor esteja atento aos padrões desses múltiplos no setor que ele analisa, assim como aos múltiplos específicos do setor. Muitas vezes eles revelam dados importantes e só fazem sentido naquele setor.

Empresas do setor financeiro tendem a ter altos volumes de dívida (ou passivo) devido à própria natureza de suas operações, pois captam recursos de credores (seus fornecedores de dinheiro) para repassar aos tomadores de crédito (seus clientes). Isso faz com que o patrimônio líquido nesse setor seja proporcionalmente menor em relação aos ativos das empresas e comparativamente aos demais setores. Como resultado, o ROE médio do setor financeiro tende a ser maior que o de outros setores.

Até mesmo dentro do mesmo setor pode surgir a necessidade de ajuste dos múltiplos devido às diferenças entre as empresas. No próprio setor financeiro, por exemplo, as empresas apresentam ROE diferentes. No segmento de seguros, entre os anos de 2010 e 2019 os ROE médios da BB Seguridade (61,5%) e da Wiz (111,3%), controladas pelo Banco do Brasil e pela Caixa Seguros, respectivamente, são significativamente maiores que a média do setor financeiro inteiro (15%). Isso acontece porque elas utilizam as estruturas físicas de suas controladoras, necessitando de menores investimentos em ativos imobilizados.

Quando dissemos que é importante entender o modelo de negócio da empresa para que o *valuation* seja bem feito (Capítulo 9), vimos que indicadores como o Índice de Sinistralidade são comuns para seguradoras, mas não são úteis para empresas do setor de transporte aéreo, que se preocupam com o RASK e o CASK, enquanto companhias de varejo estão preocupadas com o GMV.[17] Esses indicadores são especialmente importantes para avaliar o desempenho operacional das empresas em comparação aos concorrentes em seu setor.

Se a análise de múltiplos visa comparar empresas de diferentes setores, como uma seguradora e uma companhia aérea, os indicadores de setor serão pouco úteis, pois aéreas não possuem índice de sinistralidade. Mas eles são úteis para análises dentro do setor e podem precisar de ajustes para que a comparabilidade seja mais adequada.

11.4.1. Usando ajustes subjetivos

Vamos começar pela alternativa menos científica (robusta), a que usa ajustes subjetivos para tornar as empresas mais comparáveis. Muitas vezes a escolha das empresas para comparação e até mesmo a escolha dos múltiplos que você quer analisar são escolhas subjetivas. Você pode decidir comparar o Bradesco ao Banco do Brasil porque deseja ter uma empresa do setor bancário em sua carteira de investimentos. E pode escolher analisar o múltiplo Retorno Total ao Acionista (RTA) porque, para você, ele é um indicador claro do potencial de retorno oferecido pela empresa para o capital que investirá nela.

Em 2019 o Bradesco ofereceu um RTA de 25,10% (sendo 18,87% de retorno da ação e 6,23% de *dividend yield*) e o Banco do Brasil ofereceu

---

17 O Índice de Sinistralidade indica a relação entre os custos com sinistros e os prêmios recebidos pelos seguros contratados. RASK é a receita operacional por assento-quilômetro e CASK é o custo operacional por assento-quilômetro. GMV é o volume bruto de mercadorias (*Gross Merchandise Volume*).

um RTA de 25,13% (sendo 19,64% de retorno da ação e 5,49% de *dividend yield*). Porém, a volatilidade da ação BBDC4 para aquele ano foi de 26,26%, enquanto a de BBAS3 foi de 30,41%. Isso significa que, mesmo que o Banco do Brasil tenha oferecido um retorno maior, a volatilidade de sua ação também foi cerca de 15% maior.

Uma possível explicação para isso é o fato de o Banco do Brasil ser controlado pelo governo federal, estando sujeito às decisões arbitrárias de seu controlador, como a redução de suas taxas de juros por conta de decisões políticas. Por isso, para termos uma visão mais comparável das duas empresas, podemos ponderar o múltiplo de retorno pelo múltiplo de risco de cada empresa, obtendo um múltiplo ajustado a uma das diferenças das empresas.

Assim, você, como investidor, pode decidir "penalizar" o RTA do Banco do Brasil em 15,8% devido à maior volatilidade dos retornos de suas ações. Dessa forma, o RTA que você considera para o BB será 21,70% (sendo 25,13%/1,158), que passa a ser menor que os 25,10% oferecidos pelo Bradesco. Subjetivo? Sim. Errado? Não. Aqui nós ponderamos um indicador de retorno por outro indicador de risco. Consideramos a volatilidade dos retornos das ações como um indicador de risco, mas você pode utilizar outros, como o próprio Beta.

11.4.2. Usando múltiplos modificados

Quando identifica claramente uma ou mais características diferentes entre as empresas analisadas e considera essa variável importante na determinação do múltiplo, você pode modificar o múltiplo por essa variável dominante para que ele reflita melhor os fundamentos das empresas. Nesse caso, a hipótese implícita é que na maior parte dos fundamentos as empresas são comparáveis, mas com uma evidente diferença.

Nos Capítulos 5 e 6, vimos que as empresas têm dois destinos prováveis para o lucro: o reinvestimento em suas operações ou a distribuição aos acionistas. E que o crescimento dos lucros futuros é fomentado pelo reinvestimento dos lucros atuais. Logo, **a empresa com maior volume de reinvestimento tem maior taxa de crescimento e, consequentemente, maiores fluxos de caixa e valor esperados.**

Por essa razão, é natural que a empresa com maior taxa de crescimento tenha maior múltiplo Preço/Lucro, porque o mercado está mais disposto a pagar um preço maior pela ação hoje, considerando que o lucro da empresa tende a crescer em maior velocidade no futuro (Damodaran, 2025). Podemos analisar um caso prático no setor de construção civil.

A Trisul, uma empresa jovem fundada em 2007 e com alto crescimento, e a MRV Engenharia, uma empresa madura com quase meio século de vida e que em 2019 teve uma receita de vendas 7,5 vezes maior que a receita da Trisul. Pelo fato de ser menor e mais jovem, a Trisul tem crescido a taxas maiores nos últimos anos. A taxa de crescimento esperado dos lucros da Trisul para 2020 é de 15,7%, enquanto a da MRV é de 4,3%.[18]

Essas diferentes expectativas de crescimento são refletidas nos preços das ações dessas empresas, assim como em alguns de seus múltiplos de valor, como é o caso do Preço/Lucro. No final de 2019, o P/L da Trisul era 17,3, enquanto o da MRV era 13,8. Claramente o mercado estava disposto a pagar um preço maior pelos lucros da Trisul porque o histórico de crescimento da empresa nos últimos anos era maior que o da MRV.

O crescimento dessas empresas é uma característica que as diferencia. Logo, o P/L deve ser modificado por ela. A solução para esse problema é a utilização de um índice P/L modificado pelo crescimento, isto é, Preço/Lucro/Crescimento (ou PEG). O PEG da Trisul foi de 1,10 (17,2/15,7) e o PEG da MRV foi de 3,21 (13,8/4,3). Então, como o investidor deve fazer a leitura desses múltiplos? Vamos começar com um raciocínio lógico: você deseja pagar mais ou menos para ter R$ 1 de lucro? Quanto menos você pagar, melhor! Então quanto menores forem os múltiplos P/L e PEG, mais atrativa é a ação. Na primeira análise, a MRV parecia ser mais atraente (P/L menor, 13,8 a 17,2). Porém, ela cresce menos, logo, não é totalmente comparável à Trisul.

Depois que modificamos o múltiplo P/L e o transformamos em PEG, ajustando com o crescimento esperado das empresas, fica evidente que a Trisul é a empresa mais atraente (PEG menor, 1,10 a 3,21). Isso significa

---

18 O crescimento esperado do lucro de uma empresa pode ser estimado a partir de seus fundamentos, sendo $g = b \times ROE$, em que: g é a taxa de crescimento esperada para este período; b é o percentual de lucro reinvestido no último período (não distribuído como dividendo); e ROE é o retorno sobre o patrimônio líquido médio do último período.

que, dados o atual volume e o crescimento esperado do lucro da empresa, o investidor paga um preço menor por eles (estão mais "baratos").

Mas e se você não tiver uma empresa claramente identificada como comparável ou se quiser fazer uma análise mais ampla do setor? É possível identificar as médias dos indicadores para o setor e compará-las aos múltiplos da empresa analisada. E isso pode ser feito com mais de um múltiplo, inclusive.

Como exemplo, vamos continuar a utilizar o múltiplo Preço/Lucro modificado pelo crescimento (PEG). Para isso, utilizamos os dados disponíveis para as empresas do setor de energia elétrica. A Tabela 24 reúne as 28 empresas que dispõem de dados para uma janela de cinco anos de 2015 a 2019. Vamos utilizar essas mesmas informações para fazer uma análise estatística no item "c", por isso utilizamos as médias de cada empresa para evitar possíveis valores extremos, o que distorceria a análise.

No setor de energia elétrica, as empresas podem atuar em diferentes segmentos (geração, transmissão e distribuição), estando expostas a diferentes riscos, assim como podem estar em diferentes estágios do ciclo de vida (crescimento, maturidade, etc.), o que afeta diretamente o potencial de crescimento dos lucros dessas empresas. Na Tabela 24, é possível perceber que tanto o percentual de lucro reinvestido (r) quanto o ROE das empresas variam bastante.

Por essa razão, a taxa de crescimento esperado do lucro também varia, sendo maior para aquelas empresas que reinvestem a maior parte do lucro e que têm maior ROE. Logo, é prudente utilizar o PEG para comparar a empresa à média do setor. Veja como isso é importante. Apesar de termos visto, no início deste capítulo, que o índice Preço/Lucro é o mais popular entre os analistas no mundo, a falta de controle de uma característica diferente entre as empresas pode levar o investidor a uma conclusão errada.

O P/L médio do setor no período analisado (cinco anos) foi de 13,12. Em média, as empresas reinvestiram 47,58% dos lucros, tiveram um ROE de 15,46% e uma taxa esperada de crescimento dos lucros de 7,67%. Então, ao dividir o P/L pelo g, encontramos um PEG de 2,07. Esses são os números médios para as principais empresas do setor de energia elétrica. Mas **como podemos utilizar esses múltiplos para garimpar empresas com bons fundamentos?**

Tabela 24: Comparação dos múltiplos P/L e PEG no setor de energia elétrica.

Empresa	Ação	P/L	Payout (%)	b (%)	ROE (%)	g (%)	PEG
AES Brasil	AESB3	16,69	108,20	-8,20	19,62	-1,61	-10,37
Afluente Transmissão	AFLT3	16,30	67,81	32,19	17,31	5,57	2,93
Alupar	ALUP11	12,91	46,05	53,95	16,14	8,71	1,48
CEB	CEBR3	4,20	0,59	99,41	16,66	16,56	0,25
CEEE	EEEL3	5,85	20,75	79,25	19,24	15,25	0,38
Celesc	CLSC4	14,98	39,43	60,57	8,96	5,43	2,76
Celpe	CEPE5	20,53	70,97	29,03	5,80	1,68	12,19
Cemig	CMIG4	11,70	44,95	55,05	12,29	6,76	1,73
Coelba	CEEB3	15,57	70,65	29,35	12,17	3,57	4,36
Coelce	COCE5	9,93	25,47	74,53	16,49	12,29	0,81
Copel	CPLE6	7,03	38,06	61,94	8,77	5,43	1,29
Cosern	CSRN3	12,50	78,14	21,86	23,59	5,16	2,42
CPFL	CPFE3	18,25	15,90	84,10	13,73	11,54	1,58
Isa Energia	ISAE4	7,86	55,20	44,80	23,23	10,41	0,76
Elektro	EKTR4	10,70	78,30	21,70	18,64	4,05	2,64
Eletrobras	ELET3	20,68	10,00	90,00	5,44	4,90	4,22
EMAE	EMAE4	6,51	23,39	76,61	10,63	8,14	0,80
Energias BR	ENBR3	9,14	29,34	70,66	13,54	9,56	0,96
Energisa	ENGI11	18,67	48,34	51,66	11,63	6,01	3,11
Energisa Mato Grosso	ENMT4	16,18	64,16	35,84	13,07	4,69	3,45
Engie Brasil	EGIE3	14,10	82,83	17,17	29,50	5,06	2,78
Equatorial Maranhão	EQMA3B	9,33	57,88	42,12	21,81	9,19	1,02
Equatorial Pará	EQPA3	11,18	19,78	80,22	23,09	18,52	0,60
Equatorial	EQTL3	12,46	15,37	84,63	23,81	20,15	0,62
Light	LIGT3	18,85	21,66	78,34	9,26	7,25	2,60
Neoenergia	NEOE3	13,55	52,50	47,50	6,69	3,18	4,26
Rede Energia	REDE3	22,74	59,44	40,56	11,43	4,64	4,90
Taesa	TAEE11	8,86	86,99	13,01	20,22	2,63	3,37
Média		**13,12**	**47,58**	**52,42**	**15,46**	**7,67**	**2,07**

Fonte: dados da Refinitiv Eikon. Notas: P/L é o índice Preço/Lucro, Payout é a proporção de lucro distribuída como dividendo, b é a proporção de lucro reinvestida (100 – Payout), ROE é o retorno sobre o patrimônio líquido, g é a taxa de crescimento esperado (ROE x b), PEG é o índice Preço/Lucro/Crescimento (P/L/g). Todos os múltiplos representam a média por empresa entre 2015 e 2019.

Na Tabela 24, é possível verificar que há sete entre as 28 empresas que têm crescimento esperado com dois dígitos e os seguintes *payouts*: Equatorial (20,15%), Equatorial Pará (18,52%), CEB (16,56%), CEEE (15,25%), Coelce (12,29%), CPFL (11,54%) e Isa Energia (10,41%). Observe que entre as empresas com menor PEG, devido ao maior crescimento esperado, a Isa Energia é aquela que consegue oferecer o maior volume de distribuição de lucros (*payout*) e ainda crescer dois dígitos. O PEG dela só é menor que o de CEB, CEEE, Equatorial Pará e Equatorial, porém essas quatro companhias têm baixo volume de distribuição de lucros.

11.4.3. Usando técnicas estatísticas

Quando as empresas do setor ou mesmo da bolsa como um todo são muito diferentes, é difícil modificar os múltiplos pelas características das empresas para que elas se tornem mais comparáveis. Elas podem ser diferentes em várias características, o que requereria modificar todos os múltiplos. Nesses casos, para que os múltiplos de empresas diferentes possam ser utilizados para análises comparativas de forma mais eficiente, você pode utilizar técnicas estatísticas mais sofisticadas, como a análise de regressão.

A análise de regressão permite analisar a relação entre uma variável de interesse (explicada) e outras variáveis explicativas. Sabemos, por exemplo, que o múltiplo P/L é encontrado pela divisão do preço pelo lucro por ação. Então, é lógico afirmar que o P/L (variável explicada) é explicado pelo preço e pelo lucro da ação (variáveis explicativas), sendo que a relação do P/L com o preço é positiva (quando o preço aumenta o P/L aumenta) e com o lucro é negativa (quando o lucro aumenta o P/L diminui).

Esse tipo de análise ajuda a entender como determinadas características das empresas influenciam seus múltiplos. Isto é, como a variação média de um fundamento pode afetar um múltiplo da empresa, assim como acabamos de explicar os efeitos das variações do preço e do lucro sobre o índice P/L. Nesse caso, temos uma análise de regressão múltipla, pois relacionamos mais de uma variável explicativa (lucro e preço) à variável explicada ou de interesse (P/L). Mas também é possível utilizar uma análise de regressão simples, quando apenas uma variável explicativa (por exemplo, o lucro) é utilizada para explicar o P/L.

Na literatura de estatística, há uma infinidade de variações dos tipos de regressão, assim como uma série de pressupostos utilizados para que esse tipo de análise tenha mais robustez. Esses elementos buscam assegurar que a regressão ofereça previsões mais assertivas. Mas esse não é nosso objetivo neste livro. Para entender mais sobre essa técnica estatística, sugerimos que você busque por livros específicos.[19] Aqui vamos demonstrar como a forma mais básica de análise de regressão pode ser utilizada na análise de múltiplos.

Cabe ressaltar que esse tipo de análise funciona razoavelmente bem quando você utiliza um número grande de empresas ou de períodos, assim como variáveis estáveis, que não apresentam variações atípicas. Quando essas condições não são observadas, a análise de regressão também vai apresentar resultados, porém os coeficientes estimados serão distorcidos, tornando as previsões menos confiáveis, especialmente por conta da existência de valores extremos (*outliers*), provenientes de alterações bruscas em alguma empresa ou período.

Essa técnica de análise pode ser utilizada com dois tipos de dado: do setor ou do mercado. Quando a empresa de interesse é diferente das demais companhias do setor em mais de um fundamento, torna-se mais complexo e demorado ajustar todos os múltiplos para comparação. Assim, você pode utilizar uma análise de regressão para encontrar os coeficientes das variáveis que explicam os múltiplos de interesse e depois estimar cada múltiplo esperado com base na equação de regressão encontrada.

A outra forma de realizar esse tipo de análise é utilizando dados do mercado inteiro, pois alguns setores podem não ter empresas suficientes para que se tenha uma quantidade razoável de dados para a análise de regressão. Essa estratégia também pode ser útil quando a empresa é uma holding diversificada ou atua em mais de um setor (como a Itaúsa), assim como nos

---

19 Para conhecer mais sobre análise de regressão e outras técnicas estatísticas, sugerimos os seguintes livros básicos, que qualquer pessoa sem conhecimento suficiente, mas interessada no assunto, poderá entender:
1) Fávero, Luiz Paulo; Belfiore, Patrícia. *Manual de análise de dados*. Rio de Janeiro: Elsevier, 2017.
2) Hair Jr.; Joseph; Black, William C.; Babin, Barry J.; Anderson, Rolph E.; Tatham, Ronald L. *Análise multivariada de dados*. 6. ed. Porto Alegre: Bookman, 2009.

casos em que a empresa sozinha representa o segmento ou setor (como a B3 ou a Taurus Armas).

Damodaran (2025) explica que essa abordagem tem vantagens por não impor uma restrição à amostra de empresas que podem ser comparadas, pois controla as diferenças das variáveis que causam alterações nos seus múltiplos. Dessa forma, um múltiplo pode ser explicado em função das características das empresas, de acordo com as seguintes funções:

$$\text{Preço/Lucro} = f(\text{crescimento, } payout, \text{ risco})$$
$$\text{Preço/Valor Patrimonial da Ação} = f(\text{crescimento, } payout, \text{ risco, ROE})$$
$$\text{Preço/Vendas} = f(\text{crescimento, } payout, \text{ risco, margem})$$

Apesar de sua complexidade e da necessidade de assumir alguns pressupostos, Damodaran (2025) aponta três vantagens dessa abordagem sobre a análise com ajustes subjetivos, com as quais concordamos:

1. Mesmo diante das possíveis distorções das variáveis e até do modelo estatístico, a análise de regressão quantifica o grau de variação de um múltiplo em relação às mudanças nas variáveis explicativas a partir de dados reais;
2. Com o exame de todas as empresas do mercado, essa abordagem permite que se façam comparações mais significantes entre as empresas, até mesmo adicionando controles de características específicas, o que é especialmente útil para analisar empresas de setores pequenos;
3. Ela permite verificar se todas as empresas do setor estão sub ou superavaliadas pelas estimativas de seus valores em relação a outras empresas do mercado.

Como exemplo, **vamos realizar uma análise de regressão múltipla por meio do Microsoft Excel utilizando dados de empresas do setor de energia elétrica**, um dos que têm o maior número de empresas. Essa análise também pode ser feita por meio de softwares estatísticos específicos e gratuitos, como o R e o Python, mas preferimos apresentar no Excel por ser um software de acesso mais fácil e uso mais comum.

Primeiro você precisa verificar se no seu Excel o **suplemento de Análise de Dados** está habilitado. Caso esteja, ao clicar em "Dados" ele aparecerá no canto superior direito, conforme a imagem 2 na Figura 39.

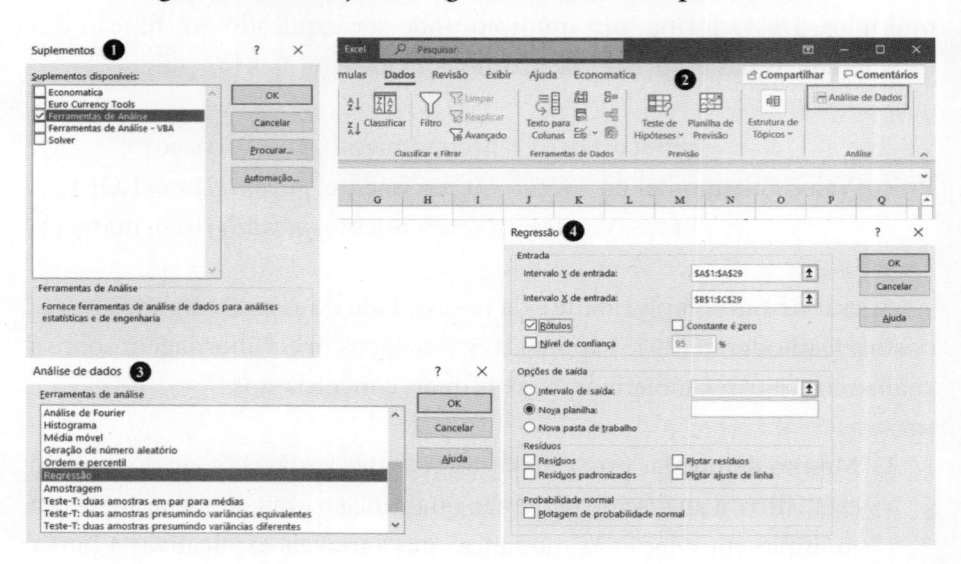

Figura 39: Estimação da regressão linear múltipla no Excel.

Caso você não encontre, basta clicar em Arquivo > Opções > Suplementos > Ir... Então, na imagem 1, selecione "Ferramentas de Análise" e clique em "OK". Depois disso, basta ir em Dados > Análise de Dados (imagem 2), procurar na janela que se abre (imagem 3) a opção "**Regressão**" e selecionar todos os dados da variável de interesse (explicada) em "Intervalo Y de entrada", as variáveis explicativas em "Intervalo X de entrada", marcar "Rótulos" se a coluna dos dados tiver o nome das variáveis e selecionar onde você quer ver saída da regressão em "Opções de saída", conforme a imagem 4 da Figura 39.

Nessa análise verificamos como o índice *payout* e o ROE explicam as variações do múltiplo Preço/Lucro. Para evitarmos valores atípicos que podem distorcer a análise, decidimos utilizar os valores médios dessas variáveis no período de cinco anos (de 2015 a 2019). Você também pode fazer essa análise utilizando períodos maiores ou menores, até mesmo com dados de um ano. Porém, deve ter o cuidado de verificar a existência de valores atípicos e tratar esses valores como discutido nas seções anteriores. A equação da regressão é a seguinte:

$$P/L_t = \beta_0 + \beta_1(Payout_t) + \beta_2(ROE_t) + \varepsilon_t$$

A Tabela 25 apresenta a saída da regressão múltipla estimada no Excel. No primeiro plano, as estatísticas de regressão que são mais importantes para a sua análise são o "R-Quadrado" (também chamado de R^2, forma mais comum em pesquisas científicas), que representa o coeficiente de explicação da regressão. O R-Quadrado de 0,274 significa que as variáveis *Payout* e ROE explicam 27,4% das variações observadas no P/L. Quanto maior é esse indicador, melhor. Outra estatística importante é o número de "Observações", que indica terem sido utilizadas 28 nessa análise.

Tabela 25: Regressão linear entre os múltiplos P/L, *Payout* e ROE no setor de energia elétrica (2015-2019).

Estatística de regressão						
R múltiplo	0,523					
R-Quadrado	**0,274**					
R-quadrado ajustado	0,222					
Erro-padrão	4,343					
Observações	**28**					
ANOVA	gl	SQ	MQ	F	F de significação	
Regressão	2	177,600	88,800	**4,708**	**0,018**	
Resíduo	25	471,562	18,862			
Total	27	649,162				
Variáveis	Coeficientes	Erro-padrão	Estat. t	valor-P	95% inferiores	95% superiores
Interseção	15,976	2,425	6,589	**0,000**	10,982	20,970
Payout	**0,065**	0,032	2,027	**0,053**	-0,001	0,131
ROE	**-0,385**	0,139	-2,761	**0,011**	-0,672	-0,098

No segundo plano (ANOVA, ou análise de variância), são apresentadas as estatísticas de robustez da regressão, como os graus de liberdade (gl), a soma dos quadrados dos resíduos (SQ), a média dos quadrados dos resíduos (MQ), a estatística geral de adequação do modelo (F) e a significância de F. Dentre elas, as que mais importam para nós são a estatística F e sua significação. Quando o F de significação é menor que 1% (F sig. < 0,01), isso significa que *payout* e ROE em conjunto têm relação linear com o múltiplo P/L e podem explicar suas variações com validade estatística. Isto é, as estatísticas da regressão são válidas.

No terceiro e último plano da Tabela 25, são apresentados os coeficientes estimados das variáveis explicativas (*payout* e ROE) e a significância estatísticas (valor-P) dessas variáveis. Essas são as estatísticas mais importantes desse plano. A interseção (ou constante) é o ponto de partida no qual a variável explicativa cruza a variável explicada (P/L). Isto é, a interseção dessa regressão indica que uma empresa que tem *payout* e ROE iguais a zero tem P/L de 15,976.

Os coeficientes das variáveis *payout* e ROE indicam a inclinação dessas retas em relação ao P/L. O coeficiente de 0,095 do *payout* indica que um aumento médio de 1% no *payout* da empresa afeta positivamente seu índice P/L em 0,065. Isso é natural, pois *payout* é uma variável alternativa (*proxy*) para medir o fluxo de caixa que a empresa oferece ao investidor. Quanto maior é o fluxo de caixa oferecido, maior é o preço que o investidor estará disposto a pagar pela ação, o que aumenta o P/L. Resultados semelhantes foram encontrados para grupos de empresas em diferentes setores nos Estados Unidos e na Austrália.[20]

O coeficiente de -0,385 do ROE indica que um aumento médio de 1% no retorno sobre o patrimônio líquido da empresa afeta negativamente seu índice P/L em 0,385. Esse coeficiente (para essa amostra) sugere que o aumento do ROE é justificado pelo aumento do lucro no curto prazo e, como o lucro é o denominador do índice P/L, o aumento do ROE pode reduzir o P/L no curto prazo. Por isso a relação negativa. Ainda, o numerador do P/L é o preço, que representa o valor presente dos lucros futuros esperados. Se o investidor espera que o alto ROE de hoje decresça à mé-

---

20 Para mais detalhes, ver os resultados de Nikbakht e Polat (1998) nos Estados Unidos (que usaram o índice invertido, como Lucro/Preço, cuja leitura invertida aponta na mesma direção dos nossos resultados) e Shamsuddin e Hillier (2004) na Austrália (que usaram o próprio Preço/Lucro).

dia do setor no futuro, o preço hoje será menor. Resultados semelhantes foram observados na Noruega.[21]

$$P/_L = 15,976 + 0,065(Payout) - 0,385(ROE)$$

A partir dessa equação encontrada para esse grupo de empresas, é possível calcular o P/L esperado por meio da substituição dos parâmetros "*payout*" e "ROE" pelos valores médios da empresa. Vamos utilizar os dados apresentados na Tabela 24 para demonstrar como essa análise comparativa é útil para identificar se a empresa está sub ou superavaliada diante das demais empresas utilizadas para a análise de regressão.

Nesse caso escolhemos as empresas do setor de energia elétrica. Vamos analisar a Celesc e a Copel, aproveitando como critério de escolha o fato de elas possuírem crescimentos esperados iguais (g_{Celesc} = 5,43 e g_{Copel} = 5,43). Utilizamos o *g* apenas como justificativa de escolha dessas empresas específicas, mas quaisquer outras podem ser analisadas, pois essa análise consiste em projetar o P/L da empresa considerando que seus fundamentos convirjam para as médias do setor.

A Celesc tem um P/L de 14,98, com um *payout* médio de 39,43% e um ROE médio de 8,96%. Já a Copel tem um P/L de 7,03, um *payout* médio de 38,06% e um ROE médio de 8,77%. Observe que *payout* e ROE das empresas são próximos, o que faz o *g* convergir entre as empresas. Por outro lado, o P/L da Celesc é mais do que o dobro do P/L da Copel. Então, a Copel está precificada de forma errada e pode ser considerada barata? Ou as duas empresas devem ter seus preços ajustados, encontrando-se em algum momento no meio do caminho? Vejamos!

Substituindo os valores desses múltiplos na equação que encontramos na análise de regressão, observe que o P/L projetado da Celesc seria de 15,09, valor bastante próximo do atual P/L da empresa (14,98). A diferença é inferior a 1%, o que nos leva a crer que, considerando os múltiplos médios do setor de energia elétrica, a Celesc estaria adequadamente precificada pelo mercado (preço próximo do valor justo da ação). Portanto, não poderíamos afirmar que a empresa estaria sub ou superavaliada.

---

21 Para mais detalhes, ver Itemgenova e Sikveland (2020).

Celesc

$$P/L_{projetado} = 15{,}976 + 0{,}065(39{,}43) - 0{,}385(8{,}96)$$

$$P/L_{projetado} = 15{,}09 \approx \frac{P}{L_{atual}} \quad (14{,}98)$$

Copel

$$P/L_{projetado} = 15{,}976 + 0{,}065(38{,}06) - 0{,}385(8{,}77)$$

$$P/L_{projetado} = 15{,}08 > \frac{P}{L_{atual}} \quad (7{,}03)$$

Por outro lado, o P/L projetado da Copel (15,08) é mais do que o dobro do P/L atual (7,03). Isso sugere que ela está subavaliada, de acordo com os atuais padrões de *payout* e de ROE das demais empresas do setor, o que abre espaço para uma possível valorização de cerca de 114,5% no caso de seus fundamentos convergirem às médias do setor. Portanto, com esses parâmetros podemos assumir que, em primeira análise, a Copel pode estar barata.

Por fim, destacamos que apesar de a análise de regressão poder ser utilizada para a projeção dos múltiplos da empresa, o investidor deve estar atento às limitações dessa técnica – em que assim como em qualquer outra, existem várias. A relação entre as variáveis pode não ser linear e a falta do controle de outros fatores pode tornar as relações menos precisas – a exemplo da interferência do Estado nas empresas e sua governança corporativa. Nesses casos, para que a análise seja mais robusta, o analista pode utilizar outros modelos de estimação de regressão e sofisticar sua análise.

Assim como as demais técnicas apresentadas, a análise de regressão é mais um instrumento que pode ser utilizado em conjunto com os demais para que o investidor tenha maior segurança na qualidade dos fundamentos da empresa. Repetimos que **uma decisão de investimento não deve ser tomada em função de apenas um múltiplo**. Saber as limitações de suas ferramentas de análise e conhecer a fundo a empresa que você está analisando é essencial para que tenha sucesso em seus investimentos.

11.5. Destaques

1. A avaliação relativa com o uso de múltiplos é extremamente comum entre os principais analistas do mundo, sendo utilizada por 92,8% dos analistas entrevistados pela pesquisa apresentada neste capítulo.
2. Desde 1934, quando Benjamin Graham e David Dodd escreveram *Security Analysis*, o índice P/L tem sido o múltiplo mais utilizado para a avaliação de empresas.
3. No *value investing* há preferência por dados históricos; no *growth investing* são preferíveis dados projetados; e no *dividend investing* ambos são utilizados com maior frequência.
4. Para a análise de múltiplos, as empresas devem ser comparáveis do ponto de vista de fluxos de caixa, crescimento e risco.
5. A maioria dos analistas prefere limitar as comparações às empresas do mesmo setor pelo fato de essas empresas terem perfis de fluxos de caixa, crescimento e risco mais parecidos.
6. O investidor precisa assegurar a consistência do múltiplo, identificando se cada variável está corretamente calculada e se elas estão adequadamente relacionadas.
7. Na análise de múltiplos, é necessário que você se certifique da consistência, da uniformidade, do controle de valores atípicos e da tendenciosidade dos múltiplos.
8. É importante que o investidor esteja atento aos padrões dos múltiplos no setor que analisa, especialmente dos múltiplos específicos do setor, pois muitas vezes eles revelam dados importantes.
9. Os múltiplos podem ser utilizados para comparações com o histórico da empresa ou diretamente com outra empresa, até mesmo por meio de múltiplos modificados ou por meio de técnicas estatísticas.
10. Em uma análise comparativa, os múltiplos podem ser ajustados por fatores subjetivos, modificados por características das empresas e até ser utilizados com o auxílio de técnicas estatísticas.

12.
VALUATION POR MÚLTIPLOS

*"Não existe nada absoluto, tudo é relativo.
Por isso devemos julgar de acordo com as circunstâncias."*
DALAI LAMA

Uma das formas mais simples e habituais de se avaliar um investimento ou uma empresa é por meio da identificação de quanto retorno (lucro ou dividendo) ele oferece ao investidor. E, na abordagem relativa do *valuation*, **o uso de múltiplos é indispensável porque eles auxiliam no controle das diferenças entre as empresas**, uma vez que é inadequado o uso de medidas absolutas para esse fim, pois elas são sensíveis ao efeito tamanho.

O lucro líquido do Bradesco, por exemplo, pode ser maior que o do Banrisul simplesmente porque o primeiro é maior que o segundo (no final de 2019, essa diferença era de 17 vezes). Outro problema é que medidas nominais como o lucro por ação (LPA) podem ser facilmente manipuladas, seja pela quantidade de ações emitidas pela empresa ou por um programa de recompra de ações que diminui a quantidade de ações em circulação. Em geral, não é nem ponto de manipulação em si. Às vezes, a cabeça do próprio investidor inexperiente o engana. Já vimos em fóruns de investidores uma pessoa criticando uma empresa por ter LPA menor do que uma concorrente, sendo que a concorrente era muito pior. O fato é que a concorrente tinha menos ações, o que fazia o LPA dela ser maior.

Assim, no contexto do *dividend investing*, é natural pensar em valor como um múltiplo ou uma derivação do lucro ou do dividendo gerados pela empresa. Quando analisamos indicadores como o Preço/Lucro, queremos saber quantas vezes o preço é maior que o lucro. Se esse indicador for invertido (Lucro/Preço), você saberá qual é o percentual que vai ter como lucro para o preço pago pela ação da empresa naquele momento.

Isso também vale para os dividendos. O *dividend yield* nada mais é do que um percentual que representa quanto você terá de dividendo para o preço pago pela ação. Assim como esses múltiplos, vimos que há uma diversidade de outros múltiplos de lucro e de dividendo que são úteis para a avaliação de empresas. Com a devida atenção à consistência, à uniformidade, aos valores atípicos e à tendenciosidade, você pode melhorar a eficiência da escolha de boas empresas pagadoras de dividendos.

O valor de uma empresa é função de seu lucro: quanto mais o lucro cresce ao longo do tempo, maior tende a ser o seu valor de mercado. Além disso, **nenhuma empresa pode pagar dividendos constantemente se não for lucrativa**, pois os dividendos são lucros distribuídos aos acionistas. Por essa razão, os múltiplos de lucro são especialmente importantes para a análise e a avaliação das empresas para o fim de investimento por dividendos.

O lucro líquido reportado pela empresa em suas demonstrações contábeis é fortemente influenciado por seu modelo de negócio, assim como pelo modelo contábil que ela utiliza para mensurar seus ativos e passivos. Diferentes escolhas contábeis ou a mudança nas normas de contabilidade também podem fazer esses lucros mudarem. Essas escolhas ou mudanças podem causar efeitos maiores em umas empresas do que em outras.

Outro problema frequente que você vai encontrar ao calcular e analisar múltiplos de lucros diz respeito aos itens eventuais ou não recorrentes. Quando você faz uma projeção de lucro operacional ou líquido, deve considerar como previsível apenas o lucro recorrente, aquele que ocorre com frequência. Portanto, para um "correto" *valuation* por múltiplos, você precisa subtrair do lucro líquido a parte que se refere ao item eventual ou não recorrente. Correto dentro das premissas que você escolheu e com base na aplicação prática que faz sentido matematicamente. Em *valuation*, não existe certo ou errado, mas apenas matemática correta e premissas que façam sentido – e você pode usar premissas que façam sentido para você, e outras pessoas podem usar outras premissas que também façam sentido para elas (ao longo dos próximos capítulos você entenderá melhor essa questão subjetiva).

Os **itens eventuais ou não recorrentes** são receitas ou despesas que:

a) **São extraordinárias e ocorrem uma única vez**, como o ganho proveniente de um processo judicial tributário ou o refinanciamento de uma dívida com juros altos por outra com juros mais baixos;
b) **São pouco frequentes e não ocorrem todos os anos**, mas que têm um intervalo razoavelmente regular, como o ganho de capital da venda de um imóvel, quando essa não é a atividade econômica da empresa;
c) **Ocorrem todos os anos, mas com alta volatilidade**, como é o caso da variação cambial em empresas exportadoras, que pode representar uma despesa muito alta em um ano e ser totalmente revertida no ano seguinte, transformando-se em uma receita muito alta. Nesses casos, você pode normalizar esses valores ao longo dos períodos para ter melhor previsibilidade.

Assim como é possível que a empresa passe por um processo de fusão, de aquisição ou mesmo de reorganização societária, o que pode mudar a base de ativos e passivos que geram os lucros. A empresa pode, por exemplo, decidir se desfazer de uma parte de suas operações que é menos rentável. Nesses casos, o investidor deve considerar apenas o lucro líquido das operações continuadas (desconsiderar o resultado das operações descontinuadas).

Para a realização desses ajustes, o investidor deve analisar cuidadosamente a história da empresa, em especial os aspectos financeiros. Não é raro encontrar empresas que apresentam lucros ou dividendos muito altos em períodos específicos devido a lucros não recorrentes. Seja para uma comparação histórica entre empresas ou para a projeção dos múltiplos de lucro da empresa analisada, é importante considerar a recorrência desses lucros. E uma forma de resolver parte desses problemas se dá ao recalcular os lucros mantendo apenas itens recorrentes, além de normalizar despesas e receitas que ocorrem com certa frequência, mas de forma volátil.

Como já mencionamos, **o *valuation* por múltiplos pode ser utilizado de forma preliminar** como uma espécie de filtro para selecionar o conjunto de empresas que deseja analisar de forma mais detalhada e, em seguida, escolher a empresa que lhe parece mais descontada ou com melhores fundamentos para seu investimento. Mas **ele pode também ser utilizado como análise complementar**, caso você já tenha em mente qual empresa quer analisar.

Nesse processo, você precisa (i) identificar as empresas de interesse que podem ser analisadas em uma perspectiva comparativa e (ii) escolher cuidadosamente os múltiplos que serão úteis à sua análise, servindo como medidas de valor, de desempenho (lucro) ou de fluxo de caixa ao investidor (dividendo). Já vimos isso nos capítulos e seções anteriores. Agora vamos colocar em prática, tendo em vista a escolha de empresas com bons fundamentos para a nossa estratégia de investimento por dividendos.

Na prática, a avaliação de empresas por meio de múltiplos pode ser feita de três maneiras, que podem ser utilizadas separadas ou de modo complementar. São elas:

a) **Identificação de empresas subavaliadas:** por meio da comparação dos múltiplos das empresas comparáveis do setor ou de todo o mercado;
b) **Projeção de valor da empresa com base em médias:** por meio da utilização de técnicas estatísticas a partir dos múltiplos históricos da própria empresa ou de um grupo de empresas comparáveis;
c) **Transformação de múltiplos em fluxos de caixa descontados:** por meio da decomposição de um múltiplo de valor em um modelo de fluxo de caixa descontado, considerando um ou mais estágios de crescimento.

Exploraremos esses pontos em mais detalhes nas próximas seções. Leia com atenção e faça suas anotações para fixar bem essas ideias, que serão muito importantes para aprender a fazer um bom *valuation* da sua empresa.

12.1. Identificando uma empresa subavaliada

Geralmente, o investidor inicia sua análise com alguma empresa em mente, seja porque já tem posição nela ou porque tem observado que essa empresa tem se destacado no mercado. Nos anos recentes, temos observado no Brasil um significativo crescimento das vendas on-line em diferentes segmentos da economia, com destaque especial para as empresas varejistas de móveis e eletroeletrônicos, como Magazine Luiza, Casas Bahia[22] e Lojas Americanas, que têm transformado seu modelo de negócio para explorar com mais intensidade as oportunidades do *e-commerce*.

Assim, é possível que o investidor veja uma oportunidade de investimento em um setor e queira identificar nesse setor as empresas que possuem maiores chances de valorização. Você pode, por exemplo, ter interesse pelo setor de energia elétrica em razão de fatores como a transformação da matriz energética dos países, sua maior utilização como fonte de energia, a maior previsibilidade das receitas das empresas por serem previamente contratadas e o longo histórico de dividendos. Para isso, deve começar identificando empresas subavaliadas no setor.

Assim como você viu no Capítulo 8, vamos começar com a seleção das empresas com melhores fundamentos para nossa análise. Primeiro decidimos manter apenas as empresas com média diária de volume financeiro negociado superior a R$ 15 milhões. Tomamos esse valor como referência porque, no momento em que escrevemos este livro, isso garante que essas empresas tenham negociação todos os dias na Bolsa de Valores. Julgamos isso importante porque não ter negociação diária suficiente pode fazer com que você compre ou venda a ação com preço distorcido, já que não haverá compradores e vendedores suficientes – isso elevará o *bid-ask spread*, que é a diferença entre o preço de compra e o de venda da ação. Dessa forma, você poderá comprar mais caro e vender mais barato do que deveria.

Mas você pode assumir um valor diferente de R$ 15 milhões, dado que um investidor que usa a filosofia do *dividend investing* não deve se preocupar muito com negociações diárias. Esse filtro é importante para garantir que você consiga comprar e vender as ações da empresa em qualquer dia que desejar. Maior liquidez evita o risco de a empresa sofrer manipulação de seu preço no mercado.

Esse critério nos deixou com 16 empresas. Em seguida, assim como no Capítulo 8, vamos manter na análise apenas empresas que tiveram lucros em todos os cinco anos analisados e aquelas que pagaram dividendos em

---

22 Anteriormente foi chamada de Via Varejo e, depois, apenas Via.

todos esses anos, restando 11 delas. Por que utilizamos esses critérios? Porque nosso interesse é encontrar empresas com longo histórico de lucros e de dividendos, pois queremos ter maior garantia de recebimento de dividendos no futuro, ou menor risco de não receber dividendos no futuro.

Depois desses "filtros qualitativos", precisamos assegurar que as empresas são comparáveis no que se refere a fluxo de caixa, crescimento e risco. Por isso, decidimos manter na amostra apenas empresas com ROE maior do que a média daquelas 11 empresas (ROE maior que 15,94%), considerando que ele é uma medida de lucro ponderada pelo patrimônio líquido da empresa. Assim evitamos que o fator tamanho afete nossa análise. Dessa forma, restam na amostra as cinco empresas com fluxos de caixa mais próximos (medidos pelo ROE). Veja na Tabela 26 as empresas que vão para a análise comparativa de múltiplos: AES Brasil, Alupar, Isa Energia, Engie e Taesa.

Tabela 26: Identificação de empresas comparáveis no setor de energia elétrica.

Volume > R$ 15 milhões	5 anos com Lucros	5 anos com Dividendos	Empresas	ROE (%)	g (%)	Beta
AES Brasil	AES Brasil	AES Brasil	Engie Brasil	29,50	5,06	0,74
Alupar	Alupar	Alupar	Isa Energia	23,23	10,41	0,56
Cemig	Cemig	Cemig	Taesa	20,22	2,63	0,37
Cesp	Cesp	Cesp	AES Brasil	19,62	6,77	0,86
Copel	Copel	Copel	Alupar	16,14	8,71	0,76
CPFL Energia	CPFL Energia	CPFL Energia	CPFL Energia	13,73	11,54	0,77
Isa Energia	Isa Energia	Isa Energia	Energias BR	13,54	9,56	0,55
Eletrobras	Eletrobras	Eletrobras	Cemig	12,29	6,76	1,21
Energias BR	Energias BR	Energias BR	Energisa	11,63	6,01	0,82
Energisa	Energisa	Energisa	Copel	8,77	5,43	1,12
Eneva	Eneva	Eneva	Neoenergia	6,69	3,18	0,78
Engie Brasil	Engie Brasil	Engie Brasil	**Média**	**15,94**	**6,91**	**0,78**
Equatorial	Equatorial	Equatorial				
Light S/A	Light S/A	Light S/A				
Neoenergia	Neoenergia	Neoenergia				
Taesa	Taesa	Taesa				

Fonte: dados da Refinitiv Eikon.

Para ficar seguro de que as empresas são comparáveis, é importante checar a aproximação do crescimento e do risco das empresas. Na Tabela 26, você pode ver que as taxas de crescimento esperado dos lucros (g) de três empresas são aproximadas: Engie, AES e Alupar (entre 5,06% e 8,71%). Isa Energia (10,41%) e Taesa (2,63%) destoam das demais, mas esse fator pode ser flexibilizado, tendo em vista que os outros dois apresentam menores desvios-padrão. Lembre-se: em *valuation* você tem liberdade para ajustar seus parâmetros e expectativas, desde que haja uma justificativa prudente. Aqui levamos em conta que os Betas de risco das empresas também são aproximados, ratificando a comparabilidade delas.

Depois da identificação das empresas mais comparáveis e com melhores fundamentos nesse setor, passamos à escolha dos múltiplos que vão apoiar nossa análise. **Você pode escolher tantos e quais múltiplos achar necessário ou conveniente**. Aqui damos especial atenção aos múltiplos de lucros e de dividendos, como exemplo, mas você não precisa se limitar a eles.

Tanto na análise prévia para identificação das empresas comparáveis como na análise do desempenho de cada uma, você pode adicionar outros múltiplos, inclusive aqueles específicos do setor. Nessa análise, por exemplo, seria possível incluir indicadores importantes para o setor de energia elétrica, como a capacidade instalada de geração de energia e o nível de contratação para geração de energia. Se eles importam em sua análise, considere-os.

A Tabela 27 reúne cinco múltiplos de lucros (apresentados no Capítulo 10) para as cinco empresas selecionadas no setor de energia elétrica: Margem Líquida (ML), Retorno sobre o Patrimônio Líquido (ROE), Preço/Lucro (P/L), Preço/Lucro/Crescimento (PEG) e *Earnings Yield* (EY). No primeiro plano estão os múltiplos do ano 2019 e, no segundo, as médias de cinco anos. Essa distinção é importante para evitar que valores atipicamente altos ou baixos no último ano afetem a análise.

Para tornar a análise mais objetiva, criamos um ranking a partir da média dos múltiplos, após transformá-los em fatores padronizados no intervalo [0, 100], como se fossem notas de 0 a 100. Essa é uma forma simples de você identificar qual empresa possui o melhor conjunto de múltiplos em relação às demais. Assim, é possível identificar a empresa no primeiro lugar do ranking como aquela que possui os melhores fundamentos (maior nota). Nesse método, usamos uma média simples, considerando pesos e

Tabela 27: Comparação dos múltiplos de lucros das empresas do setor de energia elétrica (2015-2019).

Empresa	Ação	ML		ROE		P/L		PEG		EY		Média	Ranking (Nota Média)	
		%	Nota	%	Nota	N	Nota	N	Nota	%	Nota			
Último ano: 2019														
AES Brasil	AESB3	14,64	26,2	20,18	58,2	21,19	39,8	3,13	39,9	4,72	39,8	40,8	Isa	**91,0**
Alupar	ALUP11	35,74	64,0	23,79	68,6	9,08	93,0	1,34	93,3	11,01	92,9	82,3	Taesa	74,0
Isa	ISAE4	53,84	96,4	14,2	40,9	**8,44**	100,0	**1,25**	100,0	**11,85**	100,0	**87,5**	Engie	54,7
Engie	EGIE3	23,57	42,2	34,7	100,0	17,94	47,0	2,65	47,2	5,57	47,0	56,7	Alupar	68,8
Taesa	TAEE11	**55,84**	100,0	21,1	60,8	10,72	78,7	1,58	79,1	9,33	78,7	79,5	AES	41,6
Em 5 anos: 2015 a 2019														
AES Brasil	AESB3	20,68	35,2	19,62	66,5	16,69	47,1	2,47	30,8	6,15	32,7	42,4		
Alupar	ALUP11	39,2	66,6	16,14	54,7	12,91	60,9	1,48	51,4	8,01	42,5	55,2		
Isa	ISAE4	55,01	93,5	23,23	78,7	**7,86**	100,0	**0,76**	100,0	**18,83**	100,0	**94,5**		
Engie	EGIE3	24,34	41,4	**29,5**	100,0	14,1	55,7	2,78	27,3	7,29	38,7	52,6		
Taesa	TAEE11	**58,83**	100,0	20,22	68,5	8,86	88,7	3,37	22,6	11,83	62,8	68,5		

Fonte: dados da Refinitiv Eikon.

importâncias iguais para todos os múltiplos, mas você também pode dar pesos diferentes aos múltiplos que preferir.

Montamos a nota média por meio da média simples das notas das empresas em cada múltiplo. Achamos isso suficiente porque damos igual importância a todos os múltiplos. Mas você também pode dar pesos diferentes a cada múltiplo, caso alguns deles sejam mais importantes para você. Por exemplo: **se você julga que o ROE é um múltiplo mais importante que os demais, pode dar um "peso" maior a ele**.

Na Tabela 27, há 5 múltiplos. Você pode atribuir um peso de 30% para o ROE e de 17,5% para os outros quatro múltiplos. O peso é você quem define, e isso pode ser feito para tantos e quais múltiplos você desejar. Nesse caso, você precisará calcular uma "média ponderada" pelos pesos e valores de cada múltiplo para apresentar na última coluna uma média ponderada. Essa metodologia é parecida com o *"Big, Safe Dividend"*, apresentado no Capítulo 8, que você pode utilizar como modelo. O mesmo processo pode ser feito para os múltiplos de dividendos.

Na padronização, você precisa estabelecer se busca maior ou menor valor para o múltiplo. Quanto maior é a ML de uma empresa, melhor é o fundamento da empresa, pois indica que ela é mais rentável. Por outro lado, quanto menor é o P/L, melhor, pois indica que a empresa tem menor preço para o atual volume de lucro. Quando seu interesse é encontrar um múltiplo maior, ele assume a nota "100". Por exemplo: o maior valor de ML no ano de 2019 é da Taesa (55,84%), assumindo a nota máxima (100) naquele ano.

As demais notas são definidas pela divisão do múltiplo da empresa pela múltiplo máximo, multiplicado por 100. Por exemplo, a Isa Energia teve uma ML de 53,84% em 2019, equivalente à nota 96,4, calculada assim: (53,84/55,84) x 100. Já no caso dos múltiplos P/L e PEG, quanto menores, melhor. Então, nesses casos, o menor múltiplo assume a nota 100. As notas das demais empresas são definidas pela divisão do menor múltiplo pelo múltiplo de cada empresa, cujo resultado é multiplicado por 100. Por exemplo: a Isa Energia tem o menor P/L (8,44), que assume a nota 100. A nota da Alupar é 93, calculada assim: (8,44/9,08) x 100.

Dessa forma, observe na Tabela 27 que os valores mais atrativos ao investidor estão destacados em células mais escuras para facilitar a identificação.

A Taesa tem a maior ML, tanto no ano de 2019 (55,84%) quanto na média dos cinco anos (58,83%), o que demonstra que essa empresa é a que tem a maior margem de lucro entre as analisadas. Já a Engie tem o maior ROE, tanto em 2019 (34,7%) quando nos últimos anos (29,5%), o que indica que ela consegue maior eficiência no investimento do capital dos acionistas.

Por outro lado, quando a análise leva em consideração o preço da ação na composição dos múltiplos de lucro, a Isa Energia aparece com menores P/L e PEG, além de maior EY, seja em 2019 ou nos cinco anos. O menor P/L demonstra que em 2019 o preço da ISAE4 era 8,44 vezes maior que o seu lucro ou, em outras palavras, que em 8,44 anos o investidor poderia recuperar o preço pago na ação por meio do recebimento de lucros. Quando o crescimento esperado do lucro é incluído na análise do P/L, encontramos o menor PEG (1,25), demonstrando que a ISAE4 tem o menor preço para o lucro e o crescimento de lucro oferecidos. E seu rendimento dos lucros (EY) foi de 11,85% em 2019, chegando a 18,83% nos últimos anos.

Considerando a pontuação acumulada por todas as empresas nos múltiplos de lucro, você pode notar que a Isa Energia foi a empresa mais bem ranqueada, seja em 2019 (nota 87,5) ou nos últimos anos (nota 94,5), representando uma nota final de 91, resultante de (87,5 + 94,5)/2. Na sequência, estão Taesa (nota final 74), Alupar (68,8), Engie (54,7) e AES Brasil (41,6). Curiosamente, as três primeiras colocadas na análise dos múltiplos de lucro são empresas do segmento de transmissão, o que sugere que as margens de lucro desse segmento foram maiores do que as margens dos segmentos de geração e de distribuição.

Na Tabela 28, fazemos uma análise semelhante para os múltiplos de dividendos: *Dividend Payout* (DP), Cobertura de Dividendos com Caixa (CDC), *Dividend Yield* (DY), *Dividend Yield on Cost* (YOC) e Retorno Total ao Acionista (RTA). Da mesma forma, observe que os valores mais atrativos para o investidor estão destacados em células mais escuras e as empresas estão organizadas de forma decrescente, pelo total acumulado de pontos. Por isso, a ordem do primeiro plano (2019) é diferente da ordem do segundo plano (cinco anos).

A AES Brasil teve maior DP, tanto em 2019 (109,24%) quanto nos últimos anos (108,2%). De fato, essa empresa tem como política distribuir a totalidade dos seus lucros líquidos ajustados. O *Dividend Payout* da AES

Brasil é superior a 100% porque o dividendo por ação é calculado com base no lucro líquido ajustado, conforme detalhamos no Capítulo 7. Durante esses ajustes, alguns valores deduzidos para cálculo do lucro líquido que aparece na DRE podem retornar ao lucro disponível para distribuição, assim como a empresa pode distribuir valores de outros períodos que estão nas reservas de lucros e de capital.

A AES também apresentou o maior RTA em 2019 (80,82%), mas nos cinco anos a Taesa é que tem o maior RTA (35,63% por ano). A Alupar tem a melhor Cobertura de Dividendos com Caixa (CDC), tanto em 2019 (22,75 vezes) quanto nos últimos anos (8,4 vezes), demonstrando maior segurança no pagamento dos seus dividendos.

Olhando especificamente para o rendimento dos dividendos, no ano de 2019 a Isa Energia apresentou maior DY (8,73%) e maior YOC (21,91%). Para análise do YOC, você precisa considerar o preço médio de aquisição da ação. Nesse exemplo consideramos uma única compra no primeiro dia útil do período analisado (2 de janeiro de 2015). Como o YOC é maior que o DY, isso indica aumento do preço da ISAE4 entre o início e o final do período (já que nos dois cálculos o DPA é o mesmo, só muda o divisor da equação, que é o preço). Considerando a janela de 5 anos, a Taesa tem maior DY (11,48%) e maior YOC (21,4%). Note que nas duas empresas o YOC é aproximadamente o dobro do DY, o que demonstra que a compra de ações sólidas para o recebimento de dividendos a longo prazo é uma excelente estratégia para obter renda passiva.

Podemos calcular uma nota final para as empresas da Tabela 28 (nota média das notas obtidas em cada período). A Taesa foi a empresa mais bem ranqueada, com nota média de 67,7 (ela também obteve a maior nota no ano de 2019). Na sequência, estão Isa Energia (67,4), AES Brasil (64,7), Engie (54,2) e Alupar (50,1). Do ponto de vista exclusivo dos múltiplos de dividendos, essas são as empresas mais interessantes ao investidor, nessa ordem.

Porém, como vimos, também precisamos considerar a solidez dos lucros para ter certeza do recebimento de dividendos futuros. Na Tabela 29, você pode verificar um ranking considerando os 10 múltiplos utilizados nessa análise (sendo cinco de lucros e cinco de dividendos), com a média final calculada a partir das notas médias que cada empresa teve nos múltiplos de lucros (Tabela 27) e nos múltiplos de dividendos (Tabela 28).

Tabela 28: Comparação dos múltiplos de dividendos das empresas do setor de energia elétrica (2015-2019).

Empresa	Ação	DP		CDC		DY		YOC		RTA		Média	Ranking (Nota Média)	
		%	Nota	N	Nota	%	Nota	%	Nota	%	Nota			
						Último ano: 2019								
AES Brasil	AESB3	109,24	100,0	2,94	12,9	8,27	94,7	8,62	39,3	80,82	100,0	69,4	Taesa	67,7
Alupar	ALUP11	14,81	13,6	22,75	100,0	2,45	28,1	3,49	15,9	55,98	69,3	45,4	Isa	67,4
Isa	ISAE4	56,46	51,7	1,95	8,6	8,73	100,0	21,91	100,0	47,95	59,3	63,9	AES	64,7
Engie	EGIE3	57,32	52,5	3,6	15,8	4,91	56,2	8,49	38,7	64,3	79,6	48,6	Engie	54,2
Taesa	TAEE11	65,01	59,5	0,18	0,8	8,01	91,8	17,83	81,4	49,53	61,3	58,9	Alupar	50,1
						Em 5 anos: 2015 a 2019								
AES Brasil	AESB3	108,2	100,0	2,73	32,5	6,76	58,9	8,44	39,4	24,73	69,4	60,0		
Alupar	ALUP11	46,05	42,6	8,4	100,0	4,51	39,3	5,57	26,0	23,44	65,8	54,7		
Isa	ISAE4	55,20	51,0	4,02	47,9	8,19	71,3	18,44	86,2	34,79	97,6	70,8		
Engie	EGIE3	82,83	76,6	2,7	32,1	6,88	59,9	10,28	48,0	29,2	82,0	59,7		
Taesa	TAEE11	86,99	80,4	0,17	2,0	11,48	100,0	21,4	100,0	35,63	100,0	76,5		

Fonte: dados da Refinitiv Eikon.

Tabela 29: Classificação e pontuação total dos múltiplos das empresas.

Classificação	Empresa	Ação	Nota em Lucros	Nota em Dividendos	Média Final
1ª	Isa Energia	ISAE4	91,0	67,4	79,2
2ª	Taesa	TAEE11	74,0	67,7	70,9
3ª	Alupar	ALUP11	68,8	50,0	59,4
4ª	Engie Brasil	EGIE3	54,7	54,1	54,4
5ª	AES Brasil	AESB3	41,6	64,7	53,2

A Tabela 29 demonstra que a Isa Energia foi a empresa com melhores fundamentos entre as analisadas, com uma média final de 79,2 pontos de um total possível de 100. A Taesa foi a segunda colocada, apenas 8,3 pontos atrás (com 70,9). Depois vieram a Engie (59,4), a Alupar (54,4) e a AES Brasil (53,2 pontos). No caso da AES, note como ela foi penalizada pela baixa qualidade dos múltiplos de lucros (apenas 41,6 pontos, enquanto fez 64,7 nos dividendos).

Com esse resultado, você pode decidir em qual empresa deseja investir ou, como dissemos no início, pode escolher qual ou quais empresas vai levar para as fases seguintes da sua análise, seja por meio da projeção de valor da empresa com o uso de técnicas estatísticas e múltiplos médios do setor (como veremos em seguida) ou por meio do uso de um modelo de desconto de dividendos (veremos isso nos próximos capítulos).

12.2. Projetando valor com base em médias

Agora que já fez a seleção das empresas comparáveis e identificou a empresa com melhores fundamentos e maior desconto no setor, aquela mais subavaliada em relação aos múltiplos das demais, você pode projetar o seu valor esperado. Para isso, vamos utilizar a análise de regressão, técnica estatística que vimos no Capítulo 11, com os mesmos múltiplos tratados naquele capítulo: índice Preço/Lucro sendo explicado pelo *dividend payout* (múltiplo de dividendo) e pelo ROE (múltiplo de lucro). A seguir a equação encontrada naquela análise.

$$P/_L = 15{,}976 + 0{,}065(Payout) - 0{,}385(ROE)$$

Você viu que a Isa Energia foi a empresa comparável mais subavaliada entre as demais companhias de energia elétrica. Partindo do pressuposto de que o mercado de ações é parcialmente eficiente, isto é, que a tendência é que o mercado também enxergue isso no futuro e que naturalmente corrija essa subavaliação com o aumento do valor da empresa, convergindo à média do setor, você pode estimar o valor esperado da ISAE4 com base nos múltiplos médios do setor, como fizemos no Capítulo 11.

Esse pressuposto também está de acordo com o processo de reversão à média, que sugere que um valor extremo ou distante da média de uma amostra (sub ou superavaliado) em um primeiro momento tende a convergir (retornar) à média da amostra em um segundo momento. Esse raciocínio também é aplicável ao processo de avaliação de empresas.

Existe um quebra-cabeça de pesquisa, há muitas décadas, sobre o processo de reversão à média, tratando como ele ocorre, quando ocorre, se ocorre, se dá para explorar uma estratégia *contrária* de investimento, etc. Sugerimos a leitura de Poterba e Summers (1988), Bonomo e Garcia (1994), Balvers, Wu e Grilliland (2002), Chaudhuri e Wu (2003), Basak e Yan (2010), Agrawal et al. (2018), Moon, Kim e Moon (2019). No Brasil, temos alguns trabalhos, a exemplo de Tabak e Staub (2006), Del Grande (2016) e Amorim e Camargos (2021).

Em alguns setores uma empresa pode se destacar e ter valor muito diferente por algum tempo, seja porque monopoliza o setor, porque tem maior *market share* ou, ainda, um produto ou serviço exclusivo. Porém, com o passar do tempo, é natural que o mercado seja aberto à concorrência ou que outras empresas apresentem produtos ou serviços tão bons ou melhores. Com isso, o valor daquela empresa tende a ser reduzido devido à perda ou redução do seu diferencial frente às demais, convergindo ao valor de uma empresa média do setor.

O contrário também é verdadeiro. Se uma empresa tem fundamentos melhores que as demais e um valor comparável inferior, em algum momento o mercado vai identificar essa subavaliação e a procura pela ação dessa empresa vai fazer com que seu preço aumente, convergindo à mesma proporção "fundamentos *x* valor" desse setor ou mercado. Esse é o racional por trás do *valuation* por múltiplos.

Em 2019, a Isa Energia teve um índice P/L de 8,44, formado pelo preço de R$ 22,16 para a ISAE4 e pelo lucro por ação (LPA) de R$ 2,6256. Naquele ano, o *dividend payout* dela foi 56,46% (próximo à média da própria empresa, que é 55,01%) e o ROE foi 14,20% (abaixo da média de 23,23%). Para identificar se a empresa está sub ou superavaliada, podemos substituir os valores de 2019 na equação.

$P/L = 15,976 + 0,065(56,46) - 0,385(14,20)$
$P/L = 14,1755$

$$P/L = \frac{Preço}{LPA_{2019}}$$

Preço-alvo = $P/L \times LPA$
Preço-alvo = $14,1755 \times 2,6256$
Preço-alvo = R$ 37,22

Utilizando os dados de 2019, você pode notar que o P/L da Isa Energia deveria ser 14,18 se a empresa convergisse aos fundamentos do setor. Porém, o P/L corrente foi de 8,44. Se o P/L corrente é menor do que o P/L pela média do setor, pode-se dizer que a ISAE4 está subavaliada. Isso é confirmado quando calculamos o preço-alvo da ação com base no P/L calculado, quando chegamos a um preço de R$ 37,22 para a ISAE4, considerando a equação da regressão com dados do setor. Esse preço esperado é 67,96% maior do que o preço da ação no final do ano de 2019 (que foi R$ 22,16). E, mesmo que você utilize o ROE médio da empresa (23,23%) nessa conta, o preço esperado vai ser de R$ 36,97.

Mas essa é uma análise considerando o histórico da empresa, com dados disponíveis para o último ano. Tem como saber o valor esperado da ação para os anos seguintes? Sim! Basta você estimar o LPA para o ano seguinte a partir do LPA de 2019 (R$ 2,6256) e do crescimento esperado (*g*) do lucro (10,41%, o qual calculamos no Capítulo 11).

$LPA_{2020} = LPA_{2019} \times (1 + g)$
$LPA_{2020} = 2,6256 \times (1 + 0,1041)$
$LPA_{2020} = 2,8989$

$$P/L = \frac{Preço}{LPA_{2020}}$$

$Preço\text{-}alvo_{2020} = P/L \times LPA$
$Preço\text{-}alvo_{2020} = 14{,}1755 \times 2{,}8989$
$Preço\text{-}alvo_{2020}$ = R\$ 41,09

Finalmente, considerando tudo mais constante, você pode verificar que um aumento de 10,41% no LPA da Isa Energia, considerando que o mercado convirja o preço da ação à qualidade superior que seus fundamentos têm em relação à média do setor, eleva seu valor esperado a R\$ 41,09. Esse valor é 52,5% maior do que o preço de fechamento da ISAE4 no final de 2020 (R\$ 26,94). Mais uma vez, você pode perceber que há indícios de que a ação está subavaliada em relação às demais empresas do setor de energia elétrica.

Certamente essa técnica tem suas limitações por considerar a média do setor ou do mercado como sendo a correta – hipótese de que o mercado é parcialmente eficiente, errando nos casos específicos, mas acertando na média. Malkiel (2003, 2005) popularizou a ideia de que **o mercado não é totalmente eficiente** como pressupunha Fama na década de 1970 [sugerimos ver também Fama (1976)]. Para entender essa ideia de mercado parcialmente eficiente e como isso pode ajudar você a ganhar dinheiro, sugerimos a leitura adicional dos trabalhos de Shiller (2003) e Lim e Brooks (2011).

Não se pode descartar que a avaliação média do setor talvez também esteja errada. Por essa razão, você pode dar mais consistência à sua análise com um modelo de desconto de dividendos. E é isso que veremos nos próximos capítulos.

12.3. Transformando um múltiplo em fluxos de caixa descontados

Os múltiplos das empresas têm intrínseca relação com seus fluxos de caixa. Logo, é possível derivar cada um dos múltiplos, como o próprio P/L, para que o valor da empresa seja identificado a partir de seus fundamentos. O modelo de crescimento de Gordon demonstra que, na perpetuidade, o valor de uma ação é explicado por sua expectativa de fluxo de caixa futuro, descontado o valor presente pela diferença entre seu custo de capital e sua taxa de crescimento na perpetuidade. **Esse é o modelo clássico de um estágio de crescimento.**

$$\text{Valor da ação} = \frac{DPA_{t+1}}{(K_e - g)}$$

Em que DPA_{t+1} é o dividendo por ação esperado para o próximo período, crescendo a uma taxa g, isto é, $DPA_t \times (1 + g)$; K_e é a taxa de retorno exigida pelo investidor (ou custo de capital próprio); e g é a taxa de crescimento estável (ou na perpetuidade).[23]

Mas essa análise também pode ser feita utilizando **dois estágios de crescimento**, assumindo que a empresa cresce a uma taxa mais alta nos primeiros anos e, após esse período, passa a crescer a uma taxa menor e estável na perpetuidade. Partindo do modelo de Gordon, podemos dividir os dois lados da equação pelo LPA, chegando à conclusão de que o P/L da ação é função do índice *payout* esperado da ação.

$$\frac{P}{LPA} = \frac{\text{Índice Payout} \times (1 + g)}{(K_e - g)}$$

Como $g = ROE \times (1 - payout)$, podemos substituir $Payout = 1 - \frac{g}{ROE}$.

$$\frac{P}{LPA} = \frac{\left(1 - \frac{g}{ROE}\right) \times (1 + g)}{(K_e - g)}$$

Finalmente, para fazermos essa conta em dois estágios com crescimentos diferentes (com g alto e g_n estável), precisamos utilizar essa equação em dois momentos, sendo o primeiro multiplicado pelo fator de alto crescimento $\left[1 - \frac{(1+g)^n}{(1+Ke_{ca})^n}\right]$ e o segundo pelo fator de crescimento perpétuo $(1 + g_{perp})$. Assim, podemos estimar o índice P/L de uma empresa considerando que a taxa de crescimento dos seus lucros muda ao longo do tempo.

---

23 Detalharemos os cálculos do g e do K_e nos Capítulos 14 e 16, respectivamente.

$$P/_L = \frac{\left(1 - \frac{g}{ROE_{ca}}\right) \times (1+g) \times \left[1 - \frac{(1+g)^n}{(1+Ke_{ca})^n}\right]}{(Ke_{ca} - g)}$$

$$+ \frac{\left(1 - \frac{g_n}{ROE_{ce}}\right) \times (1+g)^n \times (1+g_{perp})}{(Ke_{ce} - g_{perp}) \times (1+Ke_{ca})^n}$$

Em que g é a taxa de alto crescimento nos primeiros n anos; g_{perp} é a taxa de crescimento estável na perpetuidade; n é a quantidade de anos nos quais a empresa terá alto crescimento; ROE_{ca} é o retorno sobre o patrimônio líquido no período de crescimento alto; ROE_{ce} é o retorno sobre o patrimônio líquido no período de crescimento estável; Ke_{ca} é o custo de capital próprio no período de alto crescimento; e Ke_{ce} é o custo de capital próprio no período de crescimento estável.

Para verificar na prática a utilidade dessa equação, vamos utilizar o mesmo caso da Isa Energia. Consultando os dados da Tabela 26, vemos que o crescimento esperado da empresa é de 10,41%. Como taxa de crescimento na perpetuidade, vamos utilizar 2,5%, que é a estimativa do Boletim Focus do BACEN para o ano de 2023 (estimativa mais distante). Na mesma Tabela 26 consta o ROE médio da Isa Energia nos cinco anos (23,23%, que será o ROE_{ca}). Conforme a empresa cresce, ela tende à média do setor, por isso vamos assumir que o ROE_{ce} seja a média das principais empresas do setor (15,94%). Finalmente, o custo de capital próprio é de 10,69% em ambos os períodos (Ke_{ca} e Ke_{ce}).[24] Substituindo na equação, temos:

$$P/_L = \frac{\left(1 - \frac{0,1041}{0,2323}\right) \times (1 + 0,1041) \times \left[1 - \frac{(1+0,1041)^7}{(1+0,1069)^7}\right]}{(0,1069 - 0,1041)}$$

$$+ \frac{\left(1 - \frac{0,025}{0,1594}\right) \times (1 + 0,1041)^7 \times (1 + 0,025)}{(0,1069 - 0,025) \times (1 + 0,1069)^7}$$

Para essa análise, utilizamos um período de alto crescimento (n) de sete anos, que é o prazo médio que os analistas pesquisados junto ao CFA

---

24 Explicamos como calcular o K_e no Capítulo 15.

utilizam para estimar os dividendos nos modelos de desconto de dividendos que usam (Pinto, Robinson e Stowe, 2019). Assim, a resolução dessa equação demonstra que o P/L esperado da Isa Energia é de 14,20. Esse é um valor bastante próximo daquele encontrado a partir da equação de regressão para o setor de energia elétrica (14,1755), conforme cálculos da seção anterior.

Na Tabela 30, é possível verificar a matriz de sensibilidade do índice P/L da Isa Energia, de acordo com as variações da taxa de crescimento esperado do seu LPA e do seu custo de capital próprio (variação de 0,5% para cima ou para baixo). A condição na qual a Isa Energia alcançaria o maior P/L (15,57) é aquela na qual a empresa teria um crescimento de 11,41% e um custo de capital próprio de 9,69%. Essa é a condição de maximização de valor, quando a empresa estaria "mais cara" porque o preço pago por cada R$ 1 de lucro seria maior (R$ 15,57).

Por outro lado, o cenário no qual a empresa teria o menor valor é aquele em que ela teria um crescimento esperado de apenas 9,41% e um custo de capital de 11,69%, quando o P/L seria reduzido para 12,98. Portanto, observe que o indicador é sensível à variação da taxa de crescimento e do custo de capital, e você pode simular as condições alterando essas taxas.

Tabela 30: Matriz de Sensibilidade do P/L, com a variação do *Ke* e do *g*.

P/L estimado		Taxa de Crescimento				
		9,41%	9,91%	**10,41%**	10,91%	11,41%
Custo de Capital do Acionista	9,69%	14,50	14,76	15,02	15,29	15,57
	10,19%	14,10	14,35	14,60	14,86	15,13
	10,69%	13,71	13,95	**14,20**	14,45	14,71
	11,19%	13,34	13,57	13,81	14,05	14,30
	11,69%	12,98	13,20	13,43	13,67	13,90

Empresas com maiores expectativas de crescimento tendem a ter maiores índices P/L. Isso fica claro quando calculamos o valor esperado (aqui chamado de preço, devido ao índice) a partir do índice P/L que encontramos. Multiplicando o P/L encontrado de 14,20 pelo LPA de R$ 2,6256 do ano de 2019, chegamos ao valor esperado de R$ 37,28 para a ação ISAE4. Esse valor é bastante aproximado àquele que encontramos na seção anterior com o uso da equação de regressão estimada para o setor de energia elétrica (R$ 37,22).

A Tabela 31 apresenta uma matriz de sensibilidade do valor da ação da Isa Energia conforme variam o crescimento esperado e o custo de capital do acionista. Note que o aumento da taxa de crescimento é acompanhado pelo aumento do valor da ação, enquanto a redução do custo de capital do acionista favorece a valorização. O maior valor é encontrado quando o crescimento é 11,41% e o custo de capital é 9,69%, quando a ação tem valor esperado de R$ 40,88. Por outro lado, o pior cenário é aquele no qual o crescimento cai (9,41%) e o custo de capital do acionista aumenta (11,69%), o que leva o valor a R$ 34,08.

Tabela 31: Matriz de Sensibilidade do Valor, com a variação de *Ke* e *g* para 2019.

Valor LPA$_{2019}$ = R$ 2,6256		Taxa de Crescimento				
		9,41%	9,91%	10,41%	10,91%	11,41%
Custo de Capital do Acionista	9,69%	38,06	38,75	39,44	40,15	40,88
	10,19%	37,01	37,67	38,34	39,03	39,73
	10,69%	36,00	36,64	37,28	37,94	38,62
	11,19%	35,02	35,64	36,26	36,89	37,54
	11,69%	34,08	34,67	35,27	35,88	36,51

Por último, repetimos essa análise para o LPA estimado para o ano de 2020 a partir da taxa de crescimento de 10,41%, o que nos leva a um LPA$_{2020}$ de 2,8989. Ao multiplicar o P/L de 14,20 por esse LPA esperado, encontramos um valor esperado de R$ 41,17 para a ação da Isa Energia no ano de 2020, valor que também se aproxima daquele encontrado na seção anterior a partir da equação de regressão para as empresas do setor (R$ 41,09).

Tabela 32: Matriz de Sensibilidade do Valor,
com a variação de *Ke* e *g* para 2020.

Valor LPA$_{2020}$ = R$ 2,8989		Taxa de Crescimento				
		9,41%	9,91%	10,41%	10,91%	11,41%
Custo de Capital do Acionista	9,69%	42,03	42,78	43,55	44,33	45,13
	10,19%	40,87	41,60	42,34	43,09	43,86
	10,69%	39,75	40,45	41,17	41,89	42,64
	11,19%	38,67	39,35	40,03	40,74	41,45
	11,69%	37,63	38,28	38,94	39,62	40,31

A análise da matriz de sensibilidade do valor esperado da ação para o ano de 2020 na Tabela 32 demonstra, igualmente, que o aumento do crescimento esperado está positivamente associado ao aumento do valor da ação, assim como o aumento do custo de capital tende a reduzir esse valor. No cenário mais positivo, a ação da Isa Energia poderia chegar a R$ 45,13 ao final de 2020, enquanto no cenário mais pessimista, esse valor poderia ser de apenas R$ 37,63. Cabe ao investidor monitorar as perspectivas econômicas do país e do setor, as expectativas de crescimento da empresa, entre outros fatores relevantes, para avaliar seus efeitos sobre o valor da ação.

12.4. Destaques

1. No *dividend investing*, é natural pensar em valor como um múltiplo ou uma derivação do lucro ou do dividendo gerados pela empresa.
2. O valor de uma empresa é função de seu lucro; quanto mais o lucro cresce ao longo do tempo, maior tende a ser o seu valor.
3. Quando você faz uma projeção de lucro, deve considerar como previsível apenas o lucro recorrente, aquele que ocorre com frequência.
4. Na análise de múltiplos, você pode escolher tantos e quais múltiplos achar necessários ou convenientes para a sua análise.
5. O *valuation* por múltiplos pode ser utilizado de forma preliminar, como um filtro para selecionar o conjunto de empresas que se deseja

analisar de forma mais detalhada para identificar aquela que parece mais descontada.

6. O *valuation* por múltiplos também pode ser utilizado como análise complementar de um *valuation* por fluxos de caixa descontados.
7. O *valuation* por múltiplos pode ser feito de três maneiras: identificando as empesas subavaliadas na comparação de seus múltiplos, projetando o valor da empresa a partir dos múltiplos médios de um grupo de empresas ou por meio da transformação de um múltiplo em um modelo de desconto de fluxos de caixa.
8. Os múltiplos das empresas têm intrínseca relação com seus fluxos de caixa.
9. No *valuation* por múltiplos, o uso de um ranking das melhores empresas em um conjunto de indicadores é útil para identificar as empresas mais subavaliadas.
10. Uma análise de sensibilidade com a variação do múltiplo devido à variação de seus componentes é útil para você entender como o valor da empresa é determinado.

13.
QUANDO USAR UM MODELO POR DIVIDENDOS?

"Sempre venda o que mostra um prejuízo e mantenha o que apresenta um lucro."
JESSE LIVERMORE

Ao longo deste livro, afirmamos diversas vezes que **o valor de uma empresa é função de seus lucros esperados ou fluxos de caixa futuros.** E, quando falamos sobre fluxos de caixa, não estamos nos referindo exclusivamente à quantidade de dinheiro que a empresa recebe em determinado período nem mesmo a todo o lucro obtido pela empresa. Estamos nos referindo ao volume de recursos gerado pela operação da empresa e que "sobra" ou que está "livre" para os acionistas após as necessidades de capital da própria empresa.

Também abordamos, por mais de uma vez, que os dividendos nada mais são do que os lucros que a empresa obtém e distribui aos seus acionistas. Dessa forma, se a empresa possui um histórico consistente de dividendos pagos, é possível estimar o valor intrínseco dela a partir da projeção de dividendos futuros. Para isso, o modelo de desconto de dividendos segue pressupostos semelhantes aos demais modelos de renda, como os modelos de desconto de fluxos de caixa e de lucros residuais.

13.1. Lucro, fluxo de caixa e dividendo

O Fluxo de Caixa Livre do Acionista (FCLA) representa o montante de lucro que sobra para os acionistas após serem deduzidas as necessidades de investimento que garantem a continuidade e o crescimento da empresa (despesas líquidas de capital e variação do capital de giro não caixa). Na literatura internacional, ele é conhecido como *Free Cash Flow to Equity* (FCFE).

O FCLA é o resultado obtido pela empresa além do necessário para financiar suas atividades e prover seu crescimento. O conceito "livre" indica a disponibilidade para ser pago como dividendos sem afetar as necessidades de investimento que garantem a continuidade da empresa. Também pode ser entendido como o "dividendo potencial". Mas nem todas as empresas distribuem todo esse "fluxo livre" como dividendos.

Em alguns períodos, a empresa pode reter uma parcela maior de lucros para criar uma "reserva" de recursos para possíveis investimentos futuros, ou até por proteção, como no período da pandemia de covid-19, o que faz o seu FCLA ser maior que os dividendos. Em outros períodos, a empresa pode reter menos lucros do que suas necessidades de reinvestimento ou até mesmo decidir pela distribuição dos lucros correntes e de parte dessa "reserva", o que faz seus dividendos serem maiores que o FCLA. Essas variações são normais. Por essa razão, é importante considerar a proximidade entre os dividendos e o FCLA ao longo do período, pois isso pode revelar um padrão de comportamento.

Há empresas que têm como política de remuneração ao acionista a distribuição de todo o lucro líquido ajustado do período, isto é, empresas com índices *payout* próximos de 100%, como vimos nos casos da AES Brasil e da Engie. Em casos como esses, a empresa utiliza uma estrutura de capital com mais dívida para financiar as suas necessidades de investimento, para que possa distribuir todo o lucro aos acionistas. Mas elas não conseguem fugir do efeito redutor que os juros pagos sobre a dívida causam sobre o próprio lucro.

Portanto, o modelo de desconto de dividendos é um método de *valuation* especialmente útil para empresas cujo volume de proventos é equivalente (ou muito próximo) ao FCLA. Isso posto, não esqueçamos que o valor de uma empresa é função de sua capacidade de gerar fluxos de caixa. Ou, em outras palavras, que **o valor de uma ação é função de seus dividendos futuros, que dependem de uma taxa de crescimento esperado**.

Lembre-se de que no Capítulo 8, quando tratamos dos métodos e filtros comumente utilizados para escolher uma empresa para dividendos, vimos que as frequências e as taxas de crescimento dos lucros, dos fluxos de caixa e dos dividendos importavam. Observe, por exemplo, que no *Big, Safe Dividend* (BSD), Carlson (2010) exige que as empresas tenham pelo menos três anos de crescimento em cada uma dessas variáveis. **Se lucros, fluxos de caixa e dividendos são crescentes, a probabilidade de um dividendo grande e seguro é maior.**

Em essência, quando uma empresa tem um volume de dividendos igual ao fluxo de caixa livre do acionista, tanto o modelo de desconto de dividendos (MDD) como o modelo de fluxo de caixa livre do acionista (FCLA) levarão o analista ao mesmo valor intrínseco da ação. Porém, se eles são diferentes, os modelos podem levar a valores intrínsecos diferentes. Por essa razão, é importante assegurar que o modelo de desconto de dividendos seja adequado ao caso em análise para que o investidor não corra o risco de encontrar um valor incorreto.

Em geral, a diferença entre o volume de dividendos distribuídos e o lucro reinvestido é refletida na taxa de crescimento da empresa. Isso é justificado porque a taxa de crescimento esperado (g) do lucro é determinada pelo retorno sobre o patrimônio líquido (ROE) e pelos lucros não distribuídos pela empresa (b), da seguinte forma (no Capítulo 14 isso será discutido com maior profundidade):

$$g(lucro)_{t1} = ROE_{t0} \times (1 - payout_{t0})$$

Sendo t_0 o período corrente e t_1 o período futuro. Portanto, quanto maior é o volume de lucro reinvestido hoje, maior é a taxa de crescimento esperado desse lucro no futuro. Contabilmente, isso é fácil de imaginar, uma vez que o lucro acumulado aumenta o patrimônio líquido da empresa. Logo, se a empresa tem um percentual de ROE que se repete ano a ano, a cada ano o lucro líquido tende a ser maior porque o PL também está aumentando.

Por essa razão, uma vez que dividendos menores hoje levam a maior reinvestimento dos lucros, por consequência, os dividendos esperados no futuro tendem a ser maiores. Dessa forma, mesmo que o dividendo corrente seja menor que o FCLA corrente, ao longo do tempo o dividendo esperado tende a crescer a uma taxa maior que o FCLA esperado, considerando que a empresa fará bons investimentos com o lucro reinvestido e não distribuído. Além disso, o valor residual no MDD tende a ser maior do que o valor residual no modelo por FCLA.

Na teoria, o ajuste dessas taxas de crescimento de acordo com a diferença entre o volume de dividendos distribuídos e o total de FCLA faz com que os valores presentes da ação sejam iguais, seja por MDD ou por FCLA. No modelo por FCLA, os fluxos de caixa livres são maiores nos primeiros anos, crescendo a uma velocidade menor, com um valor residual menor. No modelo por dividendos (MDD), os dividendos são menores nos primeiros anos, crescendo a uma velocidade maior, com um valor residual maior. Essa diferença se justifica especialmente devido ao poder do reinvestimento dos lucros na empresa.

Como já dissemos, se os dividendos forem exatamente iguais ao FCLA, não haverá diferença alguma entre os modelos por dividendos e por FCLA. Porém, se esses fluxos forem diferentes, a diferença da estimativa de valor por cada um dos modelos será expressa pela taxa de crescimento de cada um desses fluxos ao longo do tempo. Quanto maior é o período no qual o investidor mantém o investimento, maior é o efeito da taxa de crescimento. Na Tabela 33, apresentamos um exemplo que demonstra matematicamente esse pressuposto teórico.

No Plano A da Tabela 33 são apresentados os pressupostos que assumimos para esse exemplo. No modelo por FCLA, assumimos que a empresa reinveste 16,15% de seus lucros, restando 83,85% dos lucros como FCLA. Alternativamente, simulamos o caso de essa empresa distribuir apenas 50% de seus lucros como dividendos. Também assumimos que ela tem um ROE de 20%, um custo de capital (K_e) de 14% e uma taxa de crescimento na perpetuidade (g_n) de 3%. Já as taxas de crescimento do FCLA e do dividendo são diferentes, calculadas com base no volume de lucros reinvestidos em cada caso (FCLA tem ROE de 12,92% porque reinveste 35,4% do LPA).[25]

No Plano B da Tabela 33 são apresentados os fluxos (FCLA e dividendos) estimados para os próximos 10 anos (período de alto crescimento),

---

25 As taxas de crescimento do FCLA e dos dividendos foram calculadas com base na equação do crescimento por fundamentos, considerando o percentual de reinvestimento do lucro em cada caso, assim:
   a) $g(FCA) = ROE \times r(FCA) \rightarrow 12,92\% \times 50\% = 2,09\%$
   b) $g(DIV) = ROE \times r(DIV) \rightarrow 20\% \times 50\% = 10\%$

Tabela 33: Valor da ação estimado pelos modelos de FCLA e de Dividendos.

Plano A: Pressupostos dos modelos de valuation

Modelo por Fluxo de Caixa Livre do Acionista (FCLA)		Taxas de Retorno e Custo de Capital	
Reinvestimento de lucros	16,15%	Retorno do PL (ROE) FCLA	12,92%
Fluxo de Caixa Livre do Acionista	83,85%	Retorno do PL (ROE) MDD	20,00%
		Custo de Capital Próprio (K_e)	14,00%

Modelo por Dividendos (MDD)		Taxas de Crescimento	
Reinvestimento de lucros	50,00%	Do Fluxo de Caixa Livre: $g(FCLA)$	2,09%
Dividendos distribuídos	50,00%	Do Dividendo: $g(DIV)$	10,00%
		Na Perpetuidade: g_n	3,00%

Plano B: Valor da ação estimado pelos Modelos de FCLA e de Dividendos

Ano	0	1	2	3	4	5	6	7	8	9	10	Valor Residual
Lucro por ação	5,00	5,10	5,21	5,32	5,43	5,54	5,66	5,78	5,90	6,02	6,15	
FCLA por ação (83,85%)	4,19	4,28	4,37	4,46	4,55	4,65	4,75	4,84	4,95	5,05	5,15	48,26
Valor presente do FCLA		3,75	3,36	3,01	2,70	2,41	2,16	1,94	1,73	1,55	1,39	13,02
Valor da ação	37,03											
Dividendo por ação (50%)	2,50	2,75	3,03	3,33	3,66	4,03	4,43	4,87	5,36	5,89	6,48	60,72
Valor presente do DIV		2,41	2,33	2,25	2,17	2,09	2,02	1,95	1,88	1,81	1,75	16,38
Valor da ação	37,03											

além do valor residual, com base tanto no modelo por FCLA quanto no modelo por dividendos. A referência é o lucro por ação de R$ 5,00 que a empresa obteve no ano 0. O FCLA no ano zero é igual a 83,85% do LPA daquele ano (5,00 x 83,85% = 4,19). O dividendo no ano 0 é igual a 50% do LPA (5,00 x 50% = 2,50). Os valores de cada fluxo nos anos seguintes crescem a taxas específicas, conforme explicado.

Nesse exemplo, observe que, como falamos, no ano 1 o DIV é menor que o FCLA (2,75 a 4,28), porém no ano 10 isso se inverte, com DIV superior ao FCLA (6,48 a 5,15). Isso acontece porque a taxa de crescimento do dividendo é maior. E o valor residual no modelo por dividendos também é maior (60,72 a 48,26). Ao final, quando trazemos todos esses fluxos a valor presente, tanto no modelo por FCLA quanto no modelo por dividendos, o valor encontrado para a ação é de R$ 37,03 (igual!). Mágica? Não! Como explicamos, a diferença está na taxa de crescimento. Quando o dividendo é menor que o FCLA, o maior reinvestimento tonifica o crescimento.

Claro, teoricamente e com um caso hipotético, isso é fácil de ser provado, mesmo matematicamente. Na prática, o efeito líquido dessa diferença pode variar de caso para caso, a depender da qualidade dos *inputs* que você utiliza em sua estimação. Os lucros da empresa podem ser voláteis, assim como a taxa de reinvestimento pode variar bastante devido às mudanças no capital de giro da empresa ou mesmo às políticas de investimento. Mesmo assim, o pressuposto teórico não deixa de ser válido e a diferença entre os modelos tende a ser expressa na diferença da taxa de crescimento dos fluxos de caixa.

13.2. Modelo de desconto de dividendos

Como vimos, se o reinvestimento dos lucros é eficiente, em teoria, o valor intrínseco de uma ação deve ser o mesmo, seja calculado por um modelo de desconto de FCLA ou por um modelo de desconto de dividendos. Na prática, isso é difícil de ser observado. Isso converge com as visões de Jeremy J. Siegel[26]

---

26 Jeremy J. Siegel é professor de finanças da Universidade da Pensilvânia e autor do best-seller *Investindo em ações no longo prazo*.

e John B. Williams,[27] de que há uma chance razoável de os lucros não serem reinvestidos de forma eficiente, além de os lucros serem apenas um meio para se alcançar o fim, que é remunerar os acionistas com dividendos.

De forma semelhante, Damodaran (2025) afirma que, em sentido exato, o único fluxo de caixa que o investidor recebe quando compra uma ação negociada em Bolsa de Valores é o dividendo. Por isso o modelo básico para se avaliar o patrimônio líquido de um acionista é o modelo de desconto de dividendos, tendo em vista que o valor de uma ação é função do valor presente dos dividendos que se espera que essa ação ofereça ao acionista.

Como uma ação pode oferecer fluxos de caixa a um investidor? Basicamente há duas maneiras: (1) os dividendos pagos durante o período que o investidor possuir a ação; e (2) o valor residual esperado referente à venda dessa ação no futuro. E esse valor residual – assim chamado porque é o que resta após o pagamento dos dividendos pela empresa em um período determinado – também é função dos dividendos esperados que a empresa pode vir a pagar no futuro, considerando a continuidade da existência da empresa de forma perpétua.

Dessa forma, o valor intrínseco de uma ação é igual ao valor presente do somatório dos dividendos esperados ao longo de um período observável com o valor residual da ação após esse período. Essa é a essência do modelo de desconto de dividendos (MDD), conforme apresentamos a seguir:

$$Valor\ da\ ação = \sum_{t=1}^{t=n} \frac{E\ (Dividendos_t)}{(1 + K_e)^t} + \frac{Valor\ Residual}{(1 + K_e)^n}$$

O período explícito é aquele para o qual você consegue estimar os dividendos com razoável confiabilidade. É prática comum utilizar períodos que variam entre cinco e vinte anos. Logo, o "$E\ (Dividendos_t)$" é o valor esperado de cada um dos dividendos nos próximos períodos, dada uma taxa de crescimento desses dividendos. Também é lógico que uma empresa

---

27 John B. Williams é um analista de investimento americano que abordou em sua tese de doutorado em economia a Teoria do Valor do Investimento, na qual tratou da avaliação de empresas baseada em fluxos de caixa descontados e, em particular, da avaliação baseada em dividendos. Ele se tornou bastante conhecido na área da análise fundamentalista quando publicou o livro baseado na sua tese, chamado *The Theory of Investment Value*, no qual destaca a importância dos dividendos para a avaliação de uma empresa.

de capital aberto não exista por apenas cinco ou vinte anos. Em geral, espera-se que elas existam por um número indefinido de anos (que tende ao infinito, por isso, matematicamente supomos a perpetuidade ao avaliar empresas e, contabilmente, devido ao princípio da continuidade). A empresa continuará a existir após o período para o qual você estima os dividendos e, por isso, terá algum valor (residual).

Todos esses valores são valores futuros, pois são estimados para os períodos que ainda estão por vir. Qualquer valor futuro é afetado pela incerteza de sua realização. Além disso, vivemos em um ambiente inflacionário, assim R$ 1 no futuro tende a valer menos do que R$ 1 hoje, pois a inflação corrói o poder de compra da moeda. Usando essa lógica para o investimento em ações, **R$ 1 em dividendos hoje vale mais do que R$ 1 em dividendos no futuro**, especialmente porque o investidor poderia reinvestir os dividendos recebidos hoje e receber ainda mais dividendos no futuro (o que não é possível com um valor ainda não recebido).

Por essa razão, utilizamos no modelo de desconto de dividendos a lógica do valor presente líquido (VPL), descontando os valores futuros por um custo de oportunidade do dinheiro, o qual chamamos de custo de capital, para encontrar o valor presente da ação. Portanto, essa operação de trazer os valores futuros (estimados) para o presente é chamada de "desconto". Como você pode ver, a equação simples (que detalharemos nos próximos capítulos) deixa claro que o valor de uma ação é função direta dos dividendos esperados.

Imagine uma situação real de investimento em uma ação. Considere que você é um investidor por dividendos e que escolhe investir na ação do Banco do Brasil porque é um banco com longo histórico de pagamento de dividendos e que possui uma expectativa de que esses dividendos perdurem por um longo período. Quando escrevemos este livro, o BB tem mais de 200 anos de existência e é bastante provável que ele exista por vários outros anos. Então, **o que determina o valor dessa ação?**

Você, como investidor, pode comprar a ação hoje e decidir vendê-la daqui a 10 anos, por exemplo. Dessa forma, o valor intrínseco da ação do BB para você é determinado pelos dividendos que espera receber ao longo desses 10 anos, além do valor residual que espera receber com a venda da ação ao final desse período. Isto é, presume-se que, mesmo após você vender a ação, ela ainda possuirá algum potencial de pagamento de dividendos a outros investidores e, por isso, esses investidores estarão dispostos a lhe pagar algum valor por ela. Como vê, mesmo o valor residual é função dos dividendos esperados em um futuro ainda incerto.

Por ter uma explicação mais lógica, o modelo de desconto de dividendos é a base dos modelos de *valuation* baseados em renda, como os vários modelos de fluxos de caixa descontados e de lucros residuais. Há muita lógica em sua explicação, porém, assim como qualquer modelo econômico ou matemático, tem suas limitações. Como determinar, por exemplo, o valor da ação de uma empresa que não distribui dividendos há muito tempo? E o que acontece se a empresa distribuir poucos dividendos, especialmente devido ao fato de ser uma empresa jovem, que reinveste a maior parcela dos seus lucros?

Então **quando você pode utilizar um modelo de desconto de dividendos?** Além de a empresa pagar dividendos, é especialmente importante observar as seguintes condições que ela tem para que o modelo apresente resultados consistentes:

a) **Dificuldade em estimar o fluxo de caixa livre do acionista**, especialmente para empresas em que é difícil calcular a necessidade de capital de giro, como é o caso dos bancos e empresas de serviços financeiros;
b) **Alto volume de dividendos distribuídos**, aproximando-se do fluxo de caixa livre do acionista, por um período prolongado;
c) **Estar no estágio do ciclo de vida de crescimento maduro**, pois empresas mais próximas do estágio da maturidade têm menor necessidade de reinvestimento de lucros para fomentar crescimento, distribuindo maior volume de dividendos.

Usamos todo esse argumento para demonstrar que, apesar das críticas que recebe, o modelo de desconto de dividendos (MDD) é teoricamente válido e, na prática, largamente utilizado por profissionais do mercado. Por exemplo, nos principais mercados internacionais, instituições como Merrill Lynch, J. P. Morgan, Credit Suisse e UBS o utilizam. No Brasil, podemos citar Banco do Brasil, Banco Safra, BTG Pactual, Eleven Research, entre outros. E isso se deve não só à sua consistência, mas também à sua lógica e simplicidade.

Em pesquisa junto aos analistas que são membros do CFA, pôde-se verificar que a abordagem de *valuation* por meio do modelo de desconto de dividendos é a segunda mais comum, utilizada por 35,1% dos entrevistados, sendo aplicável a 51,7% dos casos nos quais esses analistas avaliavam uma empresa, conforme a Tabela 34. Isso demonstra que, apesar das limitações, esse é um modelo utilizado por mais de um terço dos membros de uma das organizações mais importantes no mercado financeiro internacional (Pinto, Robinson e Stowe, 2019).

Além disso, essa mesma pesquisa revelou que 55,2% dos analistas utilizavam um MDD com dois estágios de crescimento (período explícito e valor residual) para estimar o valor das ações, como o modelo que utilizamos no exemplo anterior (Tabela 33). Para 50,6% deles, também era comum utilizar modelos com mais de dois estágios. Para 40,6% dos analistas consultados, era comum utilizar o modelo de um estágio apenas (modelo de crescimento constante, como o de Gordon, citado no Capítulo 6). E para apenas 10,6% deles era comum utilizar um modelo H de crescimento decrescente (veremos esse modelo no Capítulo 14).

Tabela 34: Abordagens de valor presente mais usadas entre os analistas.

Questão: Quando você utiliza uma abordagem de valor presente descontado, quais dos seguintes modelos usa? N = 1.457	Percentual dos respondentes	Percentual de casos em que os respondentes usam cada uma das abordagens (média)
Abordagem do modelo de desconto de fluxos de caixa livre	86,8	80,1
Abordagem do modelo de desconto de dividendos	**35,1**	**51,7**
Abordagem do lucro residual (desconto de lucros anormais, lucro econômico, EVA ou conceitos similares)	20,5	46,1
Abordagem do modelo de retorno sobre o fluxo de caixa do investimento (*Cash Flow Return on Investment* ou CFROI)	19,7	58,5
Outra abordagem	3,6	71,3

Fonte: adaptado de Pinto, Robinson e Stowe (2019).

A pesquisa junto aos analistas do CFA revelou, ainda, que eles tendem a estimar os dividendos para um prazo médio de sete anos à frente (média de sete anos e mediana de cinco anos). Além disso, 74,4% daqueles que usavam um MDD afirmaram que os programas de recompra de ações importavam quando estimavam os dividendos esperados. Isso ocorre porque, quando a empresa recompra ações, os lucros que serão distribuídos no futuro o serão com base nas ações que estiverem em circulação, não contando as ações em tesouraria (recompradas). Ou seja, tudo o mais constante, o seu dividendo por ação será maior se a empresa recomprar suas ações.

Em suma, note que esse é um modelo largamente utilizado no mercado de ações, em suas mais diversas formas e variações. Dito isso, veremos nos próximos capítulos como calcular cada uma das entradas desse modelo (*inputs*), assim como os cuidados que devemos ter nesse processo.

13.3. Destaques

1. O fluxo de caixa livre do acionista (FCLA) representa o montante de lucro que sobra para os acionistas após serem deduzidas as necessidades de investimento que garantem a continuidade e o crescimento da empresa.
2. O valor de uma ação é função de seus dividendos futuros, que dependem da taxa de crescimento esperado.
3. Se lucros, fluxos de caixa e dividendos são crescentes, a probabilidade de um dividendo grande e seguro no futuro é maior.
4. Se os dividendos da empresa forem exatamente iguais ao FCLA, não haverá diferença alguma entre os modelos por dividendos e por FCLA.
5. O modelo de desconto de dividendos (MDD) segue pressupostos semelhantes aos dos demais modelos de desconto de fluxos de caixa.
6. O modelo básico para se avaliar o patrimônio líquido de um acionista é o MDD, pois os demais modelos de desconto de fluxos de caixa derivam dele.
7. É importante assegurar que o MDD seja adequado ao caso em análise para que o investidor não corra o risco de encontrar um valor incorreto para a ação.

8. Para utilizar o MDD, além de a empresa pagar dividendos, é especialmente importante observar se o *dividend payout* é alto, se a empresa está no estágio do ciclo de vida de crescimento maduro ou de maturidade e se não é possível utilizar um modelo por FCLA.
9. Uma ação pode oferecer fluxos de caixa a um investidor de duas formas: por meio de dividendos pagos e por meio do valor residual que reflete o valor esperado da ação no futuro.
10. O valor intrínseco de uma ação é igual ao valor presente do somatório dos dividendos esperados ao longo de um período observável com o valor residual da ação após esse período.

14.
TAXA DE CRESCIMENTO

"Qualquer pessoa que acredite que uma taxa de crescimento superior a 15% ao ano a longo prazo seja possível deve seguir uma carreira em vendas, mas evite uma em matemática."
WARREN BUFFETT

Para calcular os lucros ou os dividendos futuros, é necessário utilizar uma taxa de crescimento que expresse com a maior precisão possível o potencial de remuneração que a empresa pode vir a oferecer aos acionistas. Por essa razão, a taxa de crescimento é uma das variáveis mais importantes em um modelo de *valuation*, como você pôde observar no exemplo da Tabela 33 do Capítulo 13. Se erramos essa taxa em um modelo de *valuation*, o valor da ação encontrado nesse modelo pode não fazer sentido algum.

O valor de uma empresa é explicado pelos fluxos de caixa que seus ativos geram agora, mas também pela expectativa de fluxos de caixa de ativos que a empresa vai adquirir no futuro por meio de novos investimentos e reinvestimentos de lucros. Por essa razão, o valor tende a ser maior quando o crescimento esperado também é maior. Então, repetimos: **identificar uma taxa de crescimento esperado que seja factível é uma das tarefas mais difíceis e importantes em um processo de *valuation*.**

Uma empresa pode ter diferentes estágios de crescimento. Geralmente, em seus primeiros anos, quando a empresa é jovem e tem pequeno porte, ela experimenta um estágio de altíssimo crescimento, quando é possível duplicar seu lucro de um ano para outro com mais tranquilidade. Com o decorrer dos anos e o aumento do porte da empresa, as taxas de crescimento podem se manter altas, mas não mais no mesmo patamar de antes, pois a empresa já detém parcela significativa do mercado e não consegue crescer com a mesma intensidade. Finalmente, ela tende a crescer em uma velocidade parecida com a da economia do país, de maneira estável, conforme a Figura 40.

Figura 40: Estágios de crescimento.

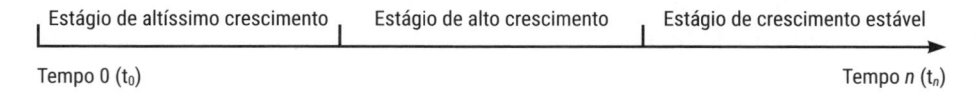

| Estágio de altíssimo crescimento | Estágio de alto crescimento | Estágio de crescimento estável |

Tempo 0 (t_0) — Tempo n (t_n)

Então que padrão de crescimento você deve usar? Um modelo de um único estágio de crescimento (como o modelo de Gordon), de dois estágios ou de vários estágios? As respostas dependem das características da empresa e do setor que você está analisando. Por exemplo, se for uma empresa de energia ou saneamento básico que tenha o reajuste de seus serviços e produtos regulados por uma agência, é pouco provável que consiga crescer muito mais do que a taxa de inflação esperada ou do que a média do seu setor.

A quantidade de estágios de crescimento pode ser até superior a dois, se na análise isso for necessário. Normalmente **o mais comum é que o MDD tenha dois estágios**,[28] sendo um de alto crescimento e outro de crescimento estável, como apresentamos a seguir:

$$\text{Valor da ação}_{t0} = \sum_{t=1}^{t=n} \frac{DPA_{t0} \times (1 + g_{ac})^t}{(1 + K_{ac})^t} + \frac{P_n}{(1 + K_{ac})^n},$$

dado que: $P_n = \dfrac{DPA_{n+1}}{(K_{ce} - g_{ce})}$

Em que DPA_{t0} é o dividendo por ação corrente (ou soma dos proventos correntes); DPA_{n+1} é o primeiro dividendo no período de crescimento estável; g_{ac} é a taxa de crescimento dos dividendos no período de alto crescimento; g_{ce} é a taxa de crescimento dos dividendos no período de crescimento estável; K_{ac} é a taxa de desconto a valor presente, ou o custo de

---

28 O modelo de dois estágios é o mais utilizado por mais da metade dos analistas certificados pelo CFA e entrevistados por Pinto, Robinson e Stowe (2019).

capital do acionista, no período de alto crescimento; K_{ce} é o custo de capital do acionista no período de crescimento estável (que pode ser igual a K_{ac}); e P_n é o valor residual (na perpetuidade) da ação.

Na equação anterior, note que o valor da ação é função dos dividendos no período de alto crescimento (primeiro estágio) e do valor residual no período de crescimento estável (segundo estágio). Você pode determinar quantos estágios julgar necessários em sua avaliação. Há ainda o chamado modelo H, no qual, diferentemente do modelo clássico, não é considerada uma taxa de crescimento constante, mas sim uma taxa inicial (em t_0) que diminui linearmente ao longo do tempo até se igualar com o crescimento estável (em t_n), conforme a Figura 41.

Figura 41: Estágios de crescimento do modelo H.

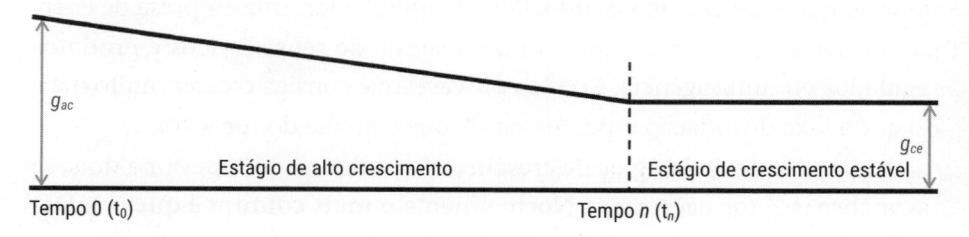

g_{ac} Estágio de alto crescimento   Estágio de crescimento estável g_{ce}

Tempo 0 (t_0)   Tempo n (t_n)

O modelo H pressupõe que a empresa tende a ter a sua taxa de alto crescimento reduzida ao longo do tempo, especialmente por fatores como aumento da competitividade no setor, menor espaço para crescimento devido ao próprio aumento do *market share*, mudanças tecnológicas, entre outros. Nesse modelo, a taxa de redução do alto crescimento é dada por H, conforme apresentamos a seguir:

$$\text{Valor da ação}_{t0} = \sum_{t=1}^{t=n} \frac{DPA_{t0} \times \{1 + (g_{ac} - [H \times (t-1)])\}^t}{(1 + K_{ac})^t} + \frac{P_n}{(1 + K_{ac})^n}$$

Sendo

$$H = \frac{(g_{ac} - g_n)}{n}$$

Em que H é a diferença das taxas de crescimento dividida pela quantidade de períodos. As demais variáveis são as mesmas explicadas na equação anterior. Note que a única diferença do modelo tradicional de crescimento (constante) para o modelo H é a subtração do fator $[H \times (t - 1)]$ no denominador do primeiro estágio, que representa a redução linear da taxa de alto crescimento (g_{ac}).

Suponha que você acredita que uma empresa possa ter uma taxa de alto crescimento (g_{ac}) de 7,5% no próximo período, que essa taxa seja decrescente ao longo de 10 anos (n) e que após esse período a empresa tenha uma taxa de crescimento estável (g_{ce}) de 2,5% na perpetuidade. Nesse caso, o índice H da empresa é 0,5%. Isso significa que no decorrer de cada ano a taxa de alto crescimento da empresa é reduzida em 0,5%, como demonstramos na equação a seguir, com efeito apresentado na Figura 42:

$$H = \frac{(g_{ac} - g_n)}{n} = \frac{(7,5\% - 2,5\%)}{10} = 0,5\%$$

Figura 42: Exemplo de taxa de crescimento decrescente, conforme modelo H.

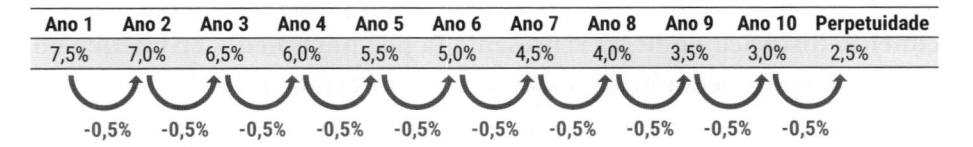

Ano 1	Ano 2	Ano 3	Ano 4	Ano 5	Ano 6	Ano 7	Ano 8	Ano 9	Ano 10	Perpetuidade
7,5%	7,0%	6,5%	6,0%	5,5%	5,0%	4,5%	4,0%	3,5%	3,0%	2,5%
-0,5%	-0,5%	-0,5%	-0,5%	-0,5%	-0,5%	-0,5%	-0,5%	-0,5%	-0,5%	

Sendo assim, **qual modelo usar: modelo tradicional ou modelo H?** Mais uma vez, isso depende das características de sua empresa e do setor no qual ela atua. Na prática, o modelo H não é muito usual. Os analistas preferem o modelo tradicional (crescimento constante), apesar de o modelo H ser muito mais flexível e adaptável às premissas da análise realizada.

Outro fator que precisa ser considerado é que qualquer taxa de crescimento é formada por dois componentes: um quantitativo e outro qualitativo. O componente quantitativo pode ser capturado por meio da análise de elementos históricos, como a média da variação dos lucros ou dos dividendos passados. Já o componente qualitativo é mais difícil de ser mensurado, pois muitas vezes é intangível. Por exemplo: uma melhora no ambiente econômico nacional, a qualidade da gestão da empresa, uma vantagem competitiva que a empresa possui, etc. Em linhas gerais, esse elemento qualitativo é capturado pela expertise e experiência do analista.

Mas como encontrar a taxa de crescimento esperado? Em suma, o crescimento dos lucros, fluxos de caixa ou dividendos pode ser calculado das três seguintes formas:[29]

a) **Crescimento histórico**: por meio de uma média aritmética ou geométrica;
b) **Crescimento por analistas**: por meio das previsões dos analistas de mercado;
c) **Crescimento por fundamentos**: por meio dos fundamentos financeiros da empresa.

14.1. Crescimento histórico

O crescimento histórico é calculado com base na variação dos lucros ou dividendos passados da empresa. Essa é a forma mais tradicional, especialmente devido à facilidade de acesso aos dados passados. **A taxa de crescimento histórico pode ser representada por uma média aritmética ou por uma média geométrica.** Essa forma é especialmente útil para empresas maduras, com resultados positivos e estáveis ao longo do tempo.

Por outro lado, para empresas com resultados voláteis (com negócios cíclicos), que passaram por reorganização operacional ou estão em período de alto crescimento (até mesmo com resultados negativos), essa forma de cálculo da taxa de crescimento é menos eficiente, pois o resultado passado da empresa pode não representar a expectativa de resultado futuro. Em alguns casos, há a possibilidade de normalização dos resultados para a projeção da taxa de crescimento, porém, se esse ajuste for frequente ou em alto volume, perde-se assertividade.

A taxa de crescimento histórico pode ser calculada por meio tanto de uma média aritmética quanto de uma média geométrica. Você pode escolher a mais adequada. Quando a empresa tem lucros estáveis e previsíveis,

---

[29] Ainda há uma quarta forma, não explorada neste livro, que utiliza modelos estatísticos, econométricos ou com *machine learing*, que pode ser um mix das três formas citadas.

essas duas médias tendem a ser aproximadas. A diferença surge quando a empresa possui alta volatilidade nos resultados ou quando há resultados negativos no período de análise.

Na equação da média aritmética, a taxa de crescimento é encontrada por meio do somatório das variações do lucro entre cada ano (g), que em seguida é dividido pela quantidade de períodos (n). Esse método aceita a existência de lucros negativos ao longo do período, embora isso possa tornar o cálculo da média mais desafiador se os valores forem muito diferentes entre os anos. Caso isso ocorra, o investidor pode normalizar esses resultados.

$$\text{Média aritmética} = \frac{\sum_{t=1}^{t=n} g_t}{n}$$

Na equação da média geométrica, a taxa de crescimento é encontrada pela divisão do lucro mais recente pelo lucro mais antigo disponível (início do período de análise), resultado que é elevado ao produto da divisão de 1 pelo número de períodos. Finalmente, subtrai-se o valor 1 do produto encontrado.

$$\text{Média geométrica} = \left(\frac{lucro_0}{lucro_{-n}}\right)^{\frac{1}{n}} - 1$$

Essa forma de cálculo é também conhecida como **Compound Annual Growth Rate (CAGR)** ou taxa composta de crescimento anual (leia como C-A-G-R, em português, ou "*keigar*", em inglês). Ela é mais comum nos mercados financeiros, pois é considerada mais acurada por se tratar de uma taxa composta e por refletir de forma mais acentuada o desempenho recente da empresa. Ela é menos afetada quando os lucros no meio do período são mais voláteis, porém é ineficiente se o primeiro ou o último lucro for negativo, o que inviabiliza o seu uso.

Vejamos o caso do Itaú Unibanco entre os anos de 2009 e 2023, conforme dados disponibilizados pela empresa em seu site de relações com investidores. Nesse período, o lucro do banco saiu de R$ 10,491 bilhões para R$ 35,618 bilhões. Isso representa um crescimento total de 216,3%. Ao mesmo tempo, veja na Tabela 35 que os proventos pagos saíram de R$ 3,472 bilhões para R$ 21,468 bilhões, com máximo em 2018, quando a empresa distribuiu 87,2% do seu lucro.

Tabela 35: Crescimento histórico dos lucros e dos proventos do Itaú Unibanco.

Ano	Lucro Recorrente (R$ bi)	Variação (t / t-1)	Proventos (R$ bi)	Variação (t / t-1)	Política de Remuneração ao Acionista	Payout
2009	10,491		3,472		Mínimo de 35% do LL Ajustado	33,1%
2010	13,023	24,1%	3,908	12,5%		30,0%
2011	14,641	12,4%	4,394	12,4%		30,0%
2012	14,043	-4,1%	4,518	2,8%		32,2%
2013	15,836	12,8%	5,095	12,8%		32,2%
2014	20,619	30,2%	6,635	30,2%		32,2%
2015	23,832	15,6%	7,305	10,1%		30,6%
2016	22,222	-6,8%	10,000	36,9%	Impôs limite de 45%	45,0%
2017	24,879	12,0%	17,557	75,6%		70,6%
2018	25,733	3,4%	22,437	27,8%		87,2%
2019	28,363	10,2%	18,777	-16,3%		66,2%
2020*	18,536	-34,6%	4,503	-76,0%	Retirou limite de 45%	24,3%
2021*	26,879	45,0%	6,231	38,4%		23,2%
2022	30,786	14,5%	8,367	34,3%		27,2%
2023	35,618	15,7%	21,468	156,6%		60,3%
Médias	g aritmético	10,8%	g aritmético	25,6%	Payout médio entre 2009 e 2015	31,5%
	g geométrico	9,1%	g geométrico	13,9%	Payout médio entre 2017 e 2023	51,3%

Fonte: itau.com.br/relacoes-com-investidores. Nota: * anos afetados pela pandemia.

Um ponto importante que precisamos destacar diz respeito aos lucros e proventos dos anos 2020 e 2021, que foram diretamente afetados pela pandemia de covid-19. Nesses anos, os bancos precisaram reconhecer maiores despesas com créditos de liquidação duvidosa, devido ao aumento da inadimplência em meio à pandemia. Em paralelo, o Conselho Monetário Nacional (CMN) limitou a distribuição de lucros dos bancos para garantir liquidez ao Sistema Financeiro Nacional. Porém, com o fim da pandemia, lucros e proventos retornaram aos níveis anteriores. Por isso, em nossa análise, consideramos a média dos indicadores desde a mudança da política de remuneração dos acionistas, em 2017, conforme apresentado na Tabela 35.

Mas quais foram as taxas de crescimento histórico dos lucros e dos

proventos? Primeiro vamos calcular a média aritmética dos lucros. Observe que é indispensável que você considere os lucros recorrentes, aqueles que efetivamente vão se repetir ao longo dos períodos. Isso evita que sua taxa de crescimento seja distorcida por eventos incomuns ou por valores extremos ocasionados por eventos pontuais. Entre 2009 e 2010, o lucro do Itaú cresceu 24,1%. Em 2011, cresceu 12,4%, e assim por diante. Portanto, para encontrar a média aritmética dos crescimentos anuais dos lucros do Itaú, você precisa somar todas as variações anuais e dividir pela quantidade de variações, como apresentamos.

$$g\ arit. = \frac{\begin{pmatrix} 24{,}1\% + 12{,}4\% - 4{,}1\% + 12{,}8\% + 30{,}2\% + 15{,}6\% - 6{,}8\% + \\ 12{,}0\% + 3{,}4\% + 10{,}2\% - 34{,}6\% + 45{,}0\% + 14{,}5\% + 15{,}7\% \end{pmatrix}}{14}$$

$$g\ aritmético = \frac{(150{,}5\%)}{14} = 10{,}75\%\ a.a.$$

O somatório das variações anuais é igual a 150,5%, representando um crescimento aritmético de **10,75% ao ano**. Essa mesma análise pode ser feita para os proventos, cujo crescimento aritmético foi de **25,58% ao ano**. Nesse caso, a taxa dos dividendos é mais que o dobro da taxa de crescimento dos lucros, especialmente porque há uma significativa mudança na política de dividendos do Itaú.

Calculando agora pela média geométrica (CAGR), para o caso do Itaú encontramos um crescimento dos lucros de **9,12% ao ano**, considerando os 14 períodos de variação dos lucros, como apresentamos a seguir. Já o crescimento geométrico dos proventos é de **13,9% ao ano**, novamente com essa taxa sendo fortemente afetada pela mudança recente na política de dividendos do Itaú.

$$g\ geométrico = \left(\frac{35{,}618}{10{,}491}\right)^{\frac{1}{14}} - 1 = 9{,}12\%\ a.a.$$

A título de comparação, o crescimento geométrico (g) dos lucros do setor bancário no mesmo período foi de 9,16% ao ano, considerando os 21 bancos listados na B3 no final de 2023 e que publicaram seus resultados em todos os anos do período analisado (2009 a 2023). Em 2009, os lucros desses 21 bancos somaram R$ 35,889 bilhões, chegando a R$ 122,423 bilhões no ano de 2023 (o Itaú sozinho obteve cerca de 27% desse total).[30]

Mas por que estamos dando foco aos lucros do Itaú se já dispomos das informações sobre os proventos? Note na Figura 43 que a variação dos lucros realizados é menor do que a variação dos proventos realizados, o que permite aos lucros maior previsibilidade, conforme projeções usando a taxa de crescimento geométrica dos lucros e suas respectivas linhas de projeção (pontuadas na figura). A principal razão, como vimos na Tabela 35, é que o Itaú mudou sua política de dividendos em dois momentos nos últimos anos, saindo de um *payout* médio de 31,5% (entre 2009 e 2015) para 51,3% (entre 2017 e 2023).

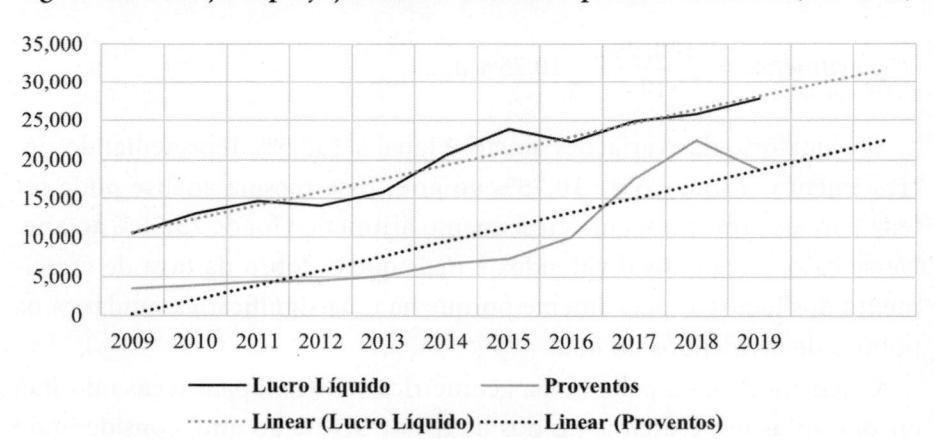

Figura 43: Variação e projeção linear de lucros e proventos do Itaú (em R$ bi).

Observe no gráfico como a linha dos proventos se distancia com mais frequência da tendência linear de crescimento. Diante disso, e tendo maiores informações sobre o setor bancário e o modelo de negócio do Itaú, podemos chegar à conclusão de que é pouco provável que os dividendos do Itaú continuem crescendo a uma taxa próxima de 25% ao ano. Nesse contexto, podemos assumir que é mais provável que os lucros con-

---

30 Bancos: Abc Brasil, Alfa Holding, Amazônia, Pan, Banese, Banestes, Banpará, Banrisul, Bradesco, Brasil, BRB, BTG, Finansinos, Indusval, Itaú Unibanco, Mercantil do Brasil, Mercantil Financiamentos, Mercantil Investimentos, Nordeste, Pine e Santander BR.

tinuem crescendo perto de 9,12% ao ano, taxa próxima ao crescimento do setor (9,16% a.a.), e que a empresa continue distribuindo cerca de metade de seus lucros.

Voltando à discussão das taxas de crescimento, observe que há diferenças entre as médias aritméticas e as médias geométricas dos lucros e dos proventos do Itaú Unibanco. Essas diferenças podem ser maiores ou menores em cada empresa (isso depende da variação dos lucros ou dividendos ao longo dos anos). No caso do Itaú Unibanco, note que os lucros são menos voláteis e que há uma clara tendência de crescimento ao longo dos anos (apesar do efeito da pandemia em 2020 e 2021). Mas veja também que esse crescimento não é linear, na mesma velocidade. As variações mudam entre os anos. E isso é normal.

Na escolha da taxa que você vai utilizar, leve em consideração a volatilidade dos resultados da empresa. **Na maioria dos casos, prefira a taxa geométrica, pois ela reflete com maior eficiência o contexto operacional mais recente**. Por exemplo, no caso do próprio setor bancário, atualmente se fala na redução de rentabilidade que os bancos tendem a enfrentar nos próximos anos, devido à maior competitividade, especialmente das *fintechs*. Se isso se concretizar, nos próximos anos os lucros podem apresentar uma tendência de queda. Como a taxa geométrica é determinada pela raiz de índice n da razão entre o lucro mais recente e o primeiro lucro da série temporal que estamos analisando, se o lucro mais recente é decrescente, a taxa geométrica também será.

Ao usar esse tipo de taxa de crescimento, você também precisa estar atento à ocorrência de resultados negativos e às mudanças pelas quais a empresa pode passar. Por exemplo, em casos de fusões e aquisições (M&A), o padrão de lucros da empresa pode mudar ao se considerar a nova empresa, que é maior. Também pode acontecer de a empresa vender parte de suas operações ou realizar uma cisão (*spin-off*), o que pode fazer o volume de lucros ser menor. Nesses casos, você pode considerar o lucro estimado por analistas para identificar a taxa de crescimento esperado ou pode calculá-la utilizando os fundamentos da empresa, como veremos nas próximas seções.

14.2. Crescimento por analistas

O crescimento com base na opinião dos analistas leva em conta as projeções que esses profissionais fazem para o lucro da empresa. Embora seja mais comum identificar relatórios de analistas que focam no preço-alvo da ação, boa parte deles gasta um tempo considerável na projeção do lucro da empresa para os próximos períodos. Algumas empresas disponibilizam em seus sites as previsões de lucros ou dividendos que os analistas fazem.

Veja o caso da MRV Engenharia, que divulga em sua página de relações com investidores o consenso dos analistas. No ano de 2023, a MRV teve uma Receita Líquida de R$ 7.430 milhões. Para o ano de 2024, o consenso (média) das previsões de 13 analistas que cobriam a empresa era de que a Receita Líquida seria de R$ 8.662 milhões e, para 2025, era de R$ 9.490 milhões, conforme a Tabela 36.

Tabela 36: Consenso dos analistas para a MRV (2024-2025).

Consenso dos Analistas (em R$ milhões)	2024	2025
Receita Líquida	8.662	9.490
Lucro Bruto	2.333	2.833
Margem Bruta (%)	27%	30%
EBITDA	1.041	1.699
Margem EBITDA (%)	12%	18%
Lucro Líquido (LL)	251	918
Margem Líquida (%)	3%	10%
ROE (%)	4%	10%

Fonte: ri.mrv.com.br.

Utilizando a projeção mais distante (2025) e calculando a taxa de crescimento com base em uma média geométrica, encontramos um crescimento esperado de 13,02% ao ano.[31] Podemos fazer essa mesma conta com o lucro líquido da MRV. Ou, com essas projeções para a receita líquida, seria possível utilizar essa taxa de crescimento esperado para projetar os lucros

---

31 Considerando a projeção de receita líquida para 2025: $\left(\frac{9.490}{7.430}\right)^{\frac{1}{2}} - 1 = 13{,}02\%$ a.a.

ou dividendos, desde que assumindo que a empresa manterá suas atuais margens de lucro.

Porém, note que o período de projeção tem apenas dois anos, um intervalo temporal extremamente curto. Para esse tipo de cálculo da taxa de crescimento, o mais adequado é utilizar a projeção de lucro mais distante possível. Em mercados como o americano, que tem vários analistas seguindo as empresas, é mais fácil encontrar projeções para períodos maiores que cinco anos. Mas isso é bastante difícil de ser encontrado no Brasil.

Adicionalmente, não são todas as empresas que disponibilizam essas informações. Resta ao investidor a alternativa de buscar essa informação (o consenso dos analistas) em plataformas como a Refinitiv Eikon, I/B/E/S ou a Bloomberg, que disponibilizam as previsões de diferentes analistas, assim como as médias e as medianas dessas previsões. Ou, ainda, o investidor pode ter acesso a relatórios específicos de bancos e casas de análise e calcular uma média dessas previsões para assumi-la como o consenso daquela amostra de analistas.

Você deve estar se perguntando se pode utilizar a previsão de um único analista ou o relatório de um único banco. Recomendamos que não, pois é bastante comum encontrar previsões bastante diferentes para a mesma ação. Se o analista estiver pessimista ou mesmo otimista com a ação, isso pode distorcer a sua análise. Por exemplo, Martinez (2007) analisou o otimismo e o viés de seleção dos analistas no Brasil, mostrando-nos que devemos ter cuidado com o otimismo dos analistas, e ainda nos deu uma ideia sobre como ajustar o consenso.

Por isso, é preferível a média ou a mediana. Você pode estar se perguntando qual delas utilizar quando tiver as duas nas mãos. Se as previsões não forem muito dispersas, a média é uma boa medida central. Mas se a empresa tiver previsões muito diferentes, dispersas, ou mesmo de diferentes períodos, é melhor utilizar a mediana. Ela é mais robusta em relação aos valores extremos que podem existir.

Com a média dos lucros estimados para os próximos períodos nas mãos, o investidor pode encontrar a taxa de crescimento que os analistas esperam. Vejamos o caso da Petrobras, que na Refinitiv Eikon era coberta por 12 analistas no final de 2024. Observe na Tabela 37 os dados históricos e projeções para os próximos 3 anos. A previsão mais distante do lucro líquido é para o ano 2026 (R$ 112,824 bilhões). Isso representa uma taxa de crescimento (geométrico) negativa de -5,67% em relação ao lucro líquido de 2023 (R$ 134,424 bilhões).[32]

Tabela 37: Consenso dos analistas para a Petrobras (2021-2026).

Demonstração de Resultados Em R$ milhões	Histórico (realizado)			Previsão (média)		
	dez/21	dez/22	dez/23	dez/24	dez/25	dez/26
Receita Líquida	420.644	643.374	505.936	455.985	525.037	547.991
EBITDA	217.832	346.464	259.124	240.414	245.647	252.870
Margem EBITDA (%)	51,8%	53,9%	51,2%	52,7%	46,8%	46,1%
EBIT	159.283	279.346	188.564	186.210	190.105	192.906
Margem EBIT (%)	37,9%	43,4%	37,3%	40,8%	36,2%	35,2%
Lucro antes dos Impostos (LAIR)	151.575	265.916	189.835	133.573	165.108	169.553
Margem LAIR (%)	36,0%	41,3%	37,5%	29,3%	31,4%	30,9%
Lucro Líquido (LL)	**77.846**	**178.696**	**134.424**	**90.622**	**113.485**	**112.824**
Margem Líquida (%)	18,5%	27,8%	26,6%	19,9%	21,6%	20,6%
Lucro por Ação (LPA)	11,923	27,389	20,613	13,531	17,818	18,281
Dividendo por Ação (DPA)	12,22	34,29	26,70	13,43	9,35	9,37

Fonte: dados da Refinitiv Eikon.

É importante alertar que, seja com informações divulgadas pela própria empresa ou a partir de um banco de dados, essa forma de cálculo do crescimento não é muito usual devido à dificuldade de acesso a esse tipo de previsão e, em especial, porque ela é extremamente sensível ao humor dos analistas. Assim, destacamos como principais problemas:

a) Nem todas as empresas são cobertas por analistas;
b) Quando há um ou poucos analistas acompanhando a empresa e a estimativa do analista estiver errada, você vai, consequentemente, chegar a uma estimativa errada de valor;
c) Pode haver dificuldade de acesso às previsões mais recentes dos analistas;

---

32 Considerando a projeção de lucro líquido para 2026: $\left(\frac{112.824}{134.424}\right)^{\frac{1}{3}} - 1 = -5{,}67\%$ a.a.

d) A extensão da maioria das previsões pode ser curta (geralmente inferior a cinco anos, principalmente no Brasil);
e) Há necessidade de assumir que a previsão do analista é assertiva – esse problema é reduzido com o uso do consenso, com a ideia de "sabedoria das multidões", à medida que se tem mais analistas cobrindo a empresa.

Existe, inclusive, uma vasta literatura no Brasil que pesquisa as previsões feitas pelos analistas. Martinez (2004) é um dos trabalhos que inauguraram essa linha de pesquisa que perdura até hoje, avaliando como os analistas do Brasil operam, além de observar como se dão os erros dos analistas. Ele também evidencia a natureza dos erros dos analistas brasileiros em outro estudo (Martinez, 2011), mostrando que os analistas nos ajudam a reduzir o gerenciamento de resultados das empresas.

Outras pesquisas também mostraram que empresas com melhor governança ajudam os analistas a ter melhor acurácia em suas previsões (Dalmácio, 2013); que empresas mais próximas de "bater" o consenso de lucros dos analistas são mais propensas a gerenciar os seus lucros (Martins; Paulo; Monte, 2016); que os estágios do ciclo de vida afetam as previsões dos analistas, no geral e também em relação a uma previsão mais pessimista ou otimista (Oliveira; Girão, 2016); e que, dependendo do caso, um modelo de *random walk* (passeio aleatório) às vezes consegue fazer previsões melhores do que os analistas de ações (Gatsios et al., 2020).

Também não podemos descartar que, apesar da expertise dos analistas, em suas previsões há mais informações públicas do que informações privadas, específicas sobre a empresa. Logo, o potencial de diferenciação dessa informação é limitado. A maior fonte de informação privada dos analistas é a própria empresa, por meio de consulta ao seu departamento de relações com investidores (RI), o que qualquer investidor pode fazer.

Além disso, é importante que você seja crítico. Quando há muito consenso sobre uma empresa, os analistas tendem a "relaxar" seus critérios e seguir os demais. Por todas essas razões, julgamos mais prudente calcular nossa própria taxa de crescimento, seja com dados históricos ou com fundamentos da empresa, mas nunca deixando de olhar o que a "sabedoria das multidões" está nos informando.

14.3. Crescimento por fundamentos

O crescimento por fundamentos também é conhecido como crescimento sustentável. Essa taxa de crescimento é calculada com base nos fundamentos financeiros da empresa, especialmente a partir da taxa de Retorno sobre o Patrimônio Líquido (ROE) e da taxa de reinvestimento dos lucros (*Reinv*). A lógica aqui é: se a empresa investe eficientemente o capital dos acionistas, terá maior retorno sobre o capital e, assim, quanto mais reinveste os lucros, mais tende a crescer.

Logo, quanto maior for cada um desses elementos, mais a empresa crescerá no futuro. Ora, se a empresa tem alto retorno sobre o capital investido é porque investe bem esse capital. Consequentemente, o reinvestimento dos lucros atuais representa aumento do capital investido, que, se continuar bem investido, gerará lucros futuros maiores. Assim, o crescimento esperado é determinado pela qualidade desses fundamentos e pode ser calculado da seguinte maneira:

$$g_{t1} = ROE_{t0} \times Reinv_{t0}$$

Sendo t_0 o período corrente e t_1 o período futuro. Quando analisamos uma empresa da perspectiva do acionista, estamos interessados no volume de lucro que a empresa consegue oferecer como retorno ao capital que esse acionista investiu na empresa. Esse é o chamado **Retorno sobre o Patrimônio Líquido (ROE)**. Se uma empresa tem um retorno estável ao longo do tempo, o crescimento esperado de seus lucros será função da **taxa de reinvestimento dos lucros (*Reinv*)**, pois o capital investido tende a ser cada vez maior e, mantido estável o ROE, o lucro no período seguinte tende a ser maior (crescer).

É importante que você saiba como o ROE é calculado. Muitas vezes é fácil encontrar esse valor disponível em diferentes lugares e, ainda, é comum que eles sejam diferentes. Isso acontece porque o ROE pode ser calculado de formas diferentes, como vimos no Capítulo 10. Portanto, antes de calcular o crescimento por fundamentos, certifique-se de que o ROE está corretamente calculado. Caso contrário, sua taxa de crescimento poderá perder o sentido e, por consequência, o valor da empresa também não terá sentido.

Para verificar qual é a proporção de lucro que o patrimônio líquido consegue gerar, você deve considerar o patrimônio líquido que a empresa tinha à sua disposição no início do período, se esse valor não mudar ao longo do tempo. No caso de empresas que divulgam seus resultados a cada trimestre, note que o PL é diferente a cada trimestre, mesmo que não haja aumento de capital, e isso ocorre porque a empresa vai acumulando lucro ou prejuízo a cada nova divulgação de resultados. Como não é comum a empresa divulgar seu PL no início de cada trimestre ou ano, considere o valor divulgado no final do período imediatamente anterior.

$$ROE_{t0} = \frac{Lucro\ Líquido_{t0}}{Patrimônio\ Líquido_{t-1}}$$

A taxa de reinvestimento (*Reinv*) mede a proporção de lucros que a empresa retém para reinvestimento em suas operações. Ela é o inverso da taxa de *payout*, que é a proporção de lucros que a empresa distribui aos seus acionistas como proventos (dividendos, juros sobre capital próprio, recompra de ações, etc.). Essa taxa representa quanto a empresa está "plantando" para colher no futuro (crescimento futuro).

Reinv = 1 − *payout*

A taxa de reinvestimento pode ser medida com base no lucro atual da empresa, o mais recente em suas demonstrações contábeis, considerando a proporção média de lucros retidos pela empresa nos últimos anos (três, cinco ou dez anos, por exemplo) ou por meio de projeção. Considerar uma média dos últimos anos é mais prudente porque reflete o comportamento médio da empresa, minimizando os possíveis efeitos de uma mudança na política de dividendos em um único período, o que pode levar a uma taxa distorcida. Assim, a *Reinv* também pode ser calculada da seguinte forma:

$$Reinv = \frac{(Lucro\ recorrente - Proventos)}{Lucro\ recorrente}$$

Veja o caso do Itaú Unibanco.[33] Entre os anos de 2009 e 2015, o banco teve um *payout* médio de 31,5%. Cerca de 68,5% dos lucros eram reinvesti-

---

33 Conforme Tabela 35, na subseção 14.1.

dos em suas operações. Em 2016, o Conselho de Administração modificou sua política de dividendos e o banco passou a distribuir 45% dos lucros e reinvestir os outros 55%.

Em 2017, novamente, o conselho do Itaú Unibanco mudou a política de dividendos, retirando o limite de *payout* de 45%, levando o banco a distribuir todo o lucro que excedesse a constituição da reserva legal de lucro, as necessidades de capitalização (conforme regras do Banco Central) e as perspectivas de utilização de capital para crescimento. Com isso, o *payout* médio chegou a 75,1% entre 2017 e 2019.[34] Desde 2017 até 2023, o *payout* médio foi de 51,3%.

Dito de outra forma, o Itaú Unibanco reduziu significativamente a retenção de lucros para reinvestimento por causa das barreiras que o banco passou a enfrentar para a aquisição de concorrentes ou mesmo para o crescimento orgânico de suas operações, devido às mudanças no setor. Com isso, o Conselho de Administração decidiu devolver aos acionistas um volume maior de lucros. Consequentemente, isso afeta a expectativa de crescimento futuro do banco.

Entre os anos de 2009 e 2015, período no qual o Itaú Unibanco teve um *payout* médio de 31,5%, o seu ROE médio foi de 20,4%. Já entre 2017 e 2023, quando o banco aumentou seu *payout* médio para 51,3%, o ROE médio do banco foi de 17,3%. Note como a taxa de crescimento esperado do banco muda significativamente com a mudança do volume de lucros reinvestidos.

$Reinv_{2009\,a\,2015} = 1 - 0,315 = 0,685$ *ou* $68,5\%$
$g_{2009\,a\,2015} = ROE \times Reinv = 20,4\% \times 68,5\% = 13,974\%$

$Reinv_{2017\,a\,2023} = 1 - 0,513 = 0,487$ *ou* $48,7\%$
$g_{2017\,a\,2023} = ROE \times Reinv = 17,3\% \times 48,7\% = 8,425\%$

Observe que a redução do ROE (de 20,4% para 17,3%) e do volume de lucros reinvestidos (de 68,5% para 48,7%) leva a uma redução do crescimento esperado dos lucros do Itaú, que era de 13,974% com base nos dados de 2009 a 2015, passando para 8,425% com base nos dados do período de

---

34 O *payout* foi de 70,6% em 2017, 87,2% em 2018 e 66,2% em 2019.

2017 a 2023. O Itaú Unibanco é uma empresa classificada no estágio do ciclo de vida da maturidade, no qual a necessidade de reinvestimento é menor, especialmente porque as oportunidades de crescimento também são menores. Isso confirma a tendência apresentada pela empresa ao modificar a sua política de remuneração aos acionistas no ano de 2017, passando a reter menos lucros para fomentar novos investimentos.

Note que, mesmo tendo ocorrido essa mudança na política de dividendos, nós utilizamos taxas médias de ROE e *payout*. Isso é importante para empresas maduras, como o Itaú. No caso de empresas jovens, que têm maiores oportunidades de crescimento, o uso da média pode puxar sua estimação para baixo. Por isso é adequado utilizar as informações do período mais recente, ou informações projetadas, especialmente porque no início dos seus ciclos de vida essas empresas tendem a precisar de maior volume de recursos e, consequentemente, maior retenção de lucros. Com o passar do tempo, a empresa tende a reduzir o nível de reinvestimento de lucros e de crescimento.

Por exemplo, no setor financeiro brasileiro, uma empresa como o Nubank (Nu Holdings), que no final de 2023 possuía um ativo total de US$ 48,6 bilhões e um valor de mercado de US$ 39,7 bilhões, tem maior chance de crescimento do que o Itaú Unibanco, que tinha um ativo total de US$ 522,2 bilhões e um valor de mercado de R$ 63,5 bilhões. Usamos valores em dólares para essa comparação porque o Nubank, apesar de ser brasileiro, é listado na Bolsa de Nova York (NYSE). Note que, apesar de o ativo total do Nubank representar apenas 9,3% do ativo total do Itaú, seu valor de mercado representa cerca de 62,5% do valor de mercado do Itaú. E em 28/05/2024 o Nubank ultrapassou o Itaú em valor de mercado pela primeira vez, chegando a US$ 58,1 bilhões, contra US$ 56,0 bilhões do Itaú. Parte da alta valorização do Nubank é explicada pela expectativa de maior crescimento, o que demanda mais reinvestimento de lucros.

Outro fator que precisamos destacar é que há empresas que decidem financiar seu crescimento com o uso de capital de terceiros, não retendo lucros para esse fim. Esse crescimento pode acontecer pela maturidade dos seus projetos mais antigos (com investimento passado) ou por meio de crescimento orgânico. Nesses casos, a estimativa do crescimento por meio de fundamentos pode não ser a melhor alternativa para o investidor. Por isso, cabe a você escolher a melhor alternativa e fazer o ajuste qualitativo necessário.

14.4. Crescimento estável

Quando analisamos uma empresa e buscamos projetar seus lucros e dividendos futuros, devemos levar em consideração a quantidade de estágios de crescimento que a empresa pode apresentar. Como já comentamos, podemos estimar a taxa de crescimento para um, dois, três ou mais estágios, de acordo com a expectativa de crescimento do setor e da empresa. Em todos os casos, precisamos determinar a taxa de crescimento estável da empresa, também conhecida como crescimento na perpetuidade.

Essa taxa é "estável" porque não muda ao longo do tempo. Presume-se que a partir daquele ponto a empresa crescerá àquela taxa para sempre. Essa taxa de crescimento estável se tornou particularmente conhecida por seu uso no modelo de Gordon, também conhecido como modelo de crescimento estável (ou de um estágio), como reapresentamos a seguir:

$$\text{Valor da ação} = \frac{DPA_{t+1}}{(K_e - g_n)}$$

Em que DPA_{t+1} é o dividendo por ação esperado para o próximo período, crescendo a uma taxa g, isto é, $DPA_t \times (1 + g_n)$; K_e é a taxa de retorno exigida pelo investidor (ou custo de capital próprio);[35] e g_n é a taxa de crescimento estável (ou constante) dos dividendos.

Embora esse modelo seja simples e inacreditavelmente utilizado de forma isolada por alguns profissionais de mercado, já demonstramos que, se usado sozinho, ele pode ser uma armadilha para o investidor (falamos disso no Capítulo 6). E isso acontece porque **o modelo de Gordon (ou modelo de um estágio) pressupõe uma taxa de crescimento estável ao longo de toda a vida da empresa**, desde o momento em que você inicia a sua análise até a eternidade – sem considerar seu estágio do ciclo de vida, se é uma empresa jovem, em alto crescimento, ou se é uma empresa em declínio, com dificuldades financeiras, etc.

Não estamos dizendo que o modelo de Gordon está errado nem mesmo que ele é inútil. Pelo contrário: esse modelo representa um importante avanço na área de conhecimento de avaliação de ativos. Porém, para ser

---

[35] Mostraremos como calcular o custo de capital próprio no Capítulo 16.

útil, ele deve ser utilizado de acordo com seus pressupostos e de maneira adequada, buscando estimar o valor da ação na perpetuidade ou, em outras palavras, o valor residual da ação.

Em um modelo de *valuation* com dois estágios, por exemplo, calculamos uma taxa de crescimento para o período explícito (período de alto crescimento ou primeiro estágio) e depois estimamos o valor residual da ação (período de crescimento estável ou segundo estágio). Dessa forma, o modelo de Gordon é extremamente útil para estimar o valor residual da ação, considerando que os dividendos da empresa crescerão a uma taxa estável a partir daquele ponto.

Então, **como determinar uma taxa na qual os dividendos cresçam para sempre?** Para sempre é muito tempo, exatamente por isso essa não é uma tarefa fácil. Prever o que vai acontecer no próximo ano já é difícil, imagine daqui a 30 ou 100 anos! Do dia para a noite podemos deparar com uma pandemia, uma guerra ou um ataque terrorista que podem derrubar os mercados e os lucros das empresas. **Diante de toda essa incerteza, qual taxa usar?**

Neste ponto, concordamos com o argumento de Damodaran (2025) de que essa taxa deve ser igual ou inferior à taxa de crescimento esperado para a economia do país (PIB) no qual a empresa atua. Estamos falando de uma taxa de crescimento para um período que tende ao infinito, à perpetuidade, logo, não faz sentido afirmar que a taxa de crescimento estável da empresa será maior do que o crescimento esperado para o PIB. Se levarmos isso ao infinito, em algum momento no futuro a empresa viria a ser maior do que o próprio país, o que não faz sentido econômico.

Então qual previsão de PIB utilizar? Vários analistas e instituições financeiras fazem previsões de PIB para o país – algumas mais otimistas, outras mais pessimistas. O próprio Banco Central do Brasil (BACEN) tem um relatório semanal chamado de **Focus Relatório de Mercado**, no qual são publicadas as medianas das expectativas de vários economistas para os principais indicadores econômicos do país. Observe na Figura 44 as estimativas para quatro anos, sendo o ano de 2027 aquele mais distante quando escrevemos esta edição do livro. Em geral, as previsões são para o ano corrente e outros três à frente.

Como estamos interessados em um equivalente de taxa de crescimento na perpetuidade, quanto mais distante a previsão, mais adequada para a nossa análise. **Note que o crescimento esperado para o PIB brasileiro em 2027 é de 2%.** Essa é a mediana das previsões de 83 economistas consultados pelo BACEN. Dessa forma, para estimar o valor residual da ação, você pode assumir um crescimento estável igual ou inferior a essa taxa, a depender de sua expectativa de desempenho do negócio da empresa a longo prazo. Se a expectativa é positiva, 2% é uma taxa adequada. Mas, se o negócio tende a enfrentar maior concorrência ou mesmo passar por modificações significativas, pode adotar uma taxa de 1,5% ou até 1%.

Figura 44: Expectativas de mercado para os anos de 2024 a 2027.

Expectativas de Mercado												
Mediana - Agregado	2024						2025					
	Há 4 semanas	Há 1 semana	Hoje	Comp. semanal*	Resp. **	5 dias úteis	Há 4 semanas	Há 1 semana	Hoje	Comp. semanal*	Resp. **	5 dias úteis Resp.***
IPCA (variação %)	3,75	3,73	3,73	= (1)	152	3,70	56	3,51	3,60	3,60	= (1)	148	3,64	54
PIB Total (variação % sobre ano anterior)	1,89	2,02	2,02	= (1)	118	2,05	29	2,00	2,00	2,00	= (20)	111	2,00	28
Câmbio (R$/US$)	4,95	5,00	5,00	= (1)	123	5,04	41	5,00	5,05	5,05	= (1)	120	5,08	40
Selic (% a.a)	9,00	9,50	9,50	= (1)	146	9,50	49	8,50	9,00	9,00	= (1)	142	9,00	45
IGP-M (variação %)	2,00	2,00	2,00	= (4)	79	1,98	28	3,65	3,72	3,71	▼ (1)	69	3,64	24
IPCA Administrados (variação %)	4,15	4,03	4,02	▼ (4)	97	4,00	31	3,92	3,93	3,92	▼ (1)	85	3,92	27
Conta corrente (US$ bilhões)	-32,00	-32,10	-32,10	= (1)	31	-32,00	7	-36,95	-40,00	-40,00	= (1)	29	-40,00	7
Balança comercial (US$ bilhões)	82,00	80,00	80,00	= (1)	28	83,50	8	74,55	75,00	75,00	= (2)	23	83,40	6
Investimento direto no país (US$ bilhões)	65,00	67,27	67,00	▼ (1)	27	69,50	8	73,10	73,50	73,00	▼ (1)	26	77,00	8
Dívida líquida do setor público (% do PIB)	63,85	63,85	63,85	= (1)	26	63,60	5	66,42	66,40	66,40	= (1)	26	65,40	5
Resultado primário (% do PIB)	-0,70	-0,70	-0,70	= (4)	43	-0,83	10	-0,60	-0,60	-0,68	▼ (1)	42	-0,81	10
Resultado nominal (% do PIB)	-6,90	-6,80	-6,80	= (2)	25	-6,92	4	-6,29	-6,26	-6,26	= (1)	24	-6,04	4
Mediana - Agregado	2026						2027					
	Há 4 semanas	Há 1 semana	Hoje	Comp. semanal*	Resp. **		Há 4 semanas	Há 1 semana	Hoje	Comp. semanal*	Resp. **	
IPCA (variação %)	3,50	3,50	3,50	= (43)	125			3,50	3,50	3,50	= (43)	116	
PIB Total (variação % sobre ano anterior)	2,00	2,00	2,00	= (38)	86			2,00	2,00	2,00	= (40)	83	
Câmbio (R$/US$)	5,04	5,10	5,10	= (1)	87			5,07	5,10	5,10	= (1)	83	
Selic (% a.a)	8,50	8,50	8,63	▲ (1)	116			8,50	8,50	8,50	= (38)	114	
IGP-M (variação %)	3,90	3,85	3,87	= (1)	62			3,80	3,73	3,65	▼ (1)	57	
IPCA Administrados (variação %)	3,50	3,50	3,50	= (11)	58			3,50	3,50	3,50	= (30)	55	
Conta corrente (US$ bilhões)	-40,00	-41,20	-41,20	= (1)	20			-35,90	-38,50	-38,50	= (1)	16	
Balança comercial (US$ bilhões)	77,00	77,50	77,50	= (1)	16			77,00	75,00	75,00	= (2)	13	
Investimento direto no país (US$ bilhões)	80,00	80,00	79,00	▼ (1)	20			79,00	78,00	78,00	= (1)	17	
Dívida líquida do setor público (% do PIB)	68,60	68,00	68,00	= (2)	22			69,90	69,70	69,70	= (2)	21	
Resultado primário (% do PIB)	-0,50	-0,50	-0,50	= (8)	31			-0,28	-0,23	-0,25	▼ (2)	25	
Resultado nominal (% do PIB)	-6,00	-5,92	-5,92	= (1)	18			-5,60	-5,50	-5,50	= (2)	17	

Fonte: bcb.gov.br/ternar/focus.

Essa taxa de crescimento estável para os dividendos é a mesma esperada para os lucros da empresa. É prudente esperar que os dividendos cresçam à mesma velocidade dos lucros na perpetuidade. Se a taxa de crescimento dos dividendos for maior que a taxa de crescimento dos lucros (na perpetuidade), em algum momento no futuro os dividendos se tornariam maiores que os lucros, com tendência de ficarem cada vez maiores, o que não faz sentido contábil ou econômico. Por isso lembre-se de que sempre que falarmos na perpetuidade, significa que aqueles valores crescerão ou se repetirão para sempre, desde que você assuma que a empresa continue a crescer na perpetuidade, mas também é possível supor crescimento zero.

14.5. Aspectos qualitativos no crescimento

Há uma série de fatores qualitativos que podem afetar a expectativa de crescimento de uma empresa, desde a mudança de sua gestão até fatores externos, sejam relacionados ao setor no qual a empresa atua ou mesmo fatores macroeconômicos. A entrada de um *management* experiente e com expertise no negócio da empresa pode impulsionar seus resultados no futuro, o que aumenta a expectativa de crescimento dos lucros e dividendos. Portanto, **os fatores qualitativos também devem afetar o cálculo do crescimento**.

Independentemente da forma como calcula a taxa de crescimento, seja com dados históricos, com previsões de analistas ou com base nos fundamentos da empresa, você deve estar atento a essas questões qualitativas e buscar transparecê-las em sua análise. Quando utiliza as previsões dos analistas para determinar a taxa de crescimento, você considera que eles estão cientes desses aspectos qualitativos e já os consideraram no momento das previsões. Muitas vezes você não tem como verificar se isso é verdade; limita-se a confiar na técnica dos analistas. Por isso essa abordagem de crescimento não é a nossa preferida.

Por outro lado, quando calcula a taxa de crescimento com base em dados históricos ou mesmo a partir dos fundamentos da empresa, você pode incluir esses aspectos em sua análise, seja aumentando ou reduzindo a taxa de crescimento. Abaixo listamos algumas fontes de informações que podem ser úteis na calibragem da taxa de crescimento:

a) **Informações específicas da empresa**: todas aquelas que são públicas desde a última demonstração financeira, sejam comunicados oficiais ou entrevistas dos gestores, assim como informações que podem ser obtidas diretamente com a empresa, por meio da área de relações com investidores;

b) **Informações não financeiras**: algumas companhias divulgam periodicamente informações operacionais, não financeiras, como o número de unidades lançadas ou o volume de produto extraído. Tais informações, assim como informações acerca de contratações, de processos judiciais, etc. revelam fatos que podem afetar o crescimento futuro da companhia;
c) **Informações macroeconômicas**: aquelas que podem impactar o crescimento futuro da empresa, como políticas econômicas, fiscais, trabalhistas, etc.;
d) **Informações setoriais**: aquelas que revelam mudanças no setor da empresa, como as que afetam a concorrência, assim como a própria tendência de crescimento do setor, devido a políticas públicas ou desenvolvimento econômico;
e) **Informações dos concorrentes**: é importante saber como os concorrentes se desenvolvem para criar uma expectativa sobre a sua empresa. Quais decisões certas ou erradas os concorrentes estão tomando que os tornam diferentes? A perda de participação de mercado para um concorrente importante é um sinal de alerta para as expectativas de crescimento;
f) **Informações públicas em geral**: toda e qualquer informação que não seja financeira ou operacional pode afetar o crescimento da empresa, como notícias de possível aquisição ou fusão, de suposto envolvimento em escândalos, etc.

Apesar de o *valuation* de uma empresa ser repleto de números, ele não é totalmente objetivo. Há elementos subjetivos (ou qualitativos) que afetam esses números. Por essa razão, pessoas diferentes, com os mesmos dados, podem chegar a valores diferentes. Quanto mais você conhece a empresa e seu setor de atuação, menos dúvidas terá sobre sua expectativa de crescimento e mais confiança terá na calibragem da taxa de crescimento a partir dos aspectos qualitativos que observar.

14.6. Destaques

1. Identificar uma taxa de crescimento esperada que seja factível é uma das tarefas mais difíceis em um processo de *valuation*.
2. O valor tende a ser maior quando o crescimento esperado dos fluxos de caixa também é maior.
3. O *valuation* de uma empresa pode ser realizado considerando um, dois ou mais estágios de crescimento, seja com taxa de crescimento constante ou decrescente.
4. Qualquer taxa de crescimento é formada por dois componentes: um quantitativo e outro qualitativo.
5. A taxa de crescimento pode ser encontrada a partir dos seus dados históricos, das previsões dos analistas ou dos fundamentos da própria empresa.
6. A taxa de crescimento histórico tem como base os lucros passados da empresa e pode ser representada por uma média aritmética ou por uma média geométrica.
7. A taxa de crescimento por analistas tem como base as previsões que os analistas fazem para os lucros futuros da empresa.
8. A taxa de crescimento por fundamentos é determinada pelo retorno sobre o capital investido e pela taxa de reinvestimento dos lucros.
9. A taxa de crescimento estável (ou na perpetuidade) deve ser igual ou inferior à taxa de crescimento esperado para a economia do país (PIB) no qual a empresa atua.
10. Independentemente da forma como você calcula a taxa de crescimento, deve estar atento a essas questões qualitativas e buscar transparecê-las em sua análise.

15.
ESTIMANDO DIVIDENDOS FUTUROS

*"A paciência não é só uma virtude,
dá dividendos."*
Bryan Forbes

A forma mais comum de estimar o valor de uma ação por meio do modelo de desconto de dividendos (MDD) é utilizando dois estágios de crescimento. Depois de ter identificado as taxas de crescimento adequadas, seja para o período explícito (alto crescimento) ou de crescimento estável, você deve iniciar a projeção pela previsão dos dividendos futuros esperados para os próximos anos. Apenas após essa etapa é possível calcular o valor residual, a partir da taxa de crescimento estável.

15.1. Dividendos em alto crescimento

Nessa previsão, é essencial identificar se há homogeneidade nos históricos de lucros e de dividendos da empresa analisada. Se há alguma ruptura de padrão nessas séries, você precisará identificar um padrão mais aproximado para projetar o futuro da empresa. Empresas que, por exemplo, passaram por processos de fusão ou cisão tendem a mudar drasticamente seus volumes de lucros e dividendos. É possível, ainda, que a empresa mude sua política de remuneração aos acionistas, aumentando ou reduzindo o seu *payout*.

Tabela 38: Lucros e proventos históricos (2009-2023) e previstos (2024-2033).

Ano	Lucro Líquido	Proventos	Payout	Média	Ano	Lucro Líquido	Proventos	Payout
2009	10,491	3,472	33,1%					
2010	13,023	3,908	30,0%					
2011	14,641	4,394	30,0%					
2012	14,043	4,518	32,2%	31,5%				
2013	15,836	5,095	32,2%			Previsão		
2014	20,619	6,635	32,2%		2024	38,868	19,928	51,3%
2015	23,832	7,305	30,6%		2025	42,414	21,746	51,3%
2016	22,222	10,000	45,0%	45,0%	2026	46,283	23,730	51,3%
2017	24,879	17,557	70,6%		2027	50,506	25,895	51,3%
2018	25,733	22,437	87,2%		2028	55,114	28,258	51,3%
2019	27,813	18,777	67,5%		2029	60,143	30,836	51,3%
2020*	18,536	4,503	24,3%	51,3%	2030	65,630	33,649	51,3%
2021*	26,879	6,231	23,2%		2031	71,618	36,719	51,3%
2022	30,786	8,367	27,2%		2032	78,152	40,070	51,3%
2023	35,618	21,468	60,3%		2033	85,282	43,725	51,3%

A Tabela 38 volta a apresentar os dados do caso do Itaú Unibanco, que mudou sua política de dividendos em três momentos entre os anos 2009 e 2023. Observe que há um padrão mais homogêneo de crescimento nos lucros do que nos proventos. A partir de 2017, o índice *payout* médio do Itaú Unibanco passa a ser 51,3%. Por isso, é mais preciso projetar os lucros para os próximos 10 anos a partir da taxa de crescimento geométrica (9,12% ao ano) que encontramos para os lucros do Itaú Unibanco no Capítulo 13. Em seguida, projetamos os proventos considerando que o banco mantenha um *payout* médio de 51,3%.

Agora, observe na Figura 45 como lucros e dividendos do Itaú têm uma tendência positiva e assemelhada de crescimento. Especialmente os dividendos a partir de 2017, ano em que o banco modificou sua política de remuneração aos acionistas. Com base no modelo tradicional de crescimento, que supõe um crescimento constante dos lucros do banco nos próximos 10 anos, com uma taxa anual de 9,12%, o lucro esperado para 2033 é de R$ 85,252 bilhões.

Figura 45: Lucros e proventos realizados (R) e esperados (E) do Itaú (em R$ bi).

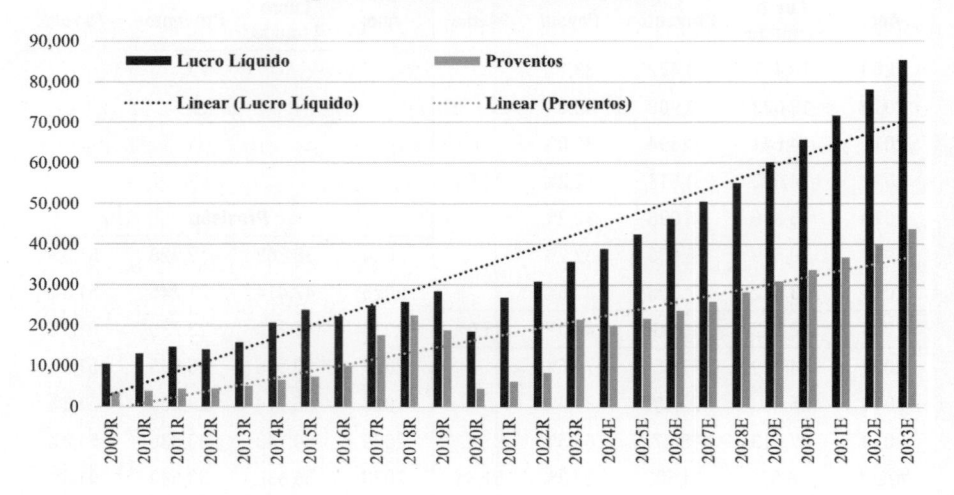

É claro que essa é uma simplificação da realidade e que em 2033 o lucro pode ser diferente desse valor. Mas não se esqueça de que qualquer modelo de *valuation* representa uma aproximação de valor com base em expectativas e fundamentos. Logo, se as expectativas ou os próprios fundamentos da empresa mudarem, o valor esperado também mudará. Por essa razão, **o *valuation* é temporal, isto é, ele é válido para aquele momento**, com aquelas informações.[36] Se alguma coisa muda, o *valuation* precisa ser revisado e ajustado às mudanças.

Mas por que estamos projetando para um período de 10 anos à frente? Por que não cinco ou 20 anos? A definição do período de alto crescimento, no qual a empresa pode sustentar um alto nível de crescimento, é uma das tarefas mais difíceis de se fazer em um processo de *valuation*. Esse período, também chamado de período explícito, deve ter uma duração suficiente para a qual você consiga estimar, com razoável confiabilidade, os

---

36 Assim como as premissas escolhidas, o *valuation* é temporal. Isto é, os pressupostos que você assume valem para aquele momento; se as condições mudarem, os pressupostos e o *valuation* mudam. Mas o lado bom dessa história é que a sua planilha no Excel (ou em outra ferramenta) pode ser facilmente atualizada, atualizando o *valuation*. O mais difícil é fazer o primeiro modelo, depois basta atualizar a cada novo cenário.

lucros ou dividendos futuros. Para isso, as características do setor e da empresa são determinantes. Além disso, quanto mais madura for a empresa, menos períodos de projeção você precisará utilizar.

Uma pesquisa entre analistas de diferentes países revelou que a prática comum é utilizar uma média de sete anos, com mediana de cinco anos (Pinto, Robinson e Stowe, 2019). No Brasil é comum encontrar relatórios de *valuation* com cinco ou 10 anos (o que leva a uma média próxima de sete anos).[37] Para essa definição, dois fatores devem ser considerados: (i) durante quanto tempo a empresa conseguirá oferecer retorno adicional (acima do custo de capital) aos acionistas, e (ii) quando (e não "se") a empresa vai alcançar seu crescimento estável (próximo ao crescimento do PIB).

Empresas com alto potencial de crescimento têm também valor mais alto. O próprio mercado está disposto a pagar um preço mais alto por empresas que crescem mais. Por isso, identificar durante quanto tempo a empresa conseguirá entregar aos acionistas um retorno acima da média é importante para determinar por quanto tempo ela ainda poderá ter um crescimento alto. Além disso, toda empresa, em algum momento, deixará de crescer acima da média do mercado. Nesse momento ela alcançará o seu crescimento estável.

Podemos dizer que três fatores são importantes na determinação do período para o qual você projetará os dividendos da empresa: (i) porte da empresa, (ii) crescimento ou retorno acima da média do setor e (iii) sustentabilidade de vantagens competitivas. Suponha que você está analisando uma empresa no setor de tecnologia, sendo uma empresa jovem, de alto crescimento e grande potencial. Essa é uma empresa que está mais distante de seu crescimento estável, logo, é mais prudente considerar um alto crescimento por mais tempo.

Já o Itaú Unibanco, maior banco do Brasil em um dos setores mais competitivos, está mais próximo do crescimento estável. Assim, o período de alto crescimento pode ser menor. Mas não se prenda aos padrões

---

37 Você até pode conferir alguns laudos de *valuation* no site da CVM: http://sistemas.cvm.gov.br/?opa. É uma boa forma de estudar, mas cuidado que os bancos de investimento responsáveis por esses laudos também erram bastante, como muito bem apontaram Lucena et al (2013), Sanvincente (2015) e Noda (2018).

de cinco, sete ou 10 anos. No mercado, há gestoras de recursos e analistas *"buy side"* que chegam a estimar em 50 anos ou mais de fluxos de caixa para levar a empresa à perpetuidade. Apesar de acharmos isso um exagero, que não torna o *valuation* mais assertivo, é uma escolha que o analista pode fazer.

Qual é o benefício dessa estratégia? Seu *valuation* fica menos dependente da perpetuidade. Qual é o custo dessa estratégia? É difícil estimar 50 anos de fluxos de caixa de forma confiável. São escolhas e não existe certo ou errado, desde que as escolhas tenham fundamento e façam sentido em sua tese de investimento.

Independentemente do setor, perceba que à medida que a empresa e a própria competitividade no setor aumentam, os retornos adicionais da empresa acabam desaparecendo, fazendo com que ela convirja à média do setor. Por isso, empresas maiores tendem a crescer em menor velocidade, convergindo à média do setor. Ao investidor cabe conhecer bem o setor e o modelo de negócio da empresa para fazer escolhas com fundamentos sólidos.

Voltando ao exemplo do Itaú, estimamos os lucros para os próximos 10 anos com base no modelo de crescimento tradicional e no modelo H. Em seguida, calculamos o volume de proventos com base no índice *payout* médio de 51,3% para cada ano e encontramos o dividendo por ação (DPA) esperado para cada ano, ao dividir os proventos projetados pelo total de ações em circulação que o banco possuía no período mais recente, que é o final de 2023 (9,804 bilhões de ações). Observe as diferenças dessas projeções na Figura 46.

Entre os anos de 2009 e 2023, são apresentados os dividendos realizados, já pagos pela empresa (em preto). Em seguida, apresentamos os dois cenários para estimação dos dividendos futuros: no primeiro, consideramos que o banco consiga manter sua atual taxa de crescimento de 9,12% ao ano de forma constante (cinza-escuro); no segundo, consideramos que essa taxa de alto crescimento (9,12%) seja decrescente nos próximos 10 anos (cinza-claro), igualando-se à taxa de crescimento na perpetuidade, que é a expectativa do PIB para 2027 (2%), de acordo com um modelo H de crescimento.

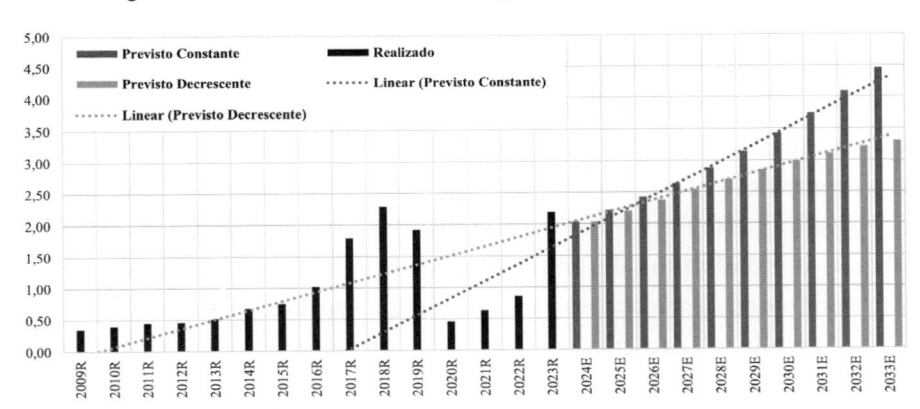

Figura 46: DPA realizados (R) e esperados (E) do Itaú (em R$).

As linhas pontilhadas na Figura 46 apresentam a tendência de cada um desses cenários. Em cinza-escuro, supondo que nos próximos 10 anos o crescimento dos lucros do Itaú se mantenha constante na média de 9,12% ao ano, o DPA sairá dos R$ 2,19 pagos em 2023 e pode chegar a R$ 4,46 em 2033. Por outro lado, se essa taxa de crescimento for decrescente em linha reta nos próximos anos (cinza-claro), considerando a abertura do mercado a novos bancos e o aumento da competitividade no setor, o DPA pode chegar a "apenas" R$ 3,30 em 2033.

Como ressaltamos, a definição do padrão de crescimento depende do seu conhecimento sobre o setor e o negócio da empresa. Aqui não é nosso objetivo afirmar qual é o padrão que você deve utilizar, pois isso depende de cada caso. Nosso objetivo é mostrar as ferramentas e demonstrar como elas funcionam. Por exemplo: será que no futuro é provável que o setor bancário brasileiro continue tão concentrado e intermediando altas taxas de juros, como vimos no passado? Será que o Itaú Unibanco conseguirá manter todas as suas atuais vantagens competitivas frente aos demais concorrentes? Levante questões como essas em sua análise.

Geralmente, os principais relatórios de *valuation* de casas de análise e bancos utilizam uma taxa de crescimento constante. Definimos nossa preferência de acordo com as características da empresa e do setor. Mas, mesmo quando utilizamos uma taxa constante, empregamos uma taxa geométrica de crescimento (CAGR) por se adequar mais rapidamente às mudanças de cenário que a empresa enfrenta.

15.2. Dividendos e valor residual

Quando avaliamos uma empresa, assumimos que ela potencialmente tem uma vida infinita. Uma vez que o valor intrínseco é determinado pela expectativa de fluxos de caixa futuros, precisamos assumir que a partir de algum momento o dividendo da empresa passará a crescer a uma taxa constante, estável, na perpetuidade. Isso acontece porque **não conseguimos estimar os dividendos da empresa para sempre**. Então, estimamos um valor residual para sua ação a partir de um determinado ponto no tempo.

No Capítulo 14, mostramos que o período de crescimento de uma empresa pode ser dividido em pelo menos duas partes: período de alto crescimento e crescimento na perpetuidade. Dizemos "pelo menos" porque você pode assumir que a empresa tenha diferentes taxas de crescimento no período de alto crescimento, seja composto por apenas duas taxas diferentes (altíssimo e alto crescimentos) ou por taxas decrescentes e diferentes, desde o maior crescimento nos primeiros anos até o menor crescimento (como no modelo H), quando ela alcança o estágio de crescimento estável (na perpetuidade).

À medida que uma empresa cresce, torna-se cada vez mais difícil manter a taxa de crescimento. Ela ocupa mais espaços e tem maior participação no mercado; logo, resta menos espaço para conquistar nesse mercado. Ao longo do tempo, a taxa de crescimento tende a ser menor, até a empresa alcançar uma taxa de crescimento estável, que tende a ser menor ou igual à taxa de crescimento da economia do país. Nessa fase, assumimos uma taxa de crescimento estável para estimar o valor residual da ação da empresa.

Mas por que menor ou igual ao crescimento da economia do país? Por uma razão matemática (e lógica): como essa é uma taxa que é levada ao infinito (perpetuidade), se ela for maior do que a taxa de crescimento da economia do país, em algum momento no futuro (mesmo que seja muito distante) a empresa poderia se tornar maior do que o país (pois cresceria mais que ele), o que não faz sentido econômico.

Uma das questões mais desafiadoras no processo de *valuation* **não é determinar "quanto"** a empresa vai crescer na perpetuidade, **mas sim "quando"** podemos assumir que a empresa passará a uma taxa de crescimento estável. Quanto tempo deve ter o período de alto crescimento até que a empresa entre no período de crescimento na perpetuidade? Essa passagem de um estágio de crescimento para outro deve ocorrer com uma queda abrupta da taxa de crescimento ou acontecer gradualmente?

A partir de quando você deve assumir que uma empresa passará ao estágio de maturidade e tenderá a crescer à taxa aproximada da economia? Podemos levantar cinco fatores, a partir de Damodaran (2025):

1. Possuir Beta próximo de 1;
2. Possuir volume de endividamento próximo à média do setor;
3. Possuir prêmio de risco próximo ao prêmio de risco do país;
4. Possuir retornos excedentes próximos de zero (ROE $\approx K_e$);
5. Possuir maior nível de *payout* (menor necessidade de reinvestimento).

Essas condições são suficientes, mas não necessárias. Você pode encontrar empresas que não possuam uma ou duas dessas condições e que, mesmo assim, sejam classificadas como em estágio de maturidade. Isso pode acontecer, por exemplo, porque a empresa tradicionalmente tenha baixo volume de dívida e tenha reportado prejuízo nos últimos anos, o que afastará seu ROE do K_e. Essas podem ser situações pontuais.

Além disso, após ter definido o período a partir do qual você assumirá o crescimento estável, o valor residual da ação pode ser encontrado por mais de uma maneira, sendo:

a) **Por valor de liquidação**: considera o encerramento das atividades da empresa e a consequente liquidação de seus ativos (venda) e passivos (pagamento) pelos preços prováveis que o mercado estará disposto a oferecer (receber). É útil quando a empresa está em descontinuidade (problemas de continuidade) e é possível separar e negociar seus ativos.

b) **Por abordagem de múltiplos**: considera o valor esperado de empresas comparáveis, identificado por meio da aplicação de múltiplos de valor. É uma abordagem mais simples e de fácil aplicação, equivalente a um *valuation* por múltiplos, porém mais frágil devido à sua forte exposição a julgamentos pessoais.

c) **Por modelo de crescimento estável**: considera a expectativa de crescimento constante dos fluxos de caixa futuros, que são descontados a valor presente por um custo de oportunidade desse capital menos a taxa de crescimento à qual os fluxos crescem. É uma abordagem mais sólida, apesar de requerer julgamentos sobre essa taxa de crescimento constante. Supõe que a empresa pode reinvestir parte de seus fluxos de caixa para manter seu crescimento estável, sendo o modelo de Gordon a expressão mais conhecida dessa forma de estimação de valor residual.

Vejamos o exemplo do Itaú Unibanco, para o qual estimamos os fluxos de caixa futuros no período de alto crescimento considerando dois cenários. Primeiro, assumimos um período de alto crescimento com 10 anos, prática comum no mercado brasileiro. Também levamos em consideração que esse banco tem Beta próximo de 1, proporção de passivo semelhante à média do setor, prêmio de risco aproximado à média do mercado, ROE que tende ao custo de capital e maior *payout* nos últimos anos (acima da média).

Segundo, quanto à mudança dos estágios de crescimento, mostramos na Figura 46 que isso é possível de ser feito tanto mantendo uma taxa de crescimento constante quanto utilizando uma taxa decrescente, conforme o modelo H. Essa escolha depende do seu conhecimento sobre o setor e o negócio da empresa. Como nosso objetivo aqui é apresentar e discutir a técnica, vamos mostrar as duas possibilidades.

Seguindo no exemplo do Itaú Unibanco, vamos estimar o valor residual do banco a partir de um modelo de crescimento estável, que considera uma taxa que se equipara com uma expectativa de crescimento da economia brasileira para o prazo mais longo possível. Assim, utilizamos o modelo de Gordon para cálculo do valor residual da ação do banco a partir dos dividendos futuros que estimamos para o último ano do período de alto crescimento, que determinamos como sendo de 10 anos.

$$Valor\ residual = \frac{DPA_{t+1}}{(K_e - g_n)}$$

Vamos utilizar o dividendo esperado para o último ano do nosso período de alto crescimento (2033) em cada um dos dois cenários, para estimar o dividendo com crescimento estável. Primeiro utilizamos o modelo tradicional de crescimento constante (cujo dividendo esperado é R$ 4,46) e depois utilizamos o modelo H (cujo dividendo esperado é R$ 3,30). Podemos assumir que o primeiro cenário tem uma projeção otimista, com crescimento constante de 9,12% ao ano, enquanto o segundo cenário tem uma projeção conservadora, com taxa de crescimento decrescente em cerca de 0,71% por ano (de 9,12% até 2%).

Nós assumimos que a taxa de crescimento estável (g_{ce}) do Itaú Unibanco seja 2%, igual à esperada para o crescimento do PIB no horizonte mais distante que conseguimos encontrar quando escrevemos esta edição deste livro, que era para o ano de 2027, conforme o consenso do mercado apresentado no Boletim Focus. Assumimos essa taxa como sendo o crescimento estável para o Itaú pois acreditamos ser possível que um banco consiga crescer à mesma velocidade da economia do Brasil no longo prazo. Assim, acrescentamos 2% ao dividendo esperado de cada cenário para encontrar o dividendo no crescimento estável (DPA_{t+1}), conforme a Tabela 39.

Tabela 39: Valor residual do Itaú Unibanco nos cenários otimista e conservador.

Modelo	Tradicional	H
Último dividendo em alto crescimento (2033)	R$ 4,46	R$ 3,30
Taxa de crescimento na perpetuidade (g_n)	2%	2%
Dividendo na perpetuidade (t + 1)	R$ 4,55	R$ 3,37
Valor residual	$\dfrac{R\$ 4,55}{(10,81\% - 2\%)}$ = R$ 51,64	$\dfrac{R\$ 3,37}{(10,81\% - 2\%)}$ = R$ 38,22

Para chegarmos ao valor residual da ação do Itaú Unibanco no ano de 2033 (valor futuro), precisamos descontar o DPA_{t+1} pelo custo de capital do acionista (K_e) menos a taxa pela qual esse dividendo deve crescer na perpetuidade. Nós assumimos que o K_e do Itaú é 10,81%.[38] Como vemos na Tabela 39, caso o Itaú consiga manter a taxa de crescimento de 9,12% nos próximos 10 anos, o valor residual de sua ação no final de 2033 será de

---

38 O cálculo do custo de capital do acionista (K_e) será detalhado no Capítulo 16.

R$ 51,64. Todavia, se essa taxa de crescimento decrescer linearmente até a taxa de crescimento prevista para a perpetuidade (2%), o valor residual de sua ação passará a ser R$ 38,22.

Note que esses são valores futuros (em 2033). Mas qual é o valor residual dessa ação hoje, no período zero? Para encontrarmos esse valor residual, precisamos descontá-lo (assim como os dividendos futuros) pelo custo de oportunidade do capital que o acionista pretende investir no Itaú. Esse custo de oportunidade também é conhecido como custo de capital do acionista (K_e), sobre o qual trataremos no próximo capítulo. Já o valor presente tanto dos dividendos futuros como do valor residual, calcularemos no Capítulo 17. Assim, finalizaremos o livro com um modelo que você pode, inclusive, adaptar às suas avaliações de empresas, seja para investimentos ou para consultoria.

Por fim, observe que estamos falando da "ação do Itaú" sem especificar se é a ação ordinária (ON) ou a preferencial (PN). Nesse caso, isso é possível porque os dividendos que o banco distribui para esses dois tipos de ação são iguais, não há acréscimo de dividendos para as ações PN. Explicamos as diferenças entre esses tipos de ação no Capítulo 7. Mas, se a empresa que você estiver analisando oferecer um prêmio em dividendos às ações PN pelo fato de elas não terem direito a voto – por exemplo, 10% a mais de dividendos do que as ações ON –, você deve considerar esse prêmio em seu *valuation* por dividendos, considerados os dividendos potenciais das ações preferenciais.

15.3. Destaques

1. Para a previsão dos dividendos futuros de uma empresa, é essencial identificar se há homogeneidade em seus históricos de lucros e de dividendos.
2. O *valuation* é temporal, isto é, ele é válido para aquele momento, com aquelas informações; se alguma coisa muda, o *valuation* precisa ser revisado.
3. Três fatores são importantes na determinação do período para o qual você projetará os dividendos: (i) porte da empresa, (ii) crescimento

ou retorno acima da média do setor e (iii) sustentabilidade de vantagens competitivas.
4. Os principais relatórios de *valuation* de casas de análise e bancos utilizam a taxa de crescimento constante para projeção dos fluxos de caixa das empresas.
5. Na maioria dos casos, a taxa de crescimento constante é suficiente para o *valuation* por já se adequar às mudanças de cenário da empresa, não sendo necessário decrescer essa taxa ao longo do tempo em um modelo H.
6. À medida que uma empresa cresce, torna-se cada vez mais difícil manter a taxa de crescimento, pois ela ocupa mais espaços e tem maior participação no mercado.
7. Como não conseguimos estimar os dividendos da empresa para sempre, precisamos estimar seu valor residual a partir de algum momento.
8. Quando você estima o valor residual, deve considerar uma taxa de crescimento na perpetuidade que seja igual ou menor do que a taxa de crescimento esperado da economia do país.
9. O crescimento perpétuo da empresa deve ser menor do que o crescimento esperado da economia, porque a perpetuidade tende ao infinito; logo, se a empresa crescer mais que o país na perpetuidade, em algum momento no futuro a empresa se tornará maior do que o país, o que não faz sentido econômico.
10. Uma das questões mais desafiadoras no *valuation* não é determinar "quanto" a empresa vai crescer na perpetuidade, mas sim "quando" podemos assumir que a empresa passará a uma taxa de crescimento estável.

16.
CUSTO DE CAPITAL DO ACIONISTA

*"Para todos os investidores de longo prazo
há apenas um objetivo:
retorno total máximo após impostos."*
JOHN TEMPLETON

Um dos conceitos mais clássicos da matemática financeira é aquele que trata do **valor do dinheiro no tempo**. Simplificadamente, esse conceito diz que uma unidade de dinheiro no presente vale mais do que uma unidade de dinheiro a ser recebida no futuro. Isso porque o dinheiro presente pode ser investido e gerar retornos agora, enquanto o dinheiro no futuro não pode gerar retornos agora, porque ainda não existe e não pode ser investido. As preferências por liquidez e consumo fundamentam a ideia de custo de oportunidade, quando tais preferências são postergadas para o futuro.

Além disso, o dinheiro futuro possui um componente de risco de não recebimento e risco inflacionário, que está relacionado à incerteza sobre o poder de compra que esse dinheiro terá no futuro, no momento do seu recebimento. A própria materialização desse recebimento pode ser incerta. Isso é especialmente importante em ambientes inflacionários, uma vez que a inflação corrói o poder de compra da moeda que é utilizada para medir o valor desse dinheiro futuro.

Portanto, para saber o valor presente de um "dinheiro futuro", precisamos trazê-lo a valor presente por meio de uma taxa de desconto que reflita adequadamente o componente de risco relacionado às incertezas do recebimento desse dinheiro no futuro, além dos fatores citados nos parágrafos anteriores.

Em matemática, isso é feito por meio de um método conhecido como desconto a valor presente (desconto) ou valor presente líquido (VPL), dependendo do caso de aplicação, que consiste em trazer para a data zero (presente) todos os fluxos de caixa de um investimento, descontados por uma **taxa mínima de atratividade (TMA)**. Ao final, esses fluxos de caixa em valores presentes são somados ao investimento inicial (que é um valor negativo, pois é uma saída de caixa para você poder investir) para formar o valor presente do investimento.

No mercado de ações, o método de *valuation* por desconto de fluxos de caixa segue o mesmo sentido. Os fluxos de caixa futuros devem ser descontados por uma TMA para que se saiba o valor presente da empresa, que também podemos chamar de valor intrínseco. E essa TMA é o custo de capital, que é o retorno exigido pelo provedor do capital à empresa (seja acionista ou credor). Quando falarmos de um modelo de desconto de dividendos (MDD), estaremos nos referindo exclusivamente ao custo de capital próprio (do acionista), pois o dividendo não é pago aos credores, apenas aos acionistas.

O custo de capital próprio (K_e) é a taxa de retorno que o investidor exige para realizar um investimento na empresa. Ele também é conhecido como custo do *equity* ou do patrimônio líquido (PL). Apesar de representar um "retorno exigido", ele é chamado de custo porque reflete um custo para a empresa (e retorno para o acionista). Ao decidir investir seu capital em uma empresa, o investidor desiste de investir em um ativo menos arriscado (ou livre de risco) para entregar seu capital à empresa. Além disso, ele passa a estar exposto a uma série de riscos, desde aqueles relacionados à própria atividade da empresa até aqueles típicos de uma renda variável. Por isso o investidor exige um retorno compatível com esses riscos.

Também conhecido como custo de oportunidade do capital, o K_e é utilizado como a taxa de desconto no modelo de desconto de dividendos. Na literatura de finanças, risco e retorno esperado são duas variáveis positivamente correlacionadas. Naturalmente, quanto maior é o risco de um ativo, maior é o retorno exigido pelo provedor de capital (ou investidor). Esse é o principal fundamento de um dos mais conhecidos modelos de precificação de ativos financeiros, o *Capital Asset Pricing Model* (CAPM).[39]

O modelo CAPM é tradicionalmente utilizado nos mercados financeiros para cálculo do retorno exigido (teórico) de uma ação, especialmente considerando o retorno oferecido por um ativo livre de risco e o prêmio pelo risco de mercado, ajustado ao risco da empresa. Dessa forma, teoricamente, para investir em um ativo financeiro, o investidor vai exigir um retorno esperado (K_e), que é igual ao retorno esperado do ativo livre de risco (R_f) mais um prêmio de risco da empresa ($P_i = \beta \times P_m$), sendo este último uma função da inclinação da reta de risco da empresa (β) vezes o prêmio de risco médio oferecido pelo mercado (P_m), conforme a Figura 47.[40]

Figura 47: Componentes do custo de capital próprio, de acordo com o CAPM.

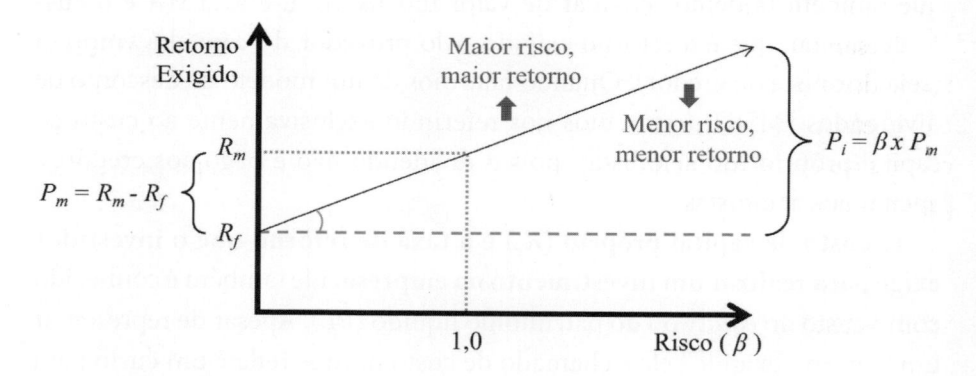

De forma algébrica, com base na formulação mais simples do modelo CAPM, o custo de capital próprio (K_e) pode ser calculado a partir da seguinte equação:

$$K_e = R_f + \beta \times (R_m - R_f)$$

---

[39] Para entender a fundação desse modelo de forma resumida, sugerimos a leitura de qualquer bom livro de finanças corporativas ou dos artigos de Fama e French (2007), Saito e De Losso (2007) e Rossi (2016).

[40] Existem modelos mais avançados e até melhores, porém mantemos a ideia de *keep it simple stupid* (ou *sweetheart*, como preferir). Você usa o modelo que quiser na sua prática de *valuation*.

Em que K_e é o custo de capital próprio ou retorno exigido pelo investidor; R_f é a taxa de retorno esperado de um ativo livre de risco, como os títulos da dívida soberana de um país; β é o Beta de risco da empresa; e R_m é o retorno médio do mercado de ações, comumente representado pelo retorno de algum índice de ações amplo, como o Ibovespa ou o IBrX-100.

Esse modelo também é chamado de modelo de único fator (ou *single-index model*), isso porque o único fator de risco levado em consideração para explicar o retorno exigido (ou esperado) é o risco de mercado. E por essa razão recebe algumas críticas no meio acadêmico. Na literatura de finanças há uma série de outros modelos para cálculo do custo de capital, seja considerando um número maior de fatores (três, quatro, n fatores), ou utilizando outros parâmetros e estratégias; seja a partir dos fundamentos ou de dados de empresas comparáveis, ou utilizando análise de regressão e técnicas de simulação. Todavia, não é nosso objetivo discutir esses modelos.[41]

Apesar disso, o modelo CAPM continua sendo largamente utilizado nos mercados por conta de sua simplicidade e objetividade. Sobretudo porque os benefícios da utilização de um modelo extremamente sofisticado para o cálculo do custo de capital não justificam os seus custos (tempo dedicado, pressupostos assumidos, etc.).

16.1. Retorno livre de risco[42]

O primeiro elemento que compõe o custo de capital é a taxa de retorno livre de risco (R_f). Mas o que podemos entender como risco? E quando um ativo é livre de risco? No mercado financeiro, o risco de um investimento deve ser entendido como a chance de o retorno realizado ser diferente do retorno esperado. Logo, **um ativo é livre de risco quando temos razoável**

---

41 Para modelos alternativos de custo de capital, consulte Damodaran (2025).
42 Muitos autores apontam para o uso de dados de uma economia madura, como a dos Estados Unidos, devido à maior estabilidade e previsibilidade dos dados. Porém, nos anos mais recentes, já é possível utilizar dados do Brasil para estimar o custo de capital. Por isso, iniciamos a seção com o que é mais utilizado hoje. Mas também apresentaremos uma versão com dados brasileiros ajustados ao mercado americano no Material Suplementar deste livro, em seu Apêndice 4.

certeza sobre o seu retorno esperado (o retorno realizado é sempre igual ao retorno esperado).

Para que o retorno de um ativo seja livre de risco, três condições adicionais devem ser observadas. **Primeiro, não deve haver risco de inadimplência.** E isso envolve a existência de garantia de que o capital investido, assim como o retorno oferecido, será honrado junto ao investidor. Não se trata apenas de oferecer outro ativo como garantia do valor investido, mas sim de oferecer segurança sobre a possibilidade de ressarcimento do capital. Nesse caso, destacam-se os títulos de dívida do governo de um país. Além de ser o agente mais forte dos mercados, o governo detém o controle sobre a moeda, o que garante a liquidez (mesmo em ambiente inflacionário).

Segundo, não deve haver risco de reinvestimento. Não deve haver dificuldade de reinvestimento do dinheiro em novos títulos, seja por falta de liquidez de negociação no mercado ou porque não é possível estimar seu retorno esperado devido à indisponibilidade de suas taxas de juros no futuro. **Terceiro, não deve haver risco de volatilidade ou de taxa de juros.** Isto é, o retorno do ativo não pode sofrer com elevada volatilidade, especialmente devido à alta variação da taxa de juros desse título, pois isso representa risco e aumenta a incerteza sobre o retorno desse ativo.

De fato, identificar um ativo que atenda completamente a essas duas condições é bastante difícil. Na prática, nenhum ativo atende de forma completa a essas condições. Aquele que se aproxima de forma mais adequada são os títulos públicos dos Estados Unidos (como o T-Bill ou o T-Bond), dado que eles têm a maior economia do mundo, a moeda mais forte e um mercado financeiro maduro e com alta liquidez.[43]

Por que não os títulos públicos do Brasil? Historicamente, o Brasil apresenta muita volatilidade em sua economia, tendo passado por vários planos econômicos e mudanças de moeda. Isso representa altos e voláteis históricos de inflação e taxas de juros. Mesmo a partir de 1994, quando o real passou a ser nossa moeda, ainda vemos períodos muito turbulentos.

---

43 Para mais detalhes, ver Damodaran (2025). Apesar de o uso dos títulos americanos ser o mais comum no meio acadêmico e no mercado, o próprio Damodaran chegou a afirmar ao Felipe, em um curso ministrado por ele no Brasil em 2014, que chega a discordar disso, apesar de ainda manter em seu livro.

Por isso, não é incomum ver a taxa de juros dos títulos públicos superior ao próprio retorno do mercado de ações, que tipicamente é mais arriscado. Tudo isso torna mais desafiadora a tarefa de estimar o custo de capital utilizando títulos públicos brasileiros. Assim, você deve ter mais cuidado ao usar dados do Brasil nessa conta.

Estimar o custo de capital com dados locais é um processo mais simples do que usar dados externos, uma vez que não requer conversão de moeda, equivalência de inflação esperada e análise de risco-país. Temos aqui um *trade-off*. Dessa forma, apresentaremos no Capítulo 17 a finalização do *valuation* do banco Itaú Unibanco com uma versão mais robusta e tradicional que utiliza dados de um mercado desenvolvido, mas também apresentaremos o caso da Engie, demonstrando como é possível fazer o *valuation* dessa empresa com dados locais.

No que se refere à taxa de retorno de um ativo livre de risco, a prática mais comum em mercados emergentes tem sido a utilização de uma taxa de juros dos títulos públicos dos Estados Unidos. Essa prática é comum tanto no meio acadêmico quanto no profissional. Essa taxa é acrescida de um adicional de risco-país, que revela o excesso de risco daquele país em relação aos Estados Unidos. Por exemplo, em 1992 o J. P. Morgan criou um índice para medir o desempenho relativo dos títulos de dívida dos países emergentes tendo os títulos dos Estados Unidos como referência, que é conhecido como EMBI (*Emerging Markets Bond Index*). Em 1994, ele foi ampliado e mudou para EMBI+. Quanto maior o EMBI+, maior a percepção de risco de um título de dívida.[44]

Na Figura 48, apresentamos o histórico do retorno anual (bônus) do T-Bond de 10 anos americano (EUA_T-Bond), do risco-país do Brasil representado pelo EMBI+ (BR_EMBI+), do retorno ajustado dos títulos públicos do Brasil a partir do T-Bond e do EMBI+ (EUA_T-Bond + BR_EMBI+) e do retorno de mercado dos títulos públicos brasileiros de 10 anos (BR_C-Bond). Iniciamos o período de análise no ano de 1995, devido ao início no Plano Real no Brasil, quando nossa economia experimentou um período de maior estabilidade econômica. Para o C-Bond, só dispomos de dados a partir de 1998.

---

44 No Apêndice 4 do Material Suplementar deste livro nós demonstramos como o custo de capital do acionista pode ser calculado com o uso de uma R_f dos Estados Unidos e o *Equity Risk Premium* (ERP) implícito do Brasil, calculado pelo CEQEF/FGV.

Note como o bônus do T-Bond é mais estável ao longo do tempo, apresentando, ainda, tendência negativa. A exceção é a subida entre 2020 e 2023, devido aos efeitos da pandemia de covid-19. Em 1995, o T-Bond teve uma taxa média de 5,57%, chegando a 0,93% no final de 2020, repicando a 3,88% em 2023. Observe como o EMBI+ do Brasil é mais volátil nesse mesmo período. Em 1995, o prêmio de risco-país do Brasil era de 9,10%. Somado ao bônus do T-Bond, isso fazia com que a taxa livre de risco "justa" dos títulos brasileiros em dólares fosse de cerca de 14,67%. Essa taxa caiu ao longo do período, chegando a 5,83% no final de 2023 (em dólares; veremos como converter isso em reais).

Figura 48: Taxas de juros dos Estados Unidos e do Brasil (1995 a 2023).

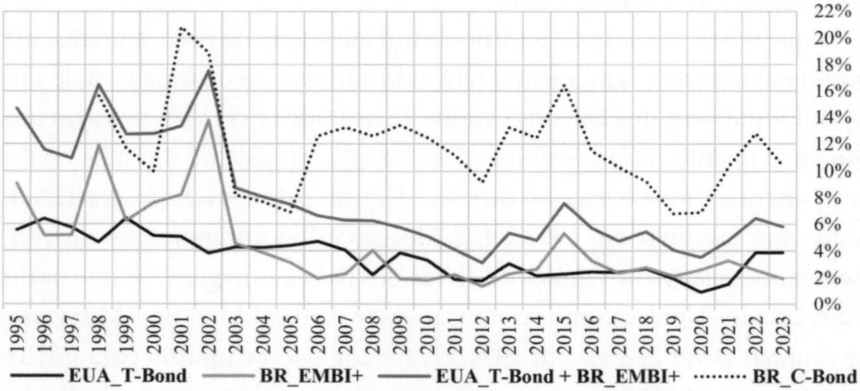

Período: 1995-2023	EUA_T-Bond	BR_EMBI+	EUA_T-Bond + BR_EMBI+	C-Bond
Média Geométrica	3,59%	4,28%	7,87%	10,39%
Média Aritmética	3,60%	4,32%	7,92%	11,71%
Desvio Padrão	1,26%	2,33%	3,28%	2,60%

Fonte: dados da Refinitiv Eikon e do IPEA.

Entre 1995 e 2023, há dois picos de alta dessa R_f "justa" em dólares, sendo o primeiro em 2002 (17,55%), ano da eleição de Lula, e o segundo em 1998 (16,52%), também um ano eleitoral e antecedendo a crise cambial de janeiro de 1999, quando o Brasil teve modificada sua política cambial, abandonando o regime de bandas cambiais. Esses são períodos marcados por maior incerteza no Brasil, por isso os prêmios dos ativos aumentam.

No final de 2023, o EMBI+ estava em 1,95% e o retorno livre de risco em dólares (T-Bond somado ao EMBI+) era de 5,83%. Apesar de também ser possível observar uma tendência de queda, note como o BR_EMBI+ e o BR_C-Bond são voláteis ao longo do tempo. Também chama a atenção a diferença entre o retorno esperado (T-Bond + EMBI+) e o retorno exigido pelo mercado para o título brasileiro (C-Bond). Isso denota como o mercado tende a exigir um retorno maior diretamente para esse título, especialmente porque ele embute outros riscos não captados precisamente pelo EMBI+, como é o caso do risco de liquidez e da volatilidade do próprio título, o que reduz a capacidade de previsão de retornos futuros.

O retorno médio anual do T-Bond, de 1995 a 2023, foi de 3,59% ao ano, chegando ao final do ano de 2023 com uma taxa de retorno esperada de 3,88%. O retorno médio histórico é apenas uma referência para o desempenho histórico da taxa de retorno livre (R_f). Porém alertamos que a forma mais adequada de representação da R_f é a taxa de juros esperada, não a média histórica. A média histórica representa o passado, não a perspectiva futura.

O *valuation* deve considerar a expectativa de retorno de um ativo. Por isso, a taxa livre de risco utilizada no custo de capital também deve expressar a expectativa de retorno do ativo livre de risco. Como observa o professor Sanvicente (2015), apesar de o uso de taxas históricas médias ser uma prática comum no Brasil, essa prática não condiz com a lógica e os fundamentos da teoria básica de finanças.

Para o caso brasileiro, podemos considerar essa taxa como referência e adicionar alguma medida de risco-país, como o próprio BR_EMBI+ ou um *spread* de *rating* de risco. Considerando o EMBI+, o retorno médio histórico dos títulos brasileiros foi de cerca de 7,87% ao ano (ainda em dólares, pois não foi considerada a diferença de inflação entre os países). Já o retorno médio do C-Bond foi de 10,39% a.a. Portanto, essa diferença de mais de cerca de 2,5 pontos percentuais (10,39% – 7,87%) pode ser explicada pela diferença de inflação entre os países, pela menor liquidez e pela maior volatilidade do título brasileiro (por isso não é usual sua utilização como R_f).

Esse é o preço cobrado pelo mercado devido ao longo histórico de estresses econômicos do Brasil, cujas taxas de juros são altas e voláteis, muitas vezes até maiores do que os retornos do mercado de ações, mais arriscado por natureza. Isso origina prêmios de risco de mercado negativos, o que não faz sentido econômico e vira um problema para o processo de *valuation*.

Apesar disso, **alguns pesquisadores e profissionais do mercado já defendem a utilização de dados do Brasil**, considerando que esse mercado é suficientemente sofisticado para embutir o risco-país em suas expectativas de retorno e que nos últimos anos o Brasil tem experimentado um período de maior estabilidade econômica, que permite a realização de previsões mais assertivas.

Serra e Wickert (2020), por exemplo, falam que o desenvolvimento e o amadurecimento do mercado brasileiro têm aumentado a utilização de parâmetros locais nos *valuations*, com a opção pela taxa de juros dos títulos brasileiros de longo prazo (como o C-Bond). Assim, é possível encontrar uma "taxa livre de risco ajustada para o Brasil". No mesmo sentido, casas de análise, bancos e gestoras já utilizam dados locais em seus relatórios de *valuation*.

No próximo capítulo, apresentaremos dois exemplos de *valuation*. Além do caso Itaú, que estamos explorando neste capítulo, vamos apresentar o caso da Engie, com o uso de dados locais para estimação do custo de capital do acionista.

16.2. Risco da ação medido pelo Beta

O segundo elemento do modelo CAPM é o risco da ação. **O Beta é uma medida de dispersão dos retornos da ação em relação à dispersão do retorno médio do mercado de ações**. Em geral, o termo "risco" é associado a algo ruim (risco de algo ruim acontecer). No mercado de ações, ele representa também a chance de o retorno realizado ser diferente do retorno esperado (abaixo ou acima!). Assim, o Beta pode ser mensurado pela covariância do retorno da ação com o retorno médio do mercado, dividida pela variância do retorno do mercado.[45]

---

[45] O ideal mesmo é você calcular por meio da análise de regressão, para identificar, por exemplo, se o Beta é estatisticamente significativo. Hoje existem também vários sites que divulgam o Beta já calculado.

$$\beta_i = \frac{Cov(R_i, R_m)}{Var(R_m)}, \text{ calculável no Excel como:}$$

$$\beta_i = \frac{COVARIAÇÃO.P(Matriz_i, Matriz_m)}{VAR.P(Matriz_m)}$$

Em que β_i é o Beta de risco da ação i; R_i é o retorno mensal da ação i; e R_m é o retorno mensal médio do mercado, normalmente representado pelo Ibovespa.

Para empresas com ações negociadas em bolsa, é comum se estimar o Beta com retornos mensais para um período de cinco anos, para que se evite o efeito de momentos de estresse do mercado sobre o índice. Veja o exemplo do Itaú Unibanco. Entre 2009 e 2023, o preço da ação preferencial do Itaú Unibanco (ITUB4, linha preta), sua ação mais líquida, apresentou uma valorização que acompanhou de perto a variação do Ibovespa (linha cinza), conforme a Figura 49.

Figura 49: Variação do preço de ITUB4 e do índice Bovespa (2010 a 2023).

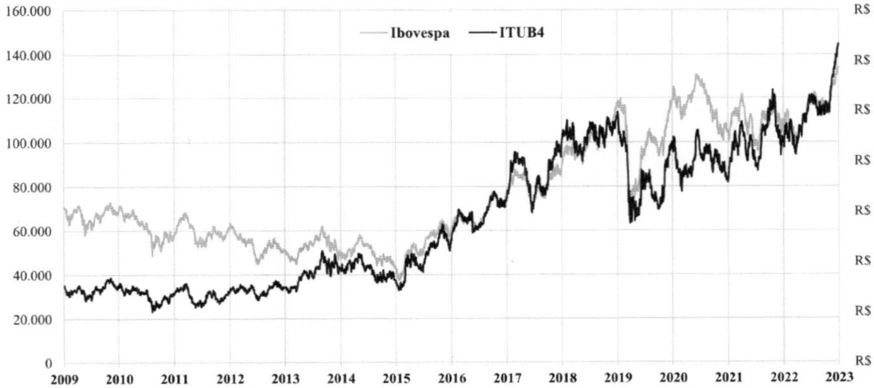

Fonte: dados da Refinitiv Eikon.

A Figura 50 apresenta a dispersão dos retornos mensais de ITUB4 (preto) e do Ibovespa (cinza) entre maio de 2019 e abril de 2024, últimos 60 meses antes do momento em que realizamos essa análise. Observe como as dispersões desses dois ativos se concentram, principalmente, entre +10% e -10%. O Itaú Unibanco chega a apresentar dois retornos superiores a 20%, enquanto o IBOV teve seu maior retorno um pouco acima da linha de 15%. Já o pior retorno de ITUB4 ultrapassou a linha de -25% em março de 2020, durante o pior momento da crise de covid-19. Naquele mesmo mês, o IBOV teve seu pior desempenho, caindo 29,90%.

Note na Figura 50 que as linhas de tendência dos retornos do Itaú e do Ibovespa são muito parecidas. Isso é confirmado ao medir o risco de ITUB4 em relação à média do mercado (IBOV), conforme a equação anterior, quando encontramos um Beta de 1,02, a partir de seus retornos mensais nos últimos cinco anos. Isso significa que, grosso modo, se o IBOV sobe (cai) 1%, ITUB4 tende a subir (cair) 1,02%.

Figura 50: Dispersão dos retornos mensais de ITUB4 e do IBOV (2019 a 2024).

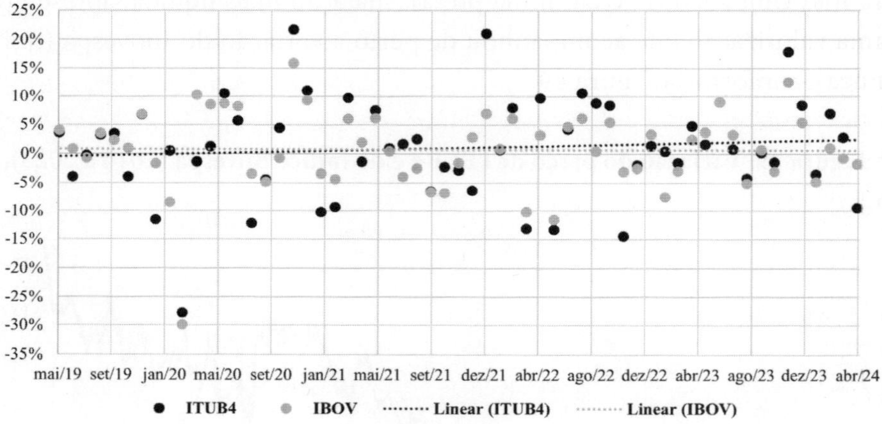

Fonte: dados da Refinitiv Eikon.

Quando Beta é igual a 1, diz-se que a empresa tem risco semelhante ao mercado. Quando Beta é superior a 1, a empresa é mais arriscada, diz-se que ela "balança mais" quando o mercado tem maior volatilidade. Quando Beta é inferior a 1, a empresa é menos arriscada, mais defensiva. Seus retornos tendem a variar menos do que os retornos do mercado.

O Beta também pode ser estimado por meio de uma regressão linear simples entre os retornos diários da ação da empresa e os retornos diários do Ibovespa. Ou, ainda, pode-se utilizar a técnica da regressão linear com os fundamentos da empresa, como receitas ou lucros. Essa técnica é especialmente útil para empresas de capital fechado, que não possuem ações negociadas em bolsa. Ou até mesmo para empresas negociadas em bolsa, mas que possuam poucos dados ou que tenham dados muito voláteis.

$R_i = \alpha + \beta(R_m) + \varepsilon$

Nessa equação, o Beta da empresa é dado pelo β da regressão, que representa o coeficiente de inclinação entre as retas dos retornos da ação (R_i) e dos retornos do mercado (R_m). Esse cálculo também é possível de ser realizado no Excel, seguindo os mesmos passos apresentados no Capítulo 11. Você verá que o coeficiente Beta também será 1,02.

Na literatura há uma infinidade de formas de você estimar o Beta, seja com retornos das ações ou fundamentos das empresas, controlando ou não as características das empresas, alavancando ou desalavancando o Beta pela dívida da companhia, etc. Contudo, não é nosso objetivo explorar essas diversas possibilidades neste livro. Como enfatizamos desde o início, aqui prezamos pelo básico e prático. Para maior profundidade nessas questões, sugerimos a leitura do livro *Investment Valuation*, de Damodaran (2025).

16.3. Prêmio de risco

O terceiro elemento que compõe o modelo CAPM é o *Equity Risk Premium* (*ERP*) ou prêmio de risco de mercado (P_m). Ele indica o excesso de retorno que o mercado de ações oferece em relação ao ativo livre de risco. É o prêmio que o investidor tende a receber por assumir o risco do mercado de ações, que é calculado por meio da diferença entre o retorno esperado do mercado [$E(R_m)$] e a taxa livre de risco (R_f), conforme a Figura 47, em que $P_m = E(R_m) - R_f$.

Mas o que podemos entender por retorno esperado de mercado?[46] É o retorno médio que o mercado de ações oferece ao investidor. O "mercado"

---

46 Existem várias métricas mais complexas, inclusive, mas optamos por explorar aqui a mais simples de todas, porque este não é um livro de fundamentos do *valuation*, mas um livro de filosofia de investimento aplicando algumas ferramentas de *valuation*. Para mais detalhes, sugerimos a leitura de Damodaran (2025).

é representado por um conjunto das principais ações negociadas em bolsa. Nos Estados Unidos, por exemplo, há o índice S&P 500, que reúne as 500 ações mais negociadas na bolsa americana. No Brasil, o Ibovespa é o índice mais comum e reúne cerca de 70 ações mais negociadas na bolsa brasileira. Mas há também quem prefira o Índice Brasil 100 (IBrX-100), que reúne as 100 ações mais líquidas.

O retorno do mercado pode ser obtido a partir de dados históricos para um período passado ou a partir de estimativas de comportamento esperado do mercado de ações. A abordagem dos dados históricos é a mais comum, pois evita as distorções provenientes de excesso de otimismo ou de pessimismo que a abordagem da estimativa de comportamento futuro pode apresentar. Prever qual será o desempenho da bolsa daqui a um ou dois anos é bastante difícil. Imagine para os próximos cinco ou 10 anos!

Mesmo utilizando a abordagem dos dados históricos, é importante estar ciente dos perigos de confiar completamente no passado. Sobretudo no Brasil (aqui está um ponto a favor de usar dados dos Estados Unidos), pois passamos recentemente por um período de forte queda da R_f e aumento do R_m, que leva a um prêmio de risco maior – o que é contraintuitivo.

Além disso, o perigo de usar dados históricos passa por não haver garantias de que o desempenho do passado se repetirá no futuro. Especialmente se o futuro nos reservar um período de alta volatilidade, como vimos em 2020, devido a uma pandemia imprevisível. Ademais, deve-se ter consciência de que qualquer índice de mercado muda ao longo do tempo, sendo composto por empresas diferentes. Isso cria um viés de sobrevivência no índice. No passado, por exemplo, o Ibovespa teve empresas como Souza Cruz, Redecard, Multiplus, etc., que hoje não têm mais suas ações negociadas na Bolsa de Valores brasileira.

O cálculo do prêmio de mercado é bastante sensível aos dados e à técnica que você utiliza. Como ele é uma média, se quisermos usar o histórico, ele depende de quanto tempo você volta na história para capturar o retorno médio do mercado. Também é influenciado pelo tipo de média que você utiliza, aritmética ou geométrica. Assim como o tipo de título público utilizado como taxa livre de risco pode afetar o valor do *ERP*, utiliza-se uma taxa de curto ou de longo prazo.

Quanto maior o risco de um país, maior tendem a ser as taxas de seus títulos de dívida. De maneira semelhante, maior tende a ser o prêmio que os investidores exigem como retorno para investir seus recursos nesse mercado. Para fins de comparação, vamos analisar a variação das taxas livres de risco e dos prêmios de mercado dos Estados Unidos, maior economia e mercado de ações do mundo, e do mercado brasileiro.

Para isso, apresentamos na Tabela 40 os prêmios de mercado em cada país, para curto e longo prazos. Iniciamos em 1995 devido ao período de criação do real e à maior estabilidade da economia brasileira.

Tabela 40: Prêmio de risco (ERP) dos mercados dos Estados Unidos e do Brasil.

Período	Ações – Letras do Tesouro		Ações – Bônus do Tesouro	
Estados Unidos	Aritmética	Geométrica	Aritmética	Geométrica
1995-2023	7,78%	6,16%	6,45%	4,81%
2010-2023	10,70%	9,80%	9,42%	8,51%
2017-2023	10,70%	9,27%	10,40%	8,96%
Brasil	Aritmética	Geométrica	Aritmética	Geométrica
1995-2023	3,62%	6,60%	-2,01%	0,69%
2010-2023	-3,09%	-4,49%	-4,48%	-5,91%
2017-2023	5,18%	3,86%	4,31%	2,93%

Fonte: adaptado de pages.stern.nyu.edu/~adamodar e Refinitiv Eikon.

O prêmio é dado pela diferença entre o retorno médio do mercado de ações e dos títulos da dívida soberana de cada país, tendo como base o banco de dados oferecido pelo professor Aswath Damodaran.[47] O retorno de mercado dos Estados Unidos é representado pelo retorno do índice S&P 500; no Brasil, pelo retorno do Ibovespa. A taxa livre de risco no curto prazo é representada pelas Letras do Tesouro (T-Bill nos Estados Unidos e LTF no Brasil) e, no longo prazo, pelos Bônus do Tesouro (T-Bond nos Estados Unidos e C-Bond no Brasil, ambos para 10 anos).

Para demonstrar como a forma de cálculo afeta o prêmio de risco de mercado, observe que os valores da Tabela 40 mudam quando consideramos a média aritmética ou a geométrica, assim como mudam de acordo com o pe-

---

47 Disponível em: http://pages.stern.nyu.edu/~adamodar/

ríodo de análise que estipulamos. Consideramos os seguintes períodos: (i) a partir do início de 1995, primeiro ano inteiro com o Plano Real; (ii) a partir de 2010, após a crise financeira dos Estados Unidos (crise do *subprime*); e (iii) a partir de 2017, primeiro ano após o impeachment da Dilma Rousseff, quando tivemos uma queda mais acentuada da taxa básica de juros (Selic) no Brasil.

Nos Estados Unidos, notem que o prêmio do mercado de ações sobre os títulos de longo prazo (T-Bonds) para o prazo mais longo é de 4,81%. Nos períodos de 2010-2023 e 2017-2023 o prêmio dos Estados Unidos aumenta bastante, especialmente porque o mercado de ações deles acumula altas consecutivas, ano a ano, desde 2009 até 2024 (como vimos na Figura 1 do Capítulo 1), enquanto mantém uma taxa de juros baixa. Por isso, o prêmio do mercado de ações é alto.

No Brasil, desde 1995 o prêmio de mercado médio é de apenas 0,69% ao ano.[48] Isso é explicado pelo alto patamar dos juros dos títulos públicos no final dos anos 1990 e início dos anos 2000. Em 2002, por exemplo, o Bond brasileiro oferecia 20,81% de retorno, enquanto o Ibovespa caía 17,01% naquele mesmo ano. Nosso mercado de ações é muito volátil, por isso calcular prêmio de risco com dados do Brasil é bastante desafiador.

Reduzindo o período para a janela 2010-2023, logo após sairmos dos efeitos da crise do *subprime*, observe que nosso retorno médio (geométrico) é negativo em 5,91%. Durante esse período o Ibovespa chegou a acumular cerca de 40% de queda entre 2010 e 2015, enquanto a Selic acumulou cerca de 81% de retorno. Em 2016, após o impeachment da ex-presidente Dilma Rousseff, começamos a ver uma mudança de cenário com a taxa Selic Over[49] caindo de 14,12% para 5,96% em 2019, ano antes da pandemia. Em 2020, a Selic Meta já estava em 2%, menor patamar da história, mas devido aos efeitos da recessão da pandemia. Essa variação do prêmio de risco no Brasil, inclusive com prêmios negativos, é um dos desafios de utilizar dados brasileiros para o cálculo do custo de capital. Por isso você precisa estar atento ao usar esses dados.

---

48 E isso não quer dizer que não dê para ter retornos maiores ou prêmios maiores do que isso na sua carteira de investimentos. Essa é a média do mercado, medida pelo Ibovespa, que é uma carteira teórica. Carteiras bem montadas e com risco controlado podem gerar retornos acima da taxa livre de risco. Veja o trabalho de Barros (2021).

49 Média anual da taxa de juros diária cobrada nas transações interbancárias que são realizadas com o lastro de títulos públicos.

Por isso, é prática comum no mercado financeiro brasileiro a utilização de dados dos Estados Unidos, com o acréscimo do risco-país e do efeito da inflação do Brasil a esse cálculo. Essa prática é reforçada por algumas das principais agências reguladoras (como Aneel, ANP, ANTT, entre outras), que utilizam dados do mercado americano em suas notas técnicas para fixação de taxas de retorno para as empresas sob sua regulação. Essa também é uma prática de Damodaran (2025), que calcula o prêmio de risco (ERP) para um mercado emergente por meio da adição de uma medida de risco-país ao ERP de uma economia madura (como os Estados Unidos).

Vejamos o exemplo do cálculo do ERP na prática. Vamos considerar o retorno geométrico do S&P 500 entre 1995 e 2023 (8,41%), o retorno esperado do T-Bond (10 anos) no final de abril de 2024 (3,67%), **momento em que realizamos essa análise,**[50] assim como o risco-país do Brasil naquela data (EMBI+ de 2,10%). Isso revela um prêmio de risco ($ERP_{US\$}$) para o mercado brasileiro de 6,84%, ainda em dólares.

$$E(ERP_{US\$}) = (R_m^{EUA} - R_f^{EUA}) + R_p^{BR}$$
$$E(ERP_{US\$}) = (8{,}41\% - 3{,}67\%) + 2{,}10\%$$
$$E(ERP_{US\$}) = 6{,}84\%$$

Mesmo com a inclusão do "risco Brasil" nesse cálculo, precisamos destacar **uma limitação desse modelo, que é assumir que as empresas estão igualmente expostas ao risco do país.** Por exemplo, considere que a Petrobras tem 87% das suas receitas provenientes do Brasil, enquanto a Embraer tem apenas 21%; a Alpargatas, 60%; a Natura, 71%; e assim por diante. Para maior precisão nesse cálculo, é necessário incluir um "lambda" para capturar a exposição da empresa ao risco de cada país no qual atua. Porém não vamos entrar nesse ponto aqui. Para isso, sugerimos que veja Damodaran (2025).

---

50 O custo de capital é o "custo do dinheiro" naquele momento em que você faz sua análise. Por isso, no cálculo do Beta, do prêmio de risco e do próprio custo de capital nós utilizamos informações disponíveis quando fazíamos essa análise, que era o final de abril de 2024. Já os dados de crescimento e de dividendos eram do final de 2023 porque não tínhamos dados novos depois daquela data.

Voltando ao prêmio de risco esperado para o mercado brasileiro (6,84%), precisamos lembrar mais uma vez que ele está calculado "em dólares" e naquele momento, porque o cálculo do ERP não é atemporal, isto é, precisa ser refeito para cada período, pois os retornos de mercado e do T-Bond, assim como o risco-país, mudam. Além disso, como utilizamos dados do mercado dos Estados Unidos, o ERP estimado até agora é uma medida nominal válida para o investidor americano, uma vez que ele considera o ambiente inflacionário daquele país.

Para o número ser útil a nós, brasileiros, precisamos ajustar o prêmio de mercado pelo diferencial de inflação esperada entre os países.[51] De acordo com o Boletim Focus de 26/04/2024, as expectativas dos economistas apontavam para uma inflação de 3,5% em 2027, previsão mais longa disponível. Por outro lado, o consenso da previsão dos analistas na Refinitiv para a inflação nos Estados Unidos para o ano de 2027 é de 2%. Portanto, para converter o ERP em valores nominais para o Brasil (em R$), precisamos multiplicar o ERP pela diferença de inflação, como apresentado a seguir:

$$E(ERP_{R\$}) = E(ERP_{US\$}) \times \frac{1 + Inflação_{BR}}{1 + Inflação_{EUA}}$$

$$E(ERP_{R\$}) = 6,84\% \times \frac{1,035}{1,020}$$

$$E(ERP_{R\$}) = 6,94\%$$

Assim, **o prêmio de mercado esperado em valor nominal para o Brasil em abril de 2024 era de 6,94%**, se tivermos a taxa livre de risco dos Estados Unidos como referência (T-Bond).[52] Também podemos deixar para fazer a conversão pela inflação apenas após ter calculado o custo de capital do acionista, mas decidimos já demonstrar esse procedimento aqui para podermos fazer uma comparação do ERP estimado com o ERP implícito do mercado brasileiro.

---

51 Isso se chama Princípio da Consistência no *Valuation*. Todos os *inputs* do modelo precisam estar na mesma moeda.

52 Esse é o *Equity Risk Premium* (ERP) implícito, tendo como base dados do mercado americano. Não confundir com o prêmio de risco local utilizando dados brasileiros, o qual apresentaremos no Capítulo 17.

Na Figura 51, apresentamos o prêmio de risco (ERP) implícito que é calculado mensalmente pelo Centro de Estudos Quantitativos em Economia e Finanças (CEQEF) da Fundação Getúlio Vargas (FGV).[53] Vimos que o prêmio de risco (*ERP*) é a diferença entre o retorno do mercado (R_m) e o retorno livre de risco (R_f), sendo: $ERP = R_m - R_f$. O CEQEF/FGV também segue essa formulação, mas já utiliza o retorno de mercado (R_m) do Brasil (sem adicionar o risco-país [EMBI+], pois o mercado brasileiro já seria sofisticado o suficiente para incluir o risco-país no retorno de mercado) e o T-Bond de 10 anos dos Estados Unidos como retorno livre de risco (sem adicionar o risco-país, pois ele já é capturado pelo R_m do Brasil).

O CEQEF/FGV calcula qual é o prêmio de risco existente no mercado brasileiro naquele período específico, o qual é chamado de prêmio de risco implícito (ou *Implied Equity Risk Premium*, em inglês). Note na Figura 51 que na maior parte do período entre 1995 e 2023 o ERP implícito no Brasil ficou entre 6% e 12%, especialmente a partir do ano de 2005. O menor ERP é observado em janeiro de 1995 (3,59%), e o maior, em outubro de 1998 (27,39%). Em dezembro de 2021 houve uma disparada e o ERP implícito chegou a 18,09%, regredindo até terminar o ano de 2023 em 9,27%. A média do ERP entre 2010-2023 é de 9,76%.

Figura 51: Variação do ERP implícito do Brasil – CEQEF/FGV (1995 a 2023).

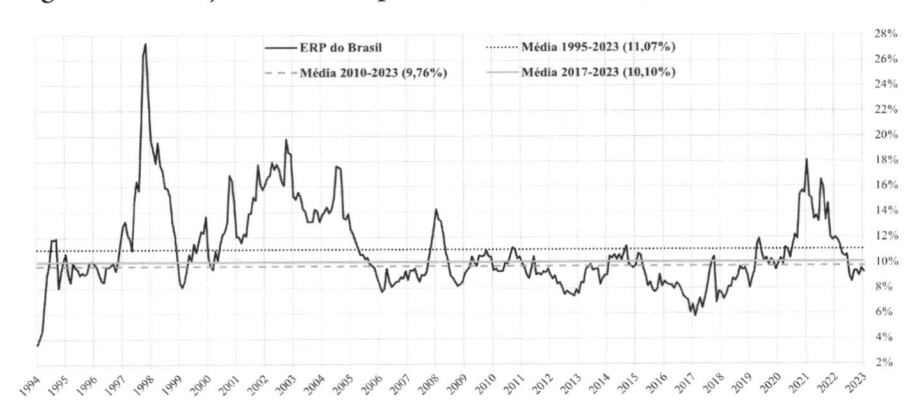

Fonte: https://ceqef.fgv.br/banco-de-dados.

---

53 O CEQEF/FGV calcula mensalmente o ERP implícito do Brasil e o disponibiliza em: https://ceqef.fgv.br. A metodologia utilizada segue Sanvicente (2017).

Em geral, **quando o prêmio de risco fica maior, significa que o mercado de ações se torna mais interessante para o investidor por apresentar melhor recompensa pelo risco**. Normalmente isso acontece em períodos de queda nas taxas de juros, como o que vimos entre 2016 e 2020 no Brasil. Isso porque o prêmio é o retorno adicional para assumir o risco que o mercado de ações oferece. Ele é uma medida média do mercado inteiro. Mas lembre-se de que cada empresa possui uma medida de risco em relação à média do mercado (conforme seção 16.2). Logo, para encontrarmos o prêmio de risco de uma empresa, devemos multiplicar seu Beta pelo prêmio de risco do mercado.

Vejamos o caso do Itaú Unibanco. Na seção anterior, vimos que o Beta de risco do banco para o período entre maio de 2019 e abril de 2024 (60 meses) foi 1,02. Isto é, o Itaú tem um risco 1,02 vezes maior do que a média do mercado. Você também viu, no cálculo anterior, que o prêmio de mercado do Brasil ajustado pelo risco-país é de 6,94%. Em seguida, multiplicando-o pelo fator de risco da empresa (1,02), encontramos o prêmio de risco esperado para o Itaú.

$Prêmio_{Itaú} = \beta + (R_m - R_f)$, ou $Prêmio_{Itaú} = \beta + ERP_m$
$Prêmio_{Itaú} = 1{,}02 \times 6{,}94\%$
$Prêmio_{Itaú} = 7{,}08\%$

No final, se o investidor espera um prêmio de 6,94%, para assumir o risco médio do mercado brasileiro, para investir no Itaú Unibanco ele deve esperar um prêmio de 7,08%, dado que o risco desse banco é 2% superior ao risco médio do mercado (Beta de 1,02).

16.4. Custo de capital

Uma vez que já conhece os componentes do custo de capital do acionista ou do retorno exigido para investir em uma empresa, você pode calcular o custo de capital próprio (ou do acionista) para a empresa que está analisando. Para isso vamos utilizar a formulação tradicional do modelo CAPM.

$$K_e = R_f + \beta \times (R_m - R_f)$$

Cabe, neste ponto, decidir pelo uso de uma taxa livre de risco e um retorno de um mercado maduro ou de dados do próprio mercado brasileiro. Para este último caso, você deve usar como R_f o retorno esperado de um ativo livre de risco. Mas não esqueça que esse título tem seu bônus fortemente atrelado ao risco e à volatilidade dos ativos brasileiros. No caso do R_m, pode-se optar pelo retorno do Ibovespa ou do IBrX-100. Nesse caso, não há a necessidade de incluir um fator de risco-país porque tais taxas de retorno já embutem esse risco.

Uma alternativa é utilizar dados de um mercado maduro, como já explicamos e preferimos, devido à maior disponibilidade e estabilidade dos dados. Nesse caso, a formulação alternativa do modelo CAPM passa a contar com um fator de risco-país em relação ao risco e prêmio de risco do mercado maduro.[54] Assim, o prêmio pelo risco-país é acrescido ao prêmio de risco dos Estados Unidos.

$$K_e^{US\$} = R_f^{EUA} + \beta \times (ERP_m^{EUA} + R_p^{BR})$$

Em que K_e é o custo de capital próprio ou retorno exigido pelo investidor; R_f^{EUA} é a taxa de retorno esperada do título de dívida dos Estados Unidos (T-Bond); β é o Beta da empresa; ERP_m^{EUA} é o prêmio de risco do mercado de ações dos Estados Unidos; e R_p^{BR} é a medida de risco-país (adicional) do Brasil em relação aos Estados Unidos.

Utilizando o caso do Itaú Unibanco para cálculo do K_e, vimos que o retorno esperado do T-Bond (R_f^{EUA}) em abril de 2024 era de 3,67%. Esse era o dado mais recente disponível quando fazíamos essa análise. Já o prêmio de risco do mercado é mais difícil de ser estimado, por isso podemos calcular o ERP para os Estados Unidos (ERP_{EUA}), que é de 4,74%, dado pela dife-

---

[54] Nessa abordagem, consideramos que a empresa está exposta ao risco-país de forma semelhante à sua exposição ao risco de mercado. Isso é observado principalmente em empresas com a maioria absoluta de suas operações desenvolvidas nesse país. Mas também há alternativas de ponderação do risco-país, inclusive entre vários países. Não aprofundamos essa discussão neste livro. Para isso, recomendamos a leitura de Damodaran (2025).

rença entre o R_m^{EUA} histórico de 8,41% (retorno médio anual do S&P 500) e a R_f^{EUA} esperada para o T-Bond de 3,67%.

O Beta (β) do Itaú foi 1,02. O risco-país do Brasil ($R_{p_{BR}}$), dado pelo EMBI+ também em abril de 2024, foi de 2,10%. Logo, o retorno esperado pelo acionista do Itaú pode ser calculado da seguinte maneira:

$$K_e^{US\$} = R_f^{EUA} + \beta \times (ERP_m^{EUA} + R_p^{BR})$$
$$K_e^{US\$} = 3{,}67\% + 1{,}02 \times (4{,}74\% + 2{,}10\%)$$
$$K_e^{US\$} = 3{,}67\% + 1{,}02 \times 6{,}84\%$$
$$K_e^{US\$} = 3{,}67\% + 6{,}98\%$$
$$K_e^{US\$} = 10{,}65\%$$

Até aqui, encontramos o custo de capital em valor nominal para o investidor americano (em dólares). Precisamos ajustar esse valor pela diferença de inflação entre os países para transformá-lo em reais, da mesma forma que demonstramos no cálculo do ERP. Para tanto, vamos utilizar o consenso da expectativa dos analistas para o ano mais distante de que dispomos, que é 2027 (4 anos à frente). De acordo com dados do Boletim Focus, a expectativa do IPCA para 2027 era de 3,5%, enquanto o consenso das previsões dos analistas na Refinitiv apontava para uma inflação de 2% nos Estados Unidos em 2027.

$$K_e^{R\$} = K_e^{US\$} \times \frac{1 + Inflação_{BR}}{1 + Inflação_{EUA}}$$
$$K_e^{R\$} = 10{,}65\% \times \frac{1{,}035}{1{,}02}$$
$$K_e^{R\$} = 10{,}81\%$$

Assim, **o custo de capital do acionista do Itaú em reais é de 10,81%**. Esse é o retorno esperado que o investidor deve ter como referência para investir na empresa, considerando o retorno de um ativo livre de risco, o risco do Itaú e o prêmio de risco do mercado brasileiro. Essa é a taxa de desconto que utilizaremos para descontar, a valor presente, os dividendos futuros que estimamos para a empresa no Capítulo 15, a fim de encontrar o valor intrínseco de suas ações.

Alternativamente, podemos fazer um teste de sensibilidade do custo de capital encontrado por meio da utilização do ERP implícito no final de 2023 (9,27%) para calcular um K_e alternativo. Ajustando a R_f^{EUA} pela diferença de inflação entre os países e substituindo a expressão $ERP_m^{EUA} + R_p^{BR}$ pelo ERP implícito, nós encontramos um K_e de 13,18%.[55] Os detalhes desse cálculo e de sua interpretação são apresentados no **Apêndice 4** do **Material Suplementar** deste livro. Digitalize o **QR Code** ao lado para ter acesso a ele.

Outra possibilidade que o investidor tem é calcular o custo de capital próprio com o uso de dados locais. Já comentamos que essa alternativa apresenta limitações devido à qualidade dos dados brasileiros, mas tem ganhado adeptos no mercado financeiro local. Para fomentar essa discussão, na seção 17.2 do próximo capítulo apresentaremos um caso real com *valuation* da Engie utilizando dados locais.

Por fim, cabe ressaltar que o cálculo do custo de capital do acionista para um investidor nada mais é do que uma aproximação do que seria um retorno esperado justo para aquele momento, considerando o retorno de um ativo livre de risco, o prêmio de risco que o mercado oferece para ativos mais arriscados e o grau de risco que a empresa representa diante do mercado de ações. Nada impede que o próprio investidor defina qual é a sua Taxa Mínima de Atratividade (ou retorno mínimo exigido).

Por exemplo: **você pode definir que seu retorno mínimo exigido para investir em qualquer ação seja de 15%**. Se a decisão de investimento é sua, também pode decidir quanto deseja receber de retorno. Mas, se essa taxa fugir à realidade do mercado naquele momento, sua decisão de investimento pode ser prejudicada. Especialmente se você está elaborando uma análise para terceiros, é prudente que estime o custo de capital a partir das informações disponíveis sobre o mercado e a empresa, justificando cada escolha feita nesse cálculo.

---

[55] $K_e = \left(3{,}67\% \times \frac{1{,}035}{1{,}020}\right) + 1{,}02 \times (9{,}27\%) = 13{,}18\%$.

16.5. Destaques

1. O custo de capital de uma empresa pode ser entendido como uma taxa mínima de atratividade esperada pelo provedor de capital (acionista).
2. O custo de capital também pode ser entendido como um custo de oportunidade para o capital do investidor.
3. O modelo CAPM continua sendo largamente utilizado nos mercados por conta de sua simplicidade e objetividade.
4. No mercado financeiro, o risco de um investimento deve ser entendido como a chance de o retorno realizado ser diferente do retorno esperado.
5. Para que o retorno de um ativo seja livre de risco, duas condições devem ser observadas: o ativo não deve possuir risco de inadimplência nem risco de reinvestimento.
6. O Beta é uma medida de dispersão dos retornos da ação em relação à dispersão do retorno médio do mercado de ações.
7. Quando Beta = 1, a empresa tem risco semelhante ao mercado; quando Beta é maior que 1, a empresa é mais arriscada que a média do mercado; e, quando Beta é menor que 1, a empresa é menos arriscada.
8. O prêmio de risco indica o excesso de retorno que o mercado de ações oferece em relação ao ativo livre de risco.
9. Os dados do mercado brasileiro são muito voláteis, por isso calcular prêmio de risco com esses dados é mais desafiador.
10. Quando o prêmio de risco fica maior, significa que o mercado de ações se torna mais interessante para o investidor.

17.
VALUATION POR DESCONTO DE DIVIDENDOS

"Preço é o que você paga, valor é o que você recebe."
WARREN BUFFETT

Avaliar uma empresa por um modelo de desconto de dividendos (MDD) não é uma das tarefas mais difíceis no mundo do *valuation*. Isso porque o MDD é bastante intuitivo. É bem mais simples entender a natureza do dividendo do que a de um Fluxo de Caixa Livre do Acionista (FCLA) ou Fluxo de Caixa Livre da Firma (FCLF). Além disso, o lucro e o próprio fluxo de caixa livre são frequentemente mais afetados por uma série de outros eventos não recorrentes. É claro que o dividendo também pode receber influência dos não recorrentes, mas, como vimos que ele é mais persistente, os efeitos desses eventos sobre os dividendos tendem a ser menores.

Como você viu no Capítulo 13, o valor intrínseco de uma ação é igual ao valor presente do somatório dos dividendos esperados ao longo de um período explícito com o valor residual da ação após esse período. A Figura 52 sintetiza graficamente o modelo de desconto de dividendos (MDD). É possível observar os principais *inputs* dessa análise: dividendos (como fluxos de caixa para o investidor), taxas de crescimento (como alto crescimento e crescimento estável) e custo de capital do acionista (como retorno exigido, dado o risco da empresa).

Perceba que o valor da empresa é função dos dividendos esperados ao longo do tempo n (1, 2, 3, 4, ... n), cuja taxa de crescimento nesse período explícito tende a ser maior do que a taxa de crescimento da economia do país e pode ser estimada por meio do histórico de lucros da empresa, das expectativas dos analistas ou da qualidade dos fundamentos da empresa. Depois desse período, o dividendo continua crescendo a uma taxa estável e constante, convergindo à taxa de crescimento da economia e servindo de base para a determinação do valor residual da empresa após o período explícito de alto crescimento.

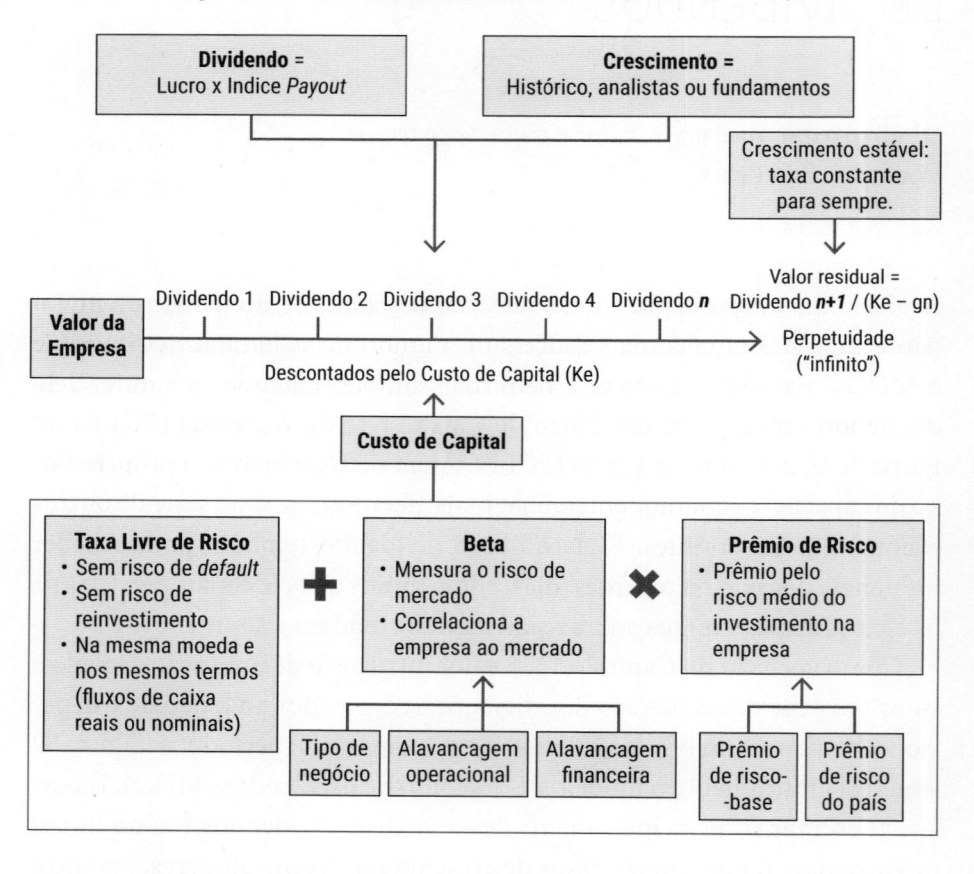

Figura 52: Modelo de desconto de dividendos (MDD).

```
┌─────────────────────────┐      ┌──────────────────────────────────┐
│ Dividendo =             │      │ Crescimento =                    │
│ Lucro x Indice Payout   │      │ Histórico, analistas ou fundamentos│
└─────────────────────────┘      └──────────────────────────────────┘
                                              │
                                              │   ┌──────────────────┐
                                              │   │ Crescimento estável:│
                                              │   │ taxa constante    │
                                              │   │ para sempre.      │
                                              │   └──────────────────┘
                                              ▼              ▼
                                                   Valor residual =
        Dividendo 1  Dividendo 2  Dividendo 3  Dividendo 4  Dividendo n  Dividendo n+1 / (Ke − gn)
Valor da  │           │           │           │           │
Empresa   │           │           │           │           │──────► Perpetuidade
                Descontados pelo Custo de Capital (Ke)              ("infinito")
                                    ▲
                          ┌──────────────────┐
                          │ Custo de Capital │
                          └──────────────────┘
```

Taxa Livre de Risco	Beta	Prêmio de Risco
• Sem risco de *default* • Sem risco de reinvestimento • Na mesma moeda e nos mesmos termos (fluxos de caixa reais ou nominais)	• Mensura o risco de mercado • Correlaciona a empresa ao mercado	• Prêmio pelo risco médio do investimento na empresa
	Tipo de negócio / Alavancagem operacional / Alavancagem financeira	Prêmio de risco-base / Prêmio de risco do país

(+ entre Taxa Livre de Risco e Beta; × entre Beta e Prêmio de Risco)

Ao longo dos *n* períodos, tanto os dividendos estimados quanto o valor residual da empresa são calculados em valores futuros, para datas futuras. Como desejamos saber o valor da empresa hoje, precisamos descontar tudo isso, ou trazer os dividendos do futuro a valor presente, por um custo de capital (taxa de desconto) que reflita adequadamente o custo de oportunidade que o investidor tem ao decidir investir nessa empresa. Vimos no Capítulo 16 que podemos calcular esse custo utilizando o modelo CAPM, partindo de uma taxa livre de risco, do Beta da empresa e do prêmio de risco que o mercado de ações do Brasil oferece historicamente aos investidores.

Cada uma das entradas no modelo (*inputs*) é suscetível a alterações à medida que novas informações são divulgadas sobre a empresa, sobre seus concorrentes e até mesmo sobre a economia do país. Por essa razão, nenhum *valuation* é atemporal, isto é, ele não pode ser tomado como permanente ou imutável ao longo do tempo. Essas expectativas devem ser analisadas e trazidas para a avaliação sempre que apresentarem mudanças. Por exemplo, se houver alteração na taxa básica de juros (Selic) para conter o avanço da inflação no país, o custo de capital do acionista mudará, assim como o valor esperado da ação.

Essas mudanças podem afetar até o modelo de negócio da empresa. Se, por exemplo, a empresa em análise é um banco, o volume de fluxos de caixa gerados pela empresa tende a ser afetado pela mudança na Selic. Por essa razão, **é extremamente importante conhecer bem o modelo de negócio da empresa**, como funciona a dinâmica do seu setor, assim como os efeitos que tais informações podem causar sobre os números da empresa. São exemplos de informações relevantes que podem afetar o valor de uma empresa:

a) **Informações específicas sobre a empresa**
- Novos relatórios de resultados (maior lucro, endividamento, etc.);
- Alterações nos fundamentos (mudanças do perfil de risco, de retorno, etc.);
- Alterações em sua estrutura (reorganização, novos negócios e produtos, etc.).

b) **Informações abrangentes sobre o setor**
- Mudanças nas leis e regulamentos (abertura do setor, maior tributação, etc.);
- Mudanças concorrenciais (chegada de concorrentes, fusões e aquisições, etc.);
- Mudanças tecnológicas ("digitalização", mudança de hábitos, etc.).

c) **Informações sobre a economia do país**
- Mudanças nas taxas de juros (variação da Selic, taxas subsidiadas, etc.);
- Variação dos prêmios de risco (desempenho da bolsa, risco-país, etc.);
- Efeitos do (de)crescimento econômico (variação do PIB, do câmbio, etc.).

Ao longo deste livro, mostramos passo a passo quais são as principais informações que devemos observar quando fazemos a avaliação de uma empresa. Vimos como identificar que uma empresa está descontada, comparando-a com outras empresas, assim como calculamos e discutimos individualmente os *inputs* do Modelo de Desconto de Dividendos (MDD). Para finalizar o *valuation*, podemos dizer que não basta apenas calcular cada um dos *inputs* desse modelo e jogá-los em uma planilha qualquer.

Você precisa analisar criticamente cada um deles, averiguando se são razoáveis, se fazem sentido, para só depois unir todos eles no MDD e, mais uma vez, analisar esse conjunto criticamente. As mudanças de cenário afetam seu *valuation*, por isso é preciso reavaliá-lo periodicamente. Seremos repetitivos neste ponto: por mais que o modelo de *valuation* (qualquer um deles) seja numérico, quantitativo, há muita subjetividade ali dentro que precisa ser bem refletida e fundamentada para que o *valuation* seja confiável.

Por isso **você precisa conhecer muito bem a empresa e ter confiança de que aqueles números representam adequadamente** os dividendos esperados, a taxa de crescimento esperada, assim como o custo de oportunidade para o seu capital. E, aliado a isso, revisar todas essas premissas e números sempre que o contexto apresentar mudanças, seja sobre a empresa, o setor ou a economia do país.

Vejamos como estimar um MDD na prática por meio de dois casos reais. Primeiro vamos utilizar todos os *inputs* que já calculamos para o Itaú Unibanco, inclusive o custo de capital do acionista (K_e) com dados de um mercado desenvolvido. Depois vamos analisar o caso da Engie utilizando dados locais para estimação do K_e.

17.1. O caso Itaú: utilizando dados de um mercado desenvolvido

Já argumentamos que **o processo de *valuation* vai além de montar uma planilha com os números da empresa**. Mesmo assim é importante relembrar que para fazer o *valuation* de uma empresa você deve conhecer a dinâmica e as perspectivas do seu setor e as principais empresas concorrentes, assim como deve conhecer profundamente o modelo de negócio e o modelo contábil da empresa. Isso lhe dará segurança para formar opinião sobre os potenciais de geração de lucros e pagamento de dividendos.

Uma boa análise por múltiplos pode ajudá-lo a não cair em armadilhas, especialmente aquelas relacionadas aos múltiplos de dividendos. Essa análise pode ser feita antes (como filtro para a seleção de empresas descontadas que serão analisadas em mais detalhes) ou após o *valuation* por um modelo de desconto de fluxos de caixa (como instrumento de comparação e validação). Um investidor bem informado sobre os fundamentos de sua empresa tem mais segurança em seguir a sua estratégia de investimento, aproveitando as oportunidades que o mercado lhe oferece em momentos de crise.

Como essas etapas já foram detalhadas nos capítulos anteriores, no exemplo prático desta seção vamos focar apenas na construção do Modelo de Desconto de Dividendos (MDD) para o Itaú Unibanco, tendo como base os *inputs* que já calculamos. Assim, vamos revisar as premissas apresentadas e discutidas, além de unir todos esses *inputs* para chegar ao valor intrínseco da ação do Itaú em dois contextos: (i) considerando um crescimento constante dos dividendos no período de alto crescimento; e (ii) considerando um crescimento decrescente de acordo com o modelo H.

Para realizar o *valuation* do Itaú, levantamos o histórico de lucros e distribuição de dividendos da empresa. Com base em informações disponibilizadas pelo próprio Itaú, verificamos que entre os anos de 2009 e 2023 o lucro líquido cresceu a uma taxa composta de 9,12% ao ano. Também identificamos que a política de dividendos da empresa passou por modificações nesse período, sendo possível identificar um *dividend payout* médio de 51,3% desde a última modificação (2017-2023), período no qual a empresa declarou que passou a distribuir maior volume de dividendos e que tende a manter um *payout* próximo a esse volume.

Esses pressupostos foram detalhados no Capítulo 14, no qual apresentamos as formas de cálculo da taxa de crescimento dos dividendos de uma empresa. Neste *valuation* preferimos utilizar a taxa de crescimento histórico dos lucros à taxa de crescimento histórico dos dividendos porque a empresa realizou várias modificações em seu *payout* ao longo do período, o que distorceu a taxa de crescimento dos dividendos. Usamos uma taxa geométrica porque ela é mais sensível às mudanças recentes nos padrões de lucros da empresa.

A partir do último lucro líquido disponível, calculamos o Lucro por Ação (LPA) considerando a quantidade de ações em circulação no final de 2023, chegando a um LPA de R$ 3,63. Em seguida, estimamos o LPA para os próximos 10 anos com base na taxa de crescimento de 9,12%. Assumimos o pressuposto de que é razoável que o Itaú consiga crescer a essa taxa nos próximos 10 anos, considerando que o crescimento histórico dos lucros do setor de bancos entre 2009-2023 foi de 9,16% a.a. Na sequência, após o fim do período de alto crescimento (2033), assumimos que o Itaú passe a crescer de forma estável, a uma taxa equivalente ao crescimento projetado para o PIB do Brasil, cuja estimativa mais distante quando fazemos este *valuation* é de 2% (2027).

O cálculo do Dividendo por Ação (DPA) esperado para os próximos anos foi detalhado no Capítulo 15, em que assumimos que o *dividend payout* médio do Itaú nos próximos anos será de 51,3%. Considerando o LPA reportado pelo Itaú para 2023 (R$ 3,63), nosso ano de referência, o crescimento esperado (9,12%) e o *payout* médio de 51,3%, o LPA esperado para 2024 é de R$ 3,96 e o DPA esperado para esse ano é de R$ 2,03 (chegando a R$ 4,46 em 2033), conforme a Tabela 41.

Depois do período de alto crescimento dos dividendos, calculamos o valor residual da ação do Itaú. A partir do último dividendo do período de alto crescimento (R$ 4,46 em 2033), estimamos o DPA na perpetuidade com a taxa de crescimento estável de 2%, chegando a R$ 4,55. Ainda, conforme apresentado no Capítulo 15, calculamos o valor residual da ação do Itaú como R$ 51,64. Porém, tanto os dividendos estimados quanto esse valor residual (itens "d" e "k" da Tabela 41) estão em valores futuros. Precisamos descontá-los a valor presente por meio de uma taxa que reflita o custo de oportunidade do nosso capital.

Tabela 41: *Valuation* do Itaú por MDD com alto crescimento constante.

Plano A: Valor presente dos dividendos esperados no período de alto crescimento										
Ano	2024E	2025E	2026E	2027E	2028E	2029E	2030E	2031E	2032E	2033E
Período (n)	1	2	3	4	5	6	7	8	9	10
a) % Alto crescimento	9,12%	9,12%	9,12%	9,12%	9,12%	9,12%	9,12%	9,12%	9,12%	9,12%
b) Lucro por ação	R$ 3,96	R$ 4,33	R$ 4,72	R$ 5,15	R$ 5,62	R$ 6,13	R$ 6,69	R$ 7,30	R$ 7,97	R$ 8,70
c) % *Dividend payout*	51,3%	51,3%	51,3%	51,3%	51,3%	51,3%	51,3%	51,3%	51,3%	51,3%
d) Dividendo por ação (bXc)	R$ 2,03	R$ 2,22	R$ 2,42	R$ 2,64	R$ 2,88	R$ 3,15	R$ 3,43	R$ 3,75	R$ 4,09	R$ 4,46
e) % Custo de capital	10,81%	10,81%	10,81%	10,81%	10,81%	10,81%	10,81%	10,81%	10,81%	10,81%
f) Taxa de desconto $(1+e)^n$	1,1081	1,2279	1,3606	1,5077	1,6707	1,8513	2,0514	2,2732	2,5189	2,7912
g) Valor presente do DPA	R$ 1,83	R$ 1,81	R$ 1,78	R$ 1,75	R$ 1,73	R$ 1,70	R$ 1,67	R$ 1,65	R$ 1,62	R$ 1,60

Plano B: Valor residual no período de crescimento estável		
Valor residual = $\dfrac{DPA_{t+1}}{(K_e - g_n)}$		
h) Último DPA no período de alto crescimento (2033E)		R$ 4,46
i) % Crescimento estável		2%
j) DPA na perpetuidade (hXi)		R$ 4,55
k) Valor residual (j/(e-i))		R$ 51,64
l) Valor presente do Valor Residual		R$ 18,50

Plano C: Valor intrínseco da ação		
Valor da ação = $\sum_{t=1}^{t=n} \dfrac{E(Dividendos_t)}{(1+K_e)^t} + \dfrac{Valor\ residual}{(1+K_e)^n}$		
m) Σ Valor presente do DPA (g)		R$ 17,14	48,1%
n) Valor residual (l)		R$ 18,50	51,9%
o) Valor intrínseco da ação		R$ 35,64	100,0%
p) Preço da ITUB4 30/abr/2024		R$ 31,36	
q) *Upside* da ação		13,64%	

Essa taxa de desconto é o custo de capital do acionista, que calculamos no Capítulo 16. Utilizamos dados de um mercado maduro (Estados Unidos) para identificar a taxa livre de risco, o risco de mercado do Itaú, o prêmio de risco de um mercado maduro, o risco-país do Brasil e a diferença de inflação entre o mercado maduro e o brasileiro. Com auxílio do modelo CAPM, calculamos um custo de capital do acionista de 10,81%, o qual representa o retorno exigido pelo investidor para assumir o risco de investimento do Itaú no momento dessa análise.

Para trazer os dividendos esperados a valor presente, cada DPA esperado é dividido por um fator que é dado pela soma de 1 mais o custo de capital, elevado à quantidade de períodos de desconto, sendo $(1 + K_e)^t$. A taxa de desconto e o valor presente de cada DPA são apresentados nos itens "f" e "g", respectivamente, da Tabela 41. Já o valor residual é trazido a valor presente, por meio do desconto, por um fator dado pela soma de 1 mais o custo de capital, elevado à quantidade total de períodos, sendo $(1 + K_e)^n$. O valor presente do valor residual do Itaú é apresentado no item "l" da Tabela 41.

Finalmente, **o valor intrínseco (também chamado de preço-alvo) da ação do Itaú é R$ 35,64** (item "o"), encontrado por meio do somatório dos valores presentes de cada DPA esperado (R$ 17,14 no item "m") com o valor presente do valor residual da ação (R$ 18,50 no item "n"). Observe que cerca de metade desse valor intrínseco é composta pelos dividendos esperados nos próximos 10 anos (48,1%) e a outra metade é representada pelo valor residual da ação (51,9%). Isso sugere que você pode recuperar metade do valor estimado para a ação apenas com o recebimento de dividendos nos próximos 10 anos.

No dia 30 de abril de 2023, a ação preferencial do Itaú (ITUB4) era negociada na Bolsa de Valores pelo **preço de R$ 31,36**. Considerando os pressupostos que assumimos em nosso *valuation*, acreditando que a ação tenha um **valor intrínseco de R$ 35,64**, notamos que o potencial de valorização da ação (*upside*) até chegar ao seu valor justo (preço-alvo ou *target price*) estimado era de 13,64%. Tomamos como referência o preço no dia em que fizemos a análise, pois o que importa é o momento no qual o investidor toma sua decisão de investimento.

Mas o que aconteceria se o Itaú Unibanco não conseguisse manter esse patamar de crescimento médio anual de 9,12% nos próximos 10

anos? Conhecendo a dinâmica e a perspectiva do setor, você pode presumir que o aumento da competitividade no setor bancário pode fazer com que o Itaú seja forçado a reduzir suas margens para manter a sua participação no mercado, o que poderia fazer com que seu LPA crescesse a taxas menores e, consequentemente, que seus dividendos esperados sejam também menores ao longo dos anos.

No Capítulo 16, apresentamos o modelo H, que é útil para estimar fluxos de caixa futuros com uma taxa de crescimento decrescente de forma linear ao longo do tempo. Você pode partir da taxa atual de crescimento do LPA (9,12%) e reduzi-la de forma linear até ela equivaler à taxa de crescimento esperado do PIB do país a longo prazo. Observe na Tabela 42 (item "a") que essa taxa decresce cerca de 0,71% a cada ano, chegando a 2,71% em 2033. Consequentemente, a partir de 2034, quando a empresa entra no estágio de crescimento estável (na perpetuidade), seus dividendos passam a crescer à taxa estável (constante) de 2% (2,71% – 0,71%), crescimento esperado para o PIB em 2027.

Note na Tabela 42 que o LPA em cada ano é menor do que aquele apresentado na Tabela 41. O LPA esperado para 2033 passa a ser de R$ 6,44 (ante R$ 8,70) e o DPA esperado para aquele ano também passa a ser menor (R$ 3,30 contra R$ 4,46). Como consequência, o somatório do valor presente dos dividendos esperados é menor (R$ 15,48 no item "m"), assim como é menor o valor presente do valor residual (R$ 13,69 no item "n"). Assim, o valor intrínseco da ação do Itaú (ITUB4) passa a ser R$ 29,18, o que representa um potencial negativo de valorização [ou desvalorização (*downside*)] de 6,96% em relação ao preço de R$ 31,36.

Perceba como até a representatividade do valor residual passa a ser menor no valor intrínseco da ação do Itaú (46,9% ante 51,9%). Isso demonstra como o potencial de crescimento dos fluxos de caixa é importante para a criação de valor para o acionista. Se a empresa tem maior expectativa de crescimento, seu valor residual futuro também tende a ser maior. Por outro lado, os dividendos têm maior importância em uma decisão de investimento quando a empresa possui uma taxa de crescimento decrescente, pois são menores as chances de o investidor recuperar a maior parte do seu investimento com a venda da ação no futuro (por meio do valor residual).

Tabela 42: *Valuation* do Itaú por MDD com alto crescimento decrescente.

Plano A: Valor presente dos dividendos esperados no período de alto crescimento										
Ano	2024E	2025E	2026E	2027E	2028E	2029E	2030E	2031E	2032E	2033E
Período (n)	1	2	3	4	5	6	7	8	9	10
a) % Alto crescimento	9,12%	8,41%	7,70%	6,99%	6,27%	5,56%	4,85%	4,14%	3,42%	2,71%
b) Lucro por ação	R$ 3,96	R$ 4,29	R$ 4,63	R$ 4,95	R$ 5,26	R$ 5,55	R$ 5,82	R$ 6,06	R$ 6,27	R$ 6,44
c) *Dividend payout*	51,3%	51,3%	51,3%	51,3%	51,3%	51,3%	51,3%	51,3%	51,3%	51,3%
d) Dividendo por ação (bXc)	R$ 2,03	R$ 2,20	R$ 2,37	R$ 2,54	R$ 2,70	R$ 2,85	R$ 2,98	R$ 3,11	R$ 3,21	R$ 3,30
e) % Custo de capital	10,81%	10,81%	10,81%	10,81%	10,81%	10,81%	10,81%	10,81%	10,81%	10,81%
f) Taxa de desconto (1+e)^n	1,1081	1,2279	1,3606	1,5077	1,6707	1,8513	2,0514	2,2732	2,5189	2,7912
g) **Valor presente do DPA**	**R$ 1,83**	**R$ 1,79**	**R$ 1,74**	**R$ 1,68**	**R$ 1,61**	**R$ 1,54**	**R$ 1,45**	**R$ 1,37**	**R$ 1,28**	**R$ 1,18**

Plano B: Valor residual no período de crescimento estável	
$\text{Valor residual} = \dfrac{DPA_{t+1}}{(K_e - g_n)}$	
h) Último DPA no período de alto crescimento (2033E)	R$ 3,30
i) % Crescimento estável	2%
j) DPA na perpetuidade (hXi)	R$ 3,37
k) Valor residual (j/(e-i))	R$ 38,22
l) **Valor presente do Valor Residual**	**R$ 13,69**

Plano C: Valor intrínseco da ação	
$\text{Valor da ação} = \displaystyle\sum_{t=1}^{t=n} \dfrac{E(Dividendos)_t}{(1+K_e)^t} + \dfrac{\text{Valor residual}}{(1+K_e)^n}$	
m) Σ Valor presente do DPA (g)	R$ 15,48	53,1%
n) Valor residual (l)	R$ 13,69	46,9%
o) **Valor intrínseco da ação**	**R$ 29,18**	**100,0%**
p) Preço da ITUB4 30/abr/2024	R$ 31,36	
q) *Downside da ação*	-6,96%	

Você pode estar se perguntando: **qual padrão de crescimento devo utilizar, então?** A escolha do padrão de crescimento depende do seu conhecimento sobre a dinâmica e as perspectivas do setor, assim como sobre o modelo de negócio da empresa. Assumir uma taxa constante de crescimento ao longo dos próximos 10 anos não é exclusivamente um problema, desde que você considere que esse é um crescimento médio e que ele é sensível às mudanças recentes nos lucros da empresa. Como vimos no Capítulo 14, a taxa de crescimento histórico estimada por meio de uma média geométrica tem essas características.

Além disso, não devemos esquecer que qualquer processo de *valuation* nada mais é do que um processo de "aproximação de valor". *Valuation* é uma opinião sobre quanto vale uma empresa, baseada nos fundamentos que você enxerga sobre essa empresa. Certa vez, Alexandre Póvoa, CEO da Valorando Consultoria, questionou em sua coluna na revista *Capital Aberto*: "**Será que só existe um valor para uma empresa?**" (Póvoa, 2021). Para ele, *valuation* não combina com a precisão ou o preciosismo de contar centavos para acertar "na mosca" o preço justo de uma ação. O mais importante desse processo é conseguir chegar a uma região de valor correta.

Por isso, é importante usar também a análise de múltiplos e não trabalhar apenas com um cenário no seu MDD. Considere usar um cenário-base, em que você mais acredita, mas também considerar, pelo menos e por exemplo, um cenário de crescimento mais pessimista e um outro mais pessimista, para você saber melhor onde está "pisando". É disso que trataremos na próxima seção.

17.1.1. Análise de sensibilidade do valor intrínseco

O processo de *valuation* é subjetivo, embora devamos nos cercar de todas as informações e ferramentas úteis para que evitemos vieses e distrações em nossa análise. Mas é claro que devemos considerar alguma margem de erro. Durante o *valuation* você pode ter sido otimista (ou pessimista) com a taxa de crescimento, ou até mesmo pessimista (ou otimista) com o custo de capital. Para evitar prejuízo em uma decisão de investimento, você pode utilizar duas estratégias: (i) assumir uma margem de segurança como percentual do valor intrínseco (+5% e -5%, por exemplo); ou (ii) construir uma matriz de sensibilidade do valor intrínseco em relação à taxa de crescimento e ao custo de capital.[56]

A primeira estratégia para evitar uma decisão de investimento equivocada é assumir uma margem de segurança. Seguindo o exemplo do Itaú, encontramos um valor intrínseco de R$ 35,64 para a ação. Podemos assumir uma margem de segurança de 5% para mais e para menos para chegarmos a uma região de valor (se 5%, 10% ou qualquer outro valor, é você quem decide). A faixa inferior de valor para esse caso seria de R$ 33,86 (ou R$ 35,64 – 5%) e a faixa superior seria de R$ 37,42 (ou R$ 35,64 + 5%).

Podemos, ainda, assumir valores mais fáceis de serem lembrados, sem os centavos quebrados. Por exemplo, R$ 33 e R$ 37. Dessa forma, a ITUB4 só estaria interessante para uma compra descontada se o seu preço na Bolsa de Valores estivesse abaixo de R$ 33. Por outro lado, se você tivesse a ação e desejasse saber em que momento ela poderia estar cara e se tornar uma venda interessante, teria de observar o preço de R$ 37. Mas, se o preço da ação do Itaú estivesse dentro do intervalo de R$ 33 a R$ 37, poderia assumir que a ação estaria sendo negociada por um valor justo no mercado.

A segunda estratégia de definição da região de valor é a que mais gostamos. Trata-se da matriz de sensibilidade do valor intrínseco da ação, considerando a variação da taxa de crescimento esperada e do custo de capital do acionista. Para a sua construção, consideramos os dados apresentados na Tabela 41, tendo como referências a taxa de crescimento constante de 9,12% e o custo de capital do acionista de 10,81%. Como vimos, com esses *inputs* encontramos um valor intrínseco de R$ 35,64 para a ITUB4.

Na Tabela 43, você pode observar uma matriz de sensibilidade. Para a sua construção, você precisa substituir cada um dos valores de taxa de crescimento e de custo de capital no MDD, de acordo com as combinações apresentadas na matriz. Note que a matriz considera a variação de cada taxa em 0,5%, para cima e para baixo. Mas você pode definir a variação que julgar mais adequada. Com isso, é possível avaliar os efeitos de cada uma dessas taxas no valor.

---

[56] Apesar de não explorarmos isso neste livro, é possível usar também uma técnica chamada de Simulação de Monte Carlo. Deixamos como sugestão para você aprofundar ainda mais o seu estudo.

Tabela 43: Matriz de sensibilidade do valor intrínseco do Itaú.

Valor da Ação		Taxa de Crescimento				
		8,12%	8,62%	9,12%	9,62%	10,12%
Custo de Capital do Acionista	9,81%	37,96	39,38	40,85	42,37	**43,95**
	10,31%	35,43	36,73	**38,08**	39,48	40,93
	10,81%	33,19	**34,39**	**35,64**	**36,93**	38,27
	11,31%	31,20	32,31	**33,46**	34,66	35,90
	11,81%	**29,41**	30,45	31,52	32,63	33,79

Em geral, quanto maior é o crescimento, maior é o valor da ação. Por outro lado, quanto menor é o custo de capital (ou taxa de desconto), maior é o valor da ação. Note que o maior valor na matriz é R$ 43,95, caso a taxa de crescimento do lucro seja 10,12% e o custo de capital seja 9,81%. Porém, se o crescimento for de apenas 8,12% e o custo de capital aumentar para 11,81%, o valor da ação será reduzido para R$ 29,41.

Se o custo de capital permanecer no atual patamar em 10,81%, mas o crescimento cair para 8,62%, o valor da ação passará a ser R$ 34,39. Mas, se a empresa conseguir aumentar a taxa de crescimento do seu lucro para 9,62% mantendo o atual custo de capital (10,81%), o valor de sua ação será R$ 36,93. A mesma análise pode ser feita mantendo a taxa de crescimento em 9,12% e variando o custo de capital. Se o custo de capital for 11,31% (com g = 9,12%), o valor da ação será R$ 33,46. Mas, se o custo for reduzido a 10,31% (com g = 9,12%), o valor da ação será R$ 38,08.

O que faz a taxa de crescimento do lucro aumentar? Maior Retorno sobre o Patrimônio Líquido (ROE) e maior reinvestimento dos lucros. Se a empresa tem uma boa gestão, que consegue entregar maior retorno, poderá reinvestir mais lucros e fazer com que sua ação tenha um valor maior. Isso pode ser chamado de geração de valor ao acionista. **O que faz o custo de capital do acionista diminuir?** A redução do retorno do ativo livre de risco (taxa livre de risco), do risco do ativo (b), do risco da empresa ou mesmo do risco-país. Por exemplo, quando há redução da taxa de juros, o valor dos ativos de risco (como ações) tende a aumentar.

Essa análise de sensibilidade é importante para identificar os *drivers* de valor da empresa. Você pode, por exemplo, avaliar o impacto que uma possível alteração da taxa básica de juros pode ocasionar no valor esperado da ação. Pode, ainda, simular qual seria o impacto no valor da ação se a empresa mudasse sua política de dividendos, alterando seu *payout* de 51,3% para 31,5% (antiga política de dividendos). Isso faria a empresa reinvestir um volume maior de lucros, o que afetaria diretamente sua taxa de crescimento (vimos isso no Capítulo 14). A criatividade, aqui, não tem limites. Quanto mais conhecer sobre o setor e o modelo de negócio da empresa, maiores e melhores serão as possibilidades de análise.

17.1.2. Análise de validação com múltiplos

Neste livro, demonstramos como os múltiplos de lucros e de dividendos podem ser utilizados para a análise relativa, no sentido de identificar em um setor (ou grupo de empresas) as empresas que podem estar subavaliadas pelo mercado. Geralmente isso é feito quando estamos em busca de empresas descontadas, utilizando esses múltiplos como filtros para a comparação das empresas e seleção daquelas com melhores fundamentos para uma análise mais profunda e detalhada.

Porém você já pode ter uma empresa como foco de análise, seja porque já é acionista ou porque está interessado em ser, ou mesmo porque foi contratado para avaliar a empresa. Nesses casos, é comum que uma análise prévia dos fundamentos da empresa seja realizada e que progrida para um *valuation* por algum modelo de desconto de fluxos de caixa. Essa análise prévia já pode incluir uma análise de múltiplos ou, caso não contemple, a análise de múltiplos pode ser utilizada como meio de teste ou de validação do *valuation* por um modelo de desconto de fluxos de caixa, como é o caso do MDD.

Vamos demonstrar como isso pode ser feito utilizando o exemplo do Itaú Unibanco. Para tal, utilizamos alguns dos múltiplos de lucros e dividendos explicados no Capítulo 10. Nessa análise, os fundamentos de lucros e de dividendos do Itaú são analisados de duas formas: (i) comparando-se os múltiplos atuais com o histórico do próprio banco, em busca de identificar tendências de melhoria ou piora dos fundamentos da empresa; e (ii) comparando-se a evolução dos múltiplos do Itaú com as medianas dos múltiplos do setor de bancos, em busca de identificar se o Itaú está melhor ou pior que o setor.

Nesse exemplo de análise, o setor foi composto por 21 empresas que estavam listadas no setor "Bancos" da Refinitiv Eikon, de acordo com o Sistema Norte-Americano de Classificação de Atividades Econômicas (NAICS). Fizeram parte do grupo de empresas todas aquelas que possuíam dados necessários para a análise. Também decidimos utilizar a mediana em vez da média de cada múltiplo, pelo fato de a média ser sensível a valores extremos. Entre os 21 bancos, alguns apresentavam valores extremos, seja no P/L, no PEG ou mesmo no RTA, por exemplo. O uso da mediana evita a distorção desses múltiplos.

A Figura 53 apresenta os gráficos dos múltiplos de lucros do Itaú e do setor de bancos: Margem Líquida (ML), Retorno sobre o Patrimônio Líquido (ROE), Preço/Lucro (P/L) e Preço/Lucro/Crescimento (PEG). No plano superior do gráfico, note que a ML do Itaú (em preto) é maior que a mediana do setor (em cinza), tendo permeado com frequência o intervalo entre 15% e 17,5%. Veja como podemos observar o distanciamento entre o Itaú e o setor entre os anos de 2013 e 2018. Em 2022 e 2023 o Itaú ficou com ML menor, porém ainda bem acima da mediana do setor em cada um desses anos. Ao final de 2023 o Itaú tinha ML de 12,18% e a mediana do setor era de 7,9%.

Figura 53: Múltiplos de lucros do setor bancário e do Itaú (2009 a 2023).

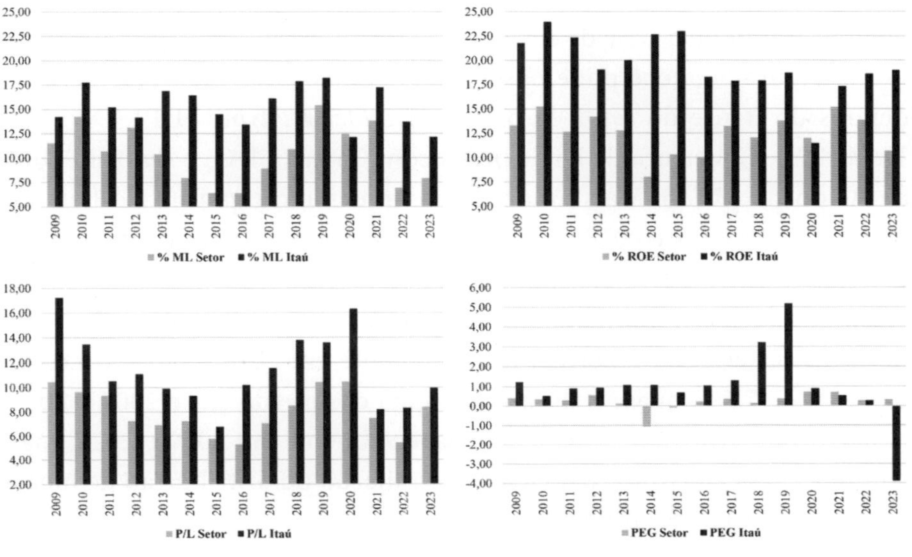

Fonte: dados da Refinitiv Eikon.

O ROE do Itaú também foi significativamente maior do que a mediana do setor. Em apenas 2 dos 15 anos analisados o ROE do Itaú foi inferior a 17,5%, sendo que em 2021 ele ficou bem próximo disso (17,29%). Por outro lado, a mediana do setor ficou perto de 12,5% ao longo desse período. Em 2023, o ROE do Itaú era de 18,98%, enquanto a mediana do setor era de 10,68%.

Mas como essa observação pode ser útil para o seu *valuation*? Lembre-se de que o crescimento é determinado pelo ROE e pelo reinvestimento dos lucros. Há uma visível queda no ROE do Itaú a partir de 2016, porém parece que ele ficou estável perto de 17,5%. Então, você pode utilizar essa tendência para avaliar a adequação da taxa de crescimento de 9,12% utilizada no processo de *valuation* do Itaú.

Outros elementos do modelo de negócio da empresa podem dar suporte à utilização da taxa identificada. No que se refere ao lucro, note que os índices P/L e PEG do Itaú são superiores à mediana do setor, o que, nesse caso, é ruim. Quanto menores são esses indicadores, mais barata parece ser a empresa. O que podemos entender é que o investidor tende a pagar um preço mais alto pelo lucro e pelo crescimento do Itaú. Ademais, note que o PEG do banco aumenta consideravelmente entre 2017 e 2019, período em que o banco mudou sua política de dividendos (distribuindo mais e reinvestindo menos lucro), porém tem uma forte queda a partir de 2020, quando enfrentou a crise de covid-19.

Na Figura 54, você pode observar os gráficos dos múltiplos de dividendos do Itaú e do setor de bancos: *Dividend Payout* (DP), *Dividend Yield* (DY), Cobertura de Dividendos com Caixa (CDC) e Retorno Total ao Acionista (RTA). Mais uma vez, observe como o *payout* do Itaú aumentou entre 2017 e 2019 (com alguma consequência de pagamento em 2020). Até 2016, o Itaú distribuía cerca de 35% dos lucros, assim como o setor de bancos. O aumento do *payout* também determinou o aumento do *dividend yield* da empresa. Especialmente em 2018 e 2019, o DY foi de cerca de 7,5%, quase o dobro da média observada entre 2009 e 2014. A partir de 2020 o DY volta a cair, especialmente em 2020 e 2021, mas, como já explicamos, sofre o efeito da limitação de distribuição de lucros imposta pelo CMN. Em suma, tudo isso ratifica o pressuposto de que o Itaú tende a reinvestir menos lucros e, como consequência, distribuir mais dividendos nos próximos anos.

Figura 54: Múltiplos de dividendos do setor bancário e do Itaú (2009 a 2023).

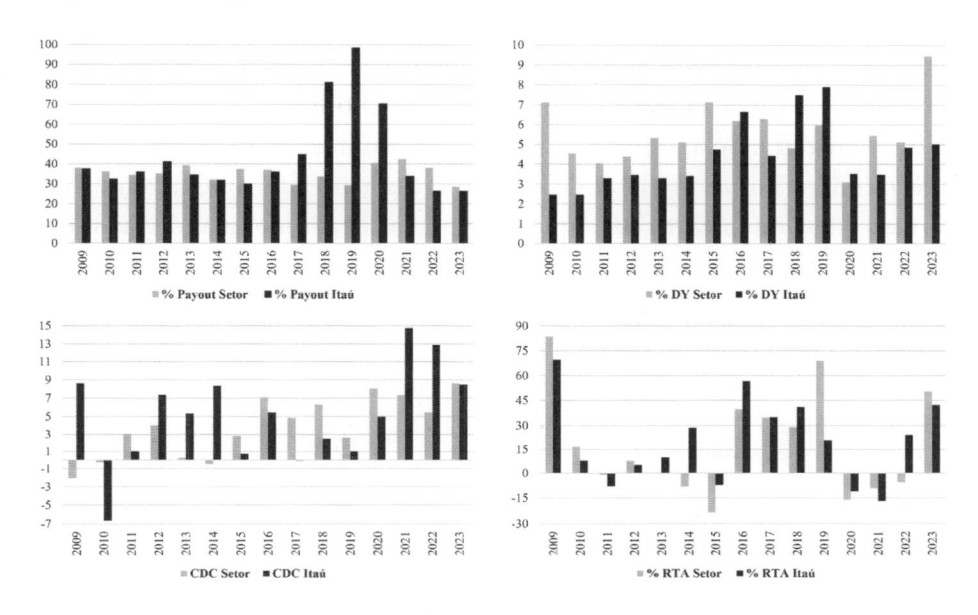

Fonte: dados da Refinitiv Eikon.

Os dois últimos múltiplos tratam da capacidade de pagamento dos dividendos e do retorno total que os acionistas do Itaú tiveram nos últimos anos. O CDC depende do volume de fluxo de caixa operacional que a empresa gerou naquele ano. No caso do Itaú, perceba que há apenas um ano com CDC negativo (-6,65), mas no ano anterior o banco teve um dos maiores índices CDC da série (+8,64). O CDC é especialmente alto nos anos 2021 e 2022, devido à redução do pagamento de dividendos, enquanto o banco continuava a gerar caixa. Apesar da volatilidade desse indicador, tanto para o Itaú quanto para o setor, o banco tem uma mediana superior (5,4 versus 4,1), o que indica sua solidez.

Por último, o RTA da empresa é melhor do que o retorno do setor em seis dos 11 anos. A mediana do Itaú também é maior do que a do setor (20,8% versus 7,8%). Isso sugere que a empresa conseguiu entregar aos acionistas um retorno total superior ao setor. Por essa razão, o mercado pode estar disposto a pagar um preço maior pela empresa, o que pode explicar seu P/L e seu PEG serem maiores do que o setor.

Nosso objetivo com essa análise é prover um exemplo prático e real para que você veja como os múltiplos podem ser úteis para ratificar ou questionar o *valuation* realizado por meio de um modelo de desconto de fluxos de caixa, como fizemos com o MDD do Itaú. Não é nosso objetivo afirmar se o modelo de negócio da empresa é viável ou não, ou mesmo determinar se ela pode ou não crescer no futuro. Queremos levantar questionamentos para que você possa ser crítico quando faz ou lê o *valuation* de uma empresa.

Parafraseando Warren Buffett: "***Preço é o que você paga, valor é o que você recebe.***" Então, quanto maior for a sua confiança no valor que você encontrar em uma análise, menor será o risco de perder dinheiro em um investimento.

17.2. O caso Engie: utilizando dados locais

No capítulo anterior, argumentamos que a prática comum no mercado brasileiro é o uso de dados de um mercado desenvolvido (como os Estados Unidos) para o cálculo do retorno do ativo livre de risco e do prêmio de mercado. Isso porque a teoria diz que esse ativo não deve oferecer incerteza sobre o retorno esperado, o que envolve três características: (i) não possuir risco de inadimplência, (ii) não possuir risco de reinvestimento e (iii) não possuir risco de volatilidade.

Mas será que podemos utilizar dados brasileiros para estimar o custo de capital do acionista e avaliar uma empresa? Como também afirmamos no capítulo anterior, a resposta é "sim", desde que tomemos alguns cuidados. Para demonstrar isso, vamos utilizar o caso da Engie, uma empresa que mantém um compromisso com os acionistas de distribuir pelo menos 55% do seu lucro líquido e que durante muitos anos distribuiu 100% desse lucro. Logo, é um caso que pode ser avaliado por um Modelo de Desconto de Dividendos (MDD).

Em seu estatuto social, a Engie define seu dividendo mínimo obrigatório em 30% do lucro líquido ajustado. Porém a empresa tem praticado uma política indicativa de pagamento mínimo de 55% desse lucro, como pode ser observado na Figura 55, que detalha os históricos de lucro por ação (LPA), de dividendo por ação (DPA) e de *payout*. Nos últimos anos, a empresa tinha se comprometido a utilizar dívida para financiar seus investimentos, enquanto distribuía 100% de seus lucros como dividendos. Mas, assim como aconteceu em 2014, 2015, 2019 e 2023, a empresa retomou sua política de *payout* de 55%, dados seu atual nível de endividamento e as condições desfavoráveis para novas dívidas. E em 2024 a empresa ratifica o compromisso do *payout* de 55%.

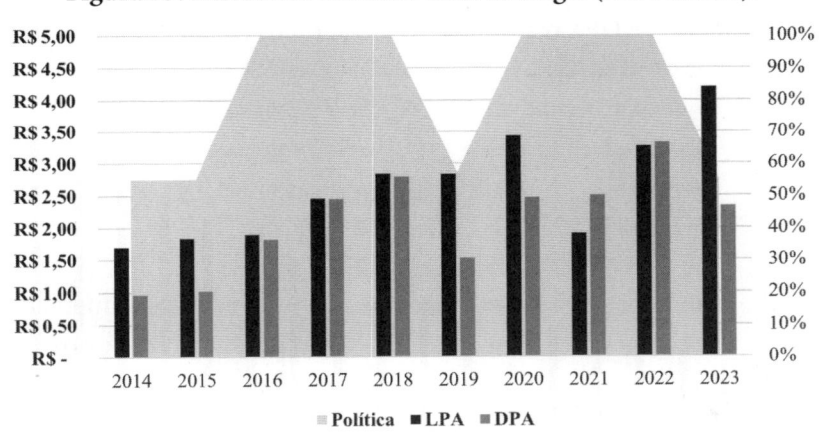

Figura 55: Históricos de LPA e DPA da Engie (2014 a 2023).

Para realizar esse *valuation* nós coletamos os dados também no mês de abril de 2024, portanto, buscamos os dados mais recentes que tínhamos à disposição. A taxa de crescimento composta (CAGR) do LPA da Engie foi determinada conforme explicamos no Capítulo 14. Para isso, consideramos o LPA realizado entre os anos de 2014 e 2023, o que resultou em um *g* de 10,62% a.a.[57] Preferimos utilizar o crescimento do LPA (e não do DPA) nesse caso porque durante o período analisado a Engie mudou sua política de remuneração dos acionistas, com alguns anos tendo *payout* de 100% e outros um *payout* de 55%, tornando o histórico de DPA mais volátil.

Note na Figura 56 que os LPAs realizados (R) e esperados (E) seguem tendências ascendentes bastante claras. Dessa forma, nossas projeções partem de um LPA de R$ 1,69 no ano de 2014 e preveem um LPA de R$ 11,54

---

57 $g(LPA) = \left(\frac{4,20}{1,69}\right)^{\frac{1}{9}} - 1 = 10,62\%$ a.a.

para o final de 2033 (com CAGR de 10,62%). Nessa análise, diferentemente da primeira edição deste livro, nós assumimos a premissa de que a Engie manterá seu compromisso de distribuir pelo menos 55% do lucro líquido, que é a prática que a empresa tem adotado desde 2023 (e mantém em 2024, conforme divulgações de resultados intermediários desse ano). Mas isso pode mudar com o retorno da tributação de dividendos no Brasil. Vamos mostrar os efeitos da tributação sobre o valor esperado de sua ação na próxima subseção.

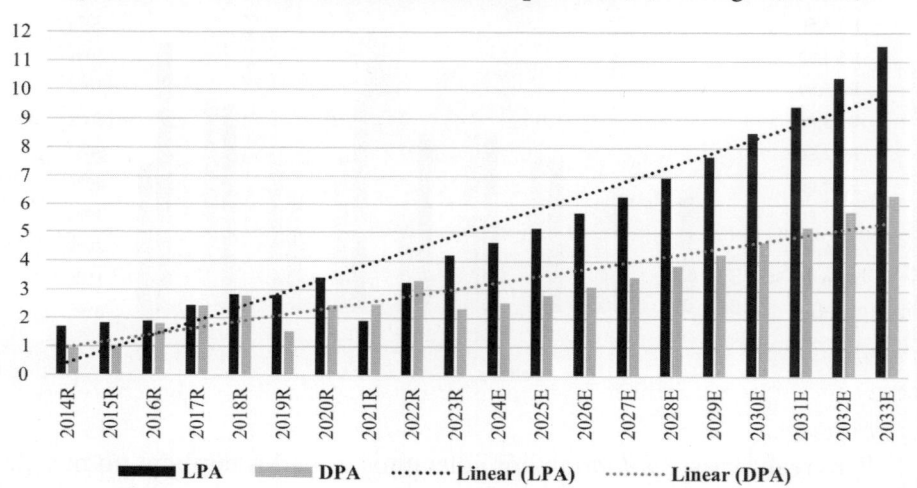

Figura 56: LPA e DPA realizados (R) e esperados (E) da Engie (em R$).

Esses são os fluxos de dividendos que esperamos que a empresa ofereça aos seus acionistas nos próximos anos. Para encontrar o valor intrínseco de sua ação, precisamos trazer esses valores ao presente por uma taxa de desconto adequada. Vamos utilizar dados locais para isso. Uma vez que assumimos que é possível utilizar dados do Brasil para estimar o custo de capital do acionista, devemos ter o cuidado de verificar a aderência desses números ao contexto atual e não contar duplamente o risco-país do Brasil (R_p^{BR}).

Isto é, se você utilizar uma R_f local, não precisa adicionar o R_p^{BR} ao cálculo do prêmio de risco de mercado (*ERP*) porque a R_f local já contém o R_p^{BR}. Isso é importante para não haver dupla contagem, pois, em tese, $R_f^{BR} = R_f^{EUA} + R_p^{BR}$. Por isso, usar no cálculo do custo de capital do acionista (K_e) uma taxa livre de risco local (R_f^{BR}) já é suficiente, não havendo a necessidade de somar o R_p^{BR}.[58] O mercado financeiro do Brasil já é suficientemente sofisticado para incluir o risco-país nas taxas de retorno dos ativos financeiros.

Para o cálculo do prêmio de mercado (P_m ou ERP), subtraímos do retorno do mercado local (R_m^{BR}) a taxa livre de risco local (R_f^{BR}), sendo $ERP_{BR} = (R_m^{BR} - R_f^{BR})$. Logo, o custo de capital do acionista pelo modelo CAPM é dado por:

$$K_e = R_f^{BR} + \beta \times (R_m^{BR} - R_f^{BR})$$

Em que K_e é o custo de capital próprio ou retorno exigido pelo acionista; R_f^{BR} é a taxa de retorno esperada de um título de dívida do governo brasileiro, como um título do Tesouro Direto (Tesouro IPCA+) de maior prazo ou o C-Bond; β é o Beta da empresa; e R_m^{BR} é o retorno médio do mercado de ações do Brasil, como o Ibovespa ou o IBrX-100.

Mas qual título público brasileiro podemos usar como taxa livre de risco? É possível o uso de títulos com juros pós-fixados, como o C-Bond, ou aqueles atrelados à inflação, como o Tesouro IPCA+. O prazo do título escolhido deve convergir com o período de alto crescimento que você espera que a empresa tenha e com a sua perpetuidade. Pode, ainda, ser dada preferência aos títulos de prazos mais longos. Em abril de 2024, por exemplo, o "Tesouro IPCA+ 2035" e o "Tesouro IPCA+ 2045" eram os títulos mais longos (cerca de 11 e 21 anos, respectivamente) e sem juros semestrais (para evitar o risco de reinvestimento).

Portanto, você pode utilizar um desses títulos como R_f^{BR}, mas precisa monitorar sua adequação e seu sentido lógico, especialmente em períodos de alta volatilidade, pois a R_f^{BR} tende a ser mais alta. E no *valuation* são preferíveis títulos com prazos mais longos, pois são mais alinhados com o horizonte de investimento em uma empresa e menos afetados por

---

[58] Esse argumento vai ao encontro de Sanvicente (2015) e do Apêndice 4 do Material Suplementar deste livro. Quando você utiliza o ERP implícito tendo como base o R_f^{EUA} americano, o prêmio de risco-país já é contado no ERP implícito, por isso não precisa somá-lo novamente. E, quando você utiliza um modelo com dados brasileiros, o R_f^{BR} do Brasil já embute o risco-país do Brasil, por isso não é necessário somá-lo ao prêmio de risco local (ERP).

flutuações de curto prazo. Ademais, o retorno do mercado de ações (R_m^{BR}) pode ser mais baixo do que a R_f^{BR} a curto prazo, o que pode fazer o prêmio de risco ser muito baixo (ou até negativo). Como consequência, o componente R_f^{BR} pode ter um peso muito grande na determinação do custo de capital do acionista.

A Figura 57 demonstra a variação da taxa de juros do Tesouro IPCA+ 2035 (o mais longo para o período no qual estimamos os dividendos). Em 30 de abril de 2024 o Tesouro IPCA+ 2045 oferecia 6,06% ao ano mais a inflação medida pelo IPCA. A estimativa de IPCA mais distante no momento da análise era a do Boletim Focus para 2027, que previa um IPCA de 3,5% ao ano, perfazendo um R_f^{BR} de 9,56%.

Figura 57: Histórico de taxas do Tesouro IPCA+ 2035 (2017 a 2024).

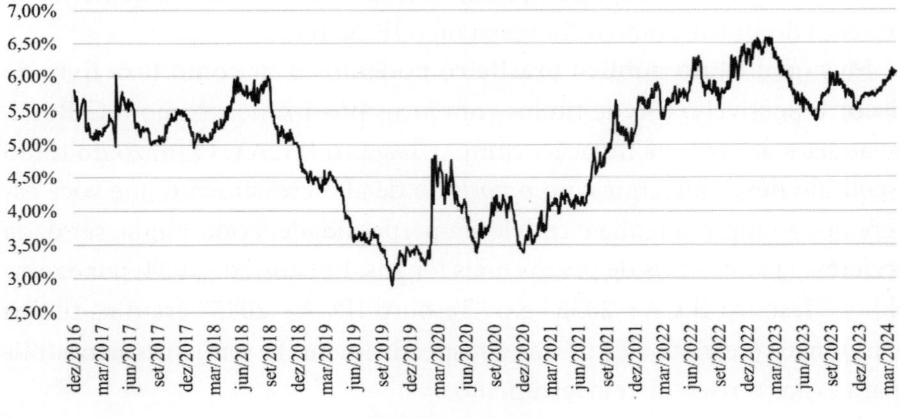

Fonte: dados da Economatica.

O próximo passo para encontrar o custo de capital do acionista é calcular o prêmio de risco do mercado local. Para isso, usamos um índice de mercado, como o Ibovespa ou o IBrX-100. Neste exemplo, usamos o Ibovespa, por ter uma série histórica mais longa. No final de 1995, o IBOV tinha 4.299 pontos e chegou a 134.185 pontos no final de 2023, conforme a Figura 58. Calculando o retorno anual por meio de uma média geométrica (conforme explicado no Capítulo 14), encontramos um retorno anualizado de 12,08% para o Ibovespa, representando o retorno de mercado no Brasil (R_m^{BR}).

Figura 58: Histórico de pontuação do Ibovespa no final do ano (1995 a 2023).

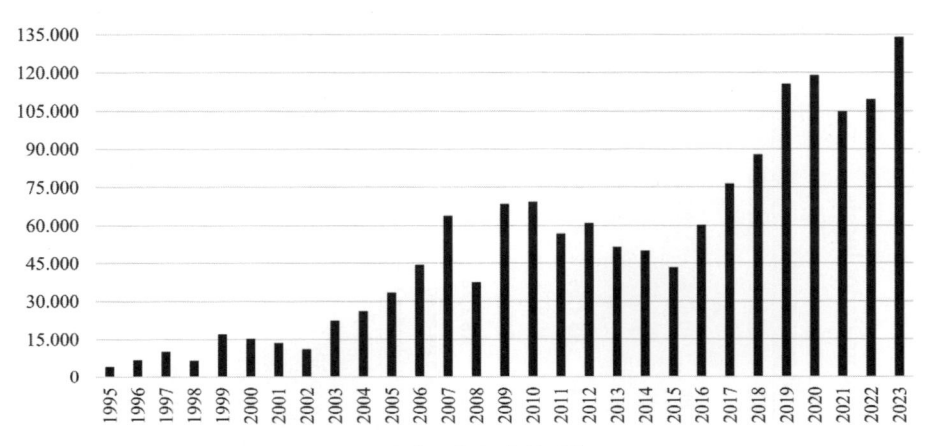

Fonte: dados da Refinitiv Eikon.

Dessa forma, o prêmio de risco para o mercado local (ERP_m) no final de 2023 era de 2,52%. Esse prêmio é próximo do prêmio de risco de 2,93% encontrado com dados americanos ajustados ao mercado brasileiro, conforme a Tabela 40 na seção 16.3. Além disso, pelo fato de a Engie ser uma empresa de energia elétrica, setor reconhecido por ser composto por ações mais defensivas em termos de risco e retorno, também encontramos um Beta inferior à média do mercado. O Beta de 60 meses da Engie era de 0,56 em abril de 2024. Como consequência, o custo de capital do acionista (K_e) para a Engie foi estimado em 10,97%.

$$K_e = R_f^{BR} + \beta \times (ERP_m)$$
$$K_e = 9,56\% + 0,56 \times (2,52\%)$$
$$K_e = 10,97\%$$

Com o K_e estimado com dados locais, podemos trazer os dividendos esperados a valor presente e encontrar o valor intrínseco da ação da Engie. A Tabela 44 resume os *inputs* do Modelo de Desconto de Dividendos (MDD) estimado, tendo como base um CAGR de 10,62% para os dividendos, um crescimento na perpetuidade de 3,50% (equivalente à inflação esperada para 2027) e um K_e de 10,97%. Com isso, o valor intrínseco

Tabela 44: *Valuation* da Engie por desconto de dividendos (com dados locais)

Ano	Plano A: Valor presente dos dividendos esperados no período de alto crescimento									
	2024E	2025E	2026E	2027E	2028E	2029E	2030E	2031E	2032E	2033E
Período (n)	1	2	3	4	5	6	7	8	9	10
a) % Alto crescimento	10,62%	10,62%	10,62%	10,62%	10,62%	10,62%	10,62%	10,62%	10,62%	10,62%
b) Lucro por ação	R$ 4,65	R$ 5,14	R$ 5,69	R$ 6,29	R$ 6,96	R$ 7,70	R$ 8,52	R$ 9,43	R$ 10,43	R$ 11,54
c) *Dividend payout*	55,00%	55,00%	55,00%	55,00%	55,00%	55,00%	55,00%	55,00%	55,00%	55,00%
d) Dividendo por ação	R$ 2,56	R$ 2,83	R$ 3,13	R$ 3,46	R$ 3,83	R$ 4,24	R$ 4,69	R$ 5,18	R$ 5,74	R$ 6,34
e) % Custo de capital	10,97%	10,97%	10,97%	10,97%	10,97%	10,97%	10,97%	10,97%	10,97%	10,97%
f) Taxa de desconto $(1+e)^n$	1,1097	1,2315	1,3666	1,5165	1,6829	1,8675	2,0724	2,2998	2,5521	2,8321
g) Valor presente do DPA	R$ 2,30	R$ 2,30	R$ 2,29	R$ 2,28	R$ 2,28	R$ 2,27	R$ 2,26	R$ 2,25	R$ 2,25	R$ 2,24

Plano B: Valor residual no período de crescimento estável

$$\text{Valor residual} = \frac{DPA_{t+1}}{(K_e - g_n)}$$

h) Último DPA no período de alto crescimento (2033E)	R$ 6,34
i) % Crescimento estável	3,50%
j) DPA na perpetuidade (hXi)	R$ 6,57
k) Valor residual (j/(e-i))	R$ 87,89
l) Valor presente do Valor Residual	**R$ 31,04**

Plano C: Valor intrínseco da ação

$$\text{Valor da ação} = \sum_{t=1}^{t=n} \frac{E(Dividendos_t)}{(1+K_e)^t} + \frac{Valor\ residual}{(1+K_e)^n}$$

m) Σ Valor presente do DPA (g)	R$ 22,72	42,3%
n) Valor residual (l)	R$ 31,04	57,7%
o) Valor intrínseco da ação	**R$ 53,76**	100,0%
p) Preço da EGIE3 30/abr/2024	R$ 40,90	
q) *Upside* da ação	**31,44%**	

da EGIE3 é de R$ 53,76. Em 30 de abril de 2024 o preço de fechamento dessa ação na Bolsa de Valores era R$ 40,90, logo, nosso modelo previu um *upside* potencial de 31,44%.

Portanto, observe que também é possível chegar ao valor intrínseco de uma empresa de forma confiável com a utilização de um MDD e dados locais para estimação do custo de capital do acionista. Também podemos fazer uma análise de sensibilidade desse modelo ao alterar a taxa de crescimento dos dividendos e o custo de capital do acionista, como apresentado na Tabela 45. Perceba que, caso o K_e permaneça em 10,97% e a empresa consiga crescer 1% ($g = 11,62\%$), o valor esperado da ação aumenta para R$ 57,84. Por outro lado, caso o crescimento diminua 1%, o valor esperado da ação diminui para R$ 49,97.

Tabela 45: Matriz de sensibilidade do valor intrínseco da Engie.

Valor da Ação		Taxa de Crescimento				
		9,62%	10,12%	**10,62%**	11,12%	11,62%
Custo de Capital do Acionista	9,97%	58,54	60,78	63,11	65,53	68,04
	10,47%	53,94	55,98	58,09	60,28	62,56
	10,97%	49,97	51,83	**53,76**	55,76	**57,84**
	11,47%	46,51	48,21	49,98	51,82	53,72
	11,97%	43,46	45,03	46,66	48,35	50,11

Em um ambiente de tributação de dividendos, essa discussão é bastante importante, pois a decisão de distribuir todo o lucro ou reinvestir parte dele tem relação direta com o crescimento esperado da empresa (vimos isso no Capítulo 14). Nesse exemplo ainda não consideramos a tributação dos dividendos no MDD, pois enquanto escrevemos este livro o projeto de Lei nº 2.337/2021, que prevê a tributação dos dividendos, ainda está em votação no Poder Legislativo (parte dele já foi aprovada e outra parte está em discussão). Na próxima seção apresentamos uma análise dos efeitos dessa tributação sobre o valor da ação.

17.2.1. Efeito da tributação dos dividendos

Ao longo do ano de 2021, a tributação dos dividendos voltou com mais força à pauta política por meio do projeto de Lei nº 2.337/2021, que prevê a tributação dos dividendos à alíquota de 15% de imposto de renda. Como destacamos, esse projeto já passou pela Câmara dos Deputados e está em apreciação no Senado Federal. Avaliamos como grande a probabilidade de virar lei em breve. Como consequência, todas as empresas que distribuem grande volume de dividendos, como a Engie, podem ter o valor esperado da sua ação reduzido, porque o "fluxo de caixa dos dividendos" após os impostos será menor.

Em *valuation*, o valor de um ativo é função de seus fluxos de caixa esperados. Se eles passam a ser menores (devido a uma parte consumida pela tributação), o valor esperado também passa a ser menor. Vamos partir do caso da Engie para simular alguns cenários hipotéticos e analisar os efeitos das mudanças tributárias propostas sobre o lucro e o dividendo por ação das empresas.

Tendo como ponto de partida o LPA da Engie em 2023 (R$ 4,20) e supondo uma redução da alíquota marginal de impostos sobre os lucros de 34% para 26% (o Projeto de Lei nº 2.337/2021 propõe a redução da alíquota do IR de 15% para 8% e da CSLL de 9% para 8%). Além disso, assumimos que a tributação dos dividendos será de 15%.

Note na Tabela 46 que o LPA de 2023 foi de R$ 4,20. Supondo a aprovação da tributação dos dividendos, como a contrapartida que o governo oferece é a redução da tributação sobre o lucro das empresas, precisamos ajustar essa parte da tributação devolvendo 34% ao valor do lucro e retirando o novo imposto sobre o lucro, que passaria a ser de 26%. Assim, o lucro para distribuição seria de R$ 4,71, quando a Engie poderia distribuir 55% como dividendos (R$ 2,59 em valor bruto). Agora, subtraindo o imposto de 15% sobre o dividendo, restaria um dividendo líquido de R$ 2,20 para o investidor.

Tabela 46: Efeitos das mudanças tributárias sobre o DPA em 2023.

(A) LPA atual (após impostos sobre o lucro de 34%)	4,20
(+) Impostos sobre o lucro	(2,16)
(B) LPA antes dos impostos [4,20/(1-0,34)]	6,36
(-) Impostos sobre o lucro (6,36 x 26%)	(1,65)
(C) **LPA após impostos (26%)**	**4,71**
(x) Política de distribuição de lucros (*payout*)	55%
(D) **DPA antes dos impostos**	**2,59**
(-) Impostos sobre o DPA (2,59 x 15%)	(0,39)
(E) **DPA após impostos (15%)**	**2,20**

Portanto, se mantivermos os pressupostos de CAGR de 10,62% para os dividendos, de crescimento na perpetuidade de 3,50% e de K_e de 10,97%, o valor intrínseco da ação da Engie é reduzido de R$ 53,76 (vide Tabela 44) para R$ 51,23, conforme a Tabela 47. Isso representa uma queda de 4,71% no valor esperado da ação. Note que a principal diferença em relação à análise sem a tributação de dividendos está na linha "d" do Painel A. Todo o resto é consequência da redução dos dividendos líquidos esperados.

Nesse novo contexto, um caminho natural para as empresas buscarem a redução da carga tributária sobre seus acionistas é a mudança da sua política de remuneração ao acionista. A empresa pode, por exemplo, optar pela redução do seu *payout* em favor de reter mais lucros para financiar seu crescimento, recompensando os acionistas com mais bonificações de ações (após aumento de capital) ou recompras.

Por fim, ressaltamos que esse é um exemplo hipotético sobre os números da Engie. Nossa intenção é demonstrar como a tributação dos dividendos deve ser tratada em um MDD. No final, o que importa para o investidor são os fluxos de caixa "líquidos" que ele recebe como dividendos ao longo do tempo. Portanto, mesmo que parte desses fluxos seja retida como impostos, **se os fluxos de dividendos crescerem de forma consistente ao longo do tempo, a empresa entregará mais valor para seus acionistas.**

Tabela 47: *Valuation* da Engie por MDD com tributação de dividendos.

Plano A: Valor presente dos dividendos esperados no período de alto crescimento										
Ano	2024E	2025E	2026E	2027E	2028E	2029E	2030E	2031E	2032E	2033E
Período (n)	1	2	3	4	5	6	7	8	9	10
a) % Alto crescimento	10,62%	10,62%	10,62%	10,62%	10,62%	10,62%	10,62%	10,62%	10,62%	10,62%
b) Lucro por ação	R$ 5,21	R$ 5,77	R$ 6,38	R$ 7,06	R$ 7,81	R$ 8,64	R$ 9,55	R$ 10,57	R$ 11,69	R$ 12,93
c) % *Dividend payout*	55,00%	55,00%	55,00%	55,00%	55,00%	55,00%	55,00%	55,00%	55,00%	55,00%
Dividendo por ação (DPA)	R$ 2,87	R$ 3,17	R$ 3,51	R$ 3,88	R$ 4,29	R$ 4,75	R$ 5,25	R$ 5,81	R$ 6,43	R$ 7,11
% IR sobre DPA	15,00%	15,00%	15,00%	15,00%	15,00%	15,00%	15,00%	15,00%	15,00%	15,00%
d) DPA líquido de 15% IR	R$ 2,44	R$ 2,70	R$ 2,98	R$ 3,30	R$ 3,65	R$ 4,04	R$ 4,47	R$ 4,94	R$ 5,47	R$ 6,05
e) % Custo de capital	10,97%	10,97%	10,97%	10,97%	10,97%	10,97%	10,97%	10,97%	10,97%	10,97%
f) Taxa de desconto (1+e)^n	1,1097	1,2315	1,3666	1,5165	1,6829	1,8675	2,0724	2,2998	2,5521	2,8321
g) Valor presente do DPA	R$ 2,20	R$ 2,19	R$ 2,18	R$ 2,18	R$ 2,17	R$ 2,16	R$ 2,16	R$ 2,15	R$ 2,14	R$ 2,14

Plano B: Valor residual no período de crescimento estável	
Valor residual = $\dfrac{DPA_{t+1}}{(K_e - g_n)}$	
h) Último DPA no alto crescimento (55% payout)	R$ 6,05
i) % Crescimento estável	3,50%
j) DPA na perpetuidade (hXi)	R$ 6,26
k) Valor residual (j/(e-i))	R$ 83,77
l) Valor presente do Valor Residual	R$ 29,58

Plano C: Valor intrínseco da ação	
Valor da ação = $\sum_{t=1}^{t=n} \dfrac{E(Dividendos_t)}{(1+K_e)^t} + \dfrac{Valor\ residual}{(1+K_e)^n}$	
m) Σ Valor presente do DPA (g)	R$ 21,66	42,3%
n) Valor residual (l)	R$ 29,58	57,7%
o) Valor intrínseco da ação	R$ 51,23	100,0%
p) Preço da EGIE3 30/abr/2024	R$ 40,90	
q) *Upside* da ação	25,26%	

17.3. Destaques

1. É bem mais simples entender a natureza do dividendo do que a de um fluxo de caixa livre.
2. Os principais *inputs* de um MDD são: dividendos (como fluxos de caixa), taxas de crescimento (como alto crescimento e crescimento estável) e custo de capital do acionista (como retorno exigido).
3. Cada um dos *inputs* de um modelo de *valuation* é suscetível de alterações à medida que novas informações sobre a empresa são divulgadas.
4. São informações relevantes que podem afetar o valor: informações específicas sobre a empresa, abrangentes sobre o setor, sobre a economia do país, entre outras.
5. Você precisa conhecer muito bem a empresa e ter confiança de que aqueles números a representam adequadamente.
6. Um investidor bem informado sobre os fundamentos de sua empresa tem mais segurança de seguir a sua estratégia de investimento.
7. Os dividendos têm maior importância em uma decisão de investimento quando a empresa possui uma taxa de crescimento decrescente.
8. *Valuation* não combina com a precisão ou o preciosismo de contar centavos para acertar "na mosca" o preço justo de uma ação; o mais importante nesse processo é conseguir chegar a uma região de valor correta.
9. O *valuation* é subjetivo, possui margem de erro e você pode utilizar duas estratégias para evitar prejuízos: assumir uma margem de segurança como percentual do valor da ação ou construir uma matriz de sensibilidade desse valor.
10. Mesmo com a tributação dos dividendos, se os fluxos de dividendos crescerem de forma consistente ao longo do tempo, a empresa entregará mais valor para seus acionistas.

18.
CRIANDO DIVIDENDOS SINTÉTICOS

*"Compre ações, mas use opções para gerar renda.
Assim você garante fracassos menores."*
JEFF FISCHER

Nos capítulos anteriores, exploramos como o investimento por dividendos (*dividend investing*) se consolidou como uma das estratégias mais confiáveis para investidores que buscam renda passiva e crescimento consistente no longo prazo. Desde as bases históricas que fundamentam essa abordagem até a aplicação prática do *valuation* pelo método de desconto de dividendos (DDM), o livro estruturou uma visão completa sobre como identificar e avaliar ações que remuneram seus acionistas de forma segura. A estratégia de dividendos se destaca não apenas pela previsibilidade dos pagamentos, mas também pela capacidade de atravessar ciclos de mercado com relativa estabilidade, proporcionando uma combinação única de segurança e rentabilidade.

Ao longo desse percurso, aprendemos que a filosofia de investimentos baseada em dividendos é intrinsecamente ligada ao conceito de "*buy and hold*". No entanto, os mercados não oferecem oportunidades lineares, e é comum que investidores enfrentem períodos em que os dividendos pagos não atendem à necessidade de complementar a renda ou otimizar o retorno de carteiras. Nesse contexto, surge a ideia de dividendos sintéticos: um mecanismo que permite extrair valor adicional das ações em sua carteira de investimentos, especialmente em momentos de maior turbulência no mercado.

Com base nesse breve resumo, decidimos incluir este capítulo na segunda edição de nosso livro, apresentando uma das formas mais inteligentes e populares de criar **dividendos sintéticos**: a **venda coberta de opções de compra (*calls*)**. Essa é uma estratégia que pode transformar o potencial de valorização futura de ações em renda imediata, com riscos controlados e alinhados à filosofia do *dividend investing*. Neste capítulo, vamos introduzir brevemente os principais conceitos de opções de ações e de uma das várias estratégias com opções, aquela especialmente ligada à criação de dividendos.

A venda coberta de *calls* é frequentemente usada para criar uma fonte extra de renda a partir de ações ou ETFs que já compõem a carteira do investidor. Esse processo pode ser comparado a um **aluguel de ativos com opção de compra**, em que o proprietário, sem abrir mão de sua propriedade, recebe um valor inicial em troca de um compromisso futuro de compra, sob certas condições previamente combinadas entre o interessado e o proprietário do ativo.

Em termos práticos, imagine que você possui uma **vaca leiteira** que produz leite o ano inteiro, sendo uma fonte contínua de valor. Assim como uma casa ou mesmo uma ação de uma empresa, um vizinho pode oferecer dinheiro para alugar temporariamente sua vaca, utilizando-a por um tempo e lhe devolvendo depois de um prazo, permitindo que você monetize o seu ativo sem abrir mão de sua propriedade. Mas, além do aluguel, você sabia que pode haver outra forma de monetizar sua vaca?

Agora considere outro cenário: um segundo vizinho está interessado em comprar a sua vaca, mas, em vez de fazer isso imediatamente, ele oferece um pagamento à vista para garantir o **direito de adquiri-la por um preço fixo em uma data futura**. Esse direito é chamado de "opção de compra". Dependendo do comportamento do mercado, ele pode decidir exercer esse direito ou não. Vamos detalhar esse processo usando números simples para ilustrar a ideia:

1. **Pagamento do prêmio:** o vizinho paga R$ 200 como uma espécie de sinal (o "prêmio") para garantir a preferência de compra da vaca no futuro. Esse valor é uma compensação imediata para você, independentemente de a compra ser concluída ou não;

2. **Preço de exercício:** ao aceitar o prêmio, você se compromete a vender a vaca ao vizinho por um preço preestabelecido de R$ 5.000, caso ele decida exercer o direito de compra dentro do prazo combinado;
3. **Prazo de vencimento:** esse acordo tem uma validade de dois meses (o "vencimento"). Geralmente, quanto maior for o prazo para o exercício do direito de compra, maior será o prêmio exigido como compensação pelo benefício concedido;
4. **Exercício do direito de compra:** se, ao final dos dois meses, o preço de mercado da vaca ultrapassar R$ 5.000, o vizinho exercerá o direito de compra. Nesse caso, você venderá a vaca pelo preço combinado de R$ 5.000 e ficará com os R$ 200 recebidos antecipadamente, totalizando R$ 5.200;
5. **Opção de compra expira sem valor ("vira pó"):** por outro lado, se o preço de mercado da vaca estiver abaixo de R$ 5.000, o vizinho optará por não exercer o direito de compra, já que poderá adquirir outra vaca mais barata no mercado. Nesse cenário, o acordo expira sem valor (virando "pó") e você permanece com a vaca e com os R$ 200 do prêmio que recebeu. Esse é o **dividendo sintético** que você criou com sua vaca.

Essa é a essência da venda coberta de *calls*, uma estratégia que permite ao investidor transformar expectativas de valorização futura de sua ação em fluxo de caixa imediato. No entanto, é importante compreender que, assim como qualquer estratégia financeira, a venda coberta de *calls* requer conhecimento técnico e planejamento cuidadoso. O mercado de opções pode parecer complexo à primeira vista, mas sua dinâmica pode ser dominada com estudo e prática, equilibrando risco e retorno de forma inteligente.

No decorrer deste capítulo, apresentaremos exemplos ilustrativos e cenários reais que demonstram como estruturar essa estratégia de forma eficiente. Ao final, você estará preparado para implementar a venda coberta em sua própria carteira, potencializando os resultados de seus investimentos e explorando ao máximo as oportunidades do mercado. Porém, deixamos aqui um aviso importante: **o mercado de opções não é para curiosos desavisados!**

18.1. Opções: conceitos introdutórios

Antes de aprofundar a estratégia de dividendos sintéticos, vamos esclarecer os principais conceitos relacionados às opções. Como este não é um livro técnico de derivativos, adotamos uma abordagem prática para que você entenda os fundamentos de maneira simples e objetiva.

O que são opções de ações? São contratos derivativos que dão ao comprador o direito (mas não a obrigação) de comprar ou vender uma ação, chamada de ativo subjacente, a um preço previamente acordado (o "preço de exercício" ou *strike*), até uma data futura (o "vencimento"). Nesse contexto, existem dois tipos principais de opção:

- *Call* (opção de compra): concede ao comprador o direito de comprar o ativo subjacente pelo preço de exercício.
- *Put* (opção de venda): concede ao comprador o direito de vender o ativo subjacente pelo preço de exercício.

No caso da estratégia de dividendos sintéticos, utilizamos exclusivamente as opções de compra (*calls*). E, para entender melhor como elas funcionam, vamos conhecer seus elementos-chave:

- **Ativo subjacente:** é a ação sobre a qual a opção é baseada. Por exemplo, no caso de uma opção BBASA260, o ativo subjacente seria a ação BBAS3 do Banco do Brasil;
- **Preço de exercício (*strike*):** é o preço previamente definido no contrato, pelo qual o comprador da opção de compra (*call*) poderá adquirir o ativo subjacente;
- **Prêmio:** é o valor pago pelo comprador ao vendedor (lançador) da opção. Esse é o "custo" que o comprador paga para ter o direito de adquirir o ativo no futuro (sendo o dividendo sintético para o vendedor da opção);
- **Vencimento:** é a data limite até quando o contrato pode ser exercido. Após essa data, a opção de compra expira sem valor (ou vira "pó");
- **Tipos de opção:** elas podem ser "americanas", que podem ser exer-

cidas a qualquer momento até o vencimento; ou "europeias", que só podem ser exercidas na data de vencimento.

E quem são os agentes envolvidos nessa transação?

- **Lançador (vendedor):** é quem vende a opção e, em troca, recebe o prêmio. No caso da estratégia de dividendos sintéticos, você é o lançador, pois já possui o ativo subjacente em carteira, caracterizando uma venda coberta;
- **Comprador:** é quem paga o prêmio e adquire o direito de exercer a opção de compra no futuro;
- **Corretora:** é quem facilita a negociação entre o comprador e o lançador, além de realizar a custódia das opções, de verificar a existência de garantias e simplificar o processo de exercício.

Também é importante entender algumas estratégias e cenários adicionais que podem surgir ao operar com opções. Um dos conceitos mais relevantes é o de "**rolar**" ou "**estender**" a operação. Essa estratégia é utilizada quando o dividendo sintético não se comporta como esperado, evitando que o lançador precise entregar suas ações naquele momento. Na prática, isso significa vender uma nova opção com vencimento posterior e usar o prêmio recebido para recomprar a opção anterior lançada, ajustando a operação ao novo cenário de mercado.

Além disso, é fundamental ter em mente que as operações com opções podem resultar em diferentes desfechos, dependendo das condições de mercado. Uma "**operação desfavorável**" ocorre quando o preço da ação ou da opção se movimenta de forma contrária ao esperado, impactando negativamente seus ganhos. Por outro lado, mesmo em condições adversas, estratégias bem planejadas podem levar a uma "**saída vantajosa**", em que é possível minimizar as perdas ou até mesmo garantir algum lucro antecipadamente.

Compreender esses cenários e como manejá-los é essencial para operar com segurança e eficiência na geração de dividendos sintéticos. Nesse contexto, destacamos uma fala de Jeff Fischer em entrevista ao Motley Fool, explicando por que ele vê essa estratégia como vantajosa:

*Os **vendedores** (ou **lançadores**) de **opções** têm muitas vantagens em relação aos compradores. Nós, que somos lançadores de opções, recebemos um **prêmio** em dinheiro assim que vendemos as opções, independentemente do **vencimento** delas. Podemos escolher um **preço de exercício** que conceda bastante margem para as variações de preço das ações, mas ainda garantindo lucro. Se precisarmos de mais tempo, geralmente podemos estender (ou **rolar**) nossa **estratégia** para um mês posterior.*

18.2. Benefícios da venda coberta de *calls*

No campo científico, diversas pesquisas têm explorado a eficácia da estratégia de venda coberta de *calls*, analisando seus impactos nos retornos e na gestão de risco das carteiras de investimento. Vamos destacar algumas evidências científicas que sustentam a relevância dessa abordagem, que, quando bem aplicada, pode ser uma poderosa ferramenta de geração de renda.

Brown e Lummer (1986) demonstraram que a venda coberta pode proteger dividendos contra oscilações nos preços das ações, além de aumentar retornos líquidos. Essa estratégia combina a compra de ações antes do pagamento de dividendos com a venda de *calls*, funcionando como uma gestão inteligente de caixa. Estudos mais recentes, como Nardon e Pianca (2016), reforçam que investidores preferem *calls* cobertas devido à percepção de risco limitado, enquanto Hoffmann e Fischer (2010) exploraram aspectos comportamentais, mostrando que a aversão ao risco torna essa abordagem especialmente atrativa, mesmo que sacrifique parte dos ganhos em mercados de alta.

McIntyre e Jackson (2007) também destacaram que, em mercados de baixa ou mercados laterais, a venda coberta de *calls* supera estratégias tradicionais como *buy and hold*. Da mesma forma, ao analisar o índice CBOE S&P 500 BuyWrite (BXM), Whaley (2002) concluiu que a venda de *calls* cobertas frequentemente gerou retornos ajustados ao risco superiores em mercados laterais. Em contrapartida, em períodos de alta expressiva, essa estratégia pode limitar os ganhos, demandando atenção ao cenário de mercado.

Outro ponto importante é a volatilidade. Hill et al. (2006) observam que a venda de opções "no dinheiro" (*at-the-money*), devido à alta volatilidade implícita, gera prêmios elevados, mas exige planejamento, pois pode implicar rolagens para prazos futuros. No Brasil, Bueno, Bergamin e Panuncio (2012) e Pellin e Leismann (2021) alertam para os desafios da baixa liquidez no mercado de opções, indicando que essa estratégia é mais eficaz para ações com maior volume de negociação.

A lição principal que queremos apresentar aqui é que para investidores que buscam renda consistente, especialmente em mercados laterais ou de baixa, os dividendos sintéticos são uma ótima alternativa. Contudo, é crucial entender os riscos, estar atento às condições de mercado e escolher ações com boa liquidez para maximizar os resultados. Então vamos explorar os benefícios dessa estratégia como complemento ao *dividend investing* tradicional:

- **Fonte adicional de renda:** além dos dividendos regulares, o investidor pode gerar renda extra com os prêmios recebidos pela venda de opções, ampliando os fluxos financeiros;
- **Proteção parcial em quedas moderadas:** os prêmios das opções ajudam a compensar perdas em cenários em que o preço da ação cai levemente. Esse rendimento adicional pode até ser reinvestido em mais ações, criando um círculo virtuoso de geração de prêmios e dividendos;
- **Complemento ao aluguel de ações:** assim como no aluguel de ações, a estratégia de venda coberta de *calls* permite ao investidor manter a propriedade dos papéis enquanto monetiza os direitos de compra ou venda desses ativos.

Por exemplo, imagine que você possui 100 ações do Banco do Brasil e decide vender *calls* cobertas continuamente ao longo de 12 meses. Dependendo da volatilidade e da precificação das opções, os prêmios acumulados podem se tornar expressivos, chegando até a superar os dividendos pagos pela empresa no mesmo período. Isso evidencia o potencial dessa estratégia para ampliar a geração de renda passiva sem renunciar à propriedade das ações.

Exemplo Real

Imagine que você possui 100 ações do Banco do Brasil (BBAS3), atualmente cotadas a R$ 28 cada. Um amigo, também investidor, acredita que o preço das ações subirá acima de R$ 30 em um mês. Já você, mais cético, não compartilha da mesma confiança sobre a valorização. Então, para aproveitar a oportunidade, você decide lançar *calls* cobertas de suas ações, garantindo uma renda adicional imediata. Nesse acordo, seu amigo paga agora R$ 140 (R$ 1,40 de prêmio por cada opção de ação) para ter o direito de comprar suas ações por R$ 30 cada uma daqui a um mês. Esse valor pago por ele é o prêmio da opção, e você, como lançador, já embolsa esse valor, independentemente do que aconteça no mercado. A seguir, vejamos os dois cenários possíveis no vencimento (em um mês):

Cenário 1: o preço da ação está abaixo de R$ 30
- **Sua perspectiva (vendedor de opções):** você mantém suas 100 ações, pois o preço de mercado não atingiu o *strike* (R$ 30). Além disso, embolsa os R$ 140 do prêmio como lucro líquido da operação, sem precisar vender nada.
- **Perspectiva do comprador da opção:** seu amigo decide não exercer o direito de compra, pois seria desvantajoso adquirir as ações por R$ 30 de você, quando ele poderia comprá-las no mercado por um preço menor. Assim, ele perde os R$ 140 pagos como prêmio pelas *calls*.

Cenário 2: o preço da ação está acima de R$ 30
- **Sua perspectiva (vendedor de opções):** você vende suas ações ao preço acordado de R$ 30, obtendo um lucro total de R$ 340 desde o início da venda coberta das *calls*. Esse valor inclui os R$ 200 da valorização das ações (de R$ 28 para R$ 30) e os R$ 140 do prêmio recebido antecipadamente.
- **Perspectiva do comprador da opção:** seu amigo exerce a opção de compra, pois o preço no mercado está acima de R$ 30. Por exemplo, se o preço atingir R$ 33, ele compra suas ações pelo preço acordado (R$ 30), obtendo um lucro bruto de R$ 300 (diferença entre R$ 33 e R$ 30). No entanto, ao subtrair o prêmio pago (R$ 140), o lucro líquido dele será de R$ 160.

O Gráfico de *payoff* a seguir demonstra a variação do resultado dessa operação para os dois cenários em relação à variação do preço do ativo objeto. A linha contínua representa o resultado do vendedor (você), que em caso de desvalorização da BBAS3 vai ter alguma perda, que é reduzida pelo prêmio recebido de R$ 140, e em caso de alta da ação terá seu lucro limitado a R$ 340 (R$ 140 do prêmio e R$ 200 da valorização até o preço de exercício de R$ 30). A linha tracejada representa o resultado do comprador (seu amigo), que é limitado a

-R$ 140 até que a ação ultrapasse o *strike* de R$ 30 e passa a ser positivo a partir desse preço.

Gráfico de Payoff: Venda Coberta (BBAS3)

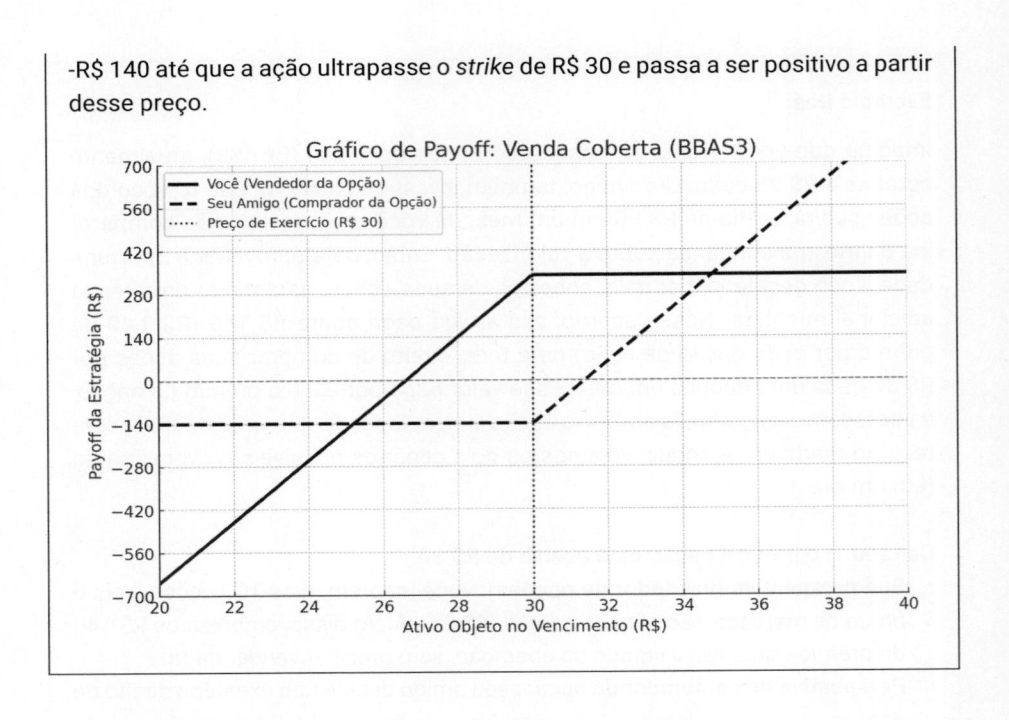

18.3. Limitações e gestão de riscos

A venda coberta de *calls*, apesar de seus benefícios, apresenta limitações importantes que os investidores devem conhecer para tomar decisões de investimento eficientes. Um dos principais desafios dessa estratégia é a **limitação dos ganhos em mercados de alta**. Se o preço da ação ultrapassar o *strike* definido, o investidor pode ser obrigado a vender suas ações por um valor inferior ao preço de mercado (pois entrega suas ações pelo preço acordado), o que limita os lucros, a menos que opte por "rolar" a operação para um mês posterior.

Outro ponto crítico é a **liquidez das opções**. Nem todos os ativos possuem um mercado robusto para negociação de opções, especialmente no Brasil, onde muitas ações têm baixa liquidez. Isso dificulta a entrada e saída de operações, podendo prejudicar seus resultados. Além disso, **eventos inesperados**, como fusões, aquisições ou mudanças bruscas nas perspectivas da empresa, podem provocar variações rápidas e significativas nos preços das ações, aumentando os riscos para o vendedor de opções.

A **volatilidade** também desempenha um papel importante. Cenários de alta volatilidade elevam os prêmios recebidos, mas também aumentam a probabilidade de as opções serem exercidas. Em contrapartida, cenários de baixa volatilidade oferecem maior previsibilidade, embora com prêmios menores. O equilíbrio entre risco e retorno depende de uma análise cuidadosa do mercado e do perfil do investidor.

Vamos voltar ao exemplo do Banco do Brasil (BBAS3) citado no final da seção anterior e simular dois cenários para ilustrar os impactos da volatilidade no prêmio da opção e no resultado da operação:

- **Cenário 1:** aumento da volatilidade da BBAS3 com aumento do prêmio recebido, que passa a ser R$ 2 (ante R$ 1,40). Nesse caso, você embolsa R$ 200 pelas 100 opções, mas o risco de as ações serem vendidas por R$ 30 aumenta;
- **Cenário 2:** redução da volatilidade e queda do prêmio recebido, que passa a ser R$ 1 (ante R$ 1,40). Embora o ganho inicial seja menor (R$ 100), as chances de não ser exercido e manter as ações são maiores.

Para sintetizar os principais riscos envolvidos na operação de venda coberta de *calls*, apresentamos a Figura 59, destacando:

1. **Escolha inadequada de *strikes*:** definir *strikes* muito próximos ao preço atual aumenta o risco de venda indesejada; *strikes* muito distantes geram prêmios insuficientes;
2. **Liquidez limitada:** isso dificulta a execução da estratégia e pode levar a resultados frustrantes;
3. **Falta de disciplina:** realizar operações impulsivas, como vender opções sem planejamento ou rolar posições desnecessariamente, pode comprometer os resultados;
4. **Impacto da volatilidade:** movimentos inesperados no mercado podem afetar os prêmios e os resultados da estratégia;
5. ***Overtrading*:** o excesso de operações eleva os custos e reduz a rentabilidade; priorize a qualidade sobre a quantidade.

Figura 59: Cuidados com o uso da estratégia de dividendos sintéticos.

STRIKE
- Escolha strikes adequados
- Strikes próximos podem reduzir ganhos
- Strikes muito distantes geram prêmios baixos

LIQUIDEZ
- Prefira ações ou ETFs com boa liquidez
- Escolha opções com alto volume de negociação para facilitar a montagem e desmontagem de posições

DISCIPLINA
- Defina e siga uma estratégia clara e evite decisões baseadas em emoções
- Se definiu encerrar a operação sempre 1 semana antes do vencimento, siga à risca!

VOLATILIDADE
- Volatilidade aumenta o prêmio das opções e eleva o risco de ser exercido
- Monitore eventos que impactam a volatilidade (p.ex.: divulgação de resultados)

OVERTRADING
- Evite realizar muitas operações apenas para capturar prêmios
- Foque em qualidade, não em quantidade. Operar demais gera custos que diminuem lucros

RISCOS E CUIDADOS

Mas não é um almoço grátis! Apesar de suas vantagens, a estratégia de venda coberta de *calls* não é isenta de riscos, como pudemos ver. Por exemplo, se estivermos em um mercado de forte alta, a chance de a estratégia dar errado é mais alta (Rendleman, 2001; Israelov; Nielsen, 2014). Mas, mantendo a calma e seguindo uma estratégia bem planejada e com a técnica adequada, você conseguirá ter bons resultados até nos mercados mais desafiadores.

Portanto, conscientizar-se sobre os riscos existentes é essencial para transformar as vendas cobertas de *calls* em uma ferramenta eficiente e segura de geração de renda. Nenhuma estratégia é infalível, mas, com planejamento, disciplina e foco nos objetivos financeiros, os benefícios podem superar os desafios, oferecendo ao investidor uma maneira inteligente de potencializar sua renda passiva.

18.4. Aspectos tributários do dividendo sintético

A tributação é um elemento importante na estratégia de venda coberta de *calls*, especialmente porque impacta os retornos finais obtidos. Assim como acontece com a compra e a venda de ações, os ganhos obtidos na venda de *calls* são tributados como ganho de capital. As alíquotas de imposto de renda aplicáveis são de 20% para operações de *day trade* (compra e venda no mesmo dia) e de 15% para operações normais, quando as transações ocorrem em dias diferentes. Para apuração do imposto devido é importante que o investidor calcule o lucro líquido da operação, subtraindo os custos operacionais, como corretagem, emolumentos e taxas de liquidação.

Os ganhos apurados devem ser recolhidos por meio de um DARF (Documento de Arrecadação de Receitas Federais) até o último dia útil do mês subsequente à operação. Para facilitar o processo, a B3, em parceria com a Receita Federal, oferece o sistema ReVar, que calcula automaticamente o imposto devido em operações em bolsa. Além disso, plataformas especializadas também podem ser utilizadas para gerenciar o cálculo e a declaração dos tributos, otimizando o tempo do investidor.

Uma vantagem da legislação tributária é que eventuais prejuízos em operações de venda de opções podem ser acumulados para compensação em meses seguintes. Esses prejuízos podem ser descontados tanto de ganhos futuros com outras operações de opções quanto de ganhos obtidos com ações. Isso permite que o investidor reduza a carga tributária e melhore a eficiência de sua estratégia ao longo do tempo. Essa possibilidade de compensação deve ser bem gerida para evitar perdas tributárias.

Um ponto importante a ser destacado é a **diferença tributária entre dividendos tradicionais e dividendos sintéticos**. Enquanto os dividendos pagos diretamente pelas empresas são atualmente isentos de imposto de renda no Brasil, os dividendos sintéticos gerados pela venda de opções são tributados como ganho de capital. Essa distinção torna essencial o planejamento tributário na adoção dessa estratégia, garantindo que os custos fiscais sejam devidamente contabilizados ao avaliar a viabilidade da geração de renda com dividendos sintéticos.

Vejamos alguns exemplos para compreender o efeito da tributação sobre a operação de dividendos sintéticos:

Exemplo 1: Opções que viram pó no mês seguinte à venda
- **Venda de *calls*:** você decide vender 100 opções de compra (XPTOA60) da ação XPTO3 no mês de dezembro, negociadas a R$ 55, com *strike* de R$ 60 e vencimento no mês de janeiro. O prêmio recebido é de R$ 2 por ação, totalizando R$ 200.[59]
- **Vencimento:** no dia do vencimento, o preço da XPTO3 está abaixo de R$ 60, tornando as opções sem valor (virando "pó"). Isso significa que o comprador não exerce o direito de comprar suas ações, já que o preço de mercado está menor que o preço de exercício das *calls*.
- **Resultado:** você obtém um lucro de R$ 200, que é o prêmio recebido pela venda das opções. Como as *calls* expiraram sem valor em janeiro, você manteve suas ações XPTO3, sem precisar realizar nenhuma venda, e ainda embolsou o prêmio.
- **Tributação:** esse lucro é tributado como ganho de capital em operações comuns, com alíquota de 15% sobre o lucro líquido. Assim, o imposto devido é de R$ 30 (15% de R$ 200) e deve ser recolhido via DARF até o último dia útil do mês seguinte à conclusão da operação (que é o vencimento das opções).

Exemplo 2: Opções que valorizam e são roladas ao mês seguinte
- **Venda das *calls*:** você vende 100 opções XPTOA60 em dezembro, negociadas a R$ 55, com *strike* de R$ 60 e vencimento em janeiro (mês seguinte). O prêmio recebido é de R$ 2 por ação, totalizando R$ 200.
- **Vencimento e rolagem:** em janeiro, no vencimento das opções, a XPTO3 é negociada a R$ 62, acima do *strike* das *calls* que você vendeu (XPTOA60), o que faria com que suas ações fossem vendidas por R$ 60. Para evitar a entrega das ações por esse preço, você recompra as 100 opções XPTOA60 por R$ 3 cada uma e vende novas *calls*

---

59 XPTO3 é o *ticker* ou código da ação. XPTOA60 é o código da *call* da ação XPTO3, cujo vencimento ocorre em janeiro e o preço de exercício (*strike*) é R$ 60,00. Nas *calls*, as letras representantes dos meses de vencimento variam de A até L, sendo que A representa janeiro e L representa dezembro. Nas *puts* (opções de venda), as letras variam de M até X. O número no final do *ticker* da opção representa o seu *strike*. Para saber mais sobre isso, recomendamos a leitura do Capítulo 8 do nosso outro livro, o *Manual do investidor completo*.

(XPTOB65) pelo mesmo preço, mas agora com um *strike* de R$ 65 e vencimento para fevereiro. Com essa nova venda, você recebe um prêmio (R$ 300) suficiente para "rolar" a operação para o mês seguinte.
- **Resultado:** em janeiro, a recompra da XPTOA60 gerou um prejuízo de R$ 100 (R$ 300 da recompra menos R$ 200 da venda), mas a nova venda das XPTOB65 expira sem valor no mês de fevereiro, gerando um lucro de R$ 300. Assim, seu lucro líquido é de R$ 200 (ganho de R$ 300 na XPTOB65 menos R$ 100 do prejuízo na XPTOA60).
- **Tributação:** o imposto devido é de 15% sobre o lucro líquido (R$ 200), resultando em R$ 30. Caso não houvesse lucro suficiente em operações futuras, o prejuízo de R$ 100 poderia ser utilizado para abater ganhos nos meses seguintes.

Exemplo 3: Opções exercidas e ações entregues (sem rolagem)
- **Venda das *calls*:** você vende 100 opções XPTOA60 da ação XPTO3 em dezembro, negociada a R$ 55, com strike de R$ 60 e vencimento em janeiro. O prêmio recebido é de R$ 2 por ação, totalizando R$ 200.
- **Vencimento:** em janeiro, a XPTO3 está sendo negociada a R$ 62, acima do *strike*. A opção vence e é exercida, sem rolagem, e você entrega suas 100 ações por R$ 60 cada, conforme o contrato da opção.
- **Resultado:** considere que o preço médio de cada uma das suas ações era R$ 50, o que geraria um lucro de R$ 10 por ação, totalizando R$ 1.000. Somando a esse valor o prêmio das *calls* vendidas (R$ 200), seu lucro total em janeiro é de R$ 1.200. Considerando que você vendeu cada ação por R$ 60 e que recebeu R$ 2 por cada opção, o valor final obtido com cada ação foi de R$ 62, equivalente ao preço da XPTO3 naquele mês.
- **Tributação:** o lucro de R$ 1.200 é tributado como ganho de capital, com alíquota de 15%. O imposto devido em janeiro é de R$ 180 (15% de R$ 1.200), com recolhimento a ser feito até o final de fevereiro. Nesse caso, o ganho líquido após o imposto é de R$ 1.020.

Os exemplos apresentados demonstram como a estratégia de venda coberta de *calls* pode gerar resultados distintos dependendo das condições de mercado. Desde cenários em que as opções expiram sem valor até situações que exigem o exercício ou a rolagem, os resultados variam em termos de lucro, tributação e gestão do portfólio. Essa diversidade de possibilidades reforça a importância de o investidor compreender os riscos associados e as regras de tributação, garantindo que suas operações estejam alinhadas aos seus objetivos financeiros e ao seu perfil de risco como investidor.

18.5. Exemplos reais

Após explorarmos exemplos hipotéticos para ilustrar a tributação e os fundamentos básicos dos dividendos sintéticos, agora mergulharemos em três casos reais que trazem dados concretos e ensinamentos importantes sobre essa estratégia. Esses exemplos foram cuidadosamente selecionados para oferecer uma visão prática e abrangente das operações de venda coberta e dos riscos associados.

No primeiro caso, abordaremos a venda coberta de *calls* em período de volatilidade do preço da ação. Em seguida, veremos um segundo exemplo com uma venda coberta de *calls* após um *rally* de alta da ação. Por fim, analisaremos um exemplo que foge à estratégia tradicional de dividendos sintéticos: a venda descoberta de *calls* (podemos chamar de **cemitério de malandro**). Esses exemplos mostram não apenas os ganhos potenciais, mas também os cuidados necessários para gerenciar riscos e evitar armadilhas que podem comprometer os resultados.

18.5.1. Venda coberta de calls de BBAS3 em período volátil

Neste exemplo, vamos analisar uma venda de *calls* do Banco do Brasil. No dia 12/03/2024, a ação **BBAS3** fechou cotada a **R$ 28,80**.[60] Então, decidimos lançar 1.000 opções **BBASD600**, com *strike* de R$ 31,71, aproximadamente 10% acima da cotação corrente, para remunerar nossa posição. Essa

---

60 Nesse caso há um evento importante, pois, entre a realização de nossa operação e o vencimento da opção, o Banco do Brasil realizou um desdobramento (*split*) de suas ações na proporção de 1 para 2. Isso fez com que todas as suas cotações históricas e *strikes* de opções fossem divididos por 2. A cotação original de BBAS3 em 12/03/2024 era R$ 57,60 e o *strike* da BBASD600 no lançamento era R$ 63,41.

era uma margem de segurança escolhida para permitir uma eventual alta no preço da ação, enquanto ainda garantiríamos o prêmio de **R$ 0,95** por opção lançada, totalizando R$ 950 de receita inicial na operação.

Nesse caso não havia interesse em vender ou entregar as ações. Por isso optamos por uma opção do tipo europeia, com vencimento em 19/04/2024. O objetivo era claro: **criar dividendos sintéticos sem o risco de exercício antecipado**, típico de opções americanas. Como não havia uma série com essas características disponível no mercado, solicitamos à B3 a criação da BBASD600 para atender às necessidades da estratégia.[61] Como não havia a intenção de vender as ações, nosso plano era rolar as opções caso os preços da BBAS3 subissem rapidamente, buscando maximizar nossos ganhos.

A estratégia inicialmente funcionou conforme planejado: o preço da BBAS3 caiu nos primeiros dias, desvalorizando as opções, o que indicava que poderiam expirar sem valor no vencimento (virar pó). Porém, logo depois, o mercado reverteu e as ações voltaram a subir. Por isso, no dia 12/04/2024, com BBAS3 cotada a **R$ 28,50**, decidimos recomprar todas as opções por **R$ 0,12** cada, encerrando a operação. Veja na Figura 60 que enxergamos uma boa oportunidade de encerrar a operação quando a cotação estava perto da cotação de lançamento das *calls*, porém as recompramos por um prêmio muito menor.

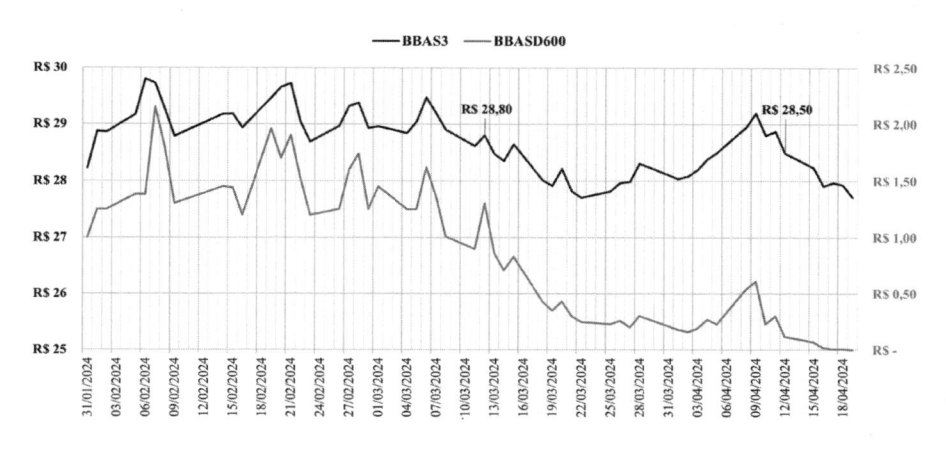

Figura 60: Cotações da BBAS3 e da BBASD600 (strike R$ 31,71).

---

61 Seguindo algumas regras estabelecidas pela B3, é possível solicitar à própria bolsa a criação de uma nova série ou de um novo vencimento de derivativos.

O lucro bruto por opção foi de R$ 0,83 (R$ 0,95 – R$ 0,12), resultando em um dividendo sintético total de R$ 830. Após a dedução do imposto de renda de 15%, restou um lucro líquido de **R$ 705,50**. Essa decisão antecipada evitou riscos de variações inesperadas no preço da ação ou notícias que poderiam elevar significativamente o custo de rolagem da operação. Àquela altura, as *calls* lançadas já tinham se desvalorizado 87,4%, permitindo-nos **embolsar quase 90% do lucro máximo** nessa operação. Então, não vimos motivos para correr o risco de reversão do preço da BBAS3, o que poderia nos levar a "devolver" parte desse ganho. Assim, encerramos a posição antecipadamente como parte da nossa estratégia de gestão de risco.

Esse exemplo reforça a importância da disciplina e de seguir estratégias claras. Caso a opção fosse do tipo americana, nós poderíamos ter sofrido um exercício antes do vencimento. Além disso, evitar o excesso de ganância foi crucial para proteger os ganhos já obtidos. Após o encerramento da operação, BBAS3 oscilou, mas encerrou o mês em queda, demonstrando que o uso de dividendos sintéticos pode ajudar a compensar parte das perdas de valor na ação. Isso é especialmente importante para ações que o investidor deseja manter no longo prazo.

18.5.2. Venda coberta de calls de PETR4 após rally de alta

Em 04/04/2024, a ação da Petrobras (**PETR4**) fechou cotada a **R$ 37,88**.[62] No dia seguinte, decidimos auxiliar um cliente a realizar a venda coberta de *calls* da Petrobras para aproveitar o forte *momentum* de alta observado nas ações da empresa. O cliente já planejava vender suas **1.000 ações** como parte de uma reestruturação da carteira, então a estratégia de dividendos sintéticos foi escolhida para potencializar os ganhos no curto prazo.

Escolhemos a opção **PETRF452**, com *strike* de **R$ 41,50**, cerca de 10% acima do preço de mercado, o que consideramos uma boa margem de segurança. Seu vencimento era para 21/06/2024 e ela possuía uma boa liquidez, o que nos permitiu lançar as opções por um prêmio atrativo de **R$ 0,76** por opção, totalizando **R$ 760** de renda adicional no momento do lançamento. A estratégia parecia ideal: capturar prêmios durante a alta sem

---

62 Preços sem ajuste de proventos para refletir o preço de negociação em cada dia.

vender as ações imediatamente, beneficiando-nos de um potencial movimento positivo maior.

O que poderia dar errado? Seríamos obrigados a entregar as ações (o cliente já pensava nessa venda). Então escolhemos um *strike* confortável para ele. **E se desse certo?** Embolsaríamos o prêmio por quantos meses fossem necessários até o exercício e entrega das ações por um preço maior do que o atual naquele momento. Assim, a estratégia logo começou a funcionar bem e o preço da opção caiu rapidamente para R$ 0,24 em 09/05/2024! No entanto, acabamos negligenciando o fato de que PETRF452 era uma opção do tipo americana e poderia ser exercida antes do vencimento.

Após um forte *rally* de alta em apenas um mês, no dia **09/05/2024** a PETR4 alcançou **R$ 41,67**, ultrapassando o *strike* escolhido, como pode ser observado na Figura 61. Naquele momento, a contraparte de nossa operação decidiu exercer antecipadamente o seu direito de compra da PETR4, obrigando nosso cliente a vender as ações a R$ 41,50. Apesar de o preço de mercado ser ligeiramente superior, a venda garantiu ao cliente o *strike* previamente acordado, somado ao prêmio recebido pela venda da opção.

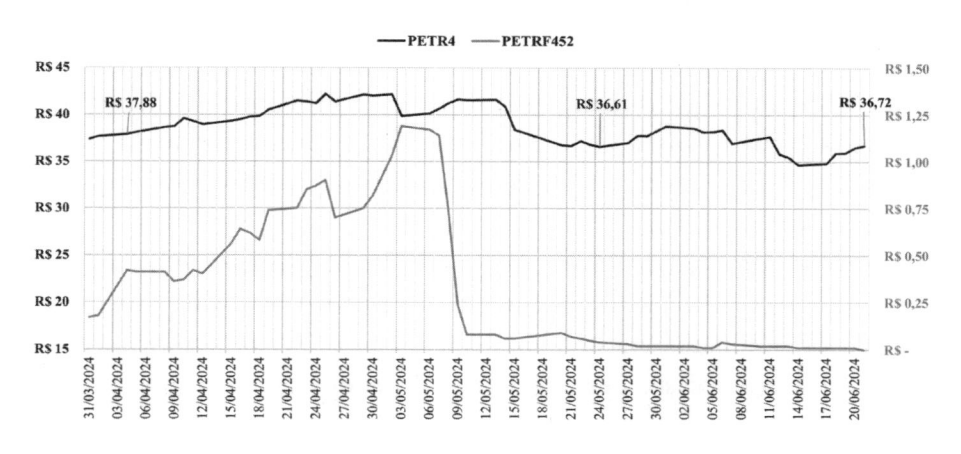

Figura 61: Cotações da PETR4 e da PETRF452 (strike R$ 41,50).

Fonte: dados da Economatica.

Nos dias seguintes, o mercado reverteu e a PETR4 caiu consistentemente. No dia 24/05/2024, as ações fecharam a R$ 36,61 e, no vencimento da opção, em 21/06/2024, estavam a R$ 36,72. Caso a contraparte não tivesse exercido antecipadamente o direito de comprar as ações do nosso cliente, as opções teriam desvalorizado até R$ 0,00 (virando "pó") e ele teria mantido suas ações. Porém, também não teria garantido uma venda por um valor superior (R$ 41,50) àquele observado no dia do vencimento da opção (R$ 36,72). Então, apesar do exercício que o cliente sofreu, seu resultado foi positivo.

Considerando que o custo médio de aquisição das ações PETR4 desse cliente era R$ 30, essa operação resultou em um lucro bruto de R$ 12.260 (1.000 ações × R$ 12,26), considerando o lucro da venda das ações (R$ 11,50 por ação) e o dividendo sintético de R$ 0,76 por opção (prêmio recebido por *call*), restando um lucro líquido de **R$ 10.421** depois da subtração do imposto de renda (alíquota de 15%). Isso representa um retorno final de 34,74%.

Tabela 48: Resultados da PETR4 com e sem venda de *calls* (em R$).

Cenário	PETR4			PETRF452 Prêmio	Lucro Bruto	IR	Resultado Líquido	
	Custo	Venda	Lucro				Lucro	Retorno
Com calls	30,00	41,50	11,50	0,76	12.260	-1.839	10.421	34,74%
Sem calls	30,00	37,88	7,88	0,00	7.880	-1.182	6.698	22,33%

Considerando que o cliente tivesse vendido suas ações no dia em que essa estratégia foi pensada, conseguindo o preço de fechamento do dia anterior (R$ 37,88), seu resultado líquido teria sido de **R$ 6.698**, o que lhe garantiria um retorno de 22,33%.

O ganho adicional de R$ 760 do prêmio das opções e a venda das ações acima do preço inicial ilustram como os dividendos sintéticos podem maximizar os resultados, mesmo em cenários de exercício antecipado. Isso mostra que, nesse caso, a estratégia de dividendos sintéticos oportunizou um retorno superior ao cliente (em mais de 50%). Contudo, o caso também destaca a importância de compreender o tipo de opção (americana ou europeia) e o risco de exercício antecipado.

A operação reforça o aprendizado de que disciplina e planejamento são essenciais. Não apenas conseguimos capturar um bom ganho, mas também protegemos o cliente de potenciais perdas em uma reversão rápida do mercado, que trouxe a PETR4 a um valor inferior (R$ 36,72) ao preço disponível na data em que analisamos com o cliente a possibilidade de venda (R$ 37,88).

18.5.3. Venda descoberta de calls de PETR4 na época do Pré-Sal

Vamos começar este último exemplo reafirmando que **este não é um caso de dividendo sintético**. Então por que ele está aqui? Porque achamos importante mostrar que, apesar de tentadora, a operação de venda descoberta tem um risco muito maior que a venda coberta. E que mesmo investidores mais experientes podem cometer o erro de achar que conhecem muito bem o mercado e que podem antecipar completamente seus movimentos. Para mostrar isso vamos usar o caso de um amigo nosso, que vamos chamar aqui de "Raul".

Para este caso, vamos utilizar cotações reais (não ajustadas por proventos) e aproximar os valores dos *strikes* e prêmios, com base em todas as datas que o Raul nos passou. O ativo em questão é a ação da Petrobras (PETR4), que no ano de 2007 vinha apresentando uma forte valorização devido às descobertas de petróleo no Pré-Sal. Depois de ver a PETR4 subindo muito em torno de muitas expectativas sobre essa descoberta, Raul achou que chegara a hora de a ação "devolver" parte da alta e apresentar uma correção na sua cotação. Então ele julgou que era a hora de vender algumas *calls* a descoberto (sem ter as ações).

Em **01/10/2007**, com PETR4 cotada a **R$ 30,18**, Raul decidiu realizar uma venda descoberta de 500 opções de compra com *strike* de R$ 33 (PETRL33). Ele recebeu um prêmio de **R$ 1,20** por opção, totalizando **R$ 600**. Acreditando que o recente ciclo de alta das ações da Petrobras estava exagerado, Raul confiava na análise técnica, que indicava uma resistência em **R$ 33**, e apostou que as opções expirariam sem valor no vencimento, marcado para **14/12/2007**.

No entanto, Raul ignorou um ponto crucial: ele não possuía as ações em carteira, configurando uma venda descoberta e expondo-se ao risco de prejuízos ilimitados. Ele também desconsiderou a possibilidade de eventos inesperados, como anúncios significativos que poderiam impactar o mercado, especialmente em um período no qual havia grandes expectativas em torno das descobertas de petróleo. E o anúncio veio!

Em 08/11/2007, a Petrobras anunciou a descoberta do Campo de Tupi, na Bacia de Santos, com reservas estimadas entre 5 e 8 bilhões de barris de petróleo de alta qualidade. O mercado reagiu imediatamente e **a PETR4 subiu 14,16% naquele dia**, fechando a R$ 40,10, como pode ser visto na Figura 62. A área marcada em traços indica o período no qual Raul manteve a operação.

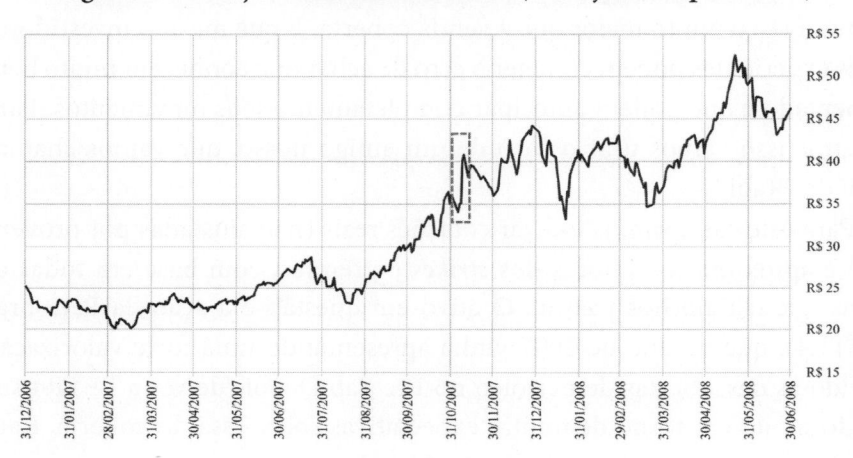

Figura 62: Cotação histórica da PETR4 (sem ajuste de proventos).

As opções PETRL33, que Raul havia vendido por R$ 1,20, saltaram para mais de R$ 7,50. Ele lembra que entrou em pânico. Sem as ações em carteira, seria obrigado a comprá-las no mercado à vista caso fosse exercido. E o exercício também veio! Pela continuidade da alta da ação exibida no gráfico, podemos dizer que Raul ainda teve sorte.

As *calls* vendidas por Raul eram da espécie americana. No dia 09/11/2007, PETR4 continuou subindo, atingindo R$ 40,83. Com o aumento da volatilidade e a natureza americana das opções, Raul foi exercido antecipadamente em **12/11/2007**, cerca de um mês antes do vencimento das opções. Então, para cumprir sua obrigação contratual, ele precisou comprar 500 ações no mercado por R$ 38,17 e entregá-las à contraparte por R$ 33,00. O resultado dessa operação de Raul é demonstrado a seguir:

- Compra das ações no mercado: R$ 38,17 x 500 = R$ 19.085
- Venda das ações pelo exercício: R$ 33,00 x 500 = R$ 16.500

- Prejuízo bruto: R$ 19.085,00 – R$ 16.500,00 = R$ 2.585
- Prêmio recebido: R$ 600
- **Prejuízo líquido: R$ 1.985** (R$ 2.585 – R$ 600, sem contar os custos operacionais, que ainda devem ser somados).

Aqui podemos tomar para nós as lições aprendidas por Raul:

1. **Perfil de volatilidade do ativo:** Petrobras já era uma empresa conhecida por alta volatilidade, o que deveria ter sido levado em conta antes de realizar uma venda descoberta.
2. **Risco de eventos inesperados:** a descoberta do Pré-Sal foi um evento fora do controle de Raul e impactou drasticamente os preços, expondo os perigos de não considerar o risco de eventos inesperados. É o famoso "cisne negro".
3. **Risco de perdas ilimitadas:** na venda descoberta, as perdas podem ser catastróficas, diferentemente da venda coberta, em que o investidor já possui o ativo subjacente. Raul se arriscou para ganhar R$ 600 e acabou perdendo mais que o triplo disso em menos de 15 dias.

Se você entendeu a mensagem desse último exemplo, já teve um retorno muito maior do que o preço que pagou pelo livro, porque aprendeu com um grave erro de terceiros. Diferentemente da venda coberta, em que as ações subjacentes já estão na carteira, uma venda descoberta implica a obrigação de comprar ações a preços possivelmente muito superiores ao atual caso as *calls* sejam exercidas e você não tenha as ações. Em situações de alta inesperada, isso pode gerar prejuízos catastróficos, até mesmo levando o investidor à falência. Manter a disciplina, operar com conhecimento e evitar esse tipo de risco desnecessário são fundamentos indispensáveis para usar a estratégia de dividendos sintéticos com segurança e eficácia.[63]

---

63 Para aprofundar seus conhecimentos sobre opções, recomendamos o livro clássico de John Hull *Opções, futuros e outros derivativos*, além dos textos e cursos do nosso amigo Zé, do Clube do Pai Rico (clubedopairico.com.br). Também sugerimos a ferramenta gratuita no site opcoes.net para precificar as opções e entender outras estatísticas importantes em sua análise.

18.6. Destaques

1. A venda coberta de *calls* transforma o potencial de valorização das ações em renda imediata, complementando os dividendos tradicionais.
2. A escolha do *strike* é fundamental para equilibrar ganhos e riscos, garantindo margens de segurança alinhadas aos objetivos.
3. A liquidez das opções é vital, pois baixa liquidez dificulta operações e impacta os resultados.
4. Mercados voláteis oferecem prêmios maiores, mas ampliam os riscos; planejamento é essencial.
5. Disciplina e controle emocional evitam operações impulsivas e reduzem custos desnecessários.
6. Compreender as regras tributárias permite calcular impostos corretamente e otimizar resultados dessa estratégia.
7. Exemplos reais mostram que *calls* cobertas mitigam perdas e geram renda mesmo em cenários desafiadores.
8. O sucesso na estratégia depende de conhecimento técnico, de planejamento e de alinhamento com seus objetivos financeiros.

19.
O FIM: O DINHEIRO TRABALHA POR VOCÊ

*"O ouro trabalha diligente e satisfatoriamente
para o homem prudente que, possuindo-o,
encontra para ele um emprego lucrativo, multiplicando-o
como os flocos de algodão no campo."*
GEORGE S. CLASON

George Samuel Clason foi um empresário americano que se notabilizou por ser o autor de um dos mais antigos e famosos livros de finanças pessoais: *O homem mais rico da Babilônia*. Lançado há quase um século, o livro foi baseado em uma série de panfletos sobre economia e sucesso financeiro que Clason escrevia, usando parábolas ambientadas na antiga Babilônia para ilustrar suas lições. Essas parábolas eram distribuídas por bancos e companhias de seguros e tratavam de temas sobre como fazer seu dinheiro crescer, como protegê-lo contra a perda, como assegurar uma renda para o futuro, entre outros.

Curiosamente, o lançamento do livro (em 1926) ocorreu apenas três anos antes da maior crise econômica dos Estados Unidos, culminando no famoso **crash de 1929**, marcando o início da **Grande Depressão** que perdurou por anos naquele país. Aquele ano foi marcado pela "quebra da bolsa americana", quando o Índice Dow Jones (DJIA), principal indicador de desempenho do mercado nos Estados Unidos naquela época, chegou a cair quase 50% em pouco mais de dois meses. Observe no primeiro plano da Figura 63 como a queda foi intensa em 1929, seguida de novas quedas entre

1930 e 1933. O mercado americano só recuperou o patamar de 350 pontos no DJIA em 1954, cerca de 25 anos depois.

O DJIA, como qualquer índice de mercado, é formado por várias empresas. Nem todas elas seguem exatamente o desempenho desse índice, que é um indicador médio. Olhando apenas para esse período, o investidor que está "chegando" à Bolsa de Valores pode se assustar. Mas nem só de crises vivem os mercados. E nós vimos que **as crises, na maioria das vezes, abrem excelentes oportunidades para o investidor**. Além disso, a utilização de seus conhecimentos na análise de boas empresas pode lhe dar excelentes frutos nos períodos de crise. Especialmente no Brasil, onde as empresas são obrigadas a pagar dividendos. Eles podem ser uma fonte de recursos valiosa para comprar novas ações com preços mais baixos durante as crises.

Figura 63: Índice Dow Jones (DJIA) e o efeito do *crash* de 1929 (1921 a 2019).

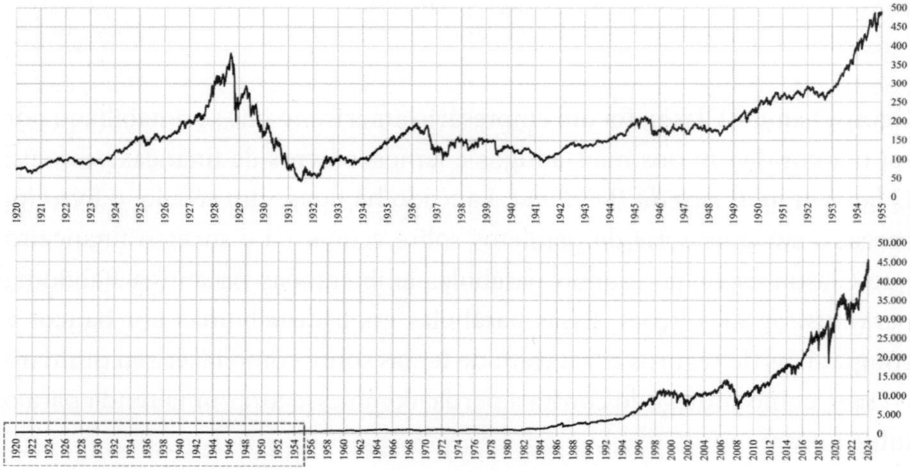

Fonte: dados da Refinitiv Eikon.

Os períodos de tormenta nos mercados de ações são comuns. A boa notícia é que uma hora eles passam. Veja o desempenho do DJIA entre 1920 e 2024 no plano inferior da Figura 63. O índice sai de cerca de 75 pontos para mais 45.000 pontos. Olhando o gráfico completo, o período em torno do *crash* de 1929 parece até irrelevante. Observe como ele dá a impressão de ser uma linha quase reta, com baixa variação (no quadro destacado do gráfico inferior). Nem parece que o plano superior do gráfico é o mesmo destacado no quadro. Isso reflete parte do poder dos juros compostos. **No longo prazo, a tendência dos mercados geralmente é para cima.**

Isso é confirmado pela história de Irving Kahn, um investidor americano que fez fortuna com a crise de 1929 (Barra, 2015). Kahn iniciou sua carreira como investidor em 1928, aos 23 anos, sendo também reconhecido como um dos primeiros discípulos de Benjamin Graham e como o investidor mais velho do mundo (faleceu em 2015, aos 109 anos). Seguidor da filosofia de *value investing* de Graham, Irving Kahn construiu sua fortuna por meio de análises minuciosas das empresas, utilizando seus conhecimentos para formar posições conservadoras e tirar proveito das quedas nos preços das ações.

"Ah, mas Irving Kahn, Benjamin Graham... eles foram grandes referências no mercado financeiro, eu não sou ninguém...", você pode estar equivocadamente pensando. Equivocadamente, porque o que queremos mostrar na parte final deste livro é que investir é menos complicado do que pensa a média das pessoas. Como relata *The New York Times*, Kahn afirmou certa vez: "Eu não era inteligente... até um garoto estúpido podia ver que todos estavam pegando dinheiro emprestado, divertindo-se e acertando alguns meses" (Roberts, 2015). Ele se referia à forte e até injustificada alta de algumas ações naquela época. Observando isso, aplicou o conceito de "margem de segurança" apresentado por Graham, analisando meticulosamente as empresas para tomar suas decisões de investimento com base em fundamentos, não em notícias.

O que queremos mostrar é que você não precisa saber como antever uma crise ou como sobreviver sozinho em uma selva. Como já disse o próprio Benjamin Graham, para você investir com sucesso ao longo de uma vida inteira não é necessário um quociente de inteligência estratosférico, uma visão empresarial incomum ou informações privilegiadas. Ao longo deste livro demonstramos que você pode fazer muito utilizando apenas as quatro operações matemáticas básicas. É mais importante conhecer bem o modelo de negócio da empresa do que dominar uma técnica estatística complexa que pode revelar uma diversidade de números que não lhe dirão muito sobre a empresa, caso você não a conheça bem.

O mercado de ações é um ótimo ambiente para o investidor construir o patrimônio que lhe garantirá uma aposentadoria mais tranquila e confortável. No entanto, se explorado sem a necessária prudência e sem o uso de ferramentas adequadas, esse ambiente pode se tornar nocivo para o investidor. Investindo em empresas sólidas, com bons fundamentos e dividendos persistentes, como preceitua o *dividend investing*, você passará pelas diferentes crises e permanecerá nesse mercado por mais tempo. Lembre-se das diversas falas dos grandes investidores que citamos ao longo deste livro. Elas são parte dos ensinamentos que nós quisemos compartilhar com você.

O mercado de ações não é o lugar para o investidor ficar rico no curto prazo, mas sim um ambiente propício para ele construir seu patrimônio com prudência e paciência.[64] **Investir no mercado de ações não é como correr uma corrida rasa de 100 metros, mas sim uma maratona de 42,195 quilômetros**. Não adianta ter pressa e queimar a largada. É preciso ter foco, dedicação, confiança, resiliência e paciência ao longo dessa jornada.

O **foco** deve estar em sua estratégia de investimento, saber que seu objetivo é ter uma renda passiva em dividendos de empresas com bons fundamentos e que também tendem a valorizar com o tempo. A **dedicação** consiste em viver o mercado, estudar as empresas, conhecer seus modelos de negócio, como a contabilidade reflete esse negócio e quais são suas perspectivas futuras. A **confiança** está ligada às suas escolhas, que devem seguir suas análises, os fundamentos que determinam o valor da empresa, e não dicas, notícias ou especulações. A **resiliência** é necessária nos momentos em que suas escolhas parecerem erradas mas os fundamentos das escolhas ainda se mantiverem os mesmos. E a **paciência** será uma virtude quando suas previsões e escolhas demorarem mais tempo para se realizarem.

---

64 Ficar rico rápido até é possível. Nós conhecemos muitas pessoas que são muito boas com operações de curto prazo, mas mesmo Pedro Albuquerque, gestor de um dos mais rentáveis fundos do Brasil, o Cosmos Capital, sempre diz que as vezes que ele mais ganhou dinheiro foi montando posições que pareciam estar baratas, que ninguém queria, e que mesmo assim ele comprou e segurou por bastante tempo. Pedro é conhecido por ser um grande *trader* e não por ser um investidor fundamentalista de longo prazo, como nós e como você que está lendo este livro. Obs.: nós também fazemos operações de curto prazo, mas isso é assunto para um outro livro.

Especialmente no *dividend investing*, o investidor tem o benefício de se cercar de boas empresas e de ter uma renda passiva e persistente para enfrentar as adversidades que o mercado de ações pode lhe apresentar. Como vimos ao longo deste livro, no Brasil as empresas são obrigadas a distribuir parte dos seus lucros como dividendos. E não só dividendos, mas também Juros Sobre Capital Próprio (JCP), bonificações de ações, recompras de ações e bônus de subscrição. Nesse sentido, também demonstramos que no Brasil, diferentemente dos Estados Unidos, as empresas que distribuem dividendos de forma persistente ao longo do tempo são aquelas que tendem a crescer mais.

Isso torna o dividendo um importante instrumento na análise de investimentos, o que é ratificado por Jeremy J. Siegel, professor de finanças da Universidade da Pensilvânia e autor do best-seller do mundo dos investimentos *Investindo em ações no longo prazo*. Para Siegel, o valor das ações sempre é igual ao valor presente de todos os dividendos futuros. Para ele, o dividendo remete melhor ao valor da ação do que o próprio lucro, pois a parcela do lucro que não é paga ao investidor só terá valor se for paga como dividendo ou outro tipo de desembolso de caixa (Siegel, 2015).

Siegel afirma que avaliar uma ação com base no valor presente descontado dos lucros futuros pode superestimar o valor da ação, pois a parte dos lucros não distribuída pode não criar valor ao acionista. Isso é especialmente verdadeiro se a gestão da companhia reinvestir esses lucros não distribuídos em projetos não rentáveis, ou ainda se desperdiçar esses lucros com excesso de despesas ou em ativos pouco úteis ao negócio da empresa. Claro, não devemos tomar isso como uma verdade absoluta, mas também não podemos desprezar a frequência com a qual esse tipo de problema acontece, uma vez que os gestores tendem a ser menos criteriosos no reinvestimento dos lucros quando eles são abundantes e quando há excesso de caixa.

Isso converge com a fala de John B. Williams, analista de investimentos nos Estados Unidos que abordou, em sua tese de doutorado em economia, a Teoria do Valor do Investimento, na qual trata do *valuation* baseado em fluxos de caixa descontados e, em particular, na avaliação baseada em dividendos. Williams se tornou uma figura importante no campo da análise fundamentalista ao publicar *The Theory of Investment Value*, um livro clássico baseado em sua tese de doutorado no qual destaca a importância dos dividendos para a avaliação de uma empresa, observando, também, que a maioria das pessoas discorda dessa fórmula, alegando que os lucros futuros é que devem ser descontados, e não os dividendos.

Na visão de Williams, os críticos do modelo de desconto de dividendos sugerem que lucros e dividendos deveriam fornecer a mesma resposta implícita, acreditando que os lucros não distribuídos sejam reinvestidos com sucesso para que os juros compostos trabalhem em benefício dos acionistas, o que deveria gerar maiores dividendos futuros. Esse é o conceito de "colocar o dinheiro para trabalhar". Porém, caso isso não ocorra, os lucros não distribuídos como dividendos seriam apenas "dinheiro perdido". Para Williams (1938), **"os lucros são apenas um meio para um fim, e o meio não deve ser confundido com o fim"**.

De fato, não podemos afirmar que lucros reinvestidos em projetos não rentáveis criem valor aos acionistas. O valor de uma empresa depende da expectativa de fluxos de caixa futuros, os quais crescem não só com base na taxa de reinvestimento dos lucros (*Reinv*), mas também com base no retorno sobre o capital investido (ROE). Assim, para que o investidor tenha uma renda passiva adequada, ou seja, para que o seu dinheiro trabalhe para você na construção de sua riqueza, você precisa assegurar que o seu investimento está sendo feito em boas empresas.

O recebimento dos dividendos de forma crescente e persistente é um bom sinal de que a sua estratégia está dando certo. Você pode estar se perguntando: **"Então qual é o dividendo apropriado para um acionista?"** De acordo com Benjamin Graham, o dividendo apropriado de uma ação é aquele pago ao acionista para lhe dar uma prova ou representação tangível do lucro da empresa, em resposta aos lucros reinvestidos no negócio pela empresa, em seu nome, ao longo de um período. Portanto, encontrar boas empresas, que sejam lucrativas e que deem provas de existência pagando bons dividendos, é a sua tarefa. Se isso for bem-feito, o seu dinheiro trabalhará arduamente para que o seu patrimônio cresça com o tempo.

Apesar dessa importância dos dividendos, não basta apenas olhar para eles. Caso contrário, você pode cair em uma armadilha e não ver o seu dinheiro trabalhando em prol da sua riqueza. Empresas que não geram lucros não conseguem oferecer dividendos persistentes aos seus acionistas. Quando a empresa possui um bom negócio, uma boa gestão e um histórico de números que justificam o seu crescimento e o seu valor esperado, os lucros tendem a existir e a ser crescentes. Assim, os dividendos continuarão a entrar na sua conta!

Com lucros crescentes, cada vez mais a empresa poderá distribuir volumes maiores de lucros para os acionistas e reinvestir mais lucros para que eles continuem crescendo no futuro (e para que a parte do seu dinheiro que ficou com a empresa continue trabalhando para lhe gerar ainda mais lucros e, por consequência, mais dividendos no futuro). Nós afirmamos, em diferentes momentos neste livro, que "**dividendos são lucros**". Se não houver lucros, não haverá dividendos. Veja como o seu papel na escolha das empresas certas é importante.

Para essa escolha, você pode utilizar técnicas de *valuation* por múltiplos ou mesmo por fluxos de caixa descontados, como é o caso do modelo de desconto de dividendos (MDD). Isoladamente ou em conjunto, utilizando os múltiplos para filtrar as melhores empresas e depois avaliar com mais detalhe por meio de um MDD, ou mesmo utilizando o MDD para estimar o valor intrínseco de sua empresa de interesse, e depois analisando seus múltiplos como forma de validação do *valuation* por MDD. As técnicas são muitas – neste livro, apresentamos algumas delas, mas o elemento diferencial na análise será você.

Enquanto a empresa faz o trabalho dela em seu benefício, com a parte dos lucros que ela reinveste em seus negócios, você tem de fazer o seu trabalho com a parte dos lucros que a empresa lhe paga como dividendos. Ao reinvestir adequadamente esses dividendos, você conseguirá comprar ainda mais ações de boas empresas e, como consequência do seu bom trabalho de investimento, receberá ainda mais dividendos no futuro. Você receberá dividendos dos dividendos reinvestidos! Esse é o conceito de dinheiro trabalhando por você.

Agora você consegue ver como esse processo pode ser um círculo virtuoso? É uma bola de neve que tende a aumentar com o passar do tempo. Essa é a magia dos juros compostos! No início de sua jornada como investidor, os dividendos podem ser pequenos, alguns centavos por ação. Mas com o decorrer do tempo, se você fizer adequadamente seu trabalho de seleção de boas empresas, seus aportes de capital irão aumentar, as boas empresas em que você investirá irão lhe pagar cada vez mais dividendos e, como consequência, esses centavos recebidos como dividendos no início da jornada trabalharão por você até se multiplicarem aos milhões.

AGRADECIMENTOS

Gostaríamos de expressar nossa gratidão à Universidade Federal da Paraíba (UFPB), por apoiar o desenvolvimento de pesquisas de qualidade e financiar o acesso às bases de dados utilizadas neste livro. Agradecemos também à TC S.A., pelo suporte operacional e financeiro à primeira edição desta obra.

Também gostaríamos de agradecer a Lírio Parisotto, por ter pessoalmente revisado a parte do livro em que falamos sobre a sua história e por ter escrito o prefácio à primeira edição. Assim como somos gratos a Luiz Barsi, a Louise Barsi e a todo o Grupo AGF, pela parceria estabelecida e pelo apoio à segunda edição deste livro.

Finalmente, agradecemos a todos os familiares e amigos que opinaram, revisaram ou simplesmente apoiaram a elaboração desta obra – não deve ter sido fácil para os mais próximos, especialmente nossas esposas e filhos, terem de abdicar de bons finais de semana e feriados porque estávamos escrevendo ou revisando este livro.

REFERÊNCIAS

AGÊNCIA ESTADO. "Dinheiro serve para fazer mais dinheiro", diz Luiz Barsi. InfoMoney, São Paulo, 26 ago. 2019. Disponível em: https://www.infomoney.com.br/mercados/dinheiro-serve-para-fazer-mais-dinheiro-diz-luiz-barsi/. Acesso em: 9 abr. 2020.

AGRAWAL, S. et al. Momentum, mean-reversion, and social media: Evidence from stocktwits and twitter. *The Journal of Portfolio Management*, v. 44, n. 7, pp. 85-95, 2018.

ALVES, F. I. A. B.; GUEDES, Y. R.; SOUZA, J. L. Política de Dividendos: Estudo dos Fatores Determinantes para as Empresas Atuantes no Setor de Utilidade Pública. *Revista de Gestão, Finanças e Contabilidade*, v. 8, n. 1, pp. 4-23, 2018.

AMORIM, D. P. L.; CAMARGOS, M. A. Reversão à média em um índice preço-lucro e sub/sobrevalorização no mercado de ações brasileiro. *Revista Contabilidade & Finanças*, v. 32, n. 86, pp. 301-313, 2021.

ANJOS, J. Luiz Barsi: Qual é o valor da fortuna do maior investidor individual da B3? E-investidor, São Paulo, 29 jul. 2024. Disponível em: https://einvestidor.estadao.com.br/radar-einvestidor/luiz-barsi-valor-fortuna/. Acesso em: 7 jan. 2025.

ARNOTT, R. D.; CLIFFORD, S. A. Surprise! Higher Dividends = Higher Earnings Growth. *Financial Analysts Journal*, v. 59, n. 1, pp. 70-87, 2003.

BALVERS, R.; WU, Y.; GILLILAND, E. Mean reversion across national stock markets and parametric contrarian investment strategies. *The Journal of Finance*, v. 55, n. 2, pp. 745-772, 2000.

BARRA, P. Luiz Barsi conta como saiu do zero para construir sua fortuna na Bolsa. InfoMoney, São Paulo, 14 out. 2016. Disponível em: https://www.infomoney.com.br/mercados/luiz-barsi-conta-como-saiu-do-zero-para-construir-sua-fortuna-na-bolsa/. Acesso em: 6 abr. 2020.

BARRA, P. Morre, aos 109 anos, o homem que fez fortuna com a crise de 1929. InfoMoney, São Paulo, 17 fev. 2015. Disponível em: https://www.infomoney.com.br/mercados/morre-aos-109-anos-o-homem-que-fez-fortuna-com-a-crise-de-1929/. Acesso em: 25 mar. 2021.

BARRIE, J. M. *The Little White Bird*. Hodder & Stoughton, Reino Unido, 1902.

BARROS, M. A. Os filtros de Graham e a formação de carteiras de ações: Uma proposta de adaptação ao mercado brasileiro. Dissertação (Mestrado em Ciências Contábeis) – Universidade Federal da Paraíba, 2021.

BASAK, S.; YAN, H. Equilibrium asset prices and investor behaviour in the presence of money illusion. *The Review of Economic Studies*, v. 77, n. 3, pp. 914-936, 2010.

BAUTZER, T. Conheça o bilionário anônimo da bolsa brasileira. *Exame*, São Paulo, 18 maio. 2014. Disponível em: https://exame.abril.com.br/revista-exame/o-bilionario-anonimo/. Acesso em: 1 abr. 2020.

BERNSTEIN, W. *The intelligent asset allocator: How to build your portfolio to maximize returns and minimize risk*. Nova York: McGraw Hill Education, 2017.

BESSI, B. Os dez mandamentos do investidor, na visão de Lírio Parisotto. *Brasil Econômico*, São Paulo, 9 out. 2010. Disponível em: https://economia.ig.com.br/financas/investimentos/os-dez-mandamentos-do-investidor-na-visao-de-lirio-parisotto/n1237794558017.html. Acesso em: 31 mar. 2020.

BHATTACHARYA, S. Imperfect information, dividend policy, and "the bird in the hand" fallacy. *The Bell Journal of Economics*, v. 10, n. 1, pp. 259-270, 1979.

BNDES – BANCO NACIONAL DE DESENVOLVIMENTO ECONÔMICO E SOCIAL. *Panoramas setoriais 2030: Desafios e oportunidades para o Brasil*. Rio de Janeiro: BNDES, 2017.

BOARD, J.; SUTCLIFFE, C.; PATRINOS, E. The performance of covered calls. *The European Journal of Finance*, v. 6, n. 1, pp. 1-17, 2000.

BONOMO, M.; GARCIA, R. Can a well-fitted equilibrium asset-pricing model produce mean reversion?. *Journal of Applied Econometrics*, v. 9, n. 1, pp. 19-29, 1994.

BOWERS, H. M.; FEHRS, D. Dividend buying: Linking dividend announcements and ex-dividend day effects. *Journal of Accounting, Auditing & Finance*, v. 10, n. 3, pp. 421-435, 1995.

BRAGA, R.; MARQUES, J. A. V. C. Avaliação da liquidez das empresas através da análise da demonstração de fluxos de caixa. *Revista Contabilidade & Finanças*, v. 12, n. 25, pp. 6-23, 2001.

BRASIL. Receita Federal do Brasil. 80 anos de imposto de renda no Brasil: 1922-2002. Disponível em: http://www.receita.fazenda.gov.br/historico/80anosir/mainmax.htm. Acesso em: 15 fev. 2021.

BROWN, K. C.; LUMMER, S. L. A reexamination of the covered call option strategy for corporate cash management. *Financial Management*, pp. 13-17, 1986.

BROWN, P.; WALTER, T. Ex-dividend day behaviour of Australian share prices. *Australian Journal of Management*, v. 11, n. 2, pp. 139-152, 1986.

BUDESCU, D. V.; CHEN, E. Identifying expertise to extract the wisdom of crowds. *Management Science*, v. 61, n. 2, pp. 267-280, 2015.

BUENO, P. H. A.; BERGAMIN, A. & PANUNCIO, F. C. Análise de Atratividade e Parâmetros de Blue Chips para Operações de Lançamento Coberto. *Revista Científica e-Locução*, v. 1, n. 2, pp. 5-22, 2012.

CAMPBELL, J. A.; BERANEK, W. Stock price behavior on ex-dividend dates. *The Journal of Finance*, v. 10, n. 4, pp. 425-429, 1955.

CARLSON C. B. *The little book of big dividends: A safe formula for guaranteed returns*. Nova Jersey: John Wiley & Sons, 2010.

CHAN, K. F.; POWELL, J. G.; SHI, J.; SMITH, T. Dividend persistence and dividend behaviour. *Accounting and Finance*, v. 58, n. 1, pp. 127-147, 2018.

CHAUDHURI, Kausik; WU, Yangru. Mean reversion in stock prices: evidence from emerging markets. *Managerial Finance*, 2003.

CHEN, H. et al. Wisdom of crowds: The value of stock opinions transmitted through social media. *The Review of Financial Studies*, v. 27, n. 5, pp. 1367-1403, 2014.

CLEMENS, M. Dividend investing performance and explanations: A practitioner perspective. *International Journal of Managerial Finance*, v. 9, n. 3, pp. 185-197, 2013.

CORDEIRO, R. A.; MACHADO, M. A. V. Estratégia de valor ou de crescimento? Evidências empíricas no Brasil. *Revista Brasileira de Gestão de Negócios*, v. 15, n. 46, pp. 91-111, 2013.

CRISTÓVÃO, D. Governo pode arrecadar R$ 59,7 bi se tributar lucros e dividendos. Valor Investe, São Paulo, 17 fev. 2020. Disponível em: https://valorinveste.globo.com/mercados/brasil-e-politica/noticia/2020/02/17/governo-pode-arrecadar-r-597-bi-se-tributar-lucros-e-dividendos.ghtml. Acesso em: 15 fev. 2021.

CUNHA, R. P. Teorias de Estruturas de Capital – Pecking Order – Trade-Off-Market Timing: uma Revisão de Literatura. *Revista Ibero-Americana de Humanidades, Ciências e Educação*, v. 6, n. 12, pp. 105-118, 2020.

CVM. *Mercado de valores mobiliários brasileiro: Comissão de Valores Mobiliários*. 3. ed. Rio de Janeiro: CVM, 2014.

DALMÁCIO, F. Z. et al. Uma análise da relação entre governança corporativa e acurácia das previsões dos analistas do mercado brasileiro. *Revista de Administração Mackenzie*, v. 14, n. 5, pp. 104-139, 2013.

DAMODARAN, A. *Investiment valuation: Tools and techniques for determining the value of any asset*. 4. ed. Nova Jersey: Wiley, 2025.

DAMODARAN, A. *Narrative and numbers: The value of stories in business*. Nova York: Columbia University Press, 2017.

DAMODARAN, A. *The little book of Valuation: How to value a company, pick a stock, and profit*. Nova Jersey: John Wiley & Sons, 2011.

DASILAS, A. The ex-dividend day stock price anomaly: Evidence from the Greek stock market. *Financial Markets and Portfolio Management*, v. 23, n. 1, p. 59, 2009.

DECHOW, P. M.; DICHEV, I. D. The quality of accruals and earnings: The role of accrual estimation errors. *The Accounting Review*, v. 77, n. s-1, pp. 35-59, 2002.

DECHOW, P. M.; GE, W.; SCHRAND, C. M. Understanding earnings quality: A review of the proxies, their determinants and their consequences. *Journal of Accounting and Economics*, v. 50, n. 1-2, pp. 344-401, 2010.

DECHOW, P. M.; HUTTON, A. P.; KIM, J. H.; SLOAN, R. G. Detecting earnings management: A new approach. *Journal of Accounting Research*, v. 50, n. 2, pp. 275-334, 2012.

DECHOW, P. M.; SCHRAND, C. M. *Earnings quality*. Charlottesville (Virginia): CFA Institute, 2004.

DEL GRANDE, Thiago José Streck. Reversão à média móvel de curtíssimo prazo no mercado acionário brasileiro. Tese de Doutorado. PUC-Rio, 2016.

DENIS, D.; OSOBOV, I. Why do firms pay dividends? International evidence on the determinants of dividend policy. *Journal of Financial Economics*, v. 89, n. 1, pp. 62-82, 2008.

DEWASIRI, N. J. et al. Determinants of dividend policy: Evidence from an emerging and developing market. *Managerial Finance*, v. 45, n. 3, pp. 413-429, 2019.

DUPUIS, D. Ex-dividend day price behavior and liquidity in a tax-free emerging market. *Emerging Markets Review*, v. 38, pp. 239-250, 2019.

EICKHOFF, M.; MUNTERMANN, J. Stock analysts vs. the crowd: Mutual prediction and the drivers of crowd wisdom. *Information & Management*, v. 53, n. 7, pp. 835-845, 2016.

FABOZZI, F. J.; FOCARDI, S. M.; JONAS, C. *Equity valuation: Science, art or craft?* Virgínia: CFA Institute Research Foundation, 2017.

FAMA, Eugene F. Efficient capital markets: Reply. *The Journal of Finance*, v. 31, n. 1, pp. 143-145, 1976.

FAMA, E. F.; FRENCH, K. R. A five-factor asset pricing model. *Journal of Financial Economics*, v. 116, n. 1, pp. 1-22, 2015.

FAMA, E. F.; FRENCH, K. R. Value versus growth: The international evidence. *The Journal of Finance*, v. 53, n. 6, pp. 1975-1999, 1998.

FAMA, E. F.; FRENCH, K. R. O modelo de precificação de ativos de capital: Teoria e evidências. *Revista de Administração de Empresas*, v. 47, n. 2, pp. 103-118, 2007.

FORTI, C. A. B.; PEIXOTO, F. M.; ALVES, D. L. Fatores determinantes do pagamento de dividendos no Brasil. *Revista Contabilidade & Finanças*, v. 26, n. 68, pp. 167-180, 2015.

GALVÃO, K. S.; SANTOS, J. F.; ARAÚJO, J. M. Dividendos, juros sobre capital próprio e níveis de *payout*: Um estudo investigativo sobre a política de distribuição de dividendos adotada pelas empresas listadas na

BM&FBovespa. *Revista Contemporânea de Contabilidade*, v. 15, n. 36, pp. 3-30, 2018.

GATSIOS, R. C. et al. Conteúdo informacional das previsões de lucro dos analistas de mercado e dos modelos de previsão random walk no Brasil. *Revista Evidenciação Contábil & Finanças*, v. 8, n. 2, 2020.

GERAÇÃO Futuro procura um sócio. *ISTOÉ Dinheiro*, São Paulo, 9 mar. 2011. Disponível em: https://www.istoedinheiro.com.br/noticias/financas/20110309/geracao-futuro-procura-socio/3577.shtml. Acesso em: 31 mar. 2020.

GIRÃO, L. F. A. P. et al. Contaminação dos fundamentos pela Covid-19: Previsão de receitas, gerenciamento de resultados e risco de insolvência no Brasil. In: USP International Conference in Accounting, 20, São Paulo, 2020.

GOETZMANN, W. N.; KIM, D. Negative bubbles: What happens after a crash. *European Financial Management*, v. 24, n. 2, pp. 171-191, 2018.

GORDON, M. J. Optimal investment, and financing policy. *The Journal of Finance*, v. 18, n. 2, pp. 264-272, 1963.

GRAHAM, B. *O investidor inteligente: Um guia prático de como ganhar dinheiro na bolsa*. 4. ed. São Paulo: Bovespa, 2007.

GRAHAM, B.; DODD, D. *Security analysis: Principles and technique*. 6. ed. Nova York: McGraw Hill, 2009.

GRULLON, G.; IKENBERRY, D. L. What do we know about stock repurchases. *Journal of Applied Corporate Finance*, v. 13, n. 1, pp. 31-51, 2000.

GUIMARÃES, F. Após surfar na alta, fundo Alaska vende ações do Magalu e cresce em Petro. *Estadão*, São Paulo, 11 nov. 2019. Disponível em: https://economia.estadao.com.br/blogs/coluna-do-broad/apos-surfar-na-alta-fundo-alaska-vende-acoes-do-magalu-e-cresce-em-petro/. Acesso em: 1º abr. 2020.

HENKEL, S. J.; MARTIN, J. S.; NARDANI, F. Time-varying short-horizon predictability. *Journal of Financial Economics*, v. 99, n. 3, pp. 560-580.

HILL, J. M.; BALASUBRAMANIAN, V.; GREGORY, K.; TIERENS, I. Finding alpha via covered index writing. *Financial Analysts Journal*, v. 62, n. 5, pp. 29-46, 2006.

HOFFMANN, A. O.; FISCHER, E. T. S. Behavioral aspects of covered call writing: An empirical investigation. *Journal of Behavioral Finance*, v. 13, n. 1, pp. 66-79, 2012.

INNOVA. Quem somos. Disponível em: https://innova.com.br/quem-somos/. Acesso em: 31 mar. 2020.

ISRAELOV, R.; NIELSEN, L. N. Covered call strategies: One fact and eight myths. *Financial Analysts Journal*, v. 70, n. 6, pp. 23-31, 2014.

ITEMGENOVA, A.; SIKVELAND, M. The determinants of the price-earnings ratio in the Norwegian aquaculture industry. *Journal of Commodity Markets*, n. 17, pp. 1-10, 2020.

JENSEN, M. C.; MECKLING, W. H. Theory of the firm: Managerial behavior, agency costs and ownership structure. *Journal of Financial Economics*, v. 3, n. 4, pp. 305-360, 1976.

KAYO, E. K. et al. Estrutura de capital e criação de valor: Os determinantes da estrutura de capital em diferentes fases de crescimento das empresas. *Revista Eletrônica de Administração*, v. 10, n. 3, pp. 1-14, 2004.

KOLOZSVARI, A. C.; MACEDO, M. A. S. Análise da influência da presença da suavização de resultados sobre a persistência dos lucros no mercado brasileiro. *Revista Contabilidade & Finanças*, v. 27, n. 72, pp. 306-319, 2016.

LA PORTA, R.; LOPEZ-DE-SILANES, F.; SHLEIFER, A.; VISHNY, R. W. Agency problems and dividend policies around the world. *The Journal of Finance*, v. 55, n. 1, pp. 1-33, 2000.

LEAL, L. T. Y. et al. Persistence, value relevance, and accruals quality in extreme earnings and cash flow situations. *Revista de Administração Mackenzie*, v. 18, n. 3, pp. 203-231, 2017.

LIM, Kian-Ping; BROOKS, Robert. The evolution of stock market efficiency over time: A survey of the empirical literature. *Journal of Economic Surveys*, v. 25, n. 1, pp. 69-108, 2011.

LIMA, A. S. et al. Estágios do ciclo de vida e qualidade das informações contábeis no Brasil. *Revista de Administração Contemporânea*, v. 19, n. 3, pp. 398-418, 2015.

LINTNER, J. Distribution of incomes of corporations among dividends, retained earnings, and taxes. *The American Economic Review*, v. 46, n. 2, pp. 97-113, 1956.

LOPES, M. R. Número de investidores na Bolsa ultrapassa o de presidiários no país. R7, São Paulo, 7 out. 2019. Disponível em: https://noticias.r7.com/economia/numero-de-investidores-na-bolsa-ultrapassa-o-de-presidiarios-no-pais-08102019. Acesso em: 7 abr. 2020.

LOWE, J. *The Triumph of value investing: Smart money tactics for the post--recession era*. Nova York: Penguin, 2010.

LUCENA, E. R. F. C. V. et al. Custo médio ponderado de capital: Um estudo dos erros contidos em seu cálculo nas ofertas públicas de aquisições de ações registradas na comissão de valores mobiliários (CVM). *ReCont*, v. 4, n. 1, pp. 19-32, 2013.

LYNCH, P.; ROTHCHILD, J. *O jeito Peter Lynch de investir: As estratégias vencedoras de quem transformou Wall Street*. São Paulo: Saraiva, 2011.

MADEIRO, C. Ipea: Tributar lucro e dividendo pode gerar R$ 39 bi e reduzir desigualdade. UOL, Maceió, 9 abr. 2019. Disponível em: https://economia.uol.com.br/noticias/redacao/2019/04/09/tributacao-lucros--dividendos-arrecadacao-estudo-ipea.htm. Acesso em: 15 fev. 2021.

MAIS RETORNO. Comparação de fundos. Disponível em: https://maisretorno.com/comparacao-de-fundos. Acesso em: 31 mar. 2020a.

MAIS RETORNO. Quem é Luiz Alves Paes de Barros? Disponível em: https://maisretorno.com/blog/termos/l/luiz-alves-paes-de-barros. Acesso em: 1º abr. 2020b.

MAKRIDAKIS, S.; WINKLER, R. L. Averages of forecasts: Some empirical results. *Management Science*, v. 29, n. 9, pp. 987-996, 1983.

MALKIEL, Burton G. The efficient market hypothesis and its critics. *Journal of Economic Perspectives*, v. 17, n. 1, pp. 59-82, 2003.

MALKIEL, Burton G. Reflections on the efficient market hypothesis: 30 years later. *Financial Review*, v. 40, n. 1, pp. 1-9, 2005.

MALKIEL, B. G; ELLIS, C. D. *The elements of investing: Easy lessons for every investor*. Nova Jersey: John Wiley & Sons, 2013.

MARSH, T. A.; MERTON, R. Dividend behavior for the aggregate stock market. *The Journal of Business*, v. 60, n. 1, pp. 1-40, 1987.

MARTINEZ, A. L. Analisando os analistas: estudo empírico das projeções de lucros e das recomendações dos analistas do mercado de capitais para as empresas brasileiras de capital aberto, 2004.

MARTINEZ, A. L. Gerenciamento dos resultados contábeis: Estudo empírico das companhias abertas brasileiras. Tese (Doutorado em Controladoria e Contabilidade) – Faculdade de Economia, Administração e Contabilidade, Universidade de São Paulo, 2001.

MARTINEZ, A. L. Otimismo e viés de seleção dos analistas. *Brazilian Business Review*, v. 4, n. 2, pp. 104-118, 2007.

MARTINS, E. Contabilidade versus fluxo de caixa. *Caderno de Estudos*, n. 20, pp. 1-10, 1999.

MARTINS, E.; DINIZ, J. A.; MIRANDA, G. J. *Análise avançada das demonstrações contábeis: Uma abordagem crítica*. 3. ed. São Paulo: Atlas, 2020.

MARTINS, O. S.; MOURA, R. A.; GIRÃO, L. F. A. P. Effect of earnings management on dividend persistence in Latin American Capital Markets. Prêmio CFA Society Brazil, 2019. Disponível em: https://cfasociety.org.br/pdf/premio/2019/mh_1.pdf. Acesso em: 2 maio 2020.

MARTINS, O.; PONTES, F. *Manual do investidor completo: Um guia prático para organizar suas finanças e investir com segurança*. São Paulo: Ed. dos Autores, 2025.

MARTINS, V. G.; PAULO, E.; MONTE, P. A. O gerenciamento de resultados contábeis exerce influência na acurácia da previsão de analistas no Brasil? *Revista Universo Contábil*, v. 12, n. 3, pp. 73-90, 2016.

MCINTYRE, M. L.; JACKSON, D. Great in practice, not in theory: An empirical examination of covered call writing. *Journal of Derivatives & Hedge Funds*, v. 13, n. 13, pp. 66-79, 2007.

MILLER, M.; ROCK, K. Dividend policy under asymmetric information. *The Journal of Finance*, v. 40, n. 4, pp. 1.031-1.051, 1985.

MILLER, M.; MODIGLIANI, F. Dividend policy, growth, and the *valuation* of shares. *The Journal of Business*, v. 34, n. 4, pp. 411-433, 1961.

MOON, Seung-Hyun; KIM, Yong-Hyuk; MOON, Byung-Ro. Empirical investigation of state-of-the-art mean reversion strategies for equity markets. arXiv:1909.04327, 2019.

NARDON, M.; PIANCA, P. Covered call writing in a cumulative prospect theory framework. Universidade Ca'Foscari de Veneza, Departamento de Pesquisa Econômica. Série de artigos, n. 35, 2016.

NEIRA, A. C.; FILGUEIRAS, I. Número de pessoas físicas na B3 tem alta recorde e bate 2,24 milhões em março. Valor Investe, São Paulo, 3 abr. 2020. Disponível em: https://valorinveste.globo.com/objetivo/

hora-de-investir/noticia/2020/04/03/numero-de-pessoas-fisicas-na-b3-tem-alta-recorde-e-bate-224-milhoes-em-marco.ghtml. Acesso em: 17 abr. 2020.

NGUYET, A. The impact of earnings volatility on earnings predictability. *Global Business & Finance Review*, v. 22, n. 2, pp. 82-89, 2017.

NIKBAKHT, E.; POLAT, C. A global perspective of P/E ratio determinants: The case of ADRs. *Global Finance Journal*, v. 9, n. 2, pp. 253-267, 1998.

NISIYAMA, E. K.; NAKAMURA, W. T. Empresas pares e a estrutura de capital. *Revista de Finanças Aplicadas*, v. 4, n. 1, pp. 1-32, 2016.

NODA, R. F. Laudos de avaliação: metodologias utilizadas, erros e vieses. Tese de Doutorado. Universidade de São Paulo. 2018.

OLIVEIRA, A. S.; GIRÃO, L. F. A. P. Acurácia na previsão de lucros e os estágios do ciclo de vida organizacional: Evidências no mercado brasileiro de capitais. *Revista de Educação e Pesquisa em Contabilidade*, v. 12, n. 1, 2018.

PALEPU, K. G.; HEALY, P. M. *Análise e avaliação de empresas: Decisões e valuation usando demonstrativos financeiros*. 5. ed. São Paulo: Cengage Learning, 2017.

PALLEY, A. B.; SOLL, J. B. Extracting the wisdom of crowds when information is shared. *Management Science*, v. 65, n. 5, pp. 2291-2309, 2019.

PÁSTOR, L; VERONESI, P. Stock *valuation* and learning about profitability. *The Journal of Finance*, v. 58, n. 5, pp. 1749-1789, 2003.

PAULO, E. Manipulação das informações contábeis: uma análise teórica e empírica sobre os modelos operacionais de detecção de gerenciamento de resultados. Tese (Doutorado em Controladoria e Contabilidade) – Faculdade de Economia, Administração e Contabilidade, Universidade de São Paulo, 2007.

PELLIN, A.; LEISMANN, E. L. Rentabilidade de carteira de investimentos por meio de dividendos sintéticos. *Revista Científica e-Locução*, v. 1, n. 19, pp. 102-119, 2021.

PENMAN, S. *Financial statement analysis and security valuation*. 5. ed. Nova York: McGraw Hill, 2013.

PENMAN, S.; REGGIANI, F. Fundamentals of value versus growth investing and an explanation for the value trap. *Financial Analysts Journal*, v. 74, n. 4, pp. 103-119, 2018.

PINTO, J. E.; ROBINSON, T. R.; STOWE, J. D. Equity *valuation*: a survey of professional practice. *Review of Financial Economics*, v. 37, n. 2, pp. 219-233, 2019.

POTERBA, James M.; SUMMERS, Lawrence H. Mean reversion in stock prices: Evidence and implications. *Journal of Financial Economics*, v. 22, n. 1, pp. 27-59, 1988.

PÓVOA, A. Será que só existe um valor para uma empresa? São Paulo, *Revista Capital Aberto*, 12 fev. 2021. Disponível em: https://capitalaberto.com.br/secoes/colunistas/sera-que-so-existe-um-valor-para-uma-empresa/. Acesso em: 16 mar. 2021.

PROCIANOY, J. L.; VERDI, R. S. Dividend clientele, new insights, and new questions: The Brazilian case. *Revista de Administração de Empresas*, v. 8, n. 1, 2009.

RAY, R. Prediction Markets and the Financial "Wisdom of Crowds". *The Journal of Behavioral Finance*, v. 7, n. 1, pp. 2-4, 2006.

REDAÇÃO EXAME. Luiz Barsi sobre a crise da bolsa: Estou comprando tudo que é possível. São Paulo, 10 mar. 2020. Disponível em: https://exame.abril.com.br/mercados/luiz-barsi-sobre-a-crise-da-bolsa-estou-comprando-tudo-que-e-possivel/. Acesso em: 4 abr. 2020.

REDAÇÃO EXAME. Oi aumenta dívida para pagar dividendo. São Paulo, 11 mar. 2013. Disponível em: https://exame.abril.com.br/negocios/oi-aumenta-divida-para-pagar-dividendo/. Acesso em: 12 maio 2020.

REIS, R. T; CAMPOS, A. L. S.; PASQUINI, E. S. A influência dos determinantes da estrutura de capital conforme o estágio do ciclo de vida das empresas brasileiras. *Revista de Gestão, Finanças e Contabilidade*, v. 7, n. 3, pp. 127-142, 2017.

RENDLEMAN Jr., R. J. Covered call writing from an expected utility perspective. *The Journal of Derivatives*, v. 8, n. 3, pp. 63-75, 2001.

RIBEIRO, A. P. Anúncios de recompras de ações triplicam enquanto Bolsa despenca; entenda como funcionam os programas. São Paulo, InfoMoney, 2 abr. 2020. Disponível em: https://www.infomoney.com.br/mercados/anuncios-de-recompras-de-acoes-triplicam-enquanto-bolsa-despenca-entenda-como-funcionam-os-programas/. Acesso em: 23 abr. 2020.

ROBERTS, S. Irving Kahn, Oldest Active Wall Street Investor, Dies at 109.

The New York Times, Nova York, 26 fev. 2015. Disponível em: https://www.nytimes.com/2015/02/27/business/irving-kahn-oldest-active-wall-street-investor-dies-at-109.html. Acesso em: 25 mar. 2021.

ROCHA, A. O dividendo obrigatório será sempre 25% do lucro líquido? Valor Investe, São Paulo, 26 dez. 2019. Disponível em: https://valorinveste.globo.com/blogs/andre-rocha/post/2019/12/o-dividendo-obrigatorio-sera-sempre-25percent-do-lucro-liquido.ghtml. Acesso em: 27 abr. 2020.

ROSSI, M. The capital asset pricing model: A critical literature review. *Global Business and Economics Review*, v. 18, n. 5, pp. 604-617, 2016.

ROZEFF, M. S. Growth, beta and agency costs as determinants of dividend payout ratios. *Journal of Financial Research*, v. 5, n. 3, pp. 249-259, 1982.

SAITO, R.; DE LOSSO, R. S. B. Fundamentos teóricos e empíricos de apreçamento de ativos. *Revista de Administração de Empresas*, v. 47, n. 2, pp. 1-5, 2007.

SALOTTI, B. M.; LIMA, G. A. S. F.; MURCIA, F. D. R.; MALACRIDA, M. J. C.; PIMENTEL, R. C. *Contabilidade financeira*. São Paulo: Atlas, 2019.

SANVICENTE, A. Z. Relevância de prêmio por risco país no custo de capital das empresas. *Revista de Administração Contemporânea*, v. 19, n. SPE, pp. 38-52, 2015.

SANVICENTE, A. Z. Estimativas do Equity Risk Premium para o mercado brasileiro de capitais, CEQEF/FGV, São Paulo, 23 out. 2017. Disponível em: https://ceqef.fgv.br/bancos-de-dados. Acesso em: 13 mar. 2021.

SERRA, R. G.; WICKERT, M. *Valuation: Guia fundamental e modelagem em Excel*. São Paulo: Atlas, 2020.

SHAMSUDDIN, A. F. M.; HILLIER, J. R. Fundamental determinants of the Australian price-earnings multiple. *Pacific-Basin Finance Journal*, n. 12, pp. 565-576, 2004.

SHILLER, Robert J. From efficient markets theory to behavioral finance. *Journal of Economic Perspectives*, v. 17, n. 1, pp. 83-104, 2003.

SIEGEL, J. J. *Investindo em ações no longo prazo: O guia indispensável do mercado financeiro*. 5. ed. Porto Alegre: Bookman, 2015.

SIMON, M. L. A. Política de dividendos no Brasil: As instituições financeiras são diferentes? Dissertação (Mestrado em Ciências Contábeis) – Universidade do Vale do Rio dos Sinos, São Leopoldo, 2018.

SIMON, M. L. A.; PROCIANOY, J. L.; DECOURT, R. F. Fatores determinantes da política de dividendos das instituições financeiras brasileiras. *Revista Brasileira de Finanças*, v. 17, n. 2, pp. 87-116, 2019.

SLOAN, R. G. Do Stock Prices Fully Reflect Information in Accruals and Cash Flows about Future Earnings? *The Accounting Review*, v. 71, n. 3, pp. 289-315, 1996.

SOUSA, R. A. M. et al; MARTINS, O. S.; GIRÃO, L. F. A. P. Dividends persistence and earnings management in Latin American capital markets. In: Prêmio CFA Society Brazil de Monografias em Finanças, 2019. Disponível em: https://cfasociety.org.br/wp-content/uploads/2020/08/PIF_mencao_honrosa_1_2019.pdf. Acesso em: 20 abr. 2021.

SOUSA, V. H. T. F.; PENEDO, A. S. T.; PEREIRA, V. S. Estudo bibliométrico sobre dividendos no Brasil. *Capital Científico*, v. 16, n. 3, pp. 81-94, 2018.

STROIK, G. E.; SCHREIBER JR., D. *All about dividend investing: the easy way to get started*. 2. ed. Nova York: McGraw Hill, 2010.

TABAK, Benjamin Miranda; STAUB, Roberta Blass. Persistence and mean reversion: Analyzing sector indices for Brazil. *Economia Aplicada*, v. 10, n. 2, pp. 193-201, 2006.

TAKAMATSU, R. T. Accruals contábeis, persistência dos lucros e retorno das ações. Tese (Doutorado em Controladoria e Contabilidade) – Faculdade de Economia, Administração e Contabilidade, Universidade de São Paulo, 2011.

TOLSTÓI, L. *Anna Kariênina*. São Paulo: Companhia das Letras, 2017.

VANGUARD. Buying a dividend: Purchasing a stock or fund just to get the dividend? Put this on the list of great strategies for people who like paying taxes. 2021. Disponível em: https://investor.vanguard.com/investing/taxes/buying-dividend. Acesso em: 22 mar. 2021.

VASCONCELOS, G. D. S. IFRS e a divulgação das medidas de desempenho não-GAAP "EBITDA" e "EBITDA Ajustado" no cenário corporativo brasileiro. Dissertação (Mestrado em Controladoria e Contabilidade), Faculdade de Administração, Economia e Contabilidade, Universidade de São Paulo, 2017.

VASCONCELOS, L. N. C.; MARTINS, O. M. Value and growth stocks and shareholder value creation in Brazil. *Revista de Gestão*, v. 26, n. 3, pp. 293-312, 2019.

VERDAD. Crisis investing: How to maximize return during Market panics. Boston, 10 fev. 2020. Disponível em: https://mcusercontent.com/6dc62f-307511d466ff78a94fe/files/d4afa694-6a5d-4118-9055-f175dbc1955c/Crisis_Investing_Verdad_Advisers_Ebook_2.20.pdf. Acesso em: 21 abr. 2020.

VIANA JUNIOR, D. et al. The Effect of Macroeconomic Instability on Earnings Management in Developed versus Emerging Countries. In: USP International Conference in Accounting, 19, São Paulo, 2019.

WATANABE, M. Taxação de dividendos avança no cenário global. Valor Investe, São Paulo, 29 dez. 2020. Disponível em: https://valorinveste.globo.com/mercados/renda-variavel/noticia/2020/12/29/taxacao-de-dividendos-avanca-no-cenario-global.ghtml. Acesso em: 15 fev. 2021.

WHALEY, R. Risk and Return of the CBOE BuyWrite Monthly Index. *Journal of Derivatives*, v. 10, n. 2, pp. 35-42, 2002.

WIKIPEDIA. Lírio Parisotto. Disponível em: https://pt.wikipedia.org/wiki/L%C3%ADrio_Parisotto. Acesso em: 31 mar. 2020.

WILLIAMS, J. B. *The theory of investment value*. Cambridge: Harvard University Press, 1938.

CONHEÇA ALGUNS DESTAQUES DE NOSSO CATÁLOGO

- Augusto Cury: Você é insubstituível (2,8 milhões de livros vendidos), Nunca desista de seus sonhos (2,7 milhões de livros vendidos) e O médico da emoção
- Dale Carnegie: Como fazer amigos e influenciar pessoas (16 milhões de livros vendidos) e Como evitar preocupações e começar a viver
- Brené Brown: A coragem de ser imperfeito – Como aceitar a própria vulnerabilidade e vencer a vergonha (900 mil livros vendidos)
- T. Harv Eker: Os segredos da mente milionária (3 milhões de livros vendidos)
- Gustavo Cerbasi: Casais inteligentes enriquecem juntos (1,2 milhão de livros vendidos) e Como organizar sua vida financeira
- Greg McKeown: Essencialismo – A disciplinada busca por menos (700 mil livros vendidos) e Sem esforço – Torne mais fácil o que é mais importante
- Haemin Sunim: As coisas que você só vê quando desacelera (700 mil livros vendidos) e Amor pelas coisas imperfeitas
- Ana Claudia Quintana Arantes: A morte é um dia que vale a pena viver (650 mil livros vendidos) e Pra vida toda valer a pena viver
- Ichiro Kishimi e Fumitake Koga: A coragem de não agradar – Como se libertar da opinião dos outros (350 mil livros vendidos)
- Simon Sinek: Comece pelo porquê (350 mil livros vendidos) e O jogo infinito
- Robert B. Cialdini: As armas da persuasão (500 mil livros vendidos)
- Eckhart Tolle: O poder do agora (1,2 milhão de livros vendidos)
- Edith Eva Eger: A bailarina de Auschwitz (600 mil livros vendidos)
- Cristina Núñez Pereira e Rafael R. Valcárcel: Emocionário – Um guia lúdico para lidar com as emoções (800 mil livros vendidos)
- Nizan Guanaes e Arthur Guerra: Você aguenta ser feliz? – Como cuidar da saúde mental e física para ter qualidade de vida
- Suhas Kshirsagar: Mude seus horários, mude sua vida – Como usar o relógio biológico para perder peso, reduzir o estresse e ter mais saúde e energia

sextante.com.br